# 쿠바 영화와 여성의 이미지

"이 저서는 2009년 정부(교육과학기술부)의 재원으로 한국연구재단의 지원을 받아

수행된 연구임"(NRF-2009-812-A00277)

# 쿠바영화와 여성의 이미지

박종욱 지음

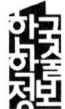

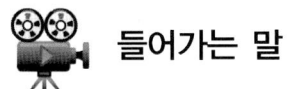 **들어가는 말**

21세기 글로벌 환경에서 우리는, 국제적 패권주의가 지역별 블록화와 같은 국가 간<sup>國家間</sup> 권력의 이합집산<sup>離合集散</sup>에 따라 변형 생성되는 세계 체제의 틀과 그에 따른 패러다임<sup>paradigm</sup>의 변화 속에서 그러한 방식과 체제에 종속되어 살아갈 수밖에 없는 환경에 속해 있음을 깨달아야한다. 이는 세계가 내부와 외부로 이분화된 것이 아니라, 상호 유기적으로 연결되어 있는 관계망으로 구성되어 있기 때문이다.

신자유주의<sup>Neo-liberalism</sup> 체제로 대표되는 오늘날의 세계 체제가 일정한 패턴을 형성하며 변화되어 가는 전환기적 과정에서 대한민국의 국민혹은 시민으로 살아간다는 것은 급격한 외부적 변화의 흐름에서 스스로 자신의 고유한 시선과 속도를 유지하는 것이 자기정체성<sup>Self-Identification</sup>의 인식에 있어서 어떠한 의미를 지니는 것인지, 그리고 세계의 변화와 흐름에 어떻게 스스로를 적응시켜야 하는 것인지 성찰할 수 있는 기회를 탐색해야 하는 당위성으로 수용되어야 한다.

쿠바 신영화는 서구의 일방적이고 편향적인 제국주의적 이념과 체제가 제3세계를 비롯한 타자적 국가들이 스스로의 각성으로 갖추어야할 성찰적 태도에 대한 기회를 제공한다는 점에서 남의 역사와 기록이 아니라, 우리의 현실과 긴밀하게 연결되어 있는 대상이다. 프란츠 파농이 자신의 '검은 피부'라는 냉엄한 현실을 잊은 채 프랑스의 일등시민이 될 수 있다고 순수하게 희망하고, 자신의 염원을 위해 삶의 좌표를 설정했지만, 그러한 행위는 백인을 닮으려는 '하얀 가면'에 불과할 뿐, 현실에서 자신은 그저 제3세계 출신의 흑인일 수밖에 없었던 것처럼, 세계의 역사에서 식민지배의 기록이 희미해져 가는 21세기 현실에서도 우리의 상업화된 일상적 삶에서는 많은 이들이 '하얀 가면'의 꿈에 취해 있지만, 현실적으로는 서구적 오리엔탈리즘의 시각에서 피부색에 관계없이 상대적으로 열등한 대상으로서 '검은 피부'의 타자가 되어버리는 역사적 역설과 아이러니가 여전히 반복되고 있다.

신자본주의 체제에서 패권국가의 직접통치는 간접통치로 지속적으로 이행되고 있으며, 탈식민화 이후에도 세계열강들의 현실적 행위는 본질적으로 변하지 않았다는 사실에 주목할 충분한 이유가 있다. 경제적 수탈과 착취는 더욱 교묘하고 정교하게 수행되고 있으며, 이제 서구와 비서구의 구분과 경계는 더 이상 명료하지 않다. 콜로니얼리즘(식민주의) 시대는 끝났지만, 여전히 새로운 체제에 의한 콜로니얼리즘의 '파생상품'은 유효하며, 따라서 포스트콜로니얼리즘은 탈식민주의를 완성한 것이 아니라, 콜로니얼리즘 '이후post' 혹은 '넘어서beyond'를 의미할 뿐, 여전히 극복해야 할 수많은 난제들을 안고 있는 형국이다.

일본에 의한 식민주의를 경험했음에도 불구하고, 우리는 포스트콜로니얼리즘 혹은 탈식민에 대해 명확한 태도와 입장을 견지하지 못한 측면이 있다. 항일감정과 분노가 포스트콜로니얼리즘의 올바른 방향성으로 정립되는 키가 될 수는 없는 일이다. 보다 본질적으로 우리 스스로에 대한 성찰을 수행하고, 미래적 전망을 구상해야 할 것이다. 우리, 대한민국의 경우 서구에 의한 제국주의적 침탈에 대해서는 비교적 너그러운 평가를 하는 경향을 지니고 있다. 탈식민 혹은 포스트콜로니얼리즘에 대한 우리의 입장 또한 사례별로 모호한 경우도 빈번하다. 사실 일본으로 대표되는 제국주의의 주체가 서구가 아니었다는 점에서 우리의 입장은 더욱 모호해질 수도 있다. 하지만 '탈아입구脫亞入口'를 주장하며, 스스로가 서구이기를 희망했던 일본의 입장은 결코 비서구의 그것은 아니었다. 당시 일본이 지향했던 것은 분명 서구적 콜로니얼리즘과 본질적으로 차별될 수 있는 인식론은 아니었으며, 우리가 서구에 대해 갖고 있는 친밀성 또한 서구가 건설한 오리엔탈리즘과 본질적으로 차별될 수 있는 것이라 단언하기 어려운 측면이 있는 것이 사실이 아닌가. 우리 스스로가 오리엔탈리즘적 사고에 대한 자성적 성찰을 수행하지 않으면서, 과연 포스트콜로니얼리즘으로서 탈식민 과정을 수행하고 있는 것인지에 대해서는 불분명한 측면이 분명 존재한다. 동남아 출신의 이주노동자와 다문화가정에 대한 우리의 편견을 비롯하여, 같은 영어권 원어민 교사라 할지라도 인종에 따라 평가를 달리하는 세태는 어쩌면 우리의 독립에 대한 염원의 시기에서도 나타났던 탈식민에 대한 모호한 인식과 우리 스스로가 서구적 오리엔탈리즘을 극복하려는 성찰이 적었기 때문은 아니었을까. "동양 남성은 거친 반면, 서양 남성은 부드럽고 친절하다. […] 동양 남성이나 여성은 몰상식한 반대로 서양 남성이나 여성은 상식이 풍부하다"는 나혜석의 견해나 "북아메리카 원주민은 게으른 종족의 타락을 거치며, […] 야만적인 생활을 함으로써 그 멸종의 원인을 제공하였다"는 유길준의 지적, 그리고 "백인종은 오늘날 세계 인종 중에서 가장 영민하고 부지런하고 담대한 고로 온 천하 각국에 모두 퍼져 하등 인종들을 이기고 토지와 초목을 차지하는"이라며 백인종의 우월성을 긍정하기 위해 흑인과 유색인종을 폄하하기를 서슴지 않았던 서재필 박사의 기고문 등은 원의原義의 왜곡의 정도를 떠나서 과연 우리가 우리 스스로를 세계의 구조적 틀에서 어떠한 위치에 정립하고 있으며, 우리의 미래적 전망을 어떻게 구상해 왔는지, 회의하지 않을 수 없는 모호함과 무분별에 뒤엉켜 있다.

포스트콜로니얼리즘에 대한 보다 절실한 사고思考는 사물을 인식하는 서구적 의식구조와 방식에 대응하여, 그들의 인식틀을 해체하고 극복하는 인식론의 당위성을 고안할 수 있는 '타자' 스스로의 성찰로 연결되어야 한다. 쿠바 신영화를 포스트콜로니얼리즘적 시각으로 살펴본다는 것은 서구 자체의 권력구조에 대안적 전망을 제시할 수 있는 성찰적 인식 태도를 객관화할 수 있다는 점에서 매우 중요한 의미를 지닌다. 특히 여성의 사회문화적 이미지에 대한 탐색은 비단 쿠바사회의 문제가 아니라, 비서구는 물론 서구의 권력적 구조에 대한 성찰적 태도이다.

본 저술은 한국연구재단의 인문저술지원사업의 혜택으로 기획되고, 3년간 수행된 연구 결과물이다. 덕분에 라틴아메리카의 영화와 여성의 사회문화적 위상과 그 의미에 대한 다양한 시각들을 살펴보고, 성찰하는 좋은 기회를 갖게 되었다. 저술을 위한 연구의 배경은 학술적이지만, 저술방식은 사회적 소통을 위해 가독성에 중점을 둘 수 있도록 안배하였다. 또한 본 저술은 쿠바 신영화가 제안하는 몇몇 영화에 대한 감상이나 비평만을 목적으로 설정된 것이 아니라, 쿠바사회로 대표되는 비서구 사회의 포스트콜로니얼리즘에 대한 성찰적 태도와 전망에 대한 다양한 논의를 수용하기 위한 열린 공간이다.

여성은 지적 능력을 비롯하여 많은 분야에서 열등한 존재로 인식되어 왔으며, 교육의 기회나 사회활동의 기회에 차별을 받아 왔다. 그렇게 쿠바의 여성은 이중적 타자로서 '모든 인간은 평등하다'는 인류 선의 보편성으로부터 제외되었다. 쿠바 신영화의 엘리트 영화인들은 여성의 사회문화적 이미지를 재현하며, 비서구와 서구의 이항대립적 구도의 부당한 관계를 성찰적 시각으로 해석할 뿐 아니라, 쿠바혁명이 이러한 차별적 관계를 해소하고 극복하는 데 과연 어떠한 기능적 역할을 수행하고 있는지, 그 한계와 문제점을 제시하는 데 적극적 태도를 견지한다. 서구에 의해 구성된 콜로니얼리즘을 비판하는 데 주목하는 것이 아니라, 비서구 스스로가 대안적 태도를 제안하고 전망할 수 있는 가능성에 주목한다. 그들은 인간을 피부색으로 나누는 편견으로부터 벗어나는 것뿐만이 아니라, 눈에 보이지 않는 사회문화적 인습과 편견에 대항하여 '존재의 탈식민화'를 제안하고, 대안적 삶의 태도를 제시한다.

박종욱

# Contents

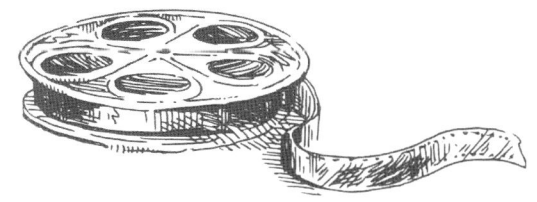

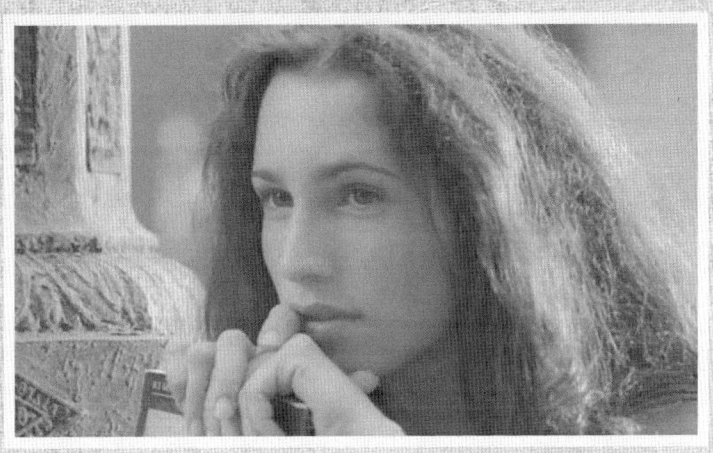

# 1. 쿠바영화와 포스트콜로니얼리즘

# 1) 오리엔탈리즘과 아메리카

## (1) 오리엔탈리즘

쿠바$^{Cuba}$는 분명 오리엔트$^{Orient}$가 아니다. 서구 전통적 시각에서 오늘날의 중동 지역에 속하지도 않을 뿐 아니라, 낭만적 이국정서에 의해 동쪽 어딘가에 존재하는 것으로 여겨지던 신화와 전설, 그리고 금은보화가 가득한 동방의 한 지역도 결코 아니다. 그럼에도 불구하고 서구에 있어서 쿠바는 인식론적$^{認識論的}$으로 오리엔트가 되었다. 역사해석의 인식태도라는 시각에서 서구가 쿠바를 바라보는 시선은 분명 오리엔탈리즘이다.

물론 원론적 의미에서 비록 중동을 가리키는 용어라 할지라도, '오리엔탈리즘'이라는 용어의 사용이 과연 적합한 것인지, 아닌지에 대한 논란의 여지는 여전히 존재한다. 따라서 일상적 어휘로서 오리엔탈리즘이 지닌 의미를 서구 편향적 시각에서 본 왜곡된 시선이라는 측면에

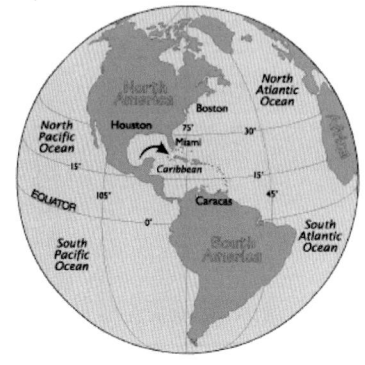
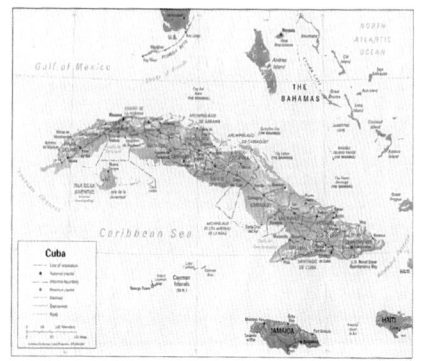

서 해석하는 것이라면, 쿠바를 대상으로 용어를 적용하는 것은 분명 논리적 필연성과 타당성을 지녀야 할 것이다.

쿠바는 오리엔트와 무관하다. 쿠바는 틀림없이 아메리카에 속하고, 카리브 해<sup>海</sup>에 속하며, 서인도제도에 속한다. 지리적 소속이 그렇다는 의미이다.

여기서 흥미로운 점은 명칭<sup>名稱</sup>이 지니는 의미가 분명한 실체를 반영하는 것일까, 하는 명제이다. 그렇지 않을 수 있는 이유는 얼마든지 있다. 형식적 명칭과 실체적 본질의 대응관계는 이렇듯 진실을 규명하는 척도가 될 수 없다. 서인도제도와 쿠바의 상관관계는 과연 진실을 향한 개연성<sup>蓋然性</sup>을 지니는가. 유럽 혹은 서구는 자신들이 생각하고 믿었던 방식대로 역사적 실체의 배경과는 무관하게 쿠바를 서인도의 한 섬 정도로 규정했다. 역사적으로 자신들의 실수를 인정하고, 왜곡된 표현을 바로잡을 수 있는 기회는 충분하지 않았을까. 서인도제도의 지명이 지니는 의미는 단순한 실수에서 발생한 해프닝으로 웃어넘길 수만은 없는 것으로서, 서구중심주의에 바탕을 둔 역사인식과 서술태도의 왜곡이 얼마나 가벼운 것인지 성찰할 수 있는 기회를 제공한다.

에드워드 사이드$^{Edward\ W.\ Said}$는 1978년 발표한 『오리엔탈리즘$^{Orientalism}$』[1]에서 세계의 경계를 나누는 '유럽'과 '오리엔트'라는 두 개의 상반된 개념이 전혀 자연스러운 구도가 아니라, 유럽 제국주의 학자들이 유럽의 강력한 이미지를 의도적으로 형성하기 위해서 만들어낸 자기중심주의적$^{Egocentric}$ 세계관이라는 사실을 역사적 실체와 정전$^{正典}$으로서의 고전 텍스트 '다시 읽기'를 통해 주장한다. 오리엔탈리즘은 역사적 배경에 근거를 두고 있지도 않을 뿐 아니라, 두 개념적 주체들 사이의 실증적 관계와 구도에도 바탕을 두고 있지 않은 편향$^{偏向}$된 '끼워 맞추기식' 역사 인식태도라는 점을 밝힌 것이다. 유럽이라는 개념 이상으로 오리엔트라는 개념[2]은 불명확하며, 실증적 주체가 되기 어려운 두 개념적 주체들 사이의 역사적 관계에서 명증$^{明證}$한 근거가 없음을 드러냈던 것이다. 그의 논지는 "오리엔탈리즘은 인간 상실과 민족 해체의 역사이며, [……] [서구] 지식인들을[3] 오리엔탈리즘과 같은 [편향적이고

---

1) Edward W. Said, Orientalism(New York: Vintage Books, 1978)(박홍규 역, 증보판 『오리엔탈리즘』, 서울, 교보문고, 2000). 오리엔탈리즘에 대한 논의는 줄곧 세계를 읽는 시각의 문제에 대한 핵심적 담론이 되어왔다. 사이드의 저술은 유럽과 미국을 비롯한 서구 세계 전역에 큰 반향을 일으켰으며, 심지어 그의 제자까지 그를 비판하며 서구의 자기중심주의적 세계관에 대한 격렬한 반응을 보였다. 사이드에 의해 촉발된 유럽 혹은 서구 중심주의의 배타성에 대한 논의는 여전히 세계를 '서구 vs. 비서구'의 대결구도로 인식하는 대부분의 서구 힉자들의 태도를 성찰적으로 전향시키는 데는 흔계를 보인다. C. 시이드의 『도전받는 오리엔탈리즘』((성일권 역), 서울, 소나무, 1997)이나 정진농의 『오리엔탈리즘의 역사』(살림지식총서 15, 서울, 살림, 2003) 등은 기본적인 오리엔탈리즘 읽기를 위한 기본적 논의를 개진한다. 유럽 혹은 서구 중심적 역사 인식의 태도를 반성적으로 성찰한 존 M. 흡슨의 『서구 문명은 동양에서 시작되었다』((정경옥 옮김), 서울, 에코리브르, 2004)는 서구에 의한 서구 비판적 해석의 가능성을 타진한다.

2) 오리엔트의 개념은 시대적으로 그 대상을 달리해 왔다. 사이드가 '오리엔탈리즘'에서 가장 뛰어난 창작물이라고 지적한 '오리엔트'는 아시아와 중동 지방을 총괄하는 용어로 사용되었고, '오리엔탈Oriental'이란 생물학적으로 열성을 타고나 문화적으로 뒤졌으며, 진화가 [자신들에 비해] 늦은 인종을 총체적으로 규정하는 용어이다. 오리엔트의 개념은 지형적 산물은 결코 아니었으나, '고대근동Ancient Near East'인 수메르, 바빌로니아, 아시리아, 이집트, 페르시아, 히타이트 등 지역을 의미했다. 흥미로운 것은 이곳이 문명의 발상지이며, 실증적으로 서구의 문명은 바로 이 지역으로부터 유래한 것이라는 점이다. 오리엔트의 확장된 경계는 지중해 연안, 북동 아프리카, 동부이란, 중앙아시아에 이르而, 인도를 포함하기도 한다. 참고, 배철현 "오리엔탈리즘과 오리엔탈 르네상스", 『서양고대사연구』, 제18권(한국서양고대역사문화학회, 2006).

3) 오리엔탈리즘을 주장하고 구성한 다양한 형태의 오리엔탈리스트들 자신을 비롯하여, 그들의 인식태도를 무비판적으로 수용했던 수많은 대다수의 서구 학자들로서 역사적 사실관계에 대한 객관적이고 명증한 이해를 위한 노력의 필요성에 무관심하거나 그 필요성을 의도적으로 기피한 지식인들을 의미한다.

퇴락한] 사고의 사슬에서 해방시키는 것"이다. 사이드는 자신의 이론을 전개하기 위해 전혀 새로운 인식의 틀을 선택하는 모험을 감행하지 않았다. 오히려 기존의 정전을 텍스트로 하였으며, 당시 최근의 역사문화 및 사회현상에 대한 담론을 적극 활용하였다. 이른바 미셸 푸코Michel Foucault에 의해 제기되었던 지식과 권력의 관계를 비실체적 존재개념인 오리엔트와 오리엔탈리즘의 관계로 설명했으며, A. 그람시의 '헤게모니Hegemony' 담론4)을 통해 유럽과 오리엔트의 관계를 분석하였던 것이다. 지배계급은 생산수단만을 소요하는 것이 아니라, 자신들의 지배를 정당화하는 이데올로기를 만들고 이것을 피지배계급이 수용하여 지배구조를 안정적으로 유지할 수 있도록 사회문화적 이데올로기를 구축한다는 것이다. 사이드의 논의는 격렬한 저항과 비판에도 불구하고, 20세기 말 인문학의 대표적 담론談論으로 확장되는 동시에 옥시덴탈리즘Occidentalism을 비롯하여 파생적인 논의들을 학계로 이끌었다.

사이드의 작품이 우리의 관심을 끄는 주된 이유는 오리엔탈리즘의 폐해가 정작 중동과 근동에만 머물지 않고, 서구의 인식적 태도와 그 부정적 영향이 광범위하게 확산되는 병폐적 인식이라는 점이다. 유럽인들은 의도적으로 자신들을 세계 권력과 문화의 중심으로 인식하여 자신의 지배대상인 비-유럽적인 것(혹은 비-서구적인 것)을 '오리엔트'라는 추상적인 세계로 정하고, 그것을 해석하는 '오리엔탈리즘'이라는 세계관을 상정했으며, 비-유럽적인 것(혹은 비-서구적인 것)을 '중심中心'인 '자기自己'와는 다른 '타자他者'라는 개념으로 이해하여, 식민지적 역

---

4) 그람시는 지배계급의 의식과 문화, 제도, 언어는 지속적으로 피지배계급을 규정하며, 피지배계급은 의식과 무의식적으로 이들 체제에 공모하고 동의함으로써, 두 계급 사이에 질서의식으로서 헤게모니 개념을 제시한다. 그람시의 헤게모니는 지배계급의 의식과 문화, 제도, 언어에의 종속 행위가 피지배계급을 포함한 모든 이들의 이익이라고 믿게 하는 지배계급의 설득 이데올로기를 의미한다.

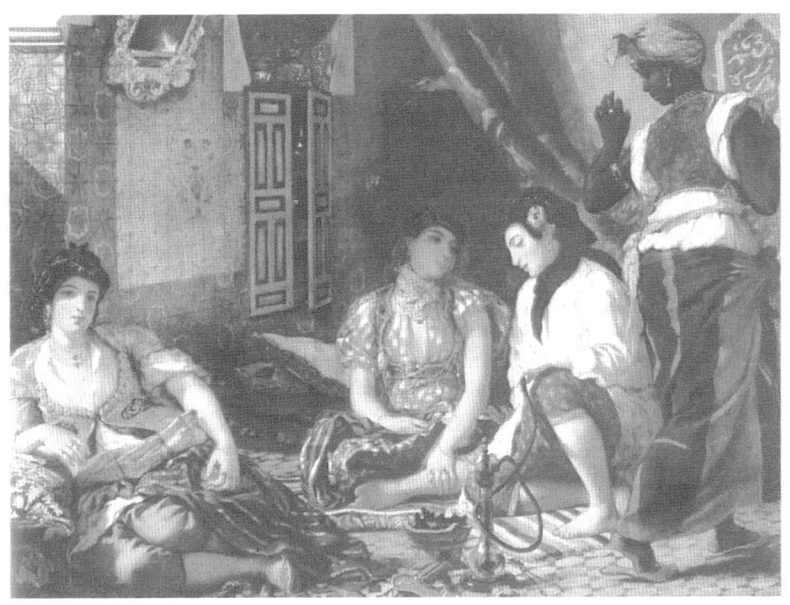

오리엔탈리즘으로 무장한 서구는 대상을 여성화하여 스스로를 남성적 인식으로 욕망한다

사관을 고취시키려는 시도를 해왔다고 바라보는 구조적 관점 때문이다.

애초에 고대근동<sup>古代近東Ancient Near East</sup>을 기본으로 하던 오리엔트의 지역적 개념이 명확한 것은 물론 아니었지만, 이러한 개념조차 시간에 따라 그 대상 지역을 확대하여 적용하는 과정에서 재구성되기에 이른다. 오리엔탈리즘이 개별적 대상에 대한 해석이거나 실체에 대한 논증이 아니라, 개별 대상을 통해 인식의 틀과 구조를 형성하는 사고<sup>思考</sup>의 방식이기 때문이다. 중동과 근동 등지로 그 대상지역을 넘나들었던 오리엔탈리즘은 서구를 중심개념으로 설정하여 기타 세계5)에 대한 총괄

---

5) 서구가 고대근동의 문명 지역과 중동 지역을 중첩하며 인근 지역을 '오리엔트'라는 가공의 개념으로 폄하하던 수세기 동안의 경향은 역사적 콘텍스트에 대한 성찰과 비판의식이 '의도적으로' 결여되어 있는 편향된 의식행위이며, 오리엔트의 개념은 서구로 대표되는 개념적 주체를 제외한 기타 세계를 대상으로 확장되므로, 동양 혹은 아시아를 비롯하여 비서구의 모든 지역을 포괄한다.

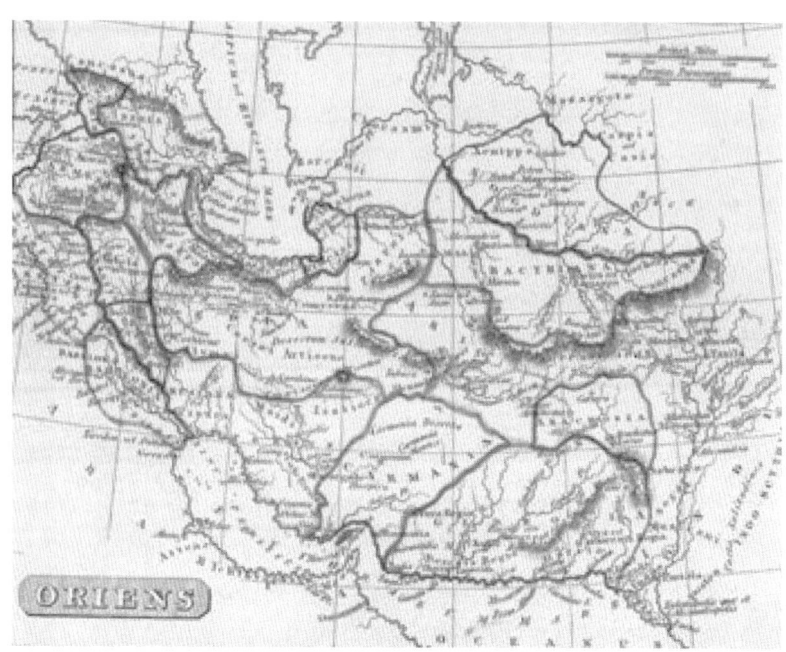

적인 개념으로 적용되어 왔다.

오리엔트라는 개념은 페르시아 시대(기원전 6~4세기)에 형성되었다. 당시 그리스인들은 자신들을 '오리엔트'와는 상대적이며 독립적으로 인식하였기 시작하였던 것이다.

고대 그리스를 계승한 로마 또한 '오리엔트'에 대한 나름의 개념을 지니고 있었고, 오리엔트에 대한 대비적 개념으로 '옥시덴트'라는 용어를 사용한 흔적이 있다. 오리엔트는 라틴어인 '오리엔스$^{Oriens}$'에서 유래하며, '떠오르는 태양, 동쪽, 동양'을 의미한다.

만약 그리스와 로마가 인식한 오리엔트가 옥시덴트의 의미를 강화하거나 합리화하기 위한 배경에서 설정된 것이라면, 역설적이고 흥미롭게도 인류의 사대 문명인 중국의 황하 문명, 인도의 인더스 문명, 이집트의 이집트 문명, 메소포타미아 문명 모두가 그리스와 로마가 부정적 시선으로 지적했던 '오리엔트'에서 왔다는 역사적 사실은 어떻게 해석하고, 수용해야 할 것인가. 물론 오늘날 서구중심주의의 정신적 뿌리로 여겨지는 고대 그리스와 로마가 오리엔트라는 용어를 사용하면서 오리엔트 사회가 지닌 문화의 수준을 자신들의 문화에 비해 상대적으로 저급하다는 평가로 일관된 것은 결코 아니었다. 많은 학자들과 지식인들은 페르시아나 이집트가 자신들의 문화적 원류源流임을 부인否認하지 않았으며, 오히려 선진문물을 공부하기 위해 유학을 다녀오는 경우 또한 적지 않았기 때문이다. 하지만 오늘날 주요한 역사문헌으로 평가를 받고 있는 헤로도토스Herodotos의 『역사』는 그리스와 오리엔트와의 전면적인 대결을 묘사하면서 그리스 중심 사고에 심취한 결과 오리엔트에 대한 부정적인 이미지를 묘사하기도 하였다. 기원전 5세기 페르시아에서 그리스 대사로 파견된 키루스 스피타마Cyrus Spitama는 자신의 조국 페르시아에 대한 헤로도토스의 부정적인 묘사에 강력하게 반발하였다.

> 어제 여섯 시간 동안 역사가라고 자칭하는 사람(헤로도토스)의 이야기를 들었습니다. 그를 포함한 아테네 사람들이 말하는 '페르시아' 전쟁은 허튼 내용입니다. […] 저는 '그리스' 전쟁의 기원을 압니다. 그는 모릅니다. 어떻게 그가 알 수 있습니까? 어떻게 그리스인이 알 수 있습니까? 저는 일생을 페르시아 궁전에서 지냈습니다. 그리고 제 나이 칠십오 세인데, 제 부친이 그랬듯이 저도 '위대한 임금'을 모셔왔습니다. 그 임금들은 저의 절친한 친구 크세르크세스와 그리스인들에게 '위대한 다리우스'라고 알려진 임금입니다(Gore Vidal, Creation(New York: Random House, 1981: 410), 배철현(2006: 9) 재인용).

헤로도토스의 작품은 역사적 실체 관계에 대한 고증考證이 결여된 '일방적인' 텍스트라는 키루스 스키타마의 지적을 간과하기 어려운 대목이다. 헤로도토스의 역사관은 물론 오늘날의 오리엔탈리즘과는 본질적으로 차별성을 지닌다. 국수주의적인 역사인식과 해석의 방식은 분명 자신을 중심으로 인식하며 주체로서 주변부를 타자로 인식하여 정복과 지배를 정당화하는 사고방식과는 구별되기 때문이다. 따라서 헤로도토스로 대표되는 고대 그리스의 일부 태도는 근대 역사 이후 서구가 권력을 획득하면서 야기되는 오리엔탈리즘과는 구분되어야 할 분명한 이유가 있는 것 또한 사실이다.6) 이러한 태도는 자신들의 주변부에 대한 두려움과 경계에서 오는 자연스러운 태도로서 대부분의 문화권역에서 볼 수 있는 자국 중심주의적 역사 해석의 현상으로 파악될 수 있기 때문이다. 중요한 것은 헤로도토스의 저술을 서구가 어떻게 의도적으로 활용해왔는지에 대해 관찰자가 얼마나 객관적이고 타당한 성찰적 시각을 지닐 수 있느냐, 하는 안목의 소유 여부에 있다는 점이다.

세계사世界史라는 개념은 물론이고, 텍스트text로서 우리가 배워왔던 방식의 세계사 또한 유럽중심주의Euro-centralism의 저자들이 자신들의 정체성을 주체로서 설정하기 위해 역사의 단편들을 '모자이크Mosaic'나 '퀼트Quilt'의 조각들처럼 선별적으로 모아 의도적으로 재구성Reconstruction한 창작물이다. 우리가 한 나라 혹은 문화권을 연구의 대상으로 할 때에 기존의 정전으로 여겨지는 텍스트들을 무비판적으로 수용하여 연구를 전개할 것이 아니라, 맥락脈絡과 콘텍스트Context를 염두에 두면서 텍스트들을 다양한 방식으로 살펴보기 위해 '해체와 재구성'에 바탕을 둔 '텍스트 새롭게 읽기'를 시도해야 하는 것도 바로 이러한 역사의 왜곡

---

6) 오리엔탈리즘의 이름으로 여러 다양한 경향들을 한데 묶어 논의하는 것은 적절하지 못하다. 예를 들어 17세기 유럽이 과학과 군사력에서 이슬람 세력을 역사상 처음으로 압도하게 되면서, 힘의 균형의 변화가 초래한 인식에서 이슬람을 '타자'로 보게 된 계기는 의당 오리엔탈리즘으로 연결되기도 하지만, 다른 한편으로는 미지의 신비스러운 문화의 고장으로서 오리엔트를 바라보려는 경향을 만들어내기도 하며, '낭만적 오리엔탈리즘'으로 설명되기도 한다.

을 바로잡을 수 있는 개연성에 주목해야 하는 이유 때문이다.

　서구가 근동과 중동에 대한 부정적 인식과 이미지를 생산한 결정적인 계기는 1096년부터 1291년에 걸친 200년 가까운 세월 동안 예루살렘을 두고 벌였던 기독교 세계와 이슬람 세계의 대립이었다. 중세 유럽인들의 마음속에는 이슬람 세계에 대한 두려움이 점차 혐오로 바뀌어 정당화되었고, 오스만<sup>Osman</sup> 제국의 등장과 함께 더욱 강화되었다.[7] 1453년 이슬람 세력에 의한 콘스탄티노플<sup>Constantinople</sup>의 정복으로 동로마 제국이 멸망하면서, 서구 세계에는 오스만 제국에 대한 경계심과 공포가 확대되었고, 베오그라드<sup>Beograd</sup>(1521년), 로도스<sup>Rodhos</sup>(1523년), 부다페스트<sup>Budapest</sup>(1541년) 등의 잇단 정복을 경험하면서 경계심과 공포는 악의적인 혐오로 전환되었다. 대상에 대한 두려움과 경계심이 증폭되면 될수록 대상을 피해 돌아가려는 의식이 강해지는 것은 일상에서 자연스러운 일이다. 이 시기가 서구 유럽이 지중해 시대를 벗어나 대서양 시대를 본격적으로 열어가던 시기였던 것은 결코 우연이 아니었다.

　오리엔탈리즘은 비-유럽 혹은 비-서구를 타자화하는 유럽중심적 시선으로서 주변을 설정하고 자신들과 주변을 '문명/자연'의 구도나 '진보/퇴보' 혹은 '문명/야만' 등의 대립적 이항구도<sup>二項構圖</sup>로 이해하려

---

7) 이슬람 세력과 기독교 세력의 대립은 이베리아 반도에서 경험되었던 사실이다. 그러나 반도 내에서 두 종교 집단 세력의 대립은 전면적 대립의 구도를 형성했던 것은 아니었다. 국토회복전쟁인 레콘키스타가 종반부를 치달으면서 종교가 두 세력의 갈등을 부추기고 긴장과 폭력으로 이어질 수 있는 매개가 되기는 했지만, 19세기 선동적 역사가들이 얘기하듯, 종교전쟁이거나 최초의 십자군전쟁의 의미와는 매우 달랐다. 반도에 들어왔던 이슬람 세력은 물론이고, 기독교 세력 또한 여러 조각으로 나뉘어 모이기를 반복하면서 다양한 이해관계와 정황에 따라 전쟁의 양상이 바뀌었기 때문이다. 종교는 다양한 독립변수들 가운데 주요한 변수일 뿐이었다. 다만 '산티아고'로 대변되는 기독교 중심주의는 특별한 구심력이 없던 반도 내의 구 서고트왕국의 잔존 세력을 결집하기 위한 유용한 명분 가운데 하나였다. 오히려 유대교와 기독교, 이슬람교가 같은 도시와 마을에서 특별한 갈등과 반목이 없이 평화로운 공존을 했던 시간이 폭력적 전쟁의 시간보다 훨씬 길었다. 이사벨 여왕에 의한 기독교 세력에 의한 반도의 통일 사업이 바티칸 교황청에 의해 역사적 대업으로 칭송받으며, 가톨릭 여왕의 명칭을 받게 되는 정황은 오히려 800여 년에 가까운 국토회복전쟁이 처음부터 시종일관 종교를 명분으로 벌어진 전쟁이 아니었음을 시사한다.

는 서구의[8) 의식적 태도이며 행동유형이다. 따라서 서구와 비서구의 관계를 주종관계로 인식하려는 태도가 오리엔탈리즘의 본질이며, 그러한 시선이 서구가 팽창주의를 지향하는 동안 합리화의 과정을 통해 이론과 담론으로 확정되기에 이렀음에 대한 성찰적 인식은 쿠바의 근현대 역사를 바라보는 시각을 어떻게 해석해야 할 것인지, 비판적 응

ᄃLalettera dellifole che ha trouato nuouamente il Re difpigna.

아메리카를 주체가 부재한 대상으로 인식함으로써, 정복이 가능한 신대륙으로
사유한 16세기 당시의 인식론을 보여주는 판화본
아메리카는 여성으로 체화되어 강력한 남성의 손길을 순종적으로 기다리고 있는
수동적이고 피지배적인 이미지로 표현되어 있음

---

8) 오리엔탈리즘의 시각이 언제나 서구 주체적인 것은 아니다. 비-서구권에서도 사회문화 현상에 대한 해석의 시각이 한 번 오리엔탈리즘의 시각에 의해 유형으로 고착되면, 주체적 시각에서 비-서구권 주도의 재해석의 성찰적 시각을 지니지 못하는 경우가 많기 때문이다. 이는 막연한 '사대주의'와는 구분되는 것으로서 때론 '자조론'으로 때론 '자성론'으로 오리엔탈리즘 시각에 대한 포괄적 담론으로 활용되거나 반복 재생되기도 한다. 박노자(『하얀 가면의 제국: 오리엔탈리즘 서구 중심의 역사를 넘어』, 서울, 한겨레신문사, 2003)와 이옥순(『우리 안의 오리엔탈리즘』, 서울, 산해, 2003), 우실하(『오리엔탈리즘 해체와 우리 문화 읽기』, 서울, 소나무, 1997) 등의 저술 시각이다.

시의 토대가 되어야 한다.

　제국주의를 기초로 형성된 근대를 경험하면서 유럽은 이성과 역사적 진보의 개념을 자아정체성 확립의 기본핵심으로 설정하며, 주변부를 '타자'로 규정함으로써 오리엔탈리즘의 구조를 구축한 것이다. 즉, 세계를 둘로 상정하여 구분하고, 자신들의 세계를 인류문명의 정전적 규범의 실증적 주체로 얘기함으로써 '타자의 담론'으로서 포괄적 의미에서의 오리엔탈리즘을 실행하게 된 것이다. 근대의 범주로서 유럽의 '본질本質'을 '운동성運動性'에서 찾는 것이다. 이는 다른 지역은 비운동성으로 대표되는 속성으로서 '정지'의 상태이며, '문명'과 대비되는 '미개' 혹은 '원시'를 반영하고 있음을 얘기하기 위한 자기중심적 비평시각이다. 나아가 유럽은 '이성'과 '개화'의 개념으로 비유럽은 상반되는 '어둠' 혹은 '미몽'으로 대립적 구도에 의해 평가할 수 있는 인식론적 근거를 형성하였음을 의미한다.

　오리엔트로 치환된 아메리카America는 오리엔트가 근동이라는 단일체로 구성될 수 없음에 이론적인 토대를 구축함으로써 근본적 오류가 발생하는 것처럼, 단일한 체계의 단위로 규정될 수 없는 대상이다. 아메리카는 다양한 문화와 문명, 그리고 인종적인 배경을 지닌 주체적 역사의 구성체이기 때문이다.

　수많은 문화와 인종들이 있는 지역을 '아메리카'라는 하나의 집단단위로 규정하려는 서구의 시각은 식민시대의 전형적인 오리엔탈리즘이었으며, 오늘날 '라틴아메리카Latin America'로 명명하는 시각 또한 오리엔탈리즘에 의해 유형화된 집단 구성체로서 대상지역을 자신들이 설정한 중심으로서 서구에 비하여 상대적인 하위단위로 이해하려는 의도에 의한 것은 아닌가, 하는 성찰적 시각에서 고찰해야 할 것이다. 이때의 하위단위란 상대적으로 우월한 단위에 종속되는 개념으로 이해될 수 있으며, 결국 서구-비서구의 관계를 주-종의 관계로 파악하려는 인식론적 구도에 의한 개념이 될 수 있기 때문이다. 근대 이후 서구 중심으로 구성되어 온 세계 권력의 편제 속에서 정복과 지배의 대상으로서 존재적 의미가 부여된 라틴아메리카는 오랫동안의 식민 경험을 통해 오리엔탈리즘의 실증적 적용 대상이 된다. 자신들을 세계의 중심으로 설정한 서구에게 있어서 라틴아메리카는 역사와 문화의 다양성과 깊이에 대한 스스로의 자기성찰적 인식이 결여된 채, 오리엔탈리즘 시각에 적용된 하나의 단일체로서 '절대적 타자'가 될 뿐, 역사적 실체와 그 객관적 의미와는 무관한 종속적이고 열등한 존재로 머물러 왔다.

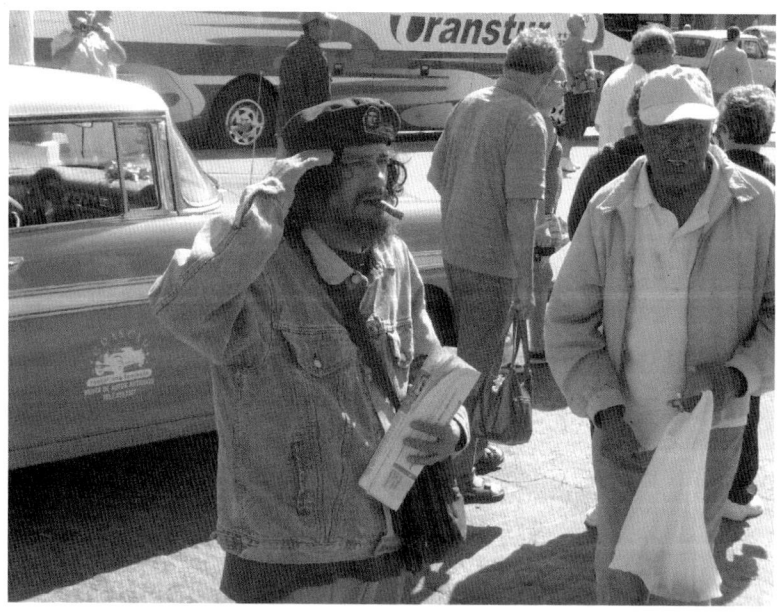

'체 게바라'의 이미지를 판매하는 호객꾼들은 서구가 지닌 편견으로서 쿠바에 대한 오리엔탈리즘과 그 향수를 상기시키는 상품임

## (2) 서구의 욕망과 향신료의 꿈

크리스토퍼 콜럼버스<sup>Christopher Columbus</sup>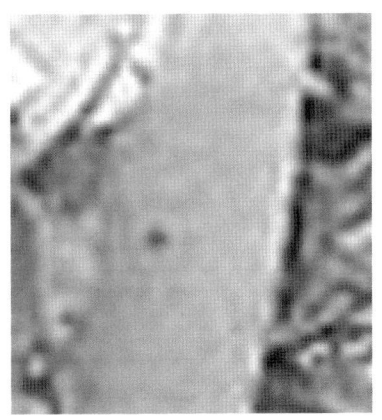
에 의한 신대륙 발견은 황금알을
낳는 동방 항로<sup>航路</sup>를 개척하기 위
한 염원에서 시작되었다. 무역은
놀랄 만한 부가가치의 산업이었
고, 제한적인 지중해 항로와 육로
<sup>陸路</sup>만으로는 물신적 욕망을 채울
수 없었던 서구는 포르투갈을 선
두로 대안 항로 개척을 위한 공적
<sup>公的</sup> 대업<sup>大業</sup>에 몰입했다.

15세기 부유한 유럽인은 동양에서 들여온 정향, 후추, 육두구, 소두
구, 계피 등의 향신료를 높은 가격에도 불구하고 앞다퉈 구입했다. 정
향과 육두구, 소두구 등은 당시 같은 무게의 금보다 비쌌을 뿐 아니라,
특권층 사이에서 계층적 전유물이라는 인식 때문에 유럽 시장에서 향
신료는 은화가 아닌 금화로 매매되곤 하였다. 향신료는 음식의 부패를
지연시키고, 향과 맛을 가미하는 높은 부가가치의 미각식품인 것은 물
론이고, 광범위한 질병에 적용되는 최고급 약리식품으로 소개되고 적
용되는 특권층의 전유물로서 높은 부가가치를 지니게 되었기 때문이다.

1453년 콘스탄티노플을 오스만 제국의 이슬람교도가 점령한 이후
동쪽 무역 경로를 이용하려면 비싼 유통마진을 지불해야만 했다. 한 예
로 주요 거래품목이었던 향신료의 경우 원산지에서 유럽시장에 도착하
기까지 최소 10단계에서 12단계의 유통과정이 존재했으며, 일례로 후

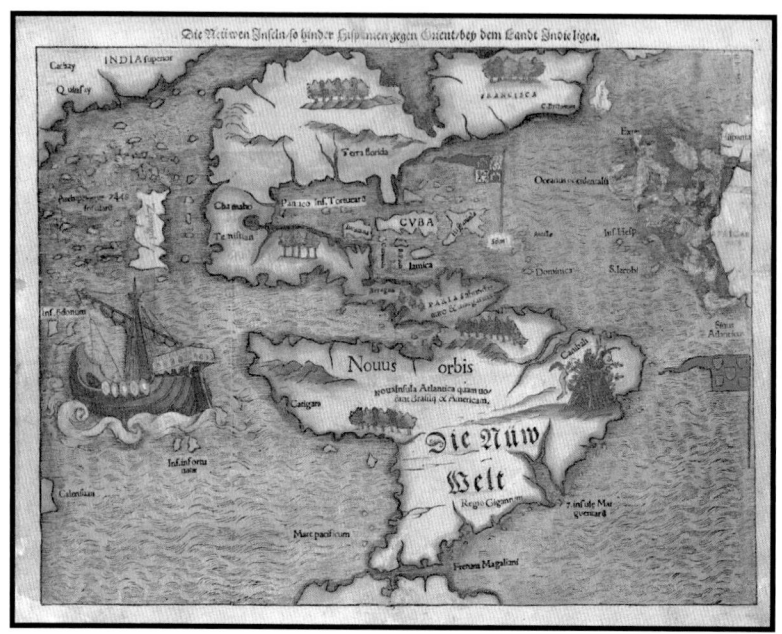

쿠바의 위치를 중요하게 표기하고 있는 고지도 한반도와 중국의 위치가 과감하게 생략되어 있으며, 인도가 중요하게 부각되어 있음, 향신료 유통과 신대륙 발견의 상관관계와 더불어 태평양 무역루트에 대한 긍정적 인식이 반영되어 있음을 알 수 있음

추의 경우 인도와 베니스에서의 거래 가격 비율은 30배에서 40배를 넘나들었다.[9] 향신료는 보호무역이 팽배하던 당시 서구사회에서 최고의 무역상품으로 떠올랐으며, 향신료를 낮은 가격에 확보할 수 있는 집단이 막강한 권력을 쥐는 것은 당연한 결과였다. 그러나 당시 후추, 정향, 육두구, 소두구, 계피 등의 세계적인 집산지였던 몰루카 지역으로의 접근은 물리적으로 극히 제한적이었으며, 대부분의 유럽 국가들은 이슬람 세력이 주도권을 잡고 있던 지역 이외에 중립적 성격의 장소에

---

9) Manuel Lucena Salmoral(Coordinador), *Historia de Iberoamérica, Tomo II, Historia Moderna*, Madrid, Cátedra, 1990, p.34.

서 중개무역을 통해 고가의 향신료를 구입하는 방식을 취할 수밖에 없었다. 이 과정에서 신항로 개척의 실현가능성에 대한 막연한 꿈이 무르익었다.

따라서 1492년 콜럼버스[10]가 이사벨 여왕의 후원으로 서쪽 항로를 개척하게 된 것은 향신료 수입 루트 확보 가능성 때문이었다. 1505년 인도 탐사 함대에 입대하며 인도와 인도네시아의 몰루카 제도의 거대한 향신료 시장의 가능성에 눈을 떴던 마젤란 역시 콜럼버스가 꿈꾸었던 신항로를 개척하기 위한 탐사를 수행하게 된다. 유럽의 주요 향신료 교역 국가들은 이슬람 세력을 거치지 않고, 인도와 몰루카 제도를 중심으로 한 동남아시아 지역으로 가는 항로 탐사에 나설 수밖에 없었던 것이다.[11]

1519년부터 1522년까지 만 3년에 걸친 마젤란[12] 함대의 세계일주 항해에 동승하며 일지를 기록했던 안토니오 피가페타가 항해의 목적을 "새로운 동인도 항로의 개척"이라 분명하게 밝히고 있는 것[13]도 이러한 사실을 반영한다. 대항해 시대가 열리며 아프리카를 돌아 인도로 가는 항로가 포르투갈의 바스코 다 가마Vasco da Gama에 의해 개척된 것[14]이나, 아메리가를 향한 서쪽 항로의 개척과 마젤란 한대가 이룩하

---

10) 콜럼버스의 고향에 대해서는 여러 가설들이 존재해왔으나, 최근 밝혀진 자료들을 근거로 제시되는 가설들 가운데 하나는 그의 조상이 스페인의 동부 지역인 카탈루냐 지역에 근거지를 두고 있었고, 그 역시 그곳에서 출생하였으나, 출생 이후 그는 제노바에서 청년기를 보냈고, 여러 지역을 다니며 쌓은 경험을 바탕으로 포르투갈 왕실과 스페인 왕실에 신항로 개척을 위한 탐사 여행의 지원을 요구할 수 있었다는 주장을 제시한다.

11) 안토니오 피가페타, 『최초의 세계일주』(박종욱 옮김), 서울, 바움, 2004, p.127.

12) 마젤란은 서쪽 항로를 통해 향신료의 고장 동인도를 거쳐 스페인으로 귀국하는 세계일주 항로를 완성할 수는 없었다. 오늘날의 필리핀 세부 섬에서의 전투에서 전사하기 때문이다. 전투의 계기는 함대의 항해 목적이었던 향신료 수입 루트 개발과 영토의 확장 및 복음화와 다소 거리가 있었다. 마젤란 함대의 정책에 우호적이었던 세부 섬을 권력의 중심으로 삼으려 했던 마젤란에 대한 막탄 섬과 주변 섬 부족들의 반발이 구체석인 이유였다. 실라풀라푸 족장은 스페인 국왕의 권위를 무시하고 주변 섬의 족장들과, 심지어 왕들에게 자신을 따라서 외세를 인정하지 말자는 저항 운동을 주도했다. 참조, 위의 책, pp.169~174.

13) 위의 책, p.63.

게 된 최초의 세계일주 항해 또한 블루칩이었던 향신료를 확보하고 안정된 수입 루트를 보장받기 위한 것이었다. 그러나 신항로 개척 사업은 성공 확률이 엄청나게 낮은 투기였다. 막대한 시간과 자본의 장기적이고 안정적인 투자를 감행할 수 있는 왕실은 거의 없었다.[15] 따라서 신항로 개척 사업이란 왕실이 중심이 되어 부유한 상인과 귀족이 참여하는 대규모 국책사업이 될 수밖에 없었다.[16] 신항로 개척 사업은 국가 권력의 집중화와 대외 경쟁력과 밀접한 관계에 있었기 때문에 마젤란이 스페인 왕실의 지원으로 함대를 이끌게 되면서 입장이 난처해진 포르투갈의 왕실은 물론이고, 사주를 받은 귀족 세력들이 탐사 항해를 방해하기 위한 동원할 수 있는 갖은 수단을 썼던 것도 당시 상황에 비추어볼 때 전혀 무리가 아니었다.[17]

포르투갈은 아프리카 항로 개척에 열을 올리며 지리적인 약점을 장점으로 만드는 대서양 시대를 열고 있었지만, 스페인 왕실은 국토회복 전쟁인 레콘키스타$^{Reconquista}$에 집중하고 있었다. 711년 북부 아프리카에 정주하던 이슬람 연합종족은 지브롤터$^{Gibraltar}$ 해협$^{海峽}$을 통해 반도에 상륙한 이래 782년의 긴 세월 동안, 때론 기독교 세력을 대상으로 한 종교 간 전쟁으로, 때론 종족내부의 갈등과 투쟁의 전쟁으로, 때론 종족과 종교 간 공존과 평화의 시간을 보낸 뒤 카스티야와 레온$^{Castilla\ y\ León}$ 왕국의 이사벨 여왕을 중심으로 한데 뭉친 스페인 기독교 왕실 연합의 세력에게 마지막 왕국 그라나다를 내어놓고 반도$^{半島}$에서 물러날 수밖에 없었다.

---

14) 이전, 『라틴아메리카 지리: 문화와 역사 그리고 정치·시사를 중심으로』, 서울, 민음사, 1994, pp.42~43.

15) Manuel Lucena Salmoral, 앞의 책, p.35.

16) 그러나 아메리카의 존재가 밝혀진 후 안정적 항로를 통한 대륙 탐사 원정대의 경우는 대부분 국가 주도형이 아닌 민간 주도형으로 이뤄지며, 따라서 국가의 통제력 또한 제한적이었다.

17) Manuel Lucena Salmoral, 앞의 책, pp.32~33; 95~100.

콜럼버스가 이사벨 여왕을 찾은 것은 이슬람 왕국의 아름다운 붉은 궁전, 알람브라<sup>Alhambra</sup>였다. 이미 포르투갈 왕실에서 대서양을 통한 인도 항로 개척의 사업설명회에서 거듭 실패를 맛보았던 콜럼버스는 몇 차례의 시도 끝에, 오랜 염원이었던 통일을 이루어 한껏 들떠 있던 이사벨 여왕으로부터 사업계획을 승인받을 수 있었다. 콜럼버스는 '대양의 제독'이라는 칭호와 더불어 발견하게 될 땅에서 얻는 소득의 10%를 보장받을 수 있는 조건으로 계약을 체결할 수 있었다. 이사벨 여왕으로서는 기대가치가 높은 투자 사업은 아니었으나, 투자대비 수익성을 생각한다면 충분한 가능성이 있는 사업이었다. 콜럼버스에 대한 지원은 투자라기보다는 투기에 가까운 모험인 것은 분명했다.

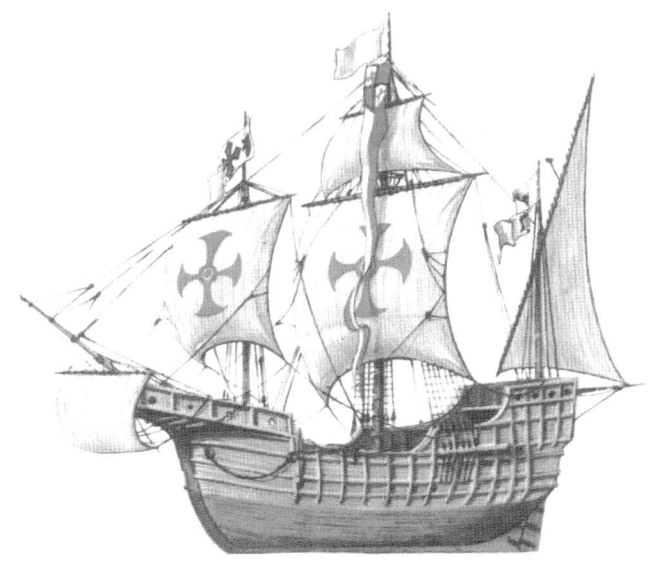

*La Santa María*
*Nave Capitana*

향신료 유통망 확보를 위해 결성된 콜럼버스 함대의 함장호 산타마리아 호

동방東方 무역을 통한 막대한 수입에 대한 염원과 꿈은 이제 막 대서양 항로 개척을 통해 그 실현가능성이 입증될 수 있는 기로에 선 것이었다. 콜럼버스는 포르투갈 왕실에 의해 이미 개척되어 있던 북서 아프리카의 베르데곶Cabo de Verde(1445년 개척)을 거치는 항로를 포기하고, 카나리아 군도를 지나면서 바로 서진하는 항로를 통해 인도의 서쪽 어느 곳인가에 도착할 수 있으리라 예상을 했던 것이다. 문제는 그가 지구의 크기를 실제보다 훨씬 작게 파악하고 있었던 데서 발생했다. 추정했던 시간이 지나고도 한참 뒤에 겨우 도달한 곳은 인도의 서쪽에 훨씬 미치지 못하는 카리브 지역이었다. 구형으로서의 지구에 대한 수백 년 동안의 추정은 분명했으나, 크기에 대해 콜럼버스가 입수했던 정보는 터무니없었던 것이다.

동방 무역의 실질적인 내용 가운데 가장 두드러진 것은 지금의 몰루카 제도를 중심으로 재배되는 향신료의 막대한 부가가치에 있었으며, 서양은 종합무역 거점이었던 인도를 거쳐 몰루카 제도까지 확장되기에 이르렀다.


## 2) 욕망으로 체화된 아메리카

콜럼버스의 신항로 개척 사업은 본연의 목적을 달성하지 못했으며, 신항로 개척의 목적이었던 향신료 수입 루트의 안정적 확보와 멀어졌다. 그러나 아메리카의 발견으로 이어진 그의 신항로 개척 사업은 결국 향신료를 대체할 수 있을 만큼 블루칩으로서의 무한한 가능성을 안게 된 신세계 건설로 이어지게 된다.

## (1) 향신료를 대체하는 약속의 땅, 아메리카

향신료 수입 루트를 개척하기 위한 콜럼버스의 항로 탐사는 뜻하지 않았던 지리상의 발견이 되었다. 이때의 '발견'이 물론 서구적 시각이라는 점은 주목해야 할 사실史實이다. 1492년 10월 12일 새벽 콜럼버스는 핀손 형제와 함께 'F'와 'Y'가 새겨진 깃발을 카리브에 세운다.[18]

수천 년을 문명을 이루며 살아왔던 '구대륙'은 '신대륙'으로의 첫걸음을 내딛게 된 것이다. 바르톨로메 데 라스카사스<sup>Bartolomé de las Casas</sup> 수사가 필사한 판본을 통해 전해지는 콜럼버스의 『항해일지』에는 콜럼버스 또한 마르코 폴로가 서구인들에게 심어주었던 물질적으로 풍부

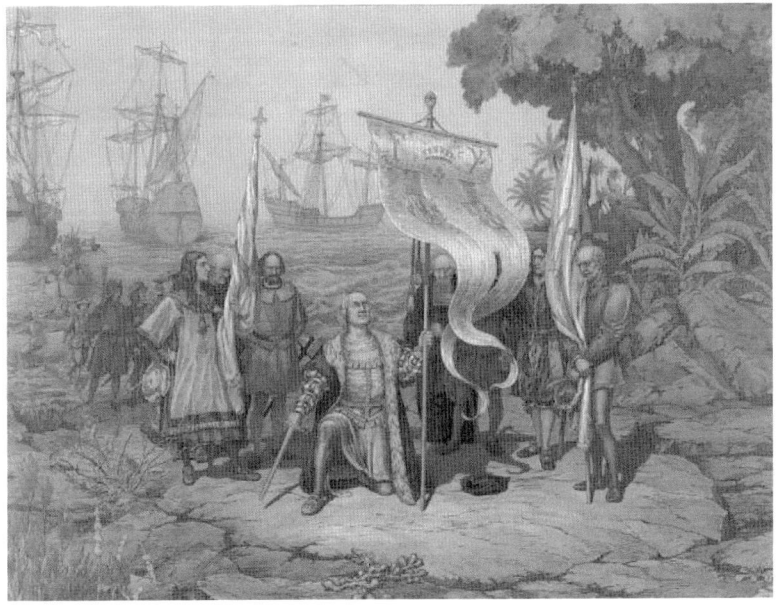

<hr>

18) F는 Fernando의 약자이며, Y는 Ysabel의 약자이다.

한 동방에 대해 기술하고 있음이 드러난다.[19] 비센테 무뇨스 푸에예스 Vicente Muñoz Puelles가 지적하듯, 정황상 콜럼버스가 마르코 폴로의 책을 읽고 동방에 대한 환상을 키워왔을 가능성이 크다.[20] 물론 콜럼버스 자신이 중국 황제가 영향력을 미치는 현재의 일본, 지팡구[Cipango] 남쪽에 펼쳐져 있다는 향신료와 금은보화가 가득한 동인도에 도달했으리라는 환상은 오래가지 않았다. 지리적 오류를 시인할 수밖에 없게 된 것이다. 하지만 지리상 알려지지 않았던 공간을 발견했다는 생각은 신세계의 발견이라는 새로운 희망으로 대체된다.

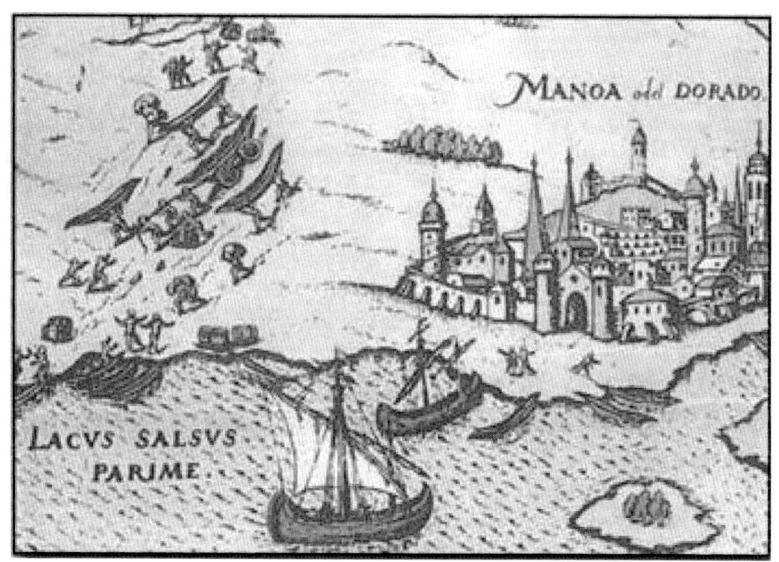

---

19) Colón, Cristóbal, *Diario de a bordo*, Madrid, Ediciones Generales Anaya, 1985, pp.35~36.

20) "Colón había leído, en el Libro de las Maravillas de Marco Polo, que el Gran Khan pidió al Papa Eugenio IV cien teólogos para convertir a los mogoles", 위의 책, p.36, 각주 2.

동인도에서 향신료를 구입하기 위해 새로운 항로를 개척하려던 콜럼버스는 실수로 아메리카에 도착했으나, 역사는 이 사건을 '발견$^{Discovery}$'으로 기술했다. '발견'은 발견자의 주관적이고 주체적인 개입이 가능하다는 인식으로 이해되며, 발견된 땅을 개발하여 그 수익을 차지할 수 있다는 당위성으로 확장된다. 이후 역사는 기술$^{記述}$의 주체를 가변적 요소로 삼아 신대륙 발견과 건설의 당위성을 다양하게 재해석하여 왔으며, 오늘날 '발견'의 용어에 대한 '회의'와 '의문'이 대중적으로 제기될 수 있는 자연스러운 상황에 도달했다. '신대륙 발견'의 용어는 '두 대륙의 만남'이라는 용어로 대체되기도 하며, '발견$^{Discovery}$'을 '은닉$^{Cover}$'한 덮개를 벗기$^{Dis}$는 행위$^{Dis-Cover}$로 이해하기도 한다.[21] 다행스러운 것은 이렇듯 왜곡된 채 수용되었던 역사적 사실에 대한 다양한 해석이 폭넓게 시도되고 있다는 사실이다.

아메리카가 신대륙이자 신세계로서 서구인들에게 인식된 것은 원주민을 고유의 문화와 문명을 지닌 주체적 대상으로 본 것이 아니라 향신료와 같은 환금성$^{換金性}$ 작물을 대체할 수 있는 광활한 지역의 단순한 거주민으로 보았기 때문이다. 신대륙은 향신료와 금은 등 서구인들의 부귀영화를 위한 새로운 대상으로서 신세계가 된 것이다. 원주민들은 서구인들을 대적할 만한 군사력이 없을 만큼 존재감이 미약한 저개발 지역민들이었다. 처음부터 원주민은 타자$^{Other}$였다. 1493년 2월 15일 왕실 서기 루이스 데 산탄헬$^{Luis\ de\ Santangel}$에게 보내는 편지에서도 가톨릭 양 왕을 위해 모든 섬을 점령했음을 명확하게 밝히고 있다.[22] "금광과 은광에 접근하기 좋은 [……] 중국 황제가 있는 땅 같은 넓은 지

---

21) 엔리케 두셀은 '발견Discovery'을 '은닉Coverup'의 용어로 새롭게 읽는다.

22) "yo hallé muy muchas islas pobladas con gente sin número, y de ellas todas he tomado posesión por Sus Altezas", 위의 책, p.225.

역을 점령하여"[23]라는 묘사에서처럼 '점령'이라는 말에는 금과 은을 비롯한 물질적 기대를 반영하고 있으며, 아메리카는 물질적 욕망의 대상으로 체화되었음은 주지의 사실이다. 그는 동인도에 도착했다는 확신이 없을 뿐 아니라, 당시에 인기 있던 향신료를 발견하지 못했음에도 불구하고, 향신료를 대체할 수 있는 금과 은에 대한 희망을 '당연하게' 묘사하고 있다.[24]

종교적 교세확장과 영혼구제라는 목적이 병존했다고는 해도, 항로 개척의 의도 자체가 높은 환금성 사업성의 확보에 있었으며, 항로 개척에 참여한 사람들의 구성은 소수의 성직자와 의료인들의 행위를 제외하고는 대부분 상업적 목적에 의해 이뤄졌다. 결국 신대륙의 발견은 새로운 땅의 정복으로 이어졌고, 향신료를 대체할 황금이 가득한 미지의 세계로 변모變貌되었다. 스페인과 포르투갈의 군주는 황금에 눈이 뒤집힌 이들에게 정복사업을 허가했고, 그들의 에너지를 '신대륙'에 풀어놓았다. 일종의 투기사업을 활성화한 것이었다.[25] 사람들은 일확천금을 꿈꾸며 대양을 건넜고, 금의환향하거나 높은 지위도 얻을 수 있을 것을 예상했던 것이다.

## (2) 꿈의 낙원, 유토피아(U-Topia: 세상에 없는 곳)

콜럼버스는 항해일지에서 "새롭게 도착한 곳이 너무도 아름다워 낙원에 도착한 것 같다"[26]고 감회를 적고 있다. 그의 기록에 의하면, 경

---

23) "en el lugar más convenible y mejor comarca para las minas de oro y [……] así de la tierra firme de acá como de aquella de allá del Gran Can, adonde habrá gran trato y ganancia, he tomado posesión de una villa grande a la cual puse nombre la Villa de Navidad", 위의 책, p.234.

24) "en ésta hay muchas especierías y grandes minas de oro y de otros metales", 위의 책, p.227.

25) 존 H. 엘리엇, 『스페인 제국사 1469~1716』(김원중 옮김), 서울, 까치, 2001, pp.62~63.

치는 아름다웠으며, 날씨도 카나리아 제도에서보다 좋았고, 과실이며 동식물들은 다양했고, 그 개체 수 또한 놀라울 만큼 많았다. 그곳에는 무엇보다도 주권을 유지할 물리적 저항력이 없는 원주민들만 거주하고 있을 뿐이었다. 콜럼버스는 "[원주민들은] 태어날 때처럼 옷을 벗고 다녔으며, [……] 무기를 지니기는커녕 알지도 못했는데, 칼을 보여주자 날을 잡아 손을 베이곤 했을 정도였다"[27]고 기술하고 있다. 서구인들에게 아메리카 대륙은 주인다운 주인이 없는 곳으로서의 신대륙을 의미했으며, 이는 점령의 당위성과 연결되었다. 무적함대를 위시한 막강한 군사력에 대응할 능력이 없을 뿐 아니라, 대규모 이동과 운송 수단을 결여하였으며, 제한적 농업 위주의 생산구조는 서구가 원주민을 '야만'으로 규정할 명분을 제공하였고, 향후 식민정책에서 그들의 산업과 경제적 구조를 '저개발$^{Underdevelopment}$'로 규명하여 길들이고 발전시킬 수 있다는 개발론과 발전론의 인식적 명분으로 확장된다. 주인의 허락이나 공감 없이 '주인 없는 땅'으로 일방적으로 인식된 아메리카는 곧 탐욕의 대상으로 떠오른다. 서구인에게 물질적 욕망을 채워줄 수 있는 이상적 세계로 등장하게 된다.

대규모 이익 사업이 가능한 이상적인 세계를 발견하게 되었다는 인식은 이상화된 현실이라는 측면에서 유토피아의 개념과 연결된다. 유토피아의 개념은 토머스 모어$^{Thomas\ More}$가 쓴 동명의 작품이 등장하기 훨씬 전부터 서구사회의 이상적 세계관의 형상으로 비유되어 왔다. 플

---

26) "sin comparación de la isla de Tenerife, todas hermosísimas, de mil hechuras, y todas andables y llenas de árboles de mil maneras y altas, y parece que llegan al cielo", Cristóbal Colón, 위의 책, p.226.

27) "Ellos andan todos desnudos como su madre los parió, [……] Ellos no traen armas ni las conocen, porque les mostré espadas y las tomaban por el filo y se cortaban con ignorancia", 같은 곳.

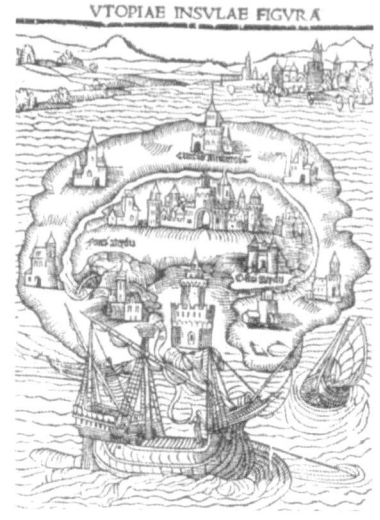

라톤의 아틀란티스를 비롯하여, 고대 그리스의 이상국가理想國家 개념과 헤브라이즘에서의 낙원의 개념이 15세기 후반과 16세기에 급격하게 확산된 유토피아 세계관의 원형적 모델이라 할 수 있다. 이상세계로서 유토피아가 처음으로 등장한 것은 '창세기'28)일 것이다. 탐욕과 불의가 없다는 의미에서는 더욱 그러하다. 낙원은 인간이 성性을 모르는 한 지속되는데, 성이 등장하거나 성에 대한 인식을 갖게 되면서 낙원에서의 추방이 이뤄졌다는 믿음 때문이다. 인간의 성과 그로부터 파생派生된 사랑과 가족, 재산의 개념은 유토피아 세계를 파괴하는 것으로 이해되었다.

지상에서 낙원의 이미지로서 유토피아는 토머스 모어의『유토피아』에 잘 정리되어 있다. 모어에 의하면 모든 사회적 부정과 불행은 부자들의 음모에서 기인한다. 그에게 사회의 부조리에 대한 해결책은 사회체제의 근본적 개편, 즉 사유재산제私有財産制를 폐지하고 재산 공유제共有制를 도입하는 선택뿐이었다. "사유재산이 폐지되지 않는 한, 재화의 공정하고 평등한 분배와 인간세계의 행복이란 존재할 수 없으며 인류의 최대 다수를 차지한 선량한 사람들이 빈곤과 불행의 굴레에서 벗어날 길이 없다"는 논리29) 때문이었다.

---

28) "La primera utopía aparece en el Génesis" Iván Gracia Sala, *Feminidad, deseo y utopía: las mujeres de Nosotros*, Madrid, Esclavística Complutense, 2007, pp.7, 51~62.
29) 김영한,『르네상스 휴머니즘과 유토피아니즘』, 서울, 탐구당, 1989, p.183.

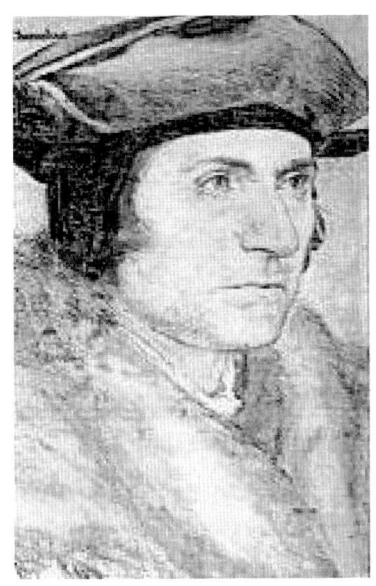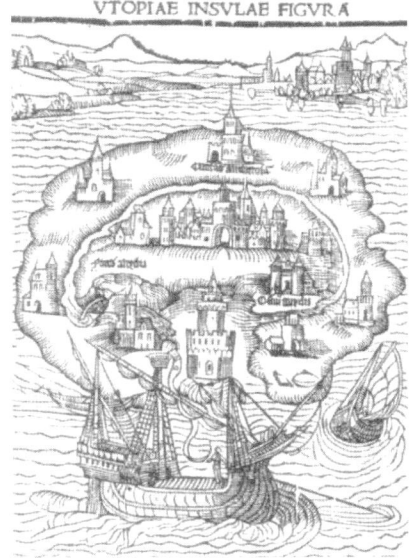

토머스 모어와 그의 저서 『유토피아』

　모어의 궁극적 목표는 사회정의와 행복이었으며, 사회정의와 행복
은 평등 없이 실현될 수 없는 것으로서 평등은 사유제 사회에서 유지
되기 어렵기 때문에 모어에게 있어 공유제는 그 자체에 목적이 있는
것이 아니라 그의 목표를 실현하기 위한 수단이었다. 초기의 식민자들
이 생각했던 유토피아와 근본적으로 의미가 다른 것이었다. 아메리카
를 정복한다고 믿었던 이들은 적극적 개념의 소유와 물질에 대한 집착
을 보였으며, 고대 그리스 사상이나 무궁한 자원과 대상이 가득한 곳
으로 보이는 '낙원'은 그 자체로 지상의 유토피아였으며, 짧은 기간에
자신들의 물욕을 채워줄 수 있는 '향신료의 꿈이 체화된' 엘도라도로
그 의미가 확장된다. 창세기에 등장하는 공유제로서의 유토피아와 본
질적으로 대조되는 물질적 세계관을 지향했던 것이다.

신대륙 정복과 개발에 있어서 유토피아적 인식은 철저하게 물질적 욕구의 대상이었으며, 공유제적 유토피아가 추구하는 형이상학적 사고체계로 흡수되지 못한 채 속물적 형태로 남게 된다.

## (3) 물신적 꿈의 공간, 엘도라도

콜럼버스와 그 일행이 체험하고 묘사했던 낙원의 인상과 이미지는 토머스 모어로 대표되는 정신적 낙원의 이미지와는 본질적으로 대조되는 것이며, 신항로 탐사의 주역들이 묘사한 낙원은 엘도라도의 개념으로 흡수되어 형성된다. 막대한 양의 금을 구할 수 있을 것으로 여겨졌던 동인도 대신 신대륙이 엘도라도의 신화를 위한 공간으로 대체되고 체화된 것이다. 엘도라도는 모험과 부와 탈출을 꿈꾸던 사람들이 자신들의 목적을 위해 현실과 신화를 결합시키며 찾아내려던 유토피아로 체화된다.

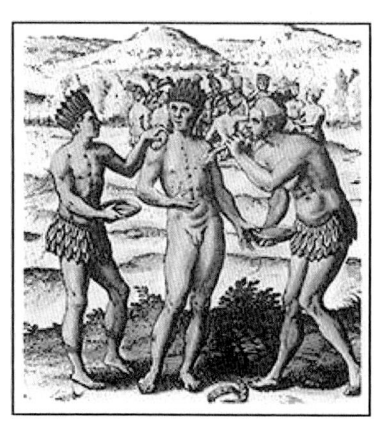

엘도라도의 전설은 서구의 물신적 욕망의 체화된 꿈이다

인도의 서쪽 어느 곳에 도착했으리라는 생각을 버릴 수 없었던 콜럼버스에게 미지의 땅, 카리브 Caribe는 서구의 물신적 욕망의 대상으로서 희망의 씨앗을 일구는 옥토가 되었다. 카리브가 자신들이 찾아 나섰던 향신료의 고장이 아니었다는 사실事實은 여러 역사적 정황으로 파악할 때 받아들이지 않을 수 없었지만, 카리브 지역이 금광과 진주가 가득한 보물창고일지 모른다는 추정은 그의 『항해일지』의 많은 부분을 차지하고 있다.

향신료의 꿈을 대체하는 희망의 공간, 카리브는 서구의 물신적 욕망을 위한 존재적 정체성을 지니게 된다. 카리브라는 존재의 의미는 '발견'한 서구 주체의 필요에 의해 규정되고 변형될 수 있는 것이다. 자신들이 왜 카리브에 있는지, 그 이유를 합리화하기 위해서는 자신들의 애초에 목표했던 물신적 욕망의 대상이 결코 허망한 신기루가 아니었음을 확인하는 인지적 작용을 거쳐야 했다. 콜럼버스의 황금에 대한 집착은 대단했다. 그는 자신이 도착한 곳이 인도의 서쪽 어느 곳이라는 확신을 갖고 있었다. 그의 『항해일지』에 언급된 황금과 관련된 기술들은 거의 대부분이 자신이 갖고 있던 정보와 일치된다는 추정에 근거하였다.

나는 황금이 있는지 알아내기 위해 신경을 쓰고 있었다 Y yo estaba atento y trabajaba de saber si habia oro. [······] 그래서 나는 황금과 보석을 찾기 위해 남서쪽으로 항해했다 y así ir al Sudoeste a buscar el oro y piedras preciosas. 내가 일본을 우연히 찾아낼 수 있기를 기원했다 quiero ir a ver si puedo topar a la isla de Cipango.(10월 13일)

그곳에 황금이 있었다. [······] 엄청 큰 황금 팔찌와 발찌를 거기에서 가져왔다고 말했다 Había allí oro. [······] me decían que ahí traían manillas de oro muy grandes a las piernas y a los brazos.(10월 15일)

이 섬은 정말 컸는데, 둘레를 돌아보기로 했다. 내가 알기로는 이 섬이나 주변에 금광이 있기 때문이다 esta isla es grandísima y tengo determinado de la rodear, porque, segun puedo entender, en ella o cerca de alla hay mina de oro.(10월 16일)

콜럼버스의 이러한 기록을 살펴보면 그는 자신이 분명히 몰루카 제도의 북쪽과 일본의 남쪽 어느 곳을 항해하고 있다는 확신을 갖고 있었다. 몰루카 제도는 향신료의 고장이었으며, 중국과 일본은 금광이 무진장 많은 것으로 '잘못' 알려져 있었기 때문이다. 카리브 인근을 항해하면서 그는 토착민들의 발음에서 따온 지역 명칭인 쿠바<sup>Cuba</sup>를 향해 항해를 기획하면서도 여전히 황금을 찾기 위해 지팡구, 일본을 들먹이고 있다. 여전히 지리적인 오류를 눈치 채지 못하고 있는 것이다.

> 쿠바를 향해 그곳을 떠났다. 원주민(인디오: 인도 부근이라는 확신은 토착 원주민들을 인디오라 부르게 만들었다)들의 정보에 의하면 황금과 진주가 무진장 있는 [……] 지팡구라 생각했다<sup>Partió de allí para Cuba,</sup>
> porque por las señas que los indios le daban de la grandeza y del oro y perlas de ella, pensaba
> que era ella, [……] Cipango.(10월 26일)

콜럼버스의 기록은 분명 스페인 군주에게 보내지기 위한 목적이었으므로, 사실로서 황금과 금광을 발견한 것이 아닐지라도, 그 유명한 황금의 고장에 도착했으며, 여러 정황으로 보아 곧 막대한 양의 황금을 확보할 수 있을 것이라는 확신을 군주에게 주기에 충분했을 것이다. 그의 『항해일지』에는 향신료 얘기보다 황금에 대한 기술<sup>記述</sup>이 압도적으로 많다. 이는 자신이 도착했던 카리브 지역에서는, 당시에 블루칩<sup>Blue chip</sup>으로 인정받아 같은 무게의 황금보다도 더 값이 매겨지기도 했던, 귀한 향신료가 발견되지 않았기 때문이리라. 따라서 그는 자신이 아직 향신료의 고장에는 도착하지 않았지만, 토착민들의 존재를 보아 이미 지팡구 어느 근처에 왔으리라는 추정을 하고 있었던 것이다. 오류<sup>誤謬</sup>는 객관적인 정보의 해석마저 왜곡하게 만든다. 향신료의 존재 여부는 나무와 식물군의 분포를 보아 곧 확인할 수 있는 실증적인 문제였지만, 황금의 존재 여부는 다소 모호할 뿐 아니라 오해를 할 충분한 여지가 있었기 때문에 콜럼버스는 황금에 더욱 집착하는 기술에 매달릴 수밖에 없었을 것이다.

목과 귀, 팔과 다리에 금 장식을 하고 있던 그들에게 황금과 진주를 보여주자, 보이오라는 곳에 엄청난 금과 진주가 있다고 했다<sup>Móstroles</sup>oro y perlas, y respondieron ciertos viejos que en un lugar que lamaron Bohío había infinito y que lo traían al cuello y a las orejas y a los brazos y a las piernas, y también perlas.(11월 4일)

　　서구의 시각에서 아메리카는 처음부터 물신적 꿈의 체화된 공간이었다. 본격적인 대서양의 시대를 연 카스티야 왕국은 콜럼버스를 통한 투기사업에 집중할 수밖에 없는 상황이었다. 국토회복 전쟁은 왕실의 금고를 텅 비게 만들었고, 실현가능성도 모호한 서쪽 항로 개척에 경제적 희망을 걸 수밖에 없었던 것이었다. 인도의 동쪽에 존재한다는 약 3천 개의 섬과 그곳의 특산물인 금과 진주의 산, 12종에 달하는 많은 양의 향료, 똑같이 대량의 검거나 흰 후추는 마르코 폴로의 기록을 통해 물신적 꿈으로 재생산을 거듭하였고, 콜럼버스와 동시대인들에게 판타지의 꿈[30]이었다. 갈레아노는 향신료의 중요성이 콜럼버스 항해의 탐험 원조의 결정적 동기였

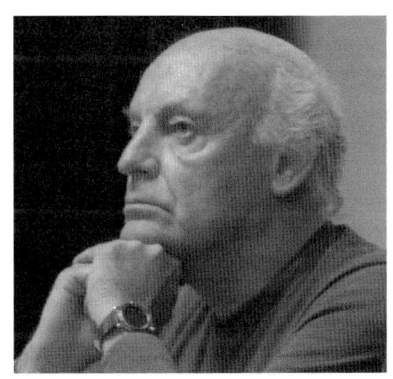

으며, 무역을 독점하는 중개업자나 투기자의 사슬에서 벗어나며, 상거래의 결제수단인 귀금속을 향한 갈망이었음을 지적한다. 보헤미아, 작센, 티롤의 은 광맥이 이미 고갈되어 전 유럽이 은을 갈구하고 있었기 때문[31]이었다는 것이다. 향신료의 꿈이 사라졌어도

에두아르도 갈레아노

30) 갈레아노, 『수탈된 대지』(박광순 역), 서울, 범우사, 1988. p.60.
31) 같은 곳.

아메리카는 여전히 물신적 꿈의 공장이었으며, 이는 지속적인 수탈로 확장된 것으로 묘사된다. 엘도라도의 꿈은 향신료를 대체하였다.

엘도라도의 전설은 정복과 원정을 합리화하고 구조화하는 빌미가 되었지만, 곤살로 피사로에서 월터에 이르기까지 대부분 좌절을 맛볼 뿐이었다. '은을 분출하는 산'의 환영은 1545년에 포토시의 발견에 의해 현실이 되었지만, 많은 탐험가들이 굶주림이나 질병에 쓰러지든가, 원주민의 화살에 죽어갔다. 갈레아노는 당시, 금과 은은 르네상스가 천국의 낙원의 문과 지상의 자본주의적 중상주의의 빗장을 여는 데 사용한 열쇠였으며, 아메리카에서의 스페인 사람과 포르투갈인의 서사시적<sup>敍事詩的</sup> 위업은 기독교 신앙의 보급과 현지의 부<sup>富</sup>의 횡령 및 약탈을 결합시켰음을[32] 상기한다.

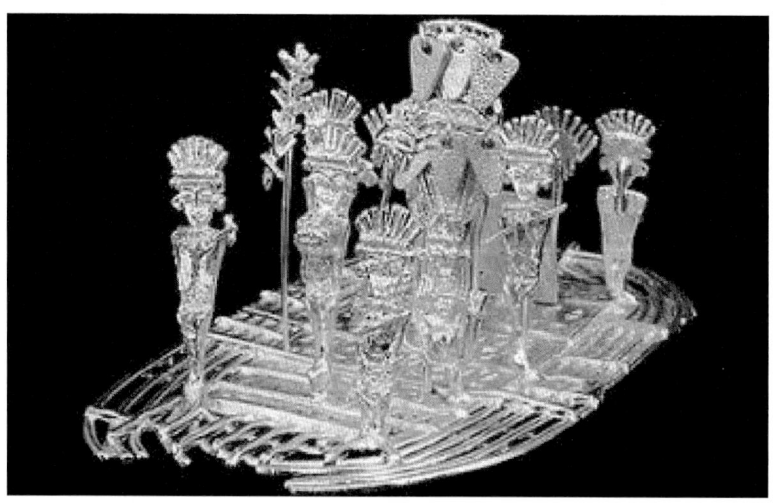

금으로 체화된 물신적 욕망은 엘도라도에 집중됨

---

32) 위의 책, p.63.

카를로스 사우라의 <엘도라도>는 물신적 꿈이 무너지는 과정에 대한 묘사에 집중하였다. 영화는 1560년 펠리페 2세 치하의 페루 산타 크루스 데 카보 코바르^(Santa Cruz de Cabo Covar)에서 엘도라도를 찾는 원정대의 여정으로 시작된다. 황금에 대한 탐욕은 7년의 세월 동안 아마존 유역을 헤맬 수 있는 동력이 되었다. 8개월의 지체와 항해의 어려움은 원정대의 사기를 꺾었으나, 알론소 데 에스테반 대장은 반역과 반란을 평정하며 힘들게 진군을 한다. "나는 지쳤소. 한데 엘도라도가 없는 것이라면 우리는 무엇을 해야 할까요?" 그는 자신과 대척점에 있는 아기레에게 자신의 무력감을 고백한다. 영화는 초반 5분을 제외하고 이후 137분이 진행되는 동안 끝없는 절망과 회의 속에 스스로 함정에 빠지는 원정대를 묘사한다. 엘도라도의 탐사와 관련된 사실주의적 서사의 시각이다.

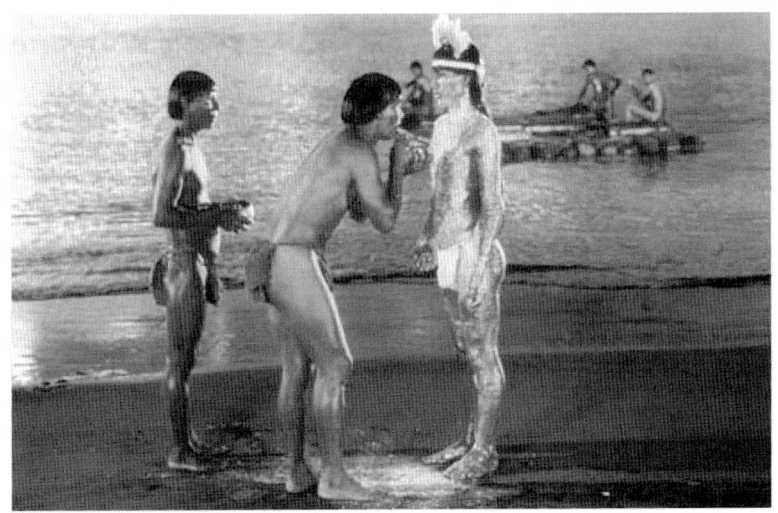

황금에 대한 인간의 탐욕은 원정대장의 혼혈 애인인 이네스를 통해 체화되며, 그녀는 모든 남성들의 표면적 갈등의 원인으로 등장한다. 이네스는 말린체를 비롯한 수많은 초기 원주민 처녀들에게 지워졌던 욕망의 대상으로서의 역할을 상징적으로 반영한다. 먼저 그녀는 탐사대들의 욕망의 대상이 된다. 그녀 곁의 남성들은 차례로 죽음을 맞이하며, 탐욕은 혼란과 내분을 거쳐 비극으로 확장된다. 대장의 암살 이후 원정대는 아기레의 독선으로 점점 좌초된다.

이 과정에서 이네스와 아기레의 딸, 엘비라는 원정을 바라보는 두 시선을 상징한다. 원정대장의 애인으로 남성들의 욕망의 대상으로 물화된 이네스는 희망의 원정에 따라나섰다가 두려움과 혼란 속에 빠지는 원정대원들의 모습과 동일시된다. 그러나 엘비라는 원정의 후반부를 지휘하는 독선적인 아버지, 아기레의 모습에서 인간의 탐욕에 대한 분노와 저항을 드러낸다. 초기 원정대의 탐욕과 폭력에 대한 아메리카적 시선의 고발을 상징한다. 식민지의 모국에 대한 거부감과 저항의식은 원주민 혼혈 엘비라와 아버지, 아기레와의 관계로 함축되는 것이다.

귀족 출신의 에스테반이나 평민 출신의 아기레 모두 물신적 집착과 탐욕에서 벗어나지 못한 채 두려움과 불안에 휩싸인 채 비극적 결말을 맞이한다. 감독 사우라는 죽어가는 아기레의 환영을 통해 혼혈문화인 라틴아메리카의 실체를 반영하는 딸, 엘리바가 스페인인이며 정복자인 자신의 만행으로 죽어가는 끔찍한 자각몽自覺夢의 의미를 부각시킨다.

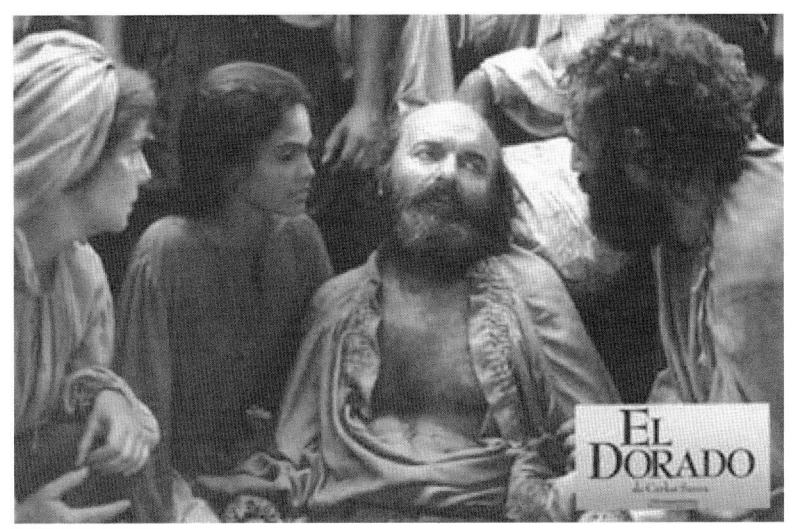

물신적 꿈인 엘도라도는 다만 스페인 정복자와 원정대의 비극이 아니라, 혼혈 문화로서 라틴아메리카의 비극이며 현실이라는 해석이 가능한 묘사이다. 원정은 1562년 아기레와 엘비라 부녀와 다른 많은 대원의 죽음으로 비극적 결말을 맞이한다. 엘도라도의 꿈은 허구로 사라졌지만, 권력의 주체는 여전히 라틴아메리카의 경영권을 유지하는 것으로 영화는 마무리된다.

사우라 감독은 이 영화에서 뛰어난 연출력과 주제의식으로 높이 평가를 받았지만, 인간의 탐욕과 그 비극적 결말의 주제의식에 초점을 맞추었기 때문에 역사의 기억을 재연하는 아메리카적 시선을 집약할 수 있는 인종·계층·종교 등의 갈등에 대한 묘사는 제한적으로 연출하는 한계를 지닌다. 원주민에 대한 폭력과 수탈에 대한 연출 또한 인간 내면의 문제라는 형이상학적 주제에 종속되어 그 의미는 반감되어 묘사되었기 때문이다.

여기에서 주목할 것은 엘도라도로 상징되는 서구의 물신적 꿈은 과거 역사에 머물러 있지 않다는 데 중요한 의미가 있다는 사실이다. 많은 역사가와 학자들이 간과했던 것은 서구의 욕망이 수면 아래 잠긴 것이 아니라, 여전히 채워지지 않는 허기를 메우기 위한 탐색을 진행하고 있다는 현실이다.

향신료를 향한 신항로의 개척이 신대륙의 개발로 이어졌고, 은 광산과 엘도라도를 향한 구체적이고 물신적인 욕망으로 구체화되었으며, 비극적 역사에 대한 문제의식 또한 여전히 많은 부분에서는 서구적 시각에 의해 형성되고 있다는 현실은 객관적 통찰의 시각이 필요한 이유를 드러낸다.

그러나 무엇보다 비극적인 사실은 엘도라도에 대한 기억이 낭만적이고 감상적인 그 무엇으로 비칠 수 있는 개연성蓋然性 때문이다. 주체로서 서구가 자신의 과거의 행위를 순화하고, 미화하는 과정에서 은유적으로 만들어낸 감성을 세계적 기준의 틀에서 공유할 수 있다는 가능성은 엘도라도의 신화가 갖고 있던 당시 역사의 비극성에 못지않게 더욱 아픈 상처를 만들어낼 수 있는 가능성으로 연결된다. 과거에 대한 냉철한 성찰의 주체와 대상에 대한 문제의식이 형성되지 않는다면, 구체적인 가해자도 구체적인 피해자도 그 실체가 두루뭉술한 이미지에 머물 개연성이 두드러진다. 과거의 상처와 그 흔적이 점차 흐트러질 만큼 오랜 세월에는 역사적 기억마저 희미해지는 것이 어쩔 수 없는 것이라고는 해도, 역사적 실체에 대한 올바른 직면直面이 없다면, 현재와 미래를 아우를 수 있는 통합적 의식과 인식의 틀이 세워지기를 바랄 수는 없을 것이다.

아메리카 고대 문명과의 만남을 젊고 패기 넘치는 서구인의 모험과

낭만적 추억으로 그려낸 애니메이션 <엘도라도>는 수탈을 비극으로
볼 수 없는 역사 인식으로 가득한 서구의 시각을 고스란히 반영하고
있는 이미지를 담고 있다. 철저하게 서구 중심적 사고방식에 의해 대
상 원주민들을 그리고 있으며, 그들의 문화에 대한 존중보다는 낯선
것에 대한 모험심의 발로가 주인공들의 행위$^{Action}$를 지배한다. 낙원에
대한 염원 뒤에 감춰진 수탈을 향한 물신적 욕망의 꿈이 그 대상에게
드리우는 비극적 그림자라는 사실을 간과하는 자기중심적 시선에 대
한 역설적 고발인 셈이다.

## 3) 수탈의 공간, 아메리카

### (1) 낙원에서 수탈의 공간으로

콜럼버스를 비롯하여 초기 탐험자들과 식민지배자들에게 카리브를
중심으로 초기에 개발되었던 아메리카 본토 지역은 그들이 꿈꾸었던
것처럼 무궁무진한 부를 보장하는 약속의 땅은 아니었다. 자신들의 기
대와는 크게 달랐던 것이다. 콜럼버스는 얼마 지나지 않아, 자신이 도
착한 곳이 인도와는 전혀 관계가 없는 곳이었음을 알게 되었으며, 그
가 할 수 있는 선택은 달리 없었다. 콜럼버스는 원주민들을 도시 건설
과 신대륙 건설을 위한 노동력으로 동원하기로 결정했다. 여왕의 이름
을 딴, 이사벨 도시의 건설은 '황금'과 '향신료'의 확보만큼이나 중요
한 것이며, 아직 종교를 알지 못하는 것으로 보이는 이들 야만인을 기
독교로 개종시킬 수 있다면 그것은 더욱 중요한 사업이라고 자신의 신

대륙 경영을 합리화할 수 있는 명분$^{名分}$이었다. 처음에는 '향신료'를 확보하기 위한 신항로 개척의 명분이 불분명해지자, 그가 선택할 수 있었던 것은 '황금'을 획득할 수 있는 또 다른 명분이었다. 그러나 '황금'에 대한 확신이 흐려지자, 이번에는 착하기는 하지만 미개한 원주민을 문명으로 개종할 수 있는 '복음화'와 스페인의 영광을 드높이기 위한 '신도시 건설'의 명분을 들고 나오게 된 것이다. '복음화'는 이사벨 여왕이 열악한 재정상황에서도 콜럼버스를 지원할 수 있었던 명분이기도 했다.

애초에 물신의 욕망으로 시작되었던 콜럼버스의 신항로 탐험의 여정은 결국 카리브를 서구의 욕망을 해소하는 대상으로 체화하게 되었다. 카리브의 존재 의미는 이렇듯 서구의 욕망에 의해 새롭게 규정되는 것이다.

초기 서구인들에게 정복[33]은 단순한 의미에서는 땅의 점령과 개발을 뜻하지만, 진전된 의미에서는 대지가 품고 있는 목축과 전리품, 그리고 금은보화 등 이동이 가능한 대상에 대한 수탈로 확장된다.[34] 부동산이 아니라 동산에 정복의 목적이 두드러지기 때문에 올바른 경영보다는 확실한 수탈이 정복과 식민의 본질이 될 수밖에 없었던 것이다. 콜럼버스는 단기적 투기 모험 사업가였다는 평가가 가능하다.[35]

---

33) 정복과 관련된 용어로 점유, 점령, 개발, 수탈 등의 어휘는 사용하는 주체에 의해 그 의미의 전달 의도가 차별화된다. 예를 들어 콜럼버스와 같은 최초의 항해자들은 아메리카 대륙에 도착하는 과정에서 점령이나 점유 정도의 소유와 관련된 어감의 'posesión'이라는 15세기적 표현을 가장 많이 사용하였고, 이후 피사로 등의 원정대는 정복과 세력의 확장이라는 개념의 'conquista'라는 어휘를 압도적으로 사용하였으며, 초기 정착 식민통치자들은 개발이라는 의도로 'desarrollo'나 'explotación'의 어휘를 주로 사용하였다. 이는 토지의 개념이 발견 초기에는 특별한 경제적 효과를 가져다주지 못한 채 정치적 의미의 정복과 점유의 개념이 강했으나, 점차 경제적 개발의 의미로 확장되기 때문이다.

34) Leslie Bethell(ed.), Historia de América Latina 1, América Latina Colonial: La América Precolombina y la conquista(traducción por Antonio Acosta), Barcelona, Editorial Crítica, 1984, pp.125, 128.

35) 위의 책, p.134.

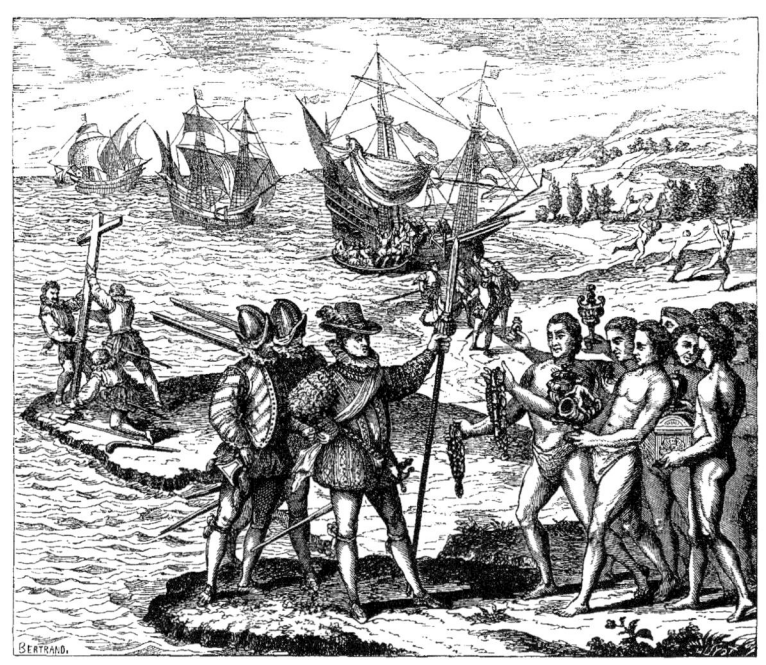

Fig. 199.—Discovery of America, 12th of May, 1492.—Columbus erects the Cross and baptizes the Isle of Guanahani (now Cat Island, one of the Bahamas) by the Christian Name of St. Salvador.— From a Stamp engraved on Copper by Th. de Bry, in the Collection of "Grands Voyages," in folio, 1590.

카리브에 도착해서 '마치 천국에 있는 것' 같다던 그가 주목한 것은 거주나 경영이 아닌 개발에 의한 이익이었다. 스스로를 수탈의 주체로 드러낸 것이다. 콜럼버스와 동료들이 원했던 것은 환금성 작물로서의 향신료였으며, 이는 곧 금이었기 때문이다. 이러한 금에 대한 집착과 환상은 정황상 비극으로 연결될 수밖에 없는 것으로서, 왕실에 신고할 향신료와 금을 충당할 수 없게 된 콜럼버스는 그를 대체할 대상을 찾을 수밖에 없었는데, 이는 바로 노동 공급원으로서의 원주민[36]이었다.

---

36) 같은 곳.

영혼 구제와 인디언 노동력 의존의 경제구조는 이율배반적인 식민 목적이었으며, 동시에 상호 갈등의 요인이 되기도 한다.

원주민 노동력 착취와 폭력적 통치의 구조는 토착 원주민의 종교적 행위에 대한 서구적 잣대와 편견이 합리화의 근거를 마련하였다. 물신적 탐욕에 의한 폭력적 행위를 정당화하는 정신적 배경은 포교의 필요성에 의해 구체화되기도 하였는데, 무엇보다 토착 원주민의 사교邪教는 기독교 정신과 합치될 수 없는 극복되어야 할 대상으로 합리화되었으며, 이를 근거로 원주민의 노동력 착취와 폭력적 통치는 수탈에 이용되는 구조를 이루게 되었다. 갈레아노는 서구의 입장에서 아메리카는 광대한 악마의 제국이었으며, 따라서 토착민의 사교의 극복을 노리는 광신적인 포교는 신세계의 재보가 정복자들 사이에 불러일으켰던 열광과 혼동되고 있었다며, 에르난 코르테스의 동료였던 베르나르 디아스 델 카스티요가 '신과 여왕 폐하에 봉사하기 위해, 또한 부를 획득하기 위해' 자신들이 멕시코로 갈 수 있었다는 회고에 주목37)할 필요가 있다.

결국 낙원으로 비친 모습은 정복자의 욕망의 시각에서 기술된다. '보는' 주체에 따라 '보이는' 대상의 의미는 달라진다. 이러한 의미의 차이는 신대륙이라는 새로운 공간을 둘러싸고 원주민과 이주민들의 이해관계에 따라 더욱 극명하게 드러날 수밖에 없는데, 일방적 시각에서 아메리카를 낙원으로, 그리고 엘도라도로 보았던 서구인들은 현실과의 입체적 접촉을 통해 환상에서 깨어나는 환멸을 경험하게 된다. 여전히 아메리카의 거대한 영토와 자원은 대체된 향신료의 꿈으로서의 긍정적 의미를 상실한 것은 아니었으나, 물질적 유토피아의 꿈과

---

37) 갈레아노, 앞의 책, p.62.

욕망은 집착의 크기만큼이나 큰 실망과 환멸로 이어졌다. 중요한 것은 이상화된 환멸을 보는 시각이 서구인에만 집중이 되어서는 객관성을 유지하지 못한다는 데에 있다. 원주민들에게 그들의 땅은 일상적 삶의 터전일 뿐 낙원의 개념도 유토피아나 엘도라도의 개념도 개입될 이유가 없었다. 그러나 콜럼버스 이후 방문객은 점령자로 바뀌고 있었고, 낯선 삶의 패턴이 강제되거나 자신들의 삶의 자유가 제한되는 상황에서 서구와의 만남은 이상화된 낭만이나 욕망의 꿈과는 전혀 거리가 먼 수탈과 억압의 시작이 되었다. 엘도라도가 존재하지 않는다는 사실에 대한 자각과 환멸이 초기 정복자들이 겪은 정신적 공허함의 원인이었으며, 부분적으로 정책의 부재와 사회적 혼란으로 이어졌다는 시각이 서구인의 입장을 대변하는 측면이 강조된 것이라면, 원주민들의 입장에 대한 해석과 기술은 극히 제한적이다. 이러한 시각의 차이는 역사로서 과거에 대한 기억과 그 재연 과정에서 자연스럽게 표출되어야 한다.

이렇듯 콜럼버스의 진출 이후 아메리카와 서구의 만남이라는 역사적 사건에 대한 기억의 아메리카적 서사는 수탈收奪로 함축된다. 두 문화적 주체의 만남이 아메리카에 대한 서구의 수탈이라는 시각에서 이해될 수 있는 것은 이질적 요소의 결합이 새로운 형태의 문화를 형성하는 과정에서 토착 원주민의 입장이 거의 반영되지 않았다는 사실에서 그 근거를 찾을 수 있다. 위아르다와 클라인의 "라틴아메리카는 비유럽대륙 중 가장 처음으로 서구화되었다. 유럽인들이 원주민인 인디언들과 접촉한 이후 이 지역의 문화는 붕괴되었으며, 그런 상황이 오늘날까지 지속되고 있다"[38]는 지적은 라틴아메리카가 직면했던 당시

---

38) Wiarda, Howard J. and Kline H. F. "The pattern of Historical Development" in Wiarda, Howard J. and Kline H. F.(eds.) Latin American Politics and Development(Boston: Houghton Mifflin, 1985). "식민시대의 유산", 『라틴아메리카의 도전과 좌절 격동하는 정치사회』, 서울, 나남, 1991, pp.59~60.

상황이 서구 주체의 일방적 개입과 주도에 의해 이뤄졌음을 확인한다. 서구는 원주민의 토착 문화에 대한 이해의 노력을 게을리했음은 물론이고, 문화적 다양성과 상대주의적 시각을 결여하고 있었던 것이다. 갈레아노가 지적하듯, 원주민의 문화는 토속적 공예로서 서구적 예술과 문화에 하위하는 저급한 가치로 취급되었을 뿐이다. 원주민들의 인신공양 및 희생제의 등의 문화적 전통에 대한 부정적 시각은 보다 적극적인 복음화와 잔혹한 박해를 위한 구실로 작용하였을 뿐 아니라 개발과 경영이라는 합리적 구실을 제공하였다. 결국 아메리카는 서구의 물신적 욕망에 의해 수탈의 공간이 될 수밖에 없는 역사적 정황에 놓이게 되었던 것이다.

사우라의 <엘도라도>가 서구가 아닌 인간의 탐욕과 비극적 상관성에 비중을 두고 있다면, 미하일 칼라토조프 감독의 <나는 쿠바>[39]는 콜럼버스와 신대륙의 만남을 "고맙습니다, 콜럼버스님. 당신이 저를 처음 보았을 때 저는 노래했고, 미소를 지었지요. 저는 인사를 드렸고, 당신이 저에게 행복을 가져다 줄 것이라 믿었답니다"[40]라는 역설적逆說的 표현을 통해 쿠바 입장에서 본 서구의 수탈을 지적한다. 칼라토조프는 여성으로 체화된 쿠바의 목소리를 통해 서구의 긴 수탈의 역사가 사탕수수로 응축된 은유의 노래를 낭송한다. "배들이 저의 설탕을 실어가곤 했지요. 눈물이 저를 적시고요. 설탕은 이상하기도 하지요, 콜럼버스님. 설탕에 눈물이 많을수록 더욱 달콤하니까요."[41]

---

39) 4부로 구성되어 있는 〈나는 쿠바〉에서 감독은 1부와 2부에서 서구와 쿠바의 만남이 철저하게 종속과 수탈의 관계에 있음을 집중 조명하고 있으며, 3부와 4부는 혁명의 동기와 당위성을 피력한다.

40) "Gracias, señor Colombo. Cuando ud. me vió por primera vez, yo cantaba y reía. Yo saludé. Creí que me traía la felicidad. Soy Cuba."

41) "Mi azúcar se la llevaban los barcos. Mis lágrimas me las dejaban. Estraña cosa es el azúcar, Sr. Colombo. Tanto llanto en ella y sin embargo es dulce."

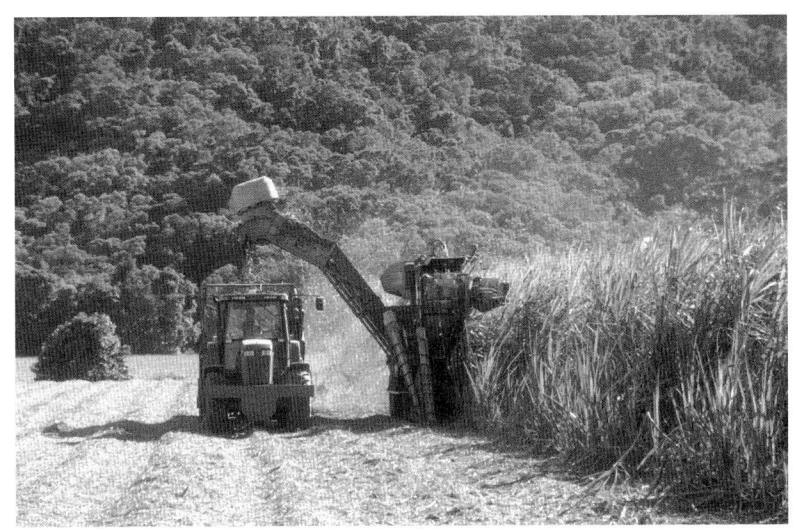

사탕수수는 식민지배자들에게는 높은 부가가치의 작물이지만, 서부 아프리카에서 노예로 팔려온 흑인의 후예에게는 트라우마의 작물이다

1부에서 마리아라는 이름을 숨긴 채 미국인 출입 바에서 베티라는 이름으로 살아가는 여인은 철저하게 자본에 종속되어 파괴되는 라틴 아메리카의 과거와 현재를 상징하고 있다. 마리아는 'Sure, Mister, Baby, Money'의 단어만으로 미국인 고객들과 소통할 뿐이다. 이때의 소통은 돈을 매개로 한 거래이며, 육체의 매춘뿐 아니라, 영혼의 매춘으로 묘사된다. 격정적인 아프로 라틴 음악과 리듬만이 그녀의 외형적 정체성을 드러낸다. 수탈의 역사가 철저한 종속으로 고착되는 사회에서 그녀는 자본의 노예가 되고 있는 것이다.

2부에서는 사탕수수밭의 소작인 노인이 한순간 삶의 터전에서 쫓겨나는 장면을 집중 조명하고 있다. 칼라토조프 감독은 수탈의 구조가 피해자에게는 전면적인 박탈이 될 수밖에 없음의 비극성을 감성적 자극에 호소한다. 농장주 아코스타와 노인 노동자 페드로의 대화이다.

A: "페드로, 일하고 있나?" "이제, 자네는 좀 쉴 수 있게 됐어." "땅을 유나이티드 프루트에 팔았거든."

P: "제 집은요?"

A: "자네 집?" "이젠 자네 집이 아닐세." "자네가 잊은 모양인데, [자네가 (뭔지도 모르는 채) 동의 서명한] 이 서류는 위조할 수가 없는 걸세."[42]

수탈에 이어 조직적인 박탈에 느닷없이 삶의 모든 터전을 빼앗긴 노인은 젊은 시절부터 천직으로 알아온 사탕수수밭 일의 시절을 떠올린다. 아내를 만나고, 애들을 낳고, 소나기가 몰려와도 매일같이 정성과 노력을 쏟아부었던 터전, 사탕수수밭. 쿠바인들에게 사탕수수밭은 노예로 끌려와 시작했던 먼 조상 때부터의 삶의 터전이며, 동시에 수탈의 현장이었다. 분노에도 불구하고 자신이 할 수 있는 일은 아무것도 없음에 광기에 휩싸여 사탕수수밭을 불태우며 불구덩이 한가운데 몸을 누이고 스스로 죽음을 맞이하지만, 철없는 아이들은 아버지인 노인에게서 받은 용돈으로 코카콜라를 마시며 모처럼의 행복감을 만끽한다. 사탕수수 농장의 거친 노동이 수탈을 거쳐 자본의 축적을 통해 종속되고 고착되는 과정에 대한 은유이다.

신대륙은 서구적 욕망의 물신적 꿈이 체화된 공간이며, 동시에 수탈의 구체적 공간이 되었던 것이다. 혹시 욕망을 꿈꾸고, 성찰하는 의식들 모두 서구 중심적 틀에서 벗어나지 못한 것은 아닌가 하는 문제의식들이 신대륙의 후예들에게서 점차 자생하게 되었고, 그러한 문제의식은 역사의 의미를 역사 기록의 주체가 아니라, 대상이었던 피식민의 주체인 피해자의 입장에서 새롭게 기술되는 계기를 만나면서, 역사에 대한 재해석의 열린 토론의 공간으로 확장될 수 있게 되었다.

---

42) "Pedro, ¿trabajando? Ahora, tú tendrás un descansito. Le vendí las tierras a United Fruit. ¿Y mi casa? ¿Tu casa? ¡Ya no es tuya! Pues, que te olvidaste de esto. Esta firma no se puede falsificar."

## (2) 수탈의 역사, 그 평가의 의미

신대륙의 건설이라는 기치는 역설적으로 이미 낙원으로서 신대륙은 존재할 수 없음에 대한 선언과 같았다. 수천 년 동안 고유의 문화적 정체성을 유지해왔던 아메리카 원주민들의 역사성을 철저하게 배제하지 않고서는 신대륙의 건설이라는 용어를 사용하거나 적용할 어떠한 타당성도 가능하지 않기 때문이다.

수탈에 대한 서구적 평가는 대부분 자기 감싸기의 태도를 벗어나지 못하였다. 그러나 20세기 말에 접어들면서, 역사의 사건들을 재해석하려는 구체적이고 다양한 시도들이 수행되기 시작하였다. 롤랑 조페 감독의 <미션>43)은 스페인과 포르투갈의 영토분쟁이 과라니 원주민의 삶에 어떠한 영향을 미칠 수 있었는지 역사의 기억을 재연하는 작품이다. 영화는 이질적 문화 사이의 만남에 있어서 서구의 시선과 라틴아메리카 원주민의 시선이 극명하게 교차되는 의미를 담고 있다.

영토 분쟁의 이유는 분명했다. 강제 노동력으로서 원주민을 노예화할 필요성에 대한 논란은 스페인과 포르투갈의 대결구도에 원인이 있었다. 양국의 첨예한 대립은 서구의 분열과 전쟁의 위기로 표면화되기 시작했고, 교황청이 중재에 나설 수밖에 없는 정황이 되었다. 이때 원주민의 선교에 나섰던 예수회가 원주민 지역보호를 옹호하면서 원인적 사건이 발생한다.

---

43) 영화 〈미션〉은 신대륙 발견과 신세계 건설의 주제와는 다소 거리가 있다. 신대륙의 발견이라는 역사와 시간적 거리가 있기 때문이다. 1758년에 1750년의 역사적 상황을 기록한 역사물을 근간으로 원작과 각색이 이뤄졌다. 그럼에도 불구하고 영화가 본 연구의 대상에 포함될 수 있었던 것은 정복자로서 서구 시선과 피정복자로서 원주민의 시선이 교차된다는 의미에서 '정복'과 '수탈'의 주제가 논의되는 공간으로서의 의미를 지니기 때문이다. 그러므로 스페인과 포르투갈 사이의 견제 속에서 교회가 예수회를 정치적으로 판단하고 희생시켜야 했던 시대적 상황 분석에 초점을 두지는 않을 것이다.

원주민 사냥꾼이었던 로드리고가 아내와 불륜을 저지른 동생을 홧김에 죽인 뒤 방황하던 끝에 지역의 선교를 수행하고 있던 가브리엘 신부의 제안을 받아들이면서, 자신이 노예사냥의 대상으로 삼던 원주민들을 포교하기 위한 수사신부가 되면서 정복의 문제는 '서구인의 성찰적 시선'으로 초점이 전환된다. 가해자에서 피해자의 보호자로 변화를 꾀하는 주인공 인물을 통해 서구의 태도는 횡포에서 성찰로 외형적 변화를 보이게 된다. 하지만 원주민 노예제를 옹호하는 서구의 시선은 저개발의 원주민을 영혼이 없는 존재로서 동물이라 생각하는 반면, 가브리엘과 예수회 신부들은 원주민의 보호를 위해 정치적 절충과 제안을 거부하며, 서구 제국의 무력적 시위 앞에 원주민 보호와 인권 옹호는 무기력하게 몰락한다. 과연 가해자와 피해자의 문제를 해결하기 위한 논쟁의 중심에 피해의 주체인 원주민들은 어떠한 역할을 수행할 수 있는가. 아니, 그들이 참여할 수 있는 영역이 존재하기는 하는 것일까. 피해자에 대한 보상과 보호의 논쟁 역시 서구가 중심이 될 수밖에 없는 것일까.

콜럼버스의 이상국가가 서구적 가치에 의한 백인의 세계였다면, 가브리엘 신부가 지향하는 이상국가는 선교의 목적과 상충되는 모순에도 불구하고 원주민 중심의 세계를 지향하는 것은 분명하다. 비록 자신은 서구적 환경에서 자라왔으며, 자신이 신봉하는 종교 역시 서구적 의식의 산물이지만, 삶의 원천에 대한 존중과 문화적 가치에 대한 의식은 분명 원주민들의 그것에 기초하고 있기 때문이다.

롤랑 조페 감독은 서구 제국주의의 폭력을 강조하고, 가브리엘 신부와 로드리고 신부의 숭고한 희생을 부각시키며, 과라니$^{Gaurani}$ 원주민의 비극을 증언하고 있지만, 원주민의 입장에서는 선교 신부들의 방문조차 되돌리고 싶은 역사의 기억일 수밖에 없는 것이다. 대주교의 '우리 중 어느 누구도 (여기에) 오지 않았으면 좋았을 것'이라는 회상과 원주민의 '(서구의) 하느님은 우리를 버렸고, 우리는 버려졌다'는 증언은 역사의 기억이 그 기억을 수행하는 주체에 따라 극명하게 대조되고 있음을 잘 드러낸다. 조페 감독의 우수성은 서구 제국의 탐욕과 끝없는 물신적 갈증에 대한 현대인들의 분노와 슬픔, 그 공감이 식민에 대한 원주민의 시선과 객관적 공감대를 제공함으로써 역사의 기억에 대한 성찰적 재연을 구사하는 데 있다. "언제나 그렇듯 죽은 자의 정신은 산 자의 기억 속에 남기 때문입니다"[44]라는 주교의 고백은 역사의 기억과 기억의 재연이 주는 긍정적 의미를 상기시킨다.

원주민에 대한 서구의 인식태도는 그 이유가 타문화에 대한 이해의 부족 때문이었건, 타문화에 대한 존중의 결여 때문이었건, 결과적으로는 매우 일방적이었고 따라서 폭력적이었다. 제임스 악스텔[45]은 플로리다의 반 콜럼버스 신문의 편집자인 잔 엘리엇$^{Jan\ Elliott}$이 콜럼버스의 태도를 인종 학살이라는 규정짓고 있음을 긍정적으로 인용한다. <1492, 낙원의 정복>에서 스콧 감독이 콜럼버스를 원주민의 인권을 배려하는 인문주의지로 묘사히는 것과 대조적이다. 서구가 아메리카에 행한 수탈의 역사에 대한 엘리엇의 판단은 단호하다.

콜럼버스로 대표되는 서구의 침입은 폭력적이었고, 인종 학살을 자행했으며, 콜럼버스는 역사상 최대의 인종 학살의 주범이기 때문에 콜럼버스의 날을 기념하는 것은 히틀러의 대학살을 기념하는 것과 같은 것[46]이

---

44) "So, your holyness now your priests are dead and I'm left alive. But, in truth it is I who am dead and they who live. For as always your holyness, the spirits of dead will survive in the memory of living."

45) James Axtell, "The moral dimensions of 1492", *Historian*, Vol. 56, Issue 1(Autumn 1993), pp.1~13.

46) "Jan Elliott, the editor of Indigenous Thought, a Florida-based anti-Columbus newspaper,

라는 논리를 피력할 뿐 아니라, 콜럼버스 이후 아메리카는 서구의 침략 과 학살, 노예제도, 자원과 광물의 수탈의 장이 되어 왔음을 고발한다.[47] 그의 논리는 원주민에 대한 서구의 침탈과 폭력에 맞서는 저항의 극대화 된 시각이다. 물론 원주민의 사망 원인이 인종 학살로 해석될 수 있는 서 구의 잔혹한 태도와 행위 때문이었는지, 명확한 것은 아니다.

인종 학살이 종족 혹은 인종을 말살하기 위한 목적에서 대량 학살 등을 자행하며 이뤄지는 행위를 말하는 것이라면, 아메리카의 여러 지 역에서 원주민들이 대량으로 죽음을 맞이하게 되는 결정적 원인에는 무엇보다 질병이 대표적이었기 때문에, 인종 학살이라는 용어를 적용 하는 것은 분명 비논리적이며, 감상주의적 인상비평이라 할 수밖에 없 다. 인종 학살이란 어휘의 사용에 있어서 인종은 정치 문화적 동일집 단과 교차적 개념으로 적용되기도 하지만, 우월한 집단인 국가나 단체 가 같은 집단 내에서 유사성으로 공통화되는 집단을 말살하는 행위로 이해된다. 학살이란 의미에서도 잔 엘리엇의 주장에는 과장된 측면이 있다. 서구의 입장에서는 노동력과 정보제공 협조자가 필요했으며, 이 러한 이유와 긴밀한 관계에서 제정되었던 인디아스 법령$^{Leyes\ de\ Indias}$에 는 일반인의 상해와 살생이 엄격하게 금지되어 있었기 때문이다. 물론 콜럼버스가 통치를 시작했던 카리브 지역에서 원주민의 숫자가 급격 하게 급감한 것은 사실[48]이지만, 실질적으로 홍역과 천연두, 매독과

---

described the loss of American Indian life as the biggest holocaust in history and called Columbus a mass murderer." Elliott wrote in the first issue that "Celebrating Columbus' discovery of America is analogous to celebrating Hitler's holocaust", James Axtell, 위의 논문, p.1.

47) "[……] after Columbus, America was the scene of "invasion, genocide, slavery, 'ecocide'" and the rape of mineral as well as natural resources", 같은 곳.

48) "Veinticinco años después del descubrimiento ya no había taínos en las Bahamas: los españoles los habían esclavizado y conducido a La Española. Un siglo después del descubrimiento, los taí nos se habían extinguido en todas las islas del Caribe." Cristóbal Colón, 앞의 책, p.64, 주석, 47.

같은 질병이 원주민들의 죽음의 직접적이고 큰 원인이었음이 중론으로 받아들여지고 있는 현황에서 엘리엇의 시선은 역사의 기억을 재연하는 과정에서 서구 중심의 편향된 시각을 대척점에서 보완하고 있다는 측면을 지니고 있으며, 그러한 시각에서 긍정적 의미를 지닌다.

극단적 시각으로 역사를 재해석하려는 시도는 어떤 의미에서든지 긍정적일 수는 없다. 콜럼버스의 신항로 개척이 지닌 의미가 시간의 흐름에 따라 왜곡되고, 욕망에 의해 가해자와 피해자를 가르는 계기를 마련한 것 또한 분명하다.

역사적 기록과 문헌들을 접하는 현대인들의 의식은 과거를 현재적 시점에서 재구성하려는 의식－무의식의 경향을 지닌다. 어쩔 수 없는 한계일 것이다. 따라서 극영화와 극화된 기록물들은 역사의 실체에 대한 이미지를 제공한다. 물론 메시지를 선택하고, 전달하려는 포인트에 강조점을 두어야 하는 콘텐츠 제작의 영역에서는 이미지의 구성과 상징적 의미에 관점을 부여해야 한다. 이는 역사적 실체의 디테일을 간과해야 하는 작업을 의미하기도 한다.

중요한 것은 전체적 틀에 있어서 서구의 욕망이 수탈의 고리가 되고, 고착화의 딘계를 거치면서 고정적 체제인 시스템으로 고정되어 왔다는 사실에 있다. 수탈의 역사에 대한 기억과 그에 대한 평가는 지속적으로 수행되고 있으며, 각각의 사회와 시대는 각자의 시선으로 의미 평가를 위한 '새롭게 읽는 역사'라는 작업을 수행해야 한다. 서구에 의한 식민의 역사에 대한 해석의 시각은 식민의 상황에서 형성된 문제의식과 식민을 벗어난 의미에서 형성된 문제의식으로 나뉘어 접근될 때 균형과 형평성을 지향하게 될 것이다.

## 4) 콜로니얼리즘과 포스트콜로니얼리즘

식민지배가 남긴 유산이 '억압$^{抑壓}$'이냐 '시혜$^{施惠}$'냐에 대한 논란은 이항대립적 구도를 통한 유럽의 자기정체성 확보의 인식론적 태도에 대한 성찰적 이해를 배경으로 해결될 수 있는 논거를 마련할 수 있다. 라틴아메리카에 있어서 이러한 인식론은 종교적 복음화의 필요성과 함께 서구의 군사적 진출에 대한 타당성으로 연결된다는 데에 문제의 심각성이 드러난다. 오리엔탈리즘은 시대적 산물이 아니라, 서구가 우월적 자아정체성 확립을 위해 필연적으로 생산할 수밖에 없었던 인식론적 태도였으며, 콜로니얼리즘$^{Colonialism}$의 시대는 물론이고, 포스트콜로니얼리즘$^{Post-colonialism}$을 얘기하는 현대에도 여전히 유효하기 때문이다.

### (1) 콜로니얼리즘

서인도 제도라는 현재의 지명이 지닌 오류$^{誤謬}$의 역사는 비서구를 바라보는 서구의 오리엔탈리즘적 시각이 여전히 유효할 수 있음을 시사한다. 스페인 사람들이 아메리카에 도착했을 때, 당시의 토착민들에게 드러냈던 의식과 행동양식은 헤로도토스$^{Herodotos}$의 자국 중심주의적 태도에 머무는 것이 아니라, 미지의 세계에 대한 우월의식과 차별의식으로서 자신들을 중심으로 설정하여 스스로의 정체성을 인식하며, 타자$^{The\ Other}$로서 상대를 파악하는 인식적 태도에 익숙한 행동양식으로서, 자신들의 종교와 도덕의 편향적인 잣대를 기준으로 토착민들을 평가할 수 있다는 합리화가 가능했음을 의미한다.

오리엔탈리즘이 서구 자신을 오리엔트 혹은 주변적 존재와 상대적 시각에서 차별적으로 비교하여 자기정체성의 주제를 설정하기 위한 것이라면, 그 이론적 합리화의 과정에는 '인간의 이성에 대한 믿음'이 토대를 이루고 있다.

서구가 고대 그리스를 주목했던 것도 '이성적 능력'과 '합리성'이라는 고대 그리스가 지녔던 특성에서 근대 서구의 우월성의 뿌리를 발견하기 위한 것이었다. 고대 그리스가 오리엔트와 이집트로부터 문명의 많은 영향을 수용하고 있었음에 대해서는 선택적으로 대응하고 있는 것은 근대 이후 오리엔트와 서구의 대응관계에서 자신들의 우월적 입장을 이론적 틀로 감싸기 위한 것이었다. 이러한 점에서 오리엔탈리즘과 콜로니얼리즘에 관련된 의식으로서 '근대성<sup>Modernity</sup>'의 주제를 살펴볼 필요가 있다.

근대성의 성격은 서구사회 사상의 속성을 규정하는 가장 중요한 요소로 논의된다. 서구는 인간의 이성<sup>理性</sup>을 과거의 종교적 진리를 넘어선 과학적 진리의 근거로 제시한다. 이러한 이성적 인간 개인의 가치를 정립하기 위해서 개별 인간의 존엄성과 자유가 존중받아야 한다는 의식은 서구 시민사회를 구성하였고, 1789년 프랑스혁명의 기초이며, 인권선언<sup>Droit de l'homme et des citoyens</sup>의 본실이다. 개인으로서 '인간'이 중심 가치이며, 인간의 이성이 진리를 꿰뚫어 볼 수 있는 주체적 존재가 된 것이다. 근대 휴머니즘의 기반은 바로 이러한 인간의 이성에 대한 믿음으로부터 출발했으며, 오늘날 민주주의적 가치관의 근간을 구성한다.

근대적 인간상은 지구촌의 대부분 지역에서 민주정체를 위한 개념으로 자리하고 있다. 하지만 이면을 들여다보면 이성적 주체로서의 '인간'에 대한 개념을 적용하는 과정에서 무리한 측면이 발견된다. 역사적 의미에서 근대 '인간'의 발견은 시민권의 개념으로 연결되지만,

과연 시민으로서 인간의 적용이 동등한 권리의 주체로서 만인을 대상으로 한 것인지 의문을 제기하지 않을 수 없다. 근대사회의 주류를 이루는 계층에 의해 '이성적 인간'으로 판단되어야 하는 단서 조건이 있었기 때문이다. 이성적 능력이 부족하다고 판단되는 대상들, 즉 여성과 어린이들은 일단 서구사회에 속하는 일원일지라도 제외될 수밖에 없었다. 또한 사회문화적 가치개념을 달리하는 사회에 속하는 일원들에 대한 평가는 더욱 폐쇄적이었다. 인종을 달리하거나, 민족과 국가 단위를 달리하는 지역의 인간들은 서구사회의 여성과 어린이처럼 완전한 이성적 인간으로 인정받을 수 없었기 때문이다. 그렇다면 서구가 주장하는 근대성의 근간으로서 인간의 이성에 대한 믿음은 실체의 규정부터가 다분히 배타적인 개념일 수밖에 없는 것이다. 근대성과 근대사회에 대한 논리는 인종과 문화 통합적 차원에서 자기모순의 논리로 연결된다.

서구 식민주의자들의 입장에서 피식민자들을 '고상한 야만인$^{noble}$ $^{savage}$'이라 부르며 잃어버렸던 낙원이나 황금시대의 정원의 이미지로 연상하는 시각이나, 구원받아야 할 어린아이 같은 미개인으로서, '미천한 야만인$^{ignoble\ savage}$'으로서 피식민자들을 간주하는 입장은 모두 토착 원주민들을 이성적으로 인정받을 수 있는, 사회적 구성원이 되기에는 미흡한 성질을 지닌 인간으로 규정함으로써, 근대사회와 근대국가를 구성할 수 있는 스스로의 능력을 결여한 주체라는 편견을 만들어 내었다.

콜로니얼리즘은 이러한 배타적 근대성에 대한 신념에 바탕을 둔 이념과 정책을 수행함으로써, 자기중심적$^{Egocentric}$ 합리주의라는 역설을 펼친다. 이러한 과정에서 '주체'와 '대상'의 차별화가 조직적으로 이뤄지게 되며, 단순한 대상이 아닌 차등적 열성으로서의 '타자'가 탄생되는 것이다.

사실 콜로니얼리즘이란 용어는 '탈식민주의' 혹은 '포스트콜로니얼리즘'이란 용어의 등장을 통해 새롭게 조명된다. 단순한 식민시대와 식민주의를 뜻하기보다는 역사적 관점에서 '이전'과 '이후'에 대한 논의를 전개하기 위한 측면에서 사용하는 개념으로 보다 명확한 의미를 지니게 된 것이다. 따라서 식민시대의 지배자들의 논리와 이념 혹은 지배적 가치에 따른 보편적 특성 등을 어우르는 개념이지만, 또한 동시에 식민시대와 식민주의가 종식된 이후의 시점에서 되짚어 살펴볼 수 있는 대상으로서의 의미에 집중된다는 점에서 보다 포괄적인 개념으로 확장된 것이다.

그렇다면 근현대의 역사를 보는 시각은 어떠해야 할 것인가. 헤게모니와 관련하여 지배와 피지배의 구조적 틀이 인식으로 작동하는 사고의 실체가 존재하는 것이 분명하다면, 역사에 대한 기술을 해석하는 기준 또한 차별화되어야 할 것이다. 스피박이 자신의 저서 『포스트식민 이성비판』(태혜숙, 박미선 옮김, 2005)에서 "유럽 [중심의] 헤게모니적 역사기술은 문서보관소를 '사실'의 지장소로 지목했으니, 그녀는 그것들이 '읽'혀야 한다고 제안하는(295)" 것처럼 역사의 기록은 사실로서 수용되어야 하는 것이 아니라, 사실에 대한 의구심으로 재구성되고 해석되어야 하는 대상이다. 콜로니얼리즘에 의한 많은 기록과 시선들은 새로운 패러다임의 시각으로 재구성되고, 재해석되어야 할 충분한 당위성에 노출되고 있기 때문이다.

## (2) 콜로니얼리즘과 수탈의 인식

식민지배는 지배자의 일방적인 수탈적 태도가 대상자인 피식민자들을 '타자'로 만들어 둘 사이를 고착된 관계망으로 이해하려는 이념적 인식의 틀에 의해 합리화하며, 아메리카 정복의 정당성 또한 문명화 과정의 보편성이라는 측면에서 그 타당성이 객관화된다. 이러한 인식은 수탈의 정당화와 더불어 콜로니얼리즘이 지닌 인습적 일방주의를 야기하며, 그 결과물로서 지배-피지배 계층 간의 불평등한 사회를 만들어낸다.

콜럼버스로 대표되는 초기 정복자들은 서인도제도를 '행복한 신천지'로 묘사했다. 아름다운 자연환경과 온화한 성품의 원주민들은 서구가 오랫동안 잊고 살았던 황금세기의 풍요와 아름다움에 대한 추억을 자극했고, 아메리카 대륙은 고유의 문화를 꽃피운 장소로 묘사되기보다는 무주공산<sup>無主空山</sup>의 풍요로움으로 인식됨으로써, 향신료로 상징되었던 서구의 욕망을 대체할 수 있는 물신적 꿈의 공간이 되었던 것이다. 하지만 현실적으로 정복의 역사는 그들이 꿈꾸었던 낭만으로 실현될 수 있는 것은 아니었다. 꿈이 컸던 만큼 과정 또한 많은 자금과 노동력이 요구되었기 때문이었으며, 신대륙과 원주민들에 대한 수탈이 정당한 것이라는 합리화 과정으로 이어지게 된다.

아메리카 원주민에 대한 스페인의 인식이 수탈을 지향한 일관된 태도를 보였던 것은 아니었다. 대표적으로 바야돌리드<sup>Valladolid</sup>에서 벌어진 세풀베다<sup>Sepulveda</sup>와 라스 카사스<sup>Las Casas</sup>의 논쟁은 초기 식민지배 이념이 수탈과 관련하여 어떠한 인식적 태도를 지니고 있었는지 드러낸다. 세풀베다와 라스 카사스, 두 사람으로 대표되는 아메리카 원주민의 본성과 능력에 대한 논란은 1550년 바야돌리드 논쟁에서 절정에 이르렀다.

스페인의 학자와 성직자들은 아메리카 원주민 지배 및 그 방법의 정당성을 놓고 논란을 벌였다. 스페인의 인문학자 세풀베다는 원주민들이 타고난 노예이며 그들을 정복하고 강제로 개종시키는 것은 정당하다고 주장했다. 즉, 아메리카 원주민은 천성적으로 열등한 존재이며, 하느님을 믿지 않는 자들이고, 인신공희와 식인이라는 죄로 하느님의 노여움을 샀기 때문에 그들과의 전쟁은 정당하다는 것이다. 이에 대해 라스 카사스 신부가 반박의 선봉에 나섰다. 그리스도교를 믿지 않는 사람들이라고 해서 모두 미개인은 아니며, 아메리카 원주민은 스스로를 통제할 수 있는 이성적 능력을 가진 사람들이므로 그들을 노예로 삼아서는 안 되고, 개종은 평화적인 설득으로 이루어져야 한다고 주장했다. 그는 스페인 정복자들의 잔혹한 원주민 학살을 고발하는 글을 발표하여 소위 '검은 전설(Black Legend)'을 만드는 데 기여했다(이영효, 2007: 126~127).

정복자들에 의한 자행되는 피정복자들에 대한 수탈이 과연 정당화될 수 있는 것인가라는 전대미문의 논란은 스페인에서 거의 1세기 간 진행되었으며, 라스 카사스는 아메리카 원주민의 인권을 옹호한 인도

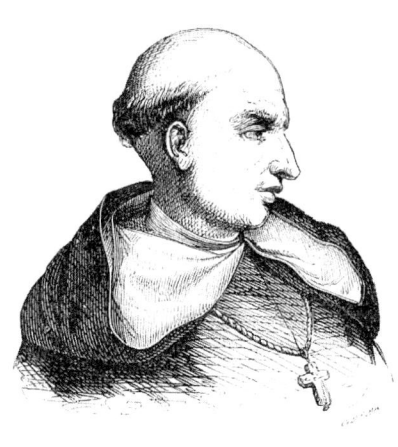
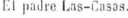

El padre Las-Casas.

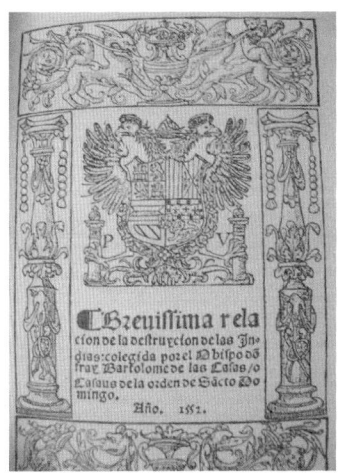

바르톨로메 데 라스 카사스 신부와 그의 저서 『인디아스 파괴에 관한 간략한 보고서』 1552년 판 원본 표지

주의자로 평가되었으며, 세풀베다는 아메리카 정복을 합리화하고 인종주의적 갈등을 공고히 한 사람으로 평가를 받게 되었다.

강력한 군사력을 바탕으로 설정된 지배-피지배의 관계망에서 살펴볼 때 정복국가가 자신들이 수립한 정복의 정당성과 그에 따른 수탈에 대해 논의를 한다는 자체는 역사적으로 유례를 찾기 쉽지 않을 만큼 쉽지 않은 사건이다.

이영효가 주장하고 있듯, 유럽의 제국주의가 형성되고 유지되는 동안 자신들의 정복에 대한 도덕적 자성이 논의의 대상이 될 수 있었던 나라는 아마 스페인이 유일할 수 있을 것이다. 물론 서구 역사에 유례가 없을 개연성이라는 측면에서 정복과 그에 따른 수탈에 대한 윤리적 정당성에 대한 논쟁은 그 자체로서 긍정적인 의미를 지니는 것은 분명하다. 하지만 정복 과정과 소위 '개발'로 표현되는 '수탈'의 과정에 대한 평가를 포함하는 틀에서 문제해결에 대한 논의에 원주민의 참여가 결여되었다는 엄정한 시각에서는 정복자가 가해자와 피해자의 입장 모두를 대변할 수밖에 없다는 한계를 지닐 수밖에 없다. 그럼에도 불구하고 원주민에 대한 억압과 수탈의 윤리적 문제에 대한 자성과 반대 논리의 충돌이 만들어낸 논쟁은 본질적인 문제해결을 위한 근본적 접근방식이 될 수는 없지만, 자성自省으로서의 목소리를 드러냈다는 점에서 긍정적이라 할 수 있을 것이다.

> 강대한 황제가 정복의 도덕성을 논할 회의를 소집하고 결론을 얻을 때까지 정복을 멈추게 한 것은 역사상 그 유례가 없는 일이다. 카를 5세와 같은 지도자나 라스 카사스에 견줄 만한 인물이 영국, 네덜란드, 프랑스에는 없었다. 또한 중요한 것은 스페인 왕정이 정복의 만용을 중지시키려는 입법을 시행했다는 것이다(이영효, 2007: 154~155).

아메리카 대륙은 물신적 욕망의 공간이면서, 또한 동시에 복음화를 위한 선교 사업의 새로운 가능성이었다. 스페인 왕실이 막대한 비용을 충당하면서도 그 정당성을 확보할 수 있었던 것은 정복과 식민정책이 단순한 정복과 지배에 있는 것이 아니라, 신을 경배하는 보다 많은 지역과 사람들을 확보함으로써 교회의 가장 기본적인 사업인 복음화를 이룰 수 있다는 인식에 의한 보상심리의 탓이 컸다. 문제는 정복사업의 선두에 나선 이들이 대부분 군벌출신들이었으며, 이들에게는 복음화는 물신적 욕망을 이룰 수 있는 허울인 경우가 절대적 우위를 차지했다는 사실이다. 따라서 자금과 노동력의 확보는 자연스럽게 피정복 지역의 자원개발과 원주민 노동력 확보 경쟁으로 이어졌고, 정복을 위한 합리화는 수탈의 고착화 구조를 생산하게 되었다.

막대한 자금을 조달할 수 없었던 스페인 왕실은 군벌세력軍閥勢力에 의존해야 하는 입장이었으며, 원주민 보호정책을 비롯한 인권적 차원의 법령을 강력하게 수행하기에는 스스로 제한적일 수밖에 없었다. 결국 정복은 우여곡절을 겪으면서도 결과적으로는 수탈로 이어질 수밖에 없는 폐쇄형 구조를 띠게 되었고, 수탈은 세대를 거쳐 이어지는 고착화로 이어지게 되었다.

1492년 시작된 아메리카의 콜로니얼리즘은 이베리아 반도의 사회문화적 조건들과 가치관을 전면에 내세워 원주민들을 '타자'로 전환시킨 전환의 의미를 지닌다고 할 수 있으며, 따라서 종교와 인종의 동질성을 중심으로 하나가 되었다고 믿고 싶었던 이베리아 반도의 주도세력들이 아메리카 원주민들을 '복음화'와 '개발'이라는 명분으로 시작하여, 실질적인 수탈의 고리를 채운 이념화 과정을 의미한다.

결국 원주민들이 세력을 결집하여 스페인에 저항하며, 독립을 선언하는 과정에서 '인종'[49]과 '종교'[50], '개발'[51]의 논리를 예민한 코드로 다루게 되는 것도 식민과 정복의 초기 역사와 인식이 지녔던 불공정한 관계에서 오는 자연스러운 대항적 개념 때문이다.

## (3) 포스트콜로니얼리즘

포스트콜로니얼리즘의 용어는 기본적으로 과거 식민지배 아래에 신음하던 아프리카·아시아·라틴아메리카의 여러 나라에서 과거의 서구 식민체제가 지배하던 식민시대와 '이후' 시기를 의도적으로 구별하기 위해 사용된 말이다. 포스트콜로니얼리즘은 '이후[after then]' 혹은 '넘어서[beyond]'의 의미를 지닌 'post'를 접두사로 사용함으로써, 서구 식민지배의 오랜 역사가 종식되고, 새로운 시대가 열리고 있음을 의미하기 위함인 것이다. 이는 용어가 갖는 한계에도 불구하고, 포괄적 시각에서 가장 넓게 수용되는 이유이다.[52] 물론 시기적으로 포스트콜로니얼

---

49) 세풀베다가 원주민들을 노예적 상태의 노동력으로 사용할 것을 정당화하는 이념을 펼쳤다고 해서, 그의 주장이 인종적 발생으로부터 나온 것은 아니었다. 그는 아메리카 원주민이 유럽인들에 비해 열등한 이유를 인종적 본성보다는 문화적 관습과 전통과 같은 사회적인 가치관의 이유 때문이라고 판단했다. 인종이 사회의 계층적 차별성의 원인으로 규정되는 것은 신대륙에서 다양한 혼혈 인종이 등장하고, 사회적 계층의 속성을 제도적으로 반영하는 17세기부터이며, 18세기 말 유럽에 등장한 인종적 편견 이후에 이론화되기에 이른다.

50) 라틴아메리카에서 가톨릭 종교는 복음화의 결과였고, 따라서 식민정책과 무관하다고 할 수 없다. 하지만 진실을 반영했건, 그렇지 않았건 과달루페 성모 발현과 같은 일화들이 가톨릭과 전통종교의 혼종적 결합을 가능하게 했고, 유사한 접촉 경로를 통해 원주민들 스스로가 대량으로 가톨릭으로 개종을 하는 상황으로 이어졌기 때문에 식민주의자들의 종교가 원주민들 사이에서 배척되거나 저항의 대상이 되는 상황은 형성되지 않았다. 멕시코 독립의 아버지인 이달고 신부의 경우에 '과달루페 성모를 통해 하나로'라는 기치를 걸고 원주민과 메스티소가 새로운 나라를 건설하는 주역이 될 수 있으리라는 이념을 펼치며 많은 이들의 공감을 얻어낼 수 있었던 사례에서 보는 것처럼 300여 년의 식민지 기간은 원주민과 혼혈 메스티소들이 식민지배자들의 종교에 대한 배타적 공격성을 잊을 수 있는 충분한 기간이었으며, 자신들의 종교적 전통과 유산을 가톨릭의 형태 안에서 유지할 수 있는 완충적 시간이었다고 할 수 있을 것이다.

51) 개발의 논쟁은 독립 이후 줄곧 계속되었던 쟁점이었다. 식민지배가 수혜냐 수탈이냐의 논리공방은 정치경제적 차원에서 시작되었으나, 이후 사회문화 차원에서 다기는 논리로 연결된다. 현재에는 라틴아메리카 대륙의 저개발의 원인이 본질적으로 식민지배에 의한 수탈적 구조에서 기인한다는 성찰적 시각이 우위를 점하고 있으나, 그 대안적 정책의 수립이나 접근에 의한 문제해결의 주체는 여전히 모호한 채 남겨진다.

52) 한양환의 경우에는 탈식민주의의 기원을 설명하면서, "1979년 미국에서 Houston Baker, Jr.와 Leslie A.

리즘을 규정하는 것 또한 간단치 않다. 2차 세계대전을 전후로 서구의 비서구 세계에 대한 식민지배가 종식되었다는 논리를 전개한다면, 중 남미의 경우에는 그 적용에 본질적 문제가 제기될 수밖에 없다. 쿠바 의 경우 1959년 혁명을 통해 시간적인 명확한 경계를 찾을 수 있기는 하지만, 현재 진행형인 서구지배에 대응하는 광범위한 시각을 포함하 기 위해서는 시기적 기준은 수정되어야 할 것이다.[53] 보다 본질적으로 는 1800년대 스페인으로부터 대거 독립한 중남미의 대부분 국가들의 경우에는 소급 적용되어야 하기 때문이다. 포스트콜로니얼리즘의 시기 적 규정에 대한 일반론에 이의를 제기할 충분한 이유가 있는 것이다.

시기적 일반론은 특정한 국가와 지역에 해당되는 것이 아니므로, 별 반 문제가 되지 않을 수 있다. 더욱 중요한 것은 포스트콜로니얼리즘의 용어에 내재되어 있는 의미에 있다. 서구 식민지배의 오랜 역사가 종식 되어 새로운 시대가 열리고 있음에 그 주요한 용어의 의미가 있는 것 이라면, 표면적으로는 사라진 듯하지만, 여전히 은밀한 방식으로 지속 되고 있는 서구의 비서구 세계에 대한 지배는 어떻게 설명할 것인가. 어쩌면 21세기 신자유주의 체제가 일반화된 지금 서구의 비서구 세계 에 대한 지배는 좀 더 쉽게 진행되고 있는 것일 수도 있기 때문이다.

'탈식민' 혹은 '포스트콜로니얼리즘'은 피식민을 경험한 주체들이

---

Fieler가 백인문학 중심의 대학 영문과 교과과정을 비판하며 남아프리카인, 미국 인디언 등 소수인종에 의 한 영어문학의 중요성을 강조한 데 있다. 영국통치가 남긴 식민사관의 철폐를 주장한 이들의 저서 *English Literature: Opening Up the Canon*이 1981년 존스홉킨스대학에서 출간되면서 시작된 탈식민주의는 정 작 그 효시인 동 저서에도 neo-colonialism으로 표기되어, 접두어가 post로 변용된 것은 차후 포스트모던 의 유행과 직접적 관련이 있는 것으로 판단된다"고 김성곤(1997: 86~87)을 인용하며, 포스트콜로니얼리 즘의 용어 사용에 부정적 입장을 표명한다.

53) 모잠비크와 앙골라가 포르투갈로부터 독립을 쟁취한 것은 1975년의 일이며, 시가마을 기준으로 한다면, 식 민제국 시대는 두 나라의 독립과 함께 막을 내린 것으로 볼 수 있다. 사실상 2차 세계대전 이후 한 세대에 걸친 탈식민화의 물결은 6억 인구가 식민종속으로부터 해방을 맞이할 수 있게 되었으며, 70여 개 이상의 신생독립국이 탄생하였다.

듣기 좋은 위안에 불과할 수도 있다. 20세기 중반 이후 세계를 관통하는 흐름이 신식민주의$^{Neocolonialism}$라고 한다면, 탈식민주의 혹은 포스트콜로니얼리즘은 단순하게 식민상태를 벗어났다는 데에서 역사적 의미를 부여하는 것이 아니라, 오히려 식민상태에서 벗어나려는 자립적인 노력과 그 태도를 의미하는 것이라 보아야 한다. 탈식민화의 제반 과정은 제국의 '해체' 또는 '재구성' 과정에서 지역별로 차별적 특성을 지닌다. 21세기 불어권 중부아프리카의 경우에는 포스트콜로니얼리즘의 용어보다는 후기신식민주의$^{Post-neocolonialism}$가 적합한 용어가 될 수 있으며, 라틴아메리카의 경우에는 탈식민$^{Decolonización}$의 용어가 특정한 시기에 적합할 수 있기 때문이다. 이러한 의미에서 포스트콜로니얼리즘은 포괄적 시각에서 '탈식민주의'로 번역될 수도 있지만, 태혜숙이 주장하듯(2001: 34), '후식민'으로 번역될 수도 있을 것이다.

사실 1990년대 들어서면서 포스트콜로니얼리즘이 세계화의 흐름과 함께 주요 논제가 될 수 있었던 것은 1980년대 인문사회학을 중심으로 전개되었던 수많은 탈근대성의 논쟁들이 바탕이 되었기 때문이라 할 수 있다. 이전에는 국가적이고 민족적이며 전통적인 가치에 기초한 정체성의 논의가 이제는 초국가적이고 탈전통적이며, 전혀 새로운 패러다임에 의한 가치에 기초한 정체성으로의 전환이라는 변화가 탈식민 혹은 포스트콜로니얼리즘으로 구성되었으며, 21세기의 사회문화 정체성 탐색의 주요 의제로 재구성되고 있는 것이다.

포스트콜로니얼리즘의 접근 시각은 에드워드 사이드$^{Edward\ Said}$ 이후 호미 바바$^{Homi\ Bhabah}$나 가야트리 스피박$^{Gayatri\ Spivak}$ 등에 의해 구축되어 왔으며, 근대성에 대한 서구의 역사관의 이원론을 해체하여, 서양의 정체성이 비서양을 타자로 규정하는 방식을 통해 이루어진 지식체계에 기인한다. 이들은 콜로니얼리즘이 제시하는 세계관에 따른 제국주의 체제가 세계의 평화적 공존을 분열시키며, 문화-인종적 다양성을 파괴로 점철$^{點綴}$하는 타락의 여정으로 치달을 수밖에 없었음을 지적하며, 대안적 시각을 제시하려는 의미에서 수행된다.

호미 바바의 경우에는 잡종성$^{hybridity}$과 양가성$^{ambivalence}$, 흉내 내기$^{mimicry}$ 등의 중요한 개념을 통해 어떻게 식민체제가 식민지 백성을 만들어내고 종속시키고 순화시키는 과정에서 식민지 백성들을 완전히 식민체제 내로 끌어들일 수 없다는 사실을 여러 가지 식민담론을 분석함으로써 밝혀내고 있다. 스피박은 여성으로서 자신의 정체성에 대한 의식을 중요한 출발점으로 삼으면서 식민지 여성의 문제에 큰 관심을 기울인다. 그녀의 대표 논문인 「하층민도 말할 수 있는가?$^{Can\ the\ Subaltern\ Speak?}$」 에서 식민지 여성들은 한편으로는 서구 식민체제에 의하여 또 다른 한편으로는 식민지 내의 가부장적 남성들에 의하여 이중으로 억압받음으로써 여성들은 그들의 목소리를 내지 못하고 있다는 사실을 해체론·마르크시즘·페미니즘 등 현대 이론을 정교하게 사용하여 분석하고 있다(고부응, 2002: 21~22). 식민체제의 잔재가 남아 있는 사회의 여성은 이중적 타자로서의 아픔을 겪어내고 있다는 점에서 21세기 포스트콜로니얼리즘이 주목해야 할 대상이다.

1960~1970년대 콜로니얼리즘을 극복하기 위해서 제기되었던 대안은 식민주의 체제를 가능하게 했던 자본주의 체제에 대한 단절과 피식민 주체의 민족적/국가적 정체성의 강조, 그리고 민족해방과 변화된 정치사회 환경에서의 '새로운 사회' 건설 등의 구호였다. 반면 포스트콜로니얼리즘은 이러한 구호 또한 유럽식민주의의 '전체주의적' 기획에서 본질적으로 자유롭지 못한 태도라고 지적하며, 근대성에 기초한

전문가 제도에 여전히 식민주의적 유산이 잔존하고 있다고 비판한다. 또한 서구적 잔존으로부터 벗어나려는 극단적 태도를 취하는 이들은 콜로니얼리즘이나 포스트콜로니얼리즘의 용어 또한 거부하며, 대안적 용어로서 탈서구주의$^{post\text{-}occidentalism}$ 등을 내세우지만, 이는 맹목적 반서구주의$^{antioccidentalism}$와는 일정 부분 차별적이다.

국내에서는 1990년대 후반 탈식민주의가 거론되기 시작하지만, 부분적으로는 여전히 반제국주의$^{anti\text{-}colonialism}$에 대한 인식과 의도적으로 혼재되는 사례도 있었다. 식민주의를 의미하는 콜로니얼리즘과 제국주의를 뜻하는 임페리얼리즘$^{Imperialism}$은 거의 동일한 의미에서 사용되기도 하지만, 엄밀하게 구분하자면 제국주의는 지배하는 주체에서의 움직임을, 식민주의는 피지배 주체에 미친 파장을 가리킨다고 할 수 있다. 이 과정에서 간과할 수 없는 점은 더 이상 민족주의에 연연해서는 새로운 패러다임을 구성할 수 없다는 인식의 형성이 과연 객관타당성을 지닐 수 있는 것인지에 대한 성찰에 있다. 세계화가 빠르게 진행되는 현황에서 미국 중심의 지구화 논리는 비현실적인 초민족주의$^{transnationalism}$를 유포하면서, 불평등한 권력관계의 전 지구적 구조를 강화하는 경향을 보이고 있기 때문이다(태혜숙, 2001: 43).

사실 민족주의 담론의 많은 부분은 제국주의 국가 혹은 식민국가에서 저항담론으로 형성되는 과정에서 민족이라는 이름으로 희생될 수밖에 없는 많은 집단들의 '차이'에 대한 구체적 관심이 결여되어 있는 것이므로, 민족 혹은 민족주의의 개념으로 콜로니얼리즘 이후를 논의하고, '차이'에 대한 자성적 입장을 확립하고, 그 대안적 태도를 취하기에는 분명한 한계를 지닐 수밖에 없다. 하지만 세계화의 시점에서 표준화된 지구화의 개념이 부양하는 초민족주의를 견제할 수 있는 여전히 유효한 개념으로서 민족 혹은 민족주의의 개념을 사용할 수 있음을 부정할 수는 없다.

진 프랑코가 지적하듯, 라틴아메리카를 서구와 대비하여 비지성적 주체로 파악하려는 경향을 견지하는 태도를 극복하기 위한 도구적 장치로서 민족의 개념은 효율적이기 때문이다. "나는 영국의 『뉴스테이츠먼(New Statesman)』에서 '영국 지식인 대 라틴아메리카 혁명가'라는 선전문구를 본 적이 있다. 그것은 서구는 지식인으로, 주변은 육체노동자로 명쾌히 분리시키며, 사람들이 투쟁을 믿을 만큼 순진하지 않은 지역으로 혁명적 활동이 유입되고 있음을 요약하여 보여주었다"(진 프랑코, 1988: 503)는 지적에서 볼 수 있는 것처럼 서구의 지성과 제3세계 민중의 희생적 육체를 분리하는 것과 동일한, 정신/육체의 이분법 속에 갇혀 있는 피식민지 주민의 저항과 투쟁이 구성해야 할 방향성에 있어서 '민족' 단위 개념에 따른 접근 시각의 필요성이 요구되는 것이다. 프랑코는 물론, 이때의 민족의 제한적 개념을 넘어서기 위한 자각의 주체로서 인텔리겐차를 상정하며, 이는 개인이나 계급이 아니라, 피에르 부르디외Pierre Bourdieu의 표현에 의하면, 공통된 <아비투스(habitus)>에 의해 체계적으로 구성된 그룹으로서, 인식·성향·관행·제도가 그들의 지적 산물의 체계적 성격을 설명하는 동시에, 지적 현장 내에 다양한 담론적 전략을 허용하는 상황에서 지식인 계층을 의미하는데, 예컨대 네루다Neruda가 잉카제국의 죽은 노동자들을 불러일으키며 자신의 입술과 입을 통해 말하라고 요구할 때 구사한 전략이나, 옥타비오 파스Octavio Paz가 멕시코 민족성을 여성적 '개방성'(따라서 강간과 지배에 취약한)과 남성적 폐쇄성(강인함)의 대조에 근거하여 분석할 때의 시각으로 대변된다고 파악하고 있다. 그럼에도 불구하고 라틴아메리카의 인텔리겐차는 유령과 같은, 다소 추상적인 '민족'과 맞물려 있을 뿐이었다. 민족정신의 정신적 연대를 제공함으로써 인텔리겐차는 불멸성으로 솟구치기를 희망했기 때문이었다(진 프랑코, 1988: 503~515 in 유제분(엮음), 2001: 148~155).

그렇다면 중요한 것은 근대성에 대한 수용의 입장인데, 문화의 독자성을 확보한다는 측면에서 근대성은 달리 해석될 수 있다는 것이다. 결국 모호한 개념의 연장선상에 있기보다는 다소 극단적일지라도 새로운 출발을 도모하겠다는 것이다. 제국의 '해체'는 종료된 것이 아니라, '재구성' 혹은 '재편'을 지향하는 주도 세력들의 지속적인 노력과 의도에 따라 포스트콜로니얼리즘은 포스트네어콜로니얼리즘Post-Neocolonialism이 되기도 하고, 디콜로니얼리즘De-Colonialism이 되기도 하기 때문이다.

라틴아메리카니즘Latinamericanism 등의 용어는 포스트콜로니얼리즘의 확장된 개념을 지향하고 있다고 볼 수 있다. 세계를 전유하려는 지배적 질서의 시도가 여전히 존재하고 있다고 전제할 수 있는 것이라면, 그러한 시도에 저항하려는 라틴아메리카적 사유체제를 표방하려는 일련의 인식적 태도가 라틴아메리카니즘이다.

엔리케 두셀Enrique Dussel이나 아니발 키하노Anibal Quijano, 월터 D. 미뇰로Walter D. Mignolo 등은 포스트콜로니얼리즘의 용어가 지닌 한계를 지적하며, 대안적 개념을 제시하고 있다. 이들은 포스트콜로니얼리즘의 용어가 태생적으로 라틴아메리카 현실에서 일정 부분 벗어나는 측면이 있을 뿐 아니라, 유럽중심주의적인 포스트모더니즘 이론에서 벗어나지 못하는 한계가 있음을 지적한다. 그럼에도 불구하고 본 저서에서는 포스트콜로니얼리즘의 용어가 지니고 있는 모호함과 한계를 있는 그대로 놓아둔 채 그 적용에 있어서는 보다 포괄적인 의미를 담을 수 있는 열린 개념으로 파악하려 한다. 상호 모순적인 요소들의 병립과 충돌에도 불구하고, 포스트콜로니얼리즘을 대체하는 새로운 이론적 틀을 제시하는 연구자들의 개념들을 담을 공통의 용어를 찾을 수 없다는 현실적 한계 때문이다.

라틴아메리카의 입장에서 포스트콜로니얼리즘은 형식적 식민주의가 아닌, 식민적 제도와 그 잔재적 사고로부터 벗어나려는 지속적인 자구적 노력과 자립적 개혁정신을 강조하는 태도로 이해되어야 하며, 그 구체적 논의의 초점에는 유럽의 이론적 틀에서 벗어날 뿐 아니라, 이념적이고 추상적인 대상이 아닌 구체적이고 개별적인 대상에 주목할 수 있는 시선의 확보가 있어야 한다는 것이다.

## (4) 포스트콜로니얼리즘과 여성의 문제

서구 일방의 근대성에 대한 해체론적 입장에서 보다 중요한 코드로서 다문화 시대를 소수/유색인종 등 '타자'의 입장에서 재해석하려는 문화론의 영역은 21세기 중립적인 외형을 지닌 채 세계를 호흡하고 있는 지구화·세계화·초민족주의·디문화주의 등의 의미를 재구성하고, 미국문화 중심의 헤게모니를 강화하는 현실을 타개할 수 있는 대안을 모색하는 과정에서 실현 가능한 대상이 될 수 있다.

민족의 개념과 민족주의 담론은 콜로니얼리즘과 포스트 시대에 중요한 의미를 지닌 것으로 보였으나, 이제 초민족주의transnationalism의 도래로 그 의미가 희석되고 있으며, 미국 중심의 지구화 논리는 균일적인 세계의 표준화 작업을 통해 비현실적인 초민족주의를 유포하면서 그 결과로 서구 중심의 불평등한 권력관계에 의한 구조를 전 지구적 차원에서 강화하는 현실이다. 그럼에도 불구하고 민족은 인종의 개념과 더불어 제국과 식민지 사이의 권력관계를 조망하며, 식민성의 문제를 살펴볼 수 있는 유효한 도구임에는 틀림없다. 문제는 민족이나 인종이라는 범위적 접근이 이른바 여성과 같은 의제를 희생하는 측면이 존재한다는 사실이다. 대다수 페미니즘 연구자들은 민족이나 인종의 개념이 여성의 문제를 도외시한 주범으로 꼽는다. 성 범주를 도외시한 이론들이 남성중심성을 문제로 내세우는 백인중심의 페미니즘 때문이었거나, 민족주의나 인종주의를 앞세우는 차별적 시각 때문이었다는 것이다.

전 지구적 차원에서 오랫동안 절대적 경계의 의미를 지녀왔던 단일 국가라는 개념이 흐려지고, 다국적 후기 자본주의의 문화적 침투와 간섭이 증대하는 20세기 후반 이후에 적합한 탈식민화의 실증적이고 구체적인 영역으로서 '여성'은 보다 구체적인 의미를 지닌다.[54] 이때 여성의 주제는 젠더·인종·계급·세대 등과 같은 다중적 코드들과 더불어 콜로니얼리즘을 극복하고, '이후'를 준비하는 적극적 의미에서의 시점을 구체화할 수 있도록 기능한다. 과연 탈식민화의 방향과 전략의 다기적多技的 모색의 방안으로서 여성은 중요한 화두 가운데 하나이다. 다만 페미니즘과 여성의 문제는 탈식민화의 차원에서 명확한 경계와 구분을 확정하지 못한 채 진화하고 있는 문제의식이다. 여성의 문제를 다루는 많은 연구에서도 흑인 페미니즘이나, 카리브 해 페

---

54) 호미 바바의 경우에도 주체구성의 개념을 수립하면서 '잡종성'을 중시하지만, 정작 여성의 사회문화적 기능과 역할이라는 측면에서 젠더의 문제를 이슈화하지 않는다. 사실 포스트콜로니얼리즘의 논의하면서 여성을 덧붙여 논의하는 것이 그리 간단한 것은 아니다. 식민주체/피식민주체 개념에서 여성을 간과하지 않는 시각을 견지하면서, 이론적 틀을 구성할 수 있는 포스트콜로니얼 페미니즘의 구축은 인종의 문제에 젠더의 개념을 일관되게 연결하는 것으로서 '다중적 주체'의 개념을 구체화하는 일련의 작업의 실증적 영역이 될 수 있다. 이러한 시각에서 여성의 문제는 서구 여성의 문제와 제3세계 여성의 문제로 구분되는 경향을 보이게 되며, 이 과정에서 흑인 페미니즘, 카리브 해 페미니즘, 제3세계 페미니즘 등의 학문적 영역의 공동 관심사로의 이행을 통해 서구백인여성 중심의 페미니즘이 포스트콜로니얼의 과정으로 전환될 수 있는 구도적 틀을 제공하게 된다.

미니즘, 제3세계 페미니즘 등에 대한 관심은 미진했던 것이 사실이다. 여기에는 담론이라는 형식논리의 틀 안에서 실증적 차원에 접근할 기회를 주도적으로 수용하지 않은 채 이론적 유희에 머물렀던 서구 중심의 페미니즘 연구의 경향과 무관하지 않다. 분석 범주로서 '여성'의 아젠다는 '여성'이라는 생물학적 동질성을 대상으로 하는 것이 아니라, 역사를 배경으로 구성되는 사회문화적 동질성을 공유하는 집단으로서의 의미로 구체화되는 과정에서 '힘없고', '착취당하고', '성적으로 시달린' 등의 꼬리표가 붙은, 그래서 언제나 이미 구성된 집단으로서 여성을 가정하는 결과를 낳을 수 있다는 점에서 자칫 엉뚱한 논리로 전개될 수 있기 때문이다.

특정 맥락에서 여성 집단을 '무력한' 존재로 본다는 시각이 여성을 연약하고, 감정적이고, 수학에 약한 그래서 남성에 비하여 상대적으로 열등할 수밖에 없는 생물학적 존재로서의 의미와 차별성을 두지 않는다면, 여성 집단이 지닌 사회문화적 편견에 의한 허약함의 문제는 사회의 구조적 틀과 비교하여 섬세하게 파악되어야 하는 주제로 등장하게 된다.

모한티<sup>Mohanty</sup>는 여성이 물질적이고 이념적으로 무력한 것을 밝히려는 것이 아니라, 집단으로서 여성이 무력하다는 일반적인 대목을 입증하기 위해 '힘없는' 여성 집단의 다양한 사례를 다섯 가지 세부적 방식에 초점을 두기를 제안한다. '남성 폭력의 희생물로서의 여성', '보편적 의존자로서의 여성', '식민 과정의 희생자로서 결혼한 여성', '여성과 가족체계', '여성과 종교 이데올로기' 등은 서구 페미니스트들의 자기 재현과 제3세계 여성의 재현의 비교라는 중요한 결과를 낳는다. '제3세계 여성'의 보편적 이미지(베일 쓴 여인, 순결한 처녀 등)는 서구 여성이 세속적이고 자유롭고 자신의 인생을 관리한다는 가정 속에 이미 예상되며, 따라서 그 가정은 뚜렷하게 부각된다며, '제3세계 여성'을 단일체<sup>單一體</sup>로 정의하는 것은 '비서구적' 세계의 잠재적인 경제적, 문화적 식민화의 표면적 언명<sup>言明</sup>인 '사심 없는' 과학적 탐구와 다원주의<sup>多元主義</sup>라는 더 큰 규모의 경제적, 이데올로기적 실천과 연결되는 것이 당연하다고 피력한다(Chandra Talpade Mohanty, 1988: 65~88; 유제분(역음), 2001: 75~114).

포스트콜로니얼리즘적 시각에서 여성의 존재적 의미에 대한 접근은 서구 중심의 페미니즘의 시각과 제3세계 여성에 대한 시각에서 상호 충돌되고 모순되는 논점의 영역을 만들어내기도 하지만, 탈 식민여성에 대한 텍스트의 이론화 과정에서 흑인 여성과 제3세계 여성을 대상 집단으로 구성하는 시점의 형성과 확장을 통해 구체적이고 실증적인 여성의 사회문화적 이미지에 대한 연구가 조밀하게 수행되는 경향으로 이어진다. 사회의 변방에 머물러온 서벌턴[55] 혹은 하위주체[56]로서의 여성이 이중적 타자로서 자신들의 정체성을 극복하기 위해서는 그들 스스로의 자각이 가장 본질적일 것이다.

주체적 자아로서 여성 집단이 문화저항의 도구로서 '적절한 언어'를 사용하며, 경멸적으로 사용되는 '방언'과 구별하여 '민족 언어'를 사용한 글쓰기적 접근과 같은 사례는 '식민주의자를 모방하는 것에 대한 민족적 거부와 창조를 주장하고, 복종을 벗어나 혁명을 향하는 움직임을 표방한다'는 포드-스미스의 연구시점(Ketu H. Katrak, 1989 in 유

---

55) 서벌턴의 용어는 스피박이 탈식민주의 비평을 논의하는 과정에서 제기한 용어로서 기존의 지배담론들이 배재하고 있는 '피식민지인', '여성', '이민자', '노동자', '소수자' 등의 종속적 위치에 있는 주변부의 사람들을 총괄하는 용어이다.

56) 서벌턴의 번역어로서 하위주체는 하위계급, 하층민 등으로 번역되기도 한다.

제분(역음), 2001: 142~143) 등에 의해 특성화된다. 스피박이 지적하는 '하위주체는 말할 수 있는가'라는 아젠다는 지구적 틀을 견지하면서도 여성의 입장에서 역사와 현실을 새롭게 조망하려는 시각의 필요성과 중요성에 대한 일갈이다. 비서구의 여성을 '생식기주의적(genitalist) 범주'로 보아온 서구적 시선에 대한 경고이기도 하다(가야트리 스피박, 2005: 330). 일찍이 파농이 『검은 피부, 하얀 가면』에서 지적했던 것처럼 피식민지인이 스스로를 식민주의자의 시각에서 검열하고, 비판하여, 스스로를 서구화 과정에 편입하려는 왜곡을 극복하기 위해서는 서구의 언어와 문화가 아니라, 자신들의 언어로 말을 하고, 그 말의 의미에 대한 성찰과 자각을 인지해야 한다는 점에서 콜로니얼리즘에 대한 극복의 올바른 방향성은 하위주체가 자신의 문화가 담긴 언어로 자신에 대해 말할 수 있어야 하기 때문이다.

포스트콜로니얼리즘에서 현재까지 주로 논의되는 여성의 문제는 주로 식민시대 여성의 삶의 굴곡과 왜곡의 에피소드를 발굴하고 재해석하는 정도에 머물고 있지만, 신식민주의 혹은 네오콜로니얼리즘$^{Neocolonialism}$이 내재적으로 무장하고 있는 가부장제적 자본주의 사회의 속성을 비판하고 내안적 모색을 제인힌다는 의미에서 여성의 문제는 지속적으로 발굴되어야 할 의제이다.

이런 시각에서 쿠바 신영화는 서구 여성[57]의 우월적 재현 체제에 의해 타자로 구성되는 자신을 스스로 타자화하는 자기분열의 조짐에 대한 여성의 자각과 더불어 '스스로에 대해', '자신의 시점'에서, '말하는' 여성의 주체적 의미를 체계적으로 다루게 되는 다양한 스펙트럼의

---

57) 쿠바 신영화의 경우, 특히 〈저개발의 기억〉에서 여성 주인공은 백인 여성으로 체화된 서구 우월적 재현 체제에 의해 타자된 자신을 스스로가 타자화하는 한편 서구화된 자신의 부분을 인지하는 동시에 자신을 타자화하는 서구적 존재와 동일시를 꿈꾸는 자기분열의 이미지를 흥미롭게 창조하고 있다.

층위를 관객에게 제공하고 있다고 할 수 있다. 또한 '여성'이 '말하기 시작'하는 과정과 사회의 발전을 위해 여성이 '왜 말을 해야 하는가' 하는 문제의식을 담고 있는 신영화는 제한적 용어로서의 의미가 아닌 포괄적 의미에서 포스트콜로니얼리즘적 시각에서 살펴볼 수 있는 대상으로서의 긍정적 의미를 지닌다. 과연 쿠바의 신영화가 포스트콜로니얼리즘의 시각에서 '여성'을 얘기하고 있는 것이라는 가설적 전개가 옳은 것이라면, 이때의 '여성'은 인종, 계급, 제국 등의 중요성을 넘어서는 주제가 되는 것일까. 스피박이 지적하듯(2005: 556) 전 지구적 하이퍼리얼계를 지배하는 경향이 '발전 속의 여성들'이 아니라 '젠더와 발전'이 새로운 구호가 되는 식이라면, 우리는 무엇을 보아야 하는 것일까. 산을 보는 것일까, 아니면 지도에 표기된 산을 보는 것일까, 스스로 반문하며 성찰할 일이다.


## 5) 쿠바 신영화와 쿠바예술영화산업기구<sup>ICAIC</sup>

### (1) 라틴아메리카 신영화 운동

어두운 상자에 구멍을 뚫어 반대편에 상을 비추게 만들었던 카메라 옵스큐라<sup>Camara obscura</sup>에서 시작되었던 영상이 17세기 로마에서 촛불에 의해 화면을 구성하는 마법의 등불<sup>Magic Lanterns</sup>로 변환되고, 1882년 유명한 '움직이는 말<sup>The horse in Motion</sup>'의 상연을 통해 사진<sup>Photography</sup>이 동시성 사진<sup>Chronophotography</sup>으로 발전한 이래, 사진기는 1894년 뤼미에르 형제에 의해 최초의 영사기<sup>Cinématographe</sup>가 발명되었고, 20세기가 시작되면서 화려한 영화의 시대가 개막되었다.

영화는 현대를 상징하는 문화 매체로 탄생하였으며, 과학기술이자 문화예술인 동시에 엘리트 개념과 대중적 개념을 한데 묶는 혁신적 매체라는 점에서 20세기를 과거와는 본질적으로 구분되는 시대로 명명하는 이유가 되었다. 전통적으로 왕족과 귀족을 비롯한 소수의 특수계층에만 한정되었던 예술과 문화행위가 관객을 매개로 이뤄질 수밖에 없는 특수성의 산업 개념을 통해 대중[58)]으로 파급되었다. 오르테가 이 가세트[Ortega y Gasset]가 지적하듯, '대중의 반란[La rebelión de las masas]'이 시작되었던 것이다. 문화의 중심추가 점차 아래로 무게가 내려오게 되었고, 보다 많은 사람들이 공감하는 가치가 세계를 주도하는 객관타당[客觀妥當]한 가치로 부상하였기 때문이었다. 이러한 분위기에서 영화는 대중문화를 가장 잘 반영하는 매체로서의 속성을 지니게 된 것이다.

라틴아메리카는 유럽과 미국에서 동시대적으로 이뤄졌던 영화의 초기 역사로부터 머지않은 시기에 영화를 수입할 만큼 긴 역사를 공유[共有]하고 있다. 유럽과 미국에서의 영화산업이 지닌 광범위한 구성요소, 즉 극장의 건설과 유통구조의 확립 및 관객의 동원이라는 측면에서 쿠바·멕시코·브라질·아르헨티나의 영화산업은 서구영화의 주체적 거점과의 사이에서 짧은 시간적 간격을 두고 있을 뿐이었다. 유럽에서 만든 영화가 빠른 시일 내에 브라질이나 멕시코, 혹은 쿠바의 극장에서 상연되는 것은 어렵지 않은 일이었다. 특히 프랑스의 '파테 영화사[Pathé Frères]'는 현재 미국의 할리우드에 해당하는 규모로서, 세계 영화산

---

업의 중심지였으며, 세계시장을 주도하고 있었다. 특히 쿠바는 서구 영화산업의 전 방위적 실험장이기도 하였다.

서구의 영화산업이 전반적 측면에서 라틴아메리카의 주요 도시에서 동일한 속도로 발전하는 모습은 라틴아메리카인들에게는 매우 긍정적인 면모가 부각되었다. 관객들은 영화를 통해 서구의 근대 생활 초기 영화산업이 자국<sup>自國</sup>의 산업구조와 문화적 가치를 중심으로 정착되어야 한다는 의식이 그다지 중요한 가치라고 생각할 만큼 외래문화의 수용에 민감하지 않았다. 그러나 이러한 서구 영화산업 모델을 모방하는 방식은 상충<sup>相衝</sup>되는 모순적 요소와 부딪히게 되었다. 이른바 근대화의 추구와 서구적 시선의 무비판적 수용이라는 대립적 요소가 바로 그들이었다. 구한말 우리가 경험했던 역사적 소용돌이 가운데에서 간과했던 가장 중요한 역사문화 인식이었던 외래문화의 분별적 수용과 자국문화의 객관적 발전을 위한 이념적 균형추에 대한 사회적 인식과 공감대에 대한 필요성이 제기되지 않았던 탓이다. 새로운 선진기술과 혁신적 과학을 문명이라는 시선에서 적극적으로 수용하는 과정에서 주체적 인식<sup>主體的 認識</sup>을 위한 노력의 필요성이 미진할 수밖에 없는 정황이었던 것이다.

영화라는 매체는 서구가 주체가 되는 근대성의 창이었다. 이는 서구인들조차 인식하지 못했던 부분이었다. 산업적으로 발전된 도시에서 영화를 상연하고 관람할 수 있다는 것은 선진문화 혹은 선진문명을 의미했을 뿐이었으며, 선진국에서도 대중을 대상으로 기획된 장르가 아니었기 때문이었다. 문제는 상연되는 영화의 대부분이 서구에서 제작된 것이었으며, 지배층의 통치 이데올로기를 적극적으로 반영하고 있다는 사실에 있었다. 자국에서 기획되고 제작되는 영화들도 있었으나,

영화의 구조와 주제 및 소재에 대해 서구 선진국에서 제작되는 영화들과 비교하여 본질적인 차별점을 의식하지 않았다. 하지만 관객들은 무의식적으로 도시화와 산업화의 모델을 자신들의 리듬과 고유의 방식을 통해 탐색하는 것이 아니라, 서구 근대 생활양식을 대상으로 인식하고 그 대상을 모방하는 경향을 띨 수밖에 없었던 것이다.

따라서 영화를 감상하고, 영화의 주제와 공감대를 경험하는 시선은 곧 서구의 시선이었으며, 영화의 인물에 투사되는 인상으로서 공감은 라틴아메리카가 자신의 시선과 서구의 시선을 구분하지 않은 채 동일시[Identification]의 경험과 오버랩[Overlap]되었고, 이는 문화적 차원에서 서구의 주체적 영향력이 지속적으로 유지될 수 있음을 의미하는 메커니즘[Mecanism]으로 구축되는 계기가 되었다.

1차 세계대전이 발발하면서 유럽에 거점을 두고 있던 주요 영화 제작사들의 영화 제작 편수와 수출량은 급감하였다. 영국과 독일은 영화산업의 전반적인 비중을 줄였으며, 프랑스와 이탈리아의 경우에는 제작 편수를 대폭 줄이는 상황을 맞이할 수밖에 없었다. 상대적으로 전쟁의 직접적인 영향으로부터 비교적 자유로웠던 미국의 영화산업이 1914년과 1919년 사이에 본질적인 도약을 맞이하였다. 급증한 관객 수요층의 개발이 동시에 발생하면서 다양한 주제에 의한 미국의 영화산업은 유럽의 영화산업을 구조적으로 극복하였는데, 관객층의 확산은 상업주의 영화산업이 미국 중심으로 발달될 수 있는 변수가 되었다.

파라마운트[Paramount Pictures Corporation], 폭스[Fox Film Corporation], 골드윈[Metro-Goldwyn--Mayer Inc.] 등의 제작사가 1920년대 이후 세계의 주요 대도시의 개봉 영화관을 확보하였으며, 스튜디오 제작과 함께 제작과 공급 시스템을 선점하는 현재의 영화제작공급 시스템을 구축하게 되었던 것이다. 2차

세계대전 직후에는 미국영화사들의 영화 제작 편수는 다소 감소하였으나, 1950년대부터는 L.A.를 중심으로 영화를 제작하는 환경이 안정적으로 정착되어 오늘날의 할리우드<sup>Hollywood</sup> 중심 영화산업 구조를 형성하게 되었으며, 우월적 지위의 자금 공급력과 과학 기술력을 바탕으로 영화의 상업화와 대중화에 성공함으로써, 영화가 단순한 문화예술 매체를 넘어서 산업 및 상업 영역을 포함하여 정치 이념적 가치까지 선도하는 역할을 맡기 시작한 것이다.

라틴아메리카에서도 토착 영화사들이 새롭게 등장하지만, 자국의 토속적인 음악을 특화한 장르적 접근이 하나의 속성으로 부각되었다. 아르헨티나의 탱고영화나 브라질의 카르나발 풍 뮤지컬 코미디 샹샤다<sup>Chanchada</sup>, 멕시코의 마리아치 배경의 란체라<sup>Ranchera</sup> 영화가 대표적이었다.

문제의 본질에는 라틴아메리카 영화산업이 제작에 집중되는 것이 아니라는 점과 특정한 장르, 특히 음악 장르를 중심으로 유지되는 정도였다는 사실이다. 보다 일반적 시각으로는 영화의 제작보다는 유통과 상영에 집중되기 때문에 발생하는 불균형이 근본적인 문제로 부각되었다.

라틴아메리카의 해외영화에 대한 인식은 점차 단순한 수용에서 비판적 수용의 태도로 전환되는 경향을 보였으나, 미국영화의 영향력은 나날이 강력해졌다. 자국문화와 영화산업에 대한 고찰적 시각이 없었던 것은 아니었다. 예를 들어 쿠바의 『씨네마토그라피카<sup>Cinematográfica</sup>』나 브라질의 『씨네 아르찌<sup>Cine Arte</sup>』를 비롯하여 10여 권의 영화전문 잡지가 발행될 정도로 영화연구의 문화적 환경이 긍정적이었으나, 대부분의 영화가 미국과 유럽에서 제작되며, 서구의 유통구조에 의해 공급되고 있다는 사실은 시간이 흐름에 따라 라틴아메리카의 현황과 상충되는 모순적 가치개념에 대한 비판적이고 자기성찰적인 시각의 필요성을 제기하게 만들었다.

　라틴아메리카 신영화<sup>Nuevo Cine</sup> 운동은 지역의 사회현실에 대한 자기비판의식에서 태동한 범문화운동의 일환이었으나, 쿠바와 브라질, 아르헨티나 등의 각 지역이 모두 일관된 창구를 통해 통일된 견해를 나눌 수 있었던 것은 아니었다. 오히려 라틴아메리카의 정치사회적 환경의 전환이 문화적 인식의 틀을 수정할 수 있는 계기를 마련했다고 볼 수 있을 것이다. 1948년 '보고타소<sup>Bogotazo</sup>'라 불리는 콜롬비아의 유혈폭동사태와 1952년 시작된 '볼리비아 혁명', 1954년 '과테말라 사태', 1950년대 중반 후안 페론<sup>Perón</sup>의 정치적 등장 등은 1956년 7월 26일 운동으로 시작된 이른바, '쿠바혁명'을 통해 미국의 절대적인 개입과 간섭에 대한 저항과 자기비판적 성찰의 계기가 되었던 것이다. 여전히 대중에게 미국의 사회문화적 기호<sup>嗜好</sup>가 설득력을 축적하는 한편, 정치사회적으로 미국의 패권주의가 라틴아메리카 지역에서 자행하는 일련의 문제에 대한 자각이 영화인들에게 각성과 성찰의 계기를 마련하고, 이를 대중적 매체를 활용한 문화행위에 적용되었다. 할리우드로 대표되는 영화산업은 점차 세계적 표준을 지향하는 선진국 중심의 '균질화' 작업에 의해 대표된다. 서구 제국주의를 형성하는 거대세력과 그를 옹호하는 인식론의 입장에서 식민주의 체제는 이러한 균질화된 시각의 무차별적인 적용에 그 폐해가 있다고 판단되기 때문에 비균질적 세계관에 대한 현실적인 수용을 위한 대안적 시각을 요구한다. 영화의 경우, 세계를 지배하고 있는 영화문법과 영화산업 전반의 틀은 할리우드가 지배하는 이러한 균질화된 시각이 군림하는 현실 속에서 파악되어야 하는데, 제3세계 혹은 제3의 영화가 대안으로 제시하는 이른바 대안영화의 몫은 매우 중요하기 때문이다.

라틴아메리카의 신영화 운동은 1960년대 이후 전 세계 영화계에 긍정적 영향을 끼친다. 이는 신영화가 '경향$^{Tendence}$'이 아니라, '운동$^{Movement}$'으로 형성되었으며, 라틴아메리카에 적용되는 것에 그치지 않고, 외부로 급격하게 파급되었던 확산적 특징을 지녔다.

신영화 운동은 넓은 의미에서는 2차 대전 이후 등장한 네오리얼리즘$^{Neorrealismo}$이나, 누벨바그$^{Nouvelle\ vague}$, 뉴저먼 시네마$^{New\ German\ Cinema}$ 등 국제적 성격과 규모의 모더니즘 예술이나 전위예술의 경향으로서 발현되고, 지속된 영화들과 그 궤를 함께한다고 볼 수 있다. 라틴아메리카 신영화 운동을 주도한 많은 감독과 영화인들은 물론이고, 많은 작가와 예술가들이 자신의 정체성과 관련된 고뇌의 표현을 예술적 시각에서 이러한 새로운 실험적 작법에 관심을 두었으며, 특히 네오리얼리즘에 몰입했던 것도 자연스러운 일이다.

그러나 라틴아메리카의 신영화 운동은 네오리얼리즘이나 누벨바그, 뉴저먼 시네마와 비교해서 '새로운 시각의 틀'을 추구한다는 시각에서는 궤를 함께하면서도, 제작과 소비 및 수용에 있어서 대안적 모델을 창출하는 차별적 성과를 이룸으로써, 라틴아메리카 신영화 운동의 파급력은 영화산업의 구조와 내용 양면에 긍정적 영향을 미치게 된다. 이는 할리우드 영화계의 막강한 영향력을 받으면서도, 그 영향력으로부터 자생적이고 자율적인 영화제작과 소비 및 유통(수용)을 위한 시스템이 마련하지 않으면 안 되었던 구조적이며 시대적인 상황이다.

이처럼 사회문화의 산업화와 유통구조에 대한 인식의 전환을 촉구하는 뚜렷한 목적에서 제작되고 유통된 신영화 운동은 서구 중심의 비평의식이나 패러다임을 토대로 구성되는 담론보다는, 라틴아메리카

내적 구성원들 스스로의 자율적 사고와 비평체계를 기반으로 새로운 인식으로의 '전환'을 사회문화적으로 지향하는 '운동'으로서의 의미가 강조된다. 세계화의 개념과 함께 '균질화 작업<sup>homogenization</sup>'이 지속적으로 진행되고 있는 상황에서, 대안적 영화의 가치개념을 강화시킬 수 있는 자율적이고 내재적 능력을 생각한다면, 신영화 운동은 몇 가지 시각에서 대안을 제시한 것은 분명하다. 첫째, 거대 자본에 종속된 제작과 유통 및 보급의 시스템 대신 쿠바영화예술산업기구<sup>Instituto Cubano del Arte e Industria Cinematográficos</sup>(이하 ICAIC)와 같은 비영리 집단으로서 국가기구의 지원을 받음으로써 서구 자본 시스템이 제시하는 균질화된 시각으로부터 일정 부분 자유로울 수 있다는 점이다. 물론 이러한 국가통제기구의 지원을 받는 것이 바로 족쇄가 될 수 있다는 점은 장점이면서, 동시에 단점이 될 수 있는 한계를 지닌다. 둘째, 실험성이 강한 주제에 대한 접근을 통해 라틴아메리카가 경험한 역사적 사건의 재현을 전통적 영화문법과 차별되는 시각에서 접근함으로써 관객의 인식을 환기하고 전환하는 기능적 효율성을 지닌다. 셋째, 네오리얼리즘 영화가 제시하고 호평을 받았던 요소들, 특히 스타 시스템을 벗어나서 비전문 배우들이 시실이나 역사성을 배경으로 일상적인 세팅에서 디큐멘터리 서술시각을 제시함으로써, 현실과 유리되는 비현실의 공간에 영화의 주제가 머무르지 않는 시각을 제시한다는 장점을 지닌다.

라틴아메리카 신영화 운동의 장점은 할리우드영화로 대표되는 서구 자본 시스템이 추구하는 균질화 과정을 벗어나 비균질의 시각을 내재적이고 자율적인 시각에서 제시한다는 차원에서 찾을 수 있는 것이다.

## (2) 쿠바 신영화 운동과 쿠바영화예술산업기구<sup>ICAIC</sup>

할리우드영화가 대외적 시각에서 일찍부터 세계화의 개념으로 '균질화 작업<sup>homogenization</sup>'에 집중함으로써, 대안적 영화의 가치개념을 약화시킬 수 있는 배타적 조직력을 의미한다고 정의할 수 있다면, 라틴아메리카영화는 일정한 기호와 표현의 단선적 구도 속에서 '돌연변이'처럼 '탈출<sup>emergence</sup>'을 시도하는 보다 근원적인 정신성을 유지하는 데 의미가 있다고 평가할 수 있다. 저개발로 파악되는 라틴아메리카가 자본의 부재와 기술력의 미비를 극복할 수 있는 대표적 변이요소가 내재적 정신성에서 발견될 수 있었기 때문이다.

1959년 쿠바혁명의 성공 이후 마련된 '쿠바영화예술산업기구'의 설립은 자국 영화산업을 통해 미국에 편중되었던 영화제작 및 보급의 시스템을 보완하고 대체할 수 있는 장치적 기구로서의 변혁을 의미하게 되었다. 쿠바영화예술산업기구는 1960년대 초 브라질의 신영화 운동 <sup>Cinema Novo</sup>과 더불어 라틴아메리카 신영화 운동의 양축을 이루며 균질적 가치의 무조건적인 수용에서 자기성찰적 인식전환의 계기를 마련하였다. 이러한 라틴아메리카 신영화 운동의 선구적 역할로 평가되는 것이 바로 쿠바의 1960년대 영화작품들이었다.

쿠바 신영화<sup>Nuevo Cine Cubano</sup>는 자신이 속한 사회가 유지하거나 추구하는 가치관에 대한 점검과 검토를 위해 사회문화적 가치개념을 이미지로서 생산하며, 혁명 이후 사회문화 전반에 걸친 혁명적 문화행위의 방향성 설정에 있어서 쿠바사회의 재구성에 긍정적 영향력을 행사하려는 목적을 지향한다. 이 과정에서 '쿠바영화예술산업기구'는 쿠바 신영화 운동의 자궁이었으며, 모태의 역할을 훌륭하게 수행하였다. 따라서 쿠바영화예술산업기구에 의해 지원되는 영화는 매체로서 쿠바사회의 사회문화적 가치의 생산에 적극적으로 참여한다. 쿠바 신영화의 주된 목적은 현실을 대상으로 구성된 사실주의적 영화를 접한 관객이 자신들의 현실을 성찰하고 새로운 방향으로 변화시킬 수 있도록 참여하게 하려는 데 있다고 볼 수 있다. 영화는 관객에게 사회를 바라보는 시선을 제공하고, 유도함으로써 쿠바사회의 재건에 참여하게 되지만, 혁명 이후 일관된 응시의 시선과 대상을 유지하였던 것은 아니었으며, 세부적으로 신영화가 시작된 이래 스무 살 성년이 되기까지 지속적인 변화의 과정을 겪을 수밖에 없었다. 물론 ICAIC에 의해 지원되는 공적 성격의 영화가 지향하는, 사회문화적 이미지를 생산하고, 관객의 시선을 이끌어내는 매체로서의 기능 자체가 변한 것은 결코 아니다. 다만 카메라의 응시 대상이 일상적 삶에서의 가치관으로 구체화되고 있음이 달라진 부분이다. 그러나 일정 부분 정부기관 주도의 영화제작 정책이 지니는 특징을 지닐 수밖에 없었으니, 이는 반미적 성향의 영화 제작자들이 쿠바 사회주의 혁명정권의 후원을 받으며 적극적으로 활동하는 경향을 지닐 뿐 아니라, 국가 주도의 검열이 정당화되는 구조를 지님으로써, 예술성이 이념성을 도외시할 수 없는 배경으로 자리잡는 한계상황과도 연결된다. 그럼에도 불구하고 ICAIC의 등장은 라틴아메리카 주도의 내적 목소리를 형성하며, 기획과 제작, 공급과 유통 전반에 걸친 영화산업의 토대적 기반을 육성할 수 있는 계기를 만들게 되었다는 '구조적 전환'의 틀로서 의미를 지닌다.

1959년 3월 23일 쿠바혁명 정부는 피델 카스트로의 서명으로 ICAIC의 설립을 공포한다. 쿠바영화는 서구영화가 지닌 문제점을 상업주의의 '노예화'로 규정하며, 비상업적 방향성에 기초를 둔 새로운 출발을 선언하였다(Guevara, 1960: 4). 이는 영화매체가 지닌 사회적 기능이 현실을 제대로 재현함으로써, 일상적 삶을 지배하는 가치개념의 올바른 생성에 종사하도록 하겠다는 의미이다. '영화의 혁명'을 선언한 ICAIC 은 이른바 '자유영화Cine de la libertad, 계열로 명명되는 예이젠시테인의 <멕시코 만세Viva México>, 지메만의 <잊혀진 대중Pueblo olvidado>, 바르뎀 의 <어느 자전거 선수의 죽음Muerte de un ciclista>과 <중앙거리Calle Mayor>, 브뉴엘의 <잊혀진 사람들Los olvidados> 등과 같은 영화들을 제외한 대부 분의 영화들을 미래지향적 모델로서 수용하지 않는 역사와의 단절을 감당하기로 하였다(Guevara, 1960: 4~6). 신영화의 선언은 산업으로서 영화 전반에 걸친 부분도 많지만, 무엇보다 영화의 사회적 기능과 역 할에 대한 입장에서 차별적이다.[59) 물론 '자유영화' 계열의 영화들 이 외에도 적극적으로 수용하는 세 개의 영화 경향이 존재한다. 쿠바의 문화전통을 충실하게 대변해온 뮤지컬영화 경향, 냉전의 두 축을 이루 고 있던 미국과 소련의 영화 스타일 모두로부터 일정한 거리를 유지하 면서, 현실사회를 새로운 인식의 틀로 바라보려던 네오레알리스모 Neorrealismo 영화 경향, 라틴아메리카 신영화의 큰 틀에서 신물결Nueva Ola 운동 등으로 대표될 수 있는 새로운 혁신적 영화 경향 등이 그들이다. 이 모두 쿠바의 현실을 올바로 재현해야 한다는 사회적 사명과 밀접한 관계에서 파악된다. 신영화의 방향성 설정에 있어서 이러한 기준을 적 용하게 된 구체적인 원인은 네 가지 정도의 시각으로 정리될 수 있다. 첫째, 미국의 할리우드로 대표되는 제1의 영화[60) 산업이 지향하는 상

---

59) 쿠바 신영화에 관한 문화연구 측면의 논문으로는 "탈식민 사회에서 민족을 서술하기: 구티에레스 알레아와 쿠바의 내셔널 시네마", 『라틴아메리카연구』, 15(2), "영화, 〈루시아〉의 여성 인물분석을 통한 트라우마 직 면의 문제", 『이베로아메리카』, 12(1), "영화, 〈나는 쿠바〉에 있어서 역사적 트라우마 재연을 위한 문제적 특징 연구", 『중남미연구』, 29(1) 등을 참조할 것.

60) 본 연구에서는 옥타비오 헤티노(1997, 99~107) 등이 주장하듯, 제1세계 영화, 제2세계 영화, 제3세계 영

업주의에 의한 영화의 구조와 수탈적 고리를 형성한다고 믿는 시각; 둘째, 상업주의로부터의 해방을 추구하는 소련이 선두주자로 구성되는 제2의 영화산업이 여전히 혁명적 영화에서 기대될 수 있는 혁신적이고, 분석적이며, 비평적인 정신을 결여한 채 방향성을 잃고 표류하고 있다고 보는 시각; 셋째, 혁명의 정신과 이념을 현실에서 반영할 수 있는 목표의식을 정립하려는 시각; 넷째, 산업으로서 영화의 규모가 미국이나 소련, 유럽의 주요 국가들의 경우와 비교하여 상대적으로 작고, 열악한 실태에서 현실적으로 실현가능한 규모의 영화제작에 대한 기준 설정의 시각 등이다. 이러한 시각의 설정과 경향에 대한 분석적 접근은 영화매체가 사회적으로 현실을 재현해야 하는 도덕적 기능을 담당하고 있다는 자각과 깊은 관련에서 파악된다.

쿠바 신영화 운동의 가장 기본적인 목표는 '대중'을 수탈의 주체에 종속된 상태에서 해방시킬 수 있도록 스스로가 각성할 수 있게 그들을 일깨우는 데 있다(Gutiérrez Alea, 1960: 6~8). 물론 이러한 태도는 쿠바 신영화의 주체세력들이 비난과 저항의 대상으로 삼았던 서구 자본사회의 영화가 수행하는 사회적 기능, 즉 영화가 구조적으로 자신이 속한 사회의 지배 이데올로기를 확대, 재생산할 수 있도록 봉사하는 기능적 '노예화' 상태에 있다는 점과 본질적으로 차별이 된다고 보기 어려운 측면이 있다. 사회주의 혁명의 정신을 사회문화 전반에 확대하려는 의도를 기본으로 예술과 영화를 적극적 도구로서 활용하는 것은 결국, 사회의 지배 이데올로기를 확대, 재생산하기 위해 영화인들 스스로가 기능적으로 '종사'하는 면이 존재하고 있음을 부정하기는 곤란하기 때문이다. 결국 쿠바영화인들이 비판의 대상으로 삼았던 것은 영

---

화 등의 용어를 제1의 영화, 제2의 영화, 제3의 영화 등으로 대체하여 사용하기로 한다.

화의 '종속화' 자체가 아니라, 영화가 어떠한 이념에 종속되느냐 하는 문제로 귀결될 수밖에 없다.

쿠바 신영화가 추구하는 실천적 혁명정신은 수탈의 주체로서 서구에 '종속'되는 상태가 아닌 스스로가 주인으로 행위할 수 있는 '해방'의 상태로 만드는 데에 있으며, 이때의 '종속'은 헤티노(1997: 48)가 지적하는 것처럼 수탈의 대상으로서 쿠바의 현 실태를 해방의 상태로 만듦으로써, 대중이 종속적 노예상태가 아니라, 주체적 존재로서 삶을 주도하는 실존적 존재로 만듦을 의미한다. 당시 영화인들이 추구했던 혁명정신의 차별성을 지적하자면, 혁명은 독재자로부터의 탈출과 책임자의 처벌과 같은 과거사 청산의 의미에 그치는 것이 아니라, 대중의 다양한 욕구를 광범위하게 수용할 수 있는 가능성을 대중 스스로가 성찰할 수 있도록 사회적 역할을 수행해야 한다는 의식이다(Gutiérrez Alea, 1960: 3).

쿠바 신영화가 차별화하고자 노력했던 요소들이 쿠바영화만의 고유한 특징으로 수용되지는 못하지만, 라틴아메리카 신영화 운동 대부분이 그러했던 것처럼, 관객이 영화의 주된 행위를 통해 서술되는 이야기에 관심을 기울이면서, 동시에 자신을 에워싼 현실에 대해 성찰하도록 유도하는 서술방식(Vilasis, 1995: 56~57 in Glenda y Alfredo, 2005: 45)은 쿠바영화의 특성으로 자리를 잡게 된다. 비현실적인 어두운 공간에서 현실과 유리된 환상을 체험하는 것이 아니라, 자신을 둘러싼 일상적 삶의 이야기가 묻어 있는 현실을 재구성하는 기회를 갖도록 한다는 것이다. 이는 쿠바 신영화의 많은 작품들, 특히 1960년대 작품들이 극적 효과와 특수효과를 배제한 채 실증적 다큐형식의 증언적 시각에 집중했던 원인이기도 하다.

영화 장르에서 카메라의 앵글은 남성 관객의 관음증적 시선과 빈번하게 비교대상이 되곤 한다. 물론 쿠바 신영화의 입장에서도 카메라 앵글은 관객의 잠재적 욕망을 일깨워 영상 이미지로 재현하는 기능을 수행한다.[61] ICAIC과 쿠바영화인들은 상업주의가 주로 시도하던 특수효과나 기호의 식민화$^{colonización\ de\ gustos}$를 배제하면서도, 카메라의 앵글이 대중에게 사회적 이슈나 주제를 집중적으로 소개할 수 있는 시선을 이끌어낼 수 가능성에 주목하였다(Gutiérrez Alea, 1960: 6). 관객은 카메라의 시선을 따라 움직이며, 현실과 가공의 세계의 간격을 '몰입'과 '공감'이라는 장치를 통해 토론을 위한 예비공간으로 들어가는 것이다. 관객이 서술되는 이야기에 관심을 갖으면서 동시에 자신을 에워싼 실재하는 '현실'에 대해 성찰하도록 유도되는 형식은 서구의 오랜 전통으로서 '미메시스$^{mimesis}$'와 '진실인 듯 꾸밈$^{verosimilitud}$'이 말하는 현실의 개연적 존재 가능성에 대해 주목하려는 사실주의적 세계관으로부터 많은 부분을 차용하지만, 재현과 모방의 사회적 기능에 보다 중요한 사회적 의미를 부여한다는 점에서는 쿠바 신영화가 상대적으로 차별적 요소를 지니고 있다고 할 수 있을 것이다. 훌리오 가르시아 에스피노사$^{Julio\ García\ Espinoza}$, 토마스 구티에레스 알레아$^{Tomás\ Gutiérrez\ Alea}$, 사라 고메스$^{Sara\ Gómez}$ 등의 감독들은 영화를 혁명적인 투쟁을 재현하고 표현하기 위한 포럼(공공장소)으로 보았는데(Glenda, 2005: 45), 영화를 가장

---

61) 쿠바 신영화는 '관음증'이나 '상업주의'에 반기를 들기는 했지만, 영화의 기능적 측면에서 관음증적 요소 자체를 부정하는 것은 결코 아니었다. 뮤지컬 장르의 음악영화들의 경우에는 카메라의 앵글이 남성 관객의 관음증적 시선을 지니는 경우가 일반적으로 허용될 수 있었으며, 〈저개발의 기억〉의 경우처럼 카메라의 앵글이 남성 관객의 관음증적 시선을 (의도적이건, 의도적이지 않건) 따르는 경우는 빈번했다. 사실상 이들이 표면적으로 할리우드 반시이 영화를 저항이 대상으로 삼은 것은 영화가 지닌 상업화 경향 때문인데(Massip 1966, 18), 이는 제국주의의 생산이론을 파급하는 국제적 규모의 제작방식에 대한 위기의식과 생산방식의 표준화와 그에 따른 산업구조형식의 공식화에 대한 우려 때문이었다. 그러므로 관객의 몰입을 유도하는 관음증적 시선 자체가 부정적 대상이었던 것은 아니었다.

대중적인 표현매체로 본 까닭(Gutiérrez Alea, 1960: 6)이다. 이들은 카메라와 녹음기는 현실 기록 이외에도 현실의 부분을 선택하여, 전달하고 사회적 맥락을 담아냄으로써, 새로운 현실을 만들어낼 수 있다고 믿었다. 그러므로 감독은 영화를 통해서 현실을 재현할 수 있을 뿐 아니라, 새롭게 현실을 볼 수 있는 예술적 창조의 도구적 기능을 수행한다고 믿었다(Gutiérrez Alea, 1965: 69).

수많은 고전영화들이 바로 ICAIC에서 제작되었으며, 이들은 라틴아메리카영화가 맞이하는 새로운 변화의 선도적 역할을 수행하게 된다. 쿠바의 신영화 운동은 ICAIC을 중심으로 구축됨으로써, 1950년대 이후 급속하게 재편된 세계 영화산업 구조인 미국 중심의 영화산업이 지향해온 '세계화' 혹은 세계의 '표준적 가치'를 지향하는 '균질화 작업'의 이념화 속에서 벌어지는 제반의 문제들을 객관적으로 직시하고, 자신들의 문제를 반성적으로 인식한 쿠바영화인들의 자기성찰적 목소리를 만들어낼 수 있게 되었다. 제국으로서 미국의 영화산업이 갖는 폐해를 지적하는 것만이 아니라, 대안을 제시하는 실천적 작업이 ICAIC을 통해 구체화됨으로써, '나'의 목소리를 만들고, '나'와 '우리'가 함께 공감하는 실천적 행위 과정을 통해 잃어버렸던 나의 목소리를 되찾고, 무감각한 종속적 관계에서 벗어나 자기 내면의 소리에 귀 기울이는 대안적 영화운동의 모델이 된 것이다.

쿠바의 신영화 운동은 1960년대에 정점에 이르렀으며, 초기 대표작품들로는 <후안친친의 모험<sup>Aventura de Juan QuinQuin</sup>>, <저개발의 기억<sup>Memorias del Subdesarrollo</sup>>, <루시아<sup>Lucía</sup>>, <하노이, 13일의 화요일<sup>Hanoi, martes de 13</sup>> 등을 들 수 있다. 쿠바 신영화는 결국 혁명 이전 사회적 혼란과 이념의 충돌을 성찰적 시각으로 고찰함으로써, 미래적 가치를 위한 통찰을 지향한다는 공통점으로 출발한 것이다. 사실 라틴아메리카의 신영화 운동과 쿠바 신영화에 대한 세계적인 관심은 1970년대에 접어들면서 부터이다. 1960년대 유럽과 미국은 자국의 영화산업에 몰두하느라, 라틴아메리카에서 펼쳐지는 영화산업의 구조변화에 대해 주의를 기울이지 않았으며, 아바나$^{La\ Habana}$, 리우$^{Rio}$, 부에노스아이레스$^{Buenos\ Aires}$, 멕시코시티$^{Ciudad\ de\ México}$ 등지에서 동시다발적으로 시작된 자국 영화산업에 대한 각성과 인식의 실천적 움직임을 쉽게 간과하거나 무시했다. 그러나 1970년대 유럽과 미국의 문화연구는 새로운 경향으로서 라틴아메리카의 영화를 운동으로 간파하였으며, 특히 쿠바영화의 궤적에 관심을 집중하기 시작하였다. 신영화 운동은 국민영화 혹은 라틴아메리카 지역 자치권 정도의 시각에서 해석되었으나, 1980년대 이후 할리우드의 영화 시스템을 대체할 수 있는 대안적 모델로서의 가치를 평가받게 되었다.

신영화 운동의 공통분모는 '탈식민주의$^{De\text{-}colonización}$, 혹은 '포스트콜로니얼리티$^{Post\text{-}coloniality}$,에 있었고, 1990년대를 거쳐 21세기에 이르기까지 그 전통적 경향은 유지되고 있다. 세밀한 시각에서 신영화 운동은 서로 비교되는 다양한 관점에서 형성되었으며, 쿠바 신영화 운동의 경우에도 다양성의 스펙트럼이 드러난다.[62] 훌리오 가르시아 에스피노사 쿠바 감독이 주장하는 '불완전한 영화$^{Cine\ Imperfecto}$,나 페르난도 솔라나스 감독과 옥타비오 헤티노 감독이 정의하는 '제3의 영화$^{Tercer\ Cine}$, 포괄적 용어로서 브라질의 '시네마 노보$^{Cinema\ Novo}$, 로페스가 지적하는

---

'새로운 물결<sup>Nueva Ola</sup>' 등은 비록 용어와 세부적 접근 방법론은 다소 차이점을 보이더라도, 모두 할리우드가 구축한 시스템으로서 영화제작과 공급의 틀이 지닌 신식민적 획일성에 대한 자성의 환기와 자각의 인식을 지향하고 있다는 공통점을 지닌다.[63]

결과적으로 쿠바의 우수한 영화들이 제작될 수 있었던 가장 큰 이유는 비영리 국가기관이었던 ICAIC이 영화제작과 공급 및 상영과정에서 적극적인 협조를 제공하면서도 '비교적' 영화제작 과정에서 영화인들의 독립을 보장할 수 있었던 구조와 장치를 지적할 수 있을 것이다. 그러나 무엇보다도 쿠바가 지니고 있는 풍부한 문화유산<sup>文化遺産</sup>, 특히 시와 소설, 대중음악 등이라는 문화적 자산<sup>資産</sup>이 쿠바 신영화의 르네상스를 가능하게 하였음은 분명하다. 토마스 구티에레스 알레아<sup>Tomás Gutiérrez Alea</sup>, 훌리오 가르시아 에스피노사<sup>Julio García Espinosa</sup>, 움베르토 솔라스<sup>Humberto Solás</sup>, 산티아고 알바레스<sup>Santiago Alvarez</sup> 등과 같은 감독들은 세계적인 영화인의 반열<sup>班列</sup>에 회자<sup>膾炙</sup>된다.

쿠바혁명 예술가들은 자신들의 사회문화적 기능을 파블로 네루다<sup>Pablo Neruda</sup>가 지적하듯(1967: 6), 대중이 현실을 제대로 인식하여 스스로 노예상태로부터 해방을 할 수 있도록 봉사하는 것이라 생각했다. 영화의 사회문화적 기능 또한 서구 종속적 구도로부터 대중을 해방시키는 것이지만, 중요한 것은 어떻게 대중의 시선을 유도할 것이냐 하는 문제였는데, 이는 현 실태의 재현방식과 밀접하게 관계되는 것으로 인식된다. 구체적으로 영화매체가 대중의 시선을 생산하는 방식은 어떻게 효율적으로 가능할 것인가 하는 문제는 영화의 사회적 기능과 역

---

63) 마이클 T. 마르틴, 1997: 15~29; 페르난도 솔라나스와 옥타비오 헤티노, 1997: 33~58; 훌리오 가르시아 에스피노사, 1997: 71~85; 옥타비오 헤티노, 1997: 99~107.

할에 관련되는 문제인데, 영화를 보는 관객은 스크린을 통해 재현되는 세상이 자신이 경험하는 현실의 실체적 모습일 수 있다는 개연성에 깊이 관여되므로(Glenda, 2005: 34), 영화제작에 간여하는 주체들이 의도적으로 영화의 주제와 소재 및 플롯을 구성하는 과정에서 대중(관객)의 시선을 이끌어낼 수 있도록 집중하는 것이 사회적 기능이며 역할이라고 이해될 수 있다.

사실 1959년 혁명이 성공한 이후 ICAIC은 혁명의 정신적 목표와 성과에 주목하며, 역사적 '과거 청산'에 집중하였으나, 보다 일상적인 삶의 가치에서 잊고 있는 문제는 없는지, 사회문화적 가치의 재정립과 더불어 '자기성찰'의 기회에 주목할 여력이 없었다. 서구에 의해 주도된 식민화로부터 '탈식민'을 부르짖으며, 사회의 모든 구성원들이 '자유'를 쟁취하기 위한 목표가 수행되었으나, 혁명은 여전히 선언적이고 선동적이었으며, 부분적으로는 상징성에 매달리는 한계를 나타내었다. 쿠바 신영화에서 매체로서 영화는 관객을 계도하고 혁명의 과정에 봉사하는 사회적 기능을 담당하였기 때문에 관객의 '시선'을 생산하는 과정에 주목해온 이유는 타당했다. 대부분의 영화들은 과거 청산이라는 주제에 깊이 관여되었기 때문에 역사의 객관화라는 시각을 제시해야 할 필요가 있었고, 다큐형식의 장르를 선택할 충분한 이유가 있었던 것이다. ICAIC에서 지원된 대부분의 쿠바 신영화들이 부분적으로 혹은 전면적으로 다큐형식을 수용하는 것도 이 때문이었다. 하지만 ICAIC의 역할 또한 지난 20년 동안 변화된 사회환경에 맞는 새로운 방식의 사회적 기능을 찾아야 했고(Glenda: 38), 영화감독들 또한 영화의 사회적 기능을 보완할 중요한 가치를 찾아 헤맸다.

"새로운 사회질서는 새로운 관객을 만들고, 새로운 사회의 질서를 선도하는 영화는 사회적 기능의 주체로서 관객의 시선과 보는 방식(응시하는 방식)을 만든다"라는 정의(Sarlo, 2004: 128)는 사회가 변한 것이 아니라, 사회가 추구해야 할 우선순위가 변화된 것을 의미하며, 선언적 혁명을 부르짖기보다는 실증적 변화의 사례를 일상의 삶에서 찾아내는 것이 보다 본질적인 가치가 되어야 하는 시대가 된 것을 의미한다.

영화를 감상하고 수용하는 감성적 태도와 관련하여 쿠바영화인들이 제1의 영화를 경계했던 이유는 기호의 식민화에 대한 불안감 때문이었다. 거대자본과 생산방식으로 파급되는 할리우드식 영화들은 반복되는 감성 수용의 방식을 통해 일상에서 '기호의 식민화'를 이루게 되며, 이는 '식민화' 상태와 비교될 수 있는 것으로서, 이들 영화인들이 대결국면으로 생각한 것은 기호의 식민화로부터 적절한 '문화습득Culturalización'과 '탈식민화De-Colonización'를 이루는 것이었다. 식민자는 '소비자'로서 인간의 속성을 분석하고 접근하여, 재화의 생산과 유통에 '판매-이식'이라는 이념적 구도를 주입한다. 시각과 청각의 특수효과와 장치들은 '브레인스토밍Brain storming'의 효과처럼 영화에서 가능하여, 소비자의 기호를 설정하고 반복하도록 만든다. 일상적 삶의 시간과 리듬 속에서 문제와 직면하는 기회를 제공하는 것이 이러한 장치로부터 자유롭게 문제를 '직면'할 수 있는 진정한 기회로 연결된다. 그러므로 효과와 장치가 대부분 제거된 단순한 구성과 플롯으로 주제에 접근하고, 묘사하는 것은 신영화가 추구해야 할 원칙이었다(참고: Barnet, 1969: 1~2).

이념적으로 쿠바 신영화 운동이 결국 사회문화 전반에 걸쳐 탈식민과 탈종속의 인식을 형성하는 주요한 역할을 하는 과정이라는 사실을 고려한다면, 서구의 시각에서 형성된 담론談論이나 탈서구적 인식의 체계로 라틴아메리카의 숙명적 현실에 대한 객관적 비평을 서술한다는 것이 제한적이거나 이율배반적일 수밖에 없다. 하지만 획일적인 세계 질서의 구도에서 소국<sup>小國</sup>이 선택할 수 있는 대안적 가능성이 타율적일 뿐 아니라, 자주와 자립을 위한 대안적 고뇌가 결코 쉬운 것은 아니다. 수탈된 역사의 과정과 그에 따른 고착화된 시스템은 역사적 실체를 기억의 저편으로 사라지지 않도록 라틴아메리카가 선택할 수 있는 자주적이고 자율적인 대안이 무엇인지에 대한 고민과 논의는 여전히 계속되고 있다.

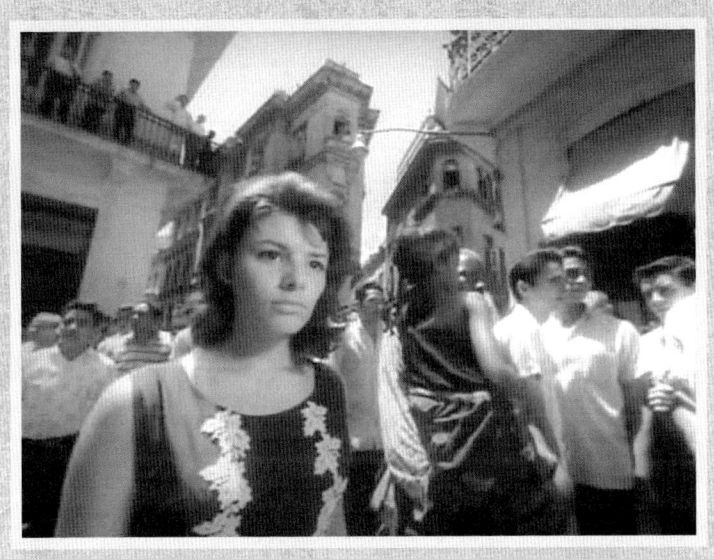

2. 여성, 역사 그리고 기억

## 1) 전통적 역할 이미지로서 여성

여성은 사회를 구성하는 가치관에 따라 가변적 속성의 이미지를 반영한다. 전통적으로 여성의 이미지는 대지모와 관련된 개념으로 표현되곤 하였다. 초기 인류문명이 발흥<sup>發興</sup>한 이후 대지모<sup>大地母</sup>의 개념이나 모성성<sup>母性性</sup>은 여성의 사회적 역할에 있어서 가장 원초적인 개념이며, 이미지였다.

남성과 대비되는 의미에서 여성의 이미지라기보다는 농경사회에서 풍요와 다산을 의미하는 이미지가 강조되었던 것이다. 일상에서 보다 구체적인 전통적 여성은 '사랑스럽고, 온유하며, 부드럽고, 순수한' 이미지를 통해 대표되곤 하였다. 여기에는 두 가지 측면이 존재하는데, 하나는 여성을 '다루기 쉽고, 수동적이며, 사랑의 혜택을 수혜할 수 있는' 존재로서 '남성 중심 사회에서 보완적 성<sup>性</sup>으로서 여성'으로 묘사되는 것이며, 다른 하나는 남성의 성적 기호를 반영하며 '(남성의 개인적이고 사회적인) 욕망의 대상으로서 여성'으로 묘사된다. 많은 경우 여성들은 남성들에 의해 주도되는 사회를 운영하는 과정에서 보완하고 보조하는 장치로서의 기능을 수행하는 것으로 이미지가 형성되고 고착되어 왔다. 전통사회에서 여성의 기능은 사회를 구성하는 가부장제적 지배 이데올로기에 종속되는 하위적 책무를 수행하는 데 강조점이 주어졌던 것이다.

여성에 대한 남성의 존경 또한 극단적으로 드문 것이어서, 추상적인 개념으로서 여성성과 모성성에 대한 존경과 공경이나 낭만적인 개념으로서 여성과의 사랑을 향한 순수한 감성의 지향 모두 현실성을 결여하고 있는 것들로서, 남성과 여성이 동등한 사회적 기능을 수행한다는 측면에서 여성의 정체성에 대한 존중 등은 일상에서 긍정적 의미를 지니기에는 절대적 한계를 드러냈다.

흥미로운 사실은 문화적 혼종이라는 측면에서 서구와 고대문명이 융합된 라틴아메리카에서 전통적 이미지로서 여성의 정체성에 대한 평가적 분류는 크게 '마리아$^{María}$'와 '말린체$^{Malinche}$'의 이미지와 관련되어 해석될 수 있다는 개연성蓋然性이다. 두 이미지는 각각 이상과 현실, 영성의 세계와 물질의 세계를 대변한다고 할 수 있으나, 이항대립적二項對立的 요소들에 의해 대비되는 개념이라기보다는 상호보완적 측면에서 존재론적 상징의 의미를 지닌다는 표현이 옳을 것이다.

마리아의 이미지는 스페인을 통해 대륙에 전파된 가톨릭 문화의 영향이면서, 또한 동시에 서구의 사회·문화·종교적 전통으로서 대지모의 이미지와 모성성의 이미지를 강력하게 반영하고 있다는 측면에서 스페인으로 대표되는 서구의 이미지와 라틴아메리카 전통 종교의 요소들을 공통적으로 반영하고 있다.

말린체의 이미지는 현재 라틴아메리카의 문화적·인종적 정체성을 반영하는 혼혈과 혼종의 시원<sup>始原</sup>으로서의 이미지를 지니고 있으며, 동시에 현실적으로 생존과 일상을 위한 전략적 삶의 실증적 측면을 적극적으로 담아내고 있다.

## (1) 마리아

마리아의 이미지는 서구 전통사회에서 일반적으로 여성이 갖추어야 할 덕목과 관련하여 긍정적 상징<sup>象徵</sup>으로 나타났으며, 따라서 종교적인 신앙의 대상으로서 의미 이외에도 사회의 지배이데올로기의 형성에 있어서 중요한 가치개념과 연결되었다. 수태고지<sup>受胎告知</sup>의 에피소드에서 드러나는 마리아의 태도에 대한 강조가 대표적인 사례이다.

> 천사 가브리엘이 하나님의 보내심을 받아 갈릴리 나사렛이란 동네에 가서 다윗의 자손 요셉이라 하는 사람과 약혼한 처녀에게 이르니, 그 처녀의 이름은 마리아라. 그에게 들어가 이르되, "은혜를 받은 자여 평안할지어다. 주께서 너와 함께 하시도다" 하니, 처녀가 그 말을 듣고 놀라 이런 인사가 어찌함인가 생각하매 천사가 이르되 "마리아여, 무서워하지 말라. 네가 하나님께 은혜를 입었느니라. 보라 네가 잉태하여 아들을 낳으리니 그 이름을 예수라 하라 그가 큰 자가 되고 지극히 높으신 이의 아들이라 일컬어질 것이요. 주 하나님께서 그 조상 다윗의 왕위를 그에게 주시리니. 영원히 야곱의 집을 왕으로 다스리실 것이며, 그 나라가 무궁하리라." 마리아가 천사에게 말하되, "나는 남자를 알지 못하니 어찌 이 일이 있으리이까." 천사가 대답하여 이르되, "성령이 네게 임하시고 지극히 높으신 이의 능력이 너를 덮으시리니 이러므로 나실 바 거룩한 이는 하나님의 아들이라 일컬어지리라. 보라 네 친족 엘리사벳도 늙어서 아들을 배었느니라. 본래 임신하지 못한다고 알려진 이가 이미 여섯 달이 되었나니, 대저 하나님의 모든 말씀은 능하지 못하심이 없느니라." 마리아가 이르되, "주의 여종이오니, 말씀대로 내게 이루어지리이다" 하매 천사가 떠나 가니라(루가복음 1:26~38).

    처녀의 몸임에도 불구하고, 성령으로 구세주를 잉태할 수 있다는 예지를 천사로부터 들으면서도 '겸손하게 받아들이는' 마리아의 태도는 그녀 인품의 개인적 됨됨이기도 하지만, 또한 사회적으로 본받아 따를 수 있는 덕목으로 전환되는 대목이 된다. '순종하는 이미지'로서 마리아의 모습은 구세주의 재림이라는 구원사업의 대의를 위해 순결한 도구로 사용되는 여인의 최고의 덕목으로 재현되며, 종교적 차원을 뛰어넘어 사회문화적 가치관으로서 한 사회가 추구하는 형이상학적 지배 이데올로기에 순종하는 겸손한 인격으로서의 여인의 이미지를 덧붙여지게 된다.

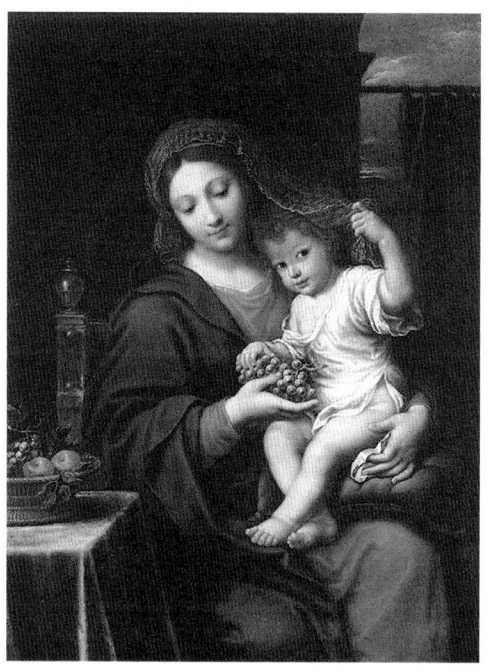

오랫동안 성모의 이미지는 겸손하고, 순명하며, 희생하는 순종적 가치에 가까웠음

중요한 점은 마리아의 인물이 공경의 대상으로서 신성성을 대리하거나 인도한다는 의미를 지닌다는 점 이외에 사회적으로 여성이 지녀야 하는 덕목을 상징한다는 점이다. 마리아는 예수의 어머니이며, 예수가 직접 부탁하여 이뤄진 열두 사도들의 상징적인 어머니로서의 의미를 지닌 종교적인 인물인 것은 분명하다. 그러나 사회적인 덕목으로서 여성이 지녀야 할 '순종'과 '겸손'이라는 가부장제적 사회에서의 종속적 의미를 동시에 지닌다. 사실 성서에 등장하는 마리아에 대한 묘사는 단순한 편이다. "갈릴리 나사렛에서 요셉과 약혼했고, 결혼 전에 성령에 의해 잉태하였다"(마 1:18). 호적령에 따라 고향 베들레헴에 찾아갔다가 그곳에서 예수를 낳았다(눅 2:1~7). 가나의 혼인잔치에서 예수께 긴급 요청했고(요 2:1~12), 가버나움까지 예수를 데리고 돌아가려 했으며(막 3:31), 십자가상의 예수에 의해 그 장례가 제자에게 의탁되었다(요 19:25~27). 예수의 승천 후에 제자의 무리에 참가했다(행 1:14)는 예수와 관련된 묘사가 대표적이다. 성경이나 코란 모두에서 마리아에 대한 묘사는 공통적으로 나타나고 있지만, 인품과 관련된 묘사들은 대부분 '정숙한 여인상'이거나 '순종하는 본보기'로서의 이미지들이다. 성서와 코란은 공통적으로 마리아가 처녀의 몸으로 남자와 접촉한 일이 없음에도 불구하고 예수를 낳았다고 기록하며, 특별한 은혜를 받은 여인 마리아가 동정녀로서 예수를 잉태한 의미를 특별히 하고 있다. '겸손'하게 천사의 수태고지를 수용하는 '순종'의 미덕은 '정숙'하고 '고결'한 이미지와 함께 마리아의 대표적인 인상이 되었다.

　흥미로운 것은 많은 여인들이 마리아가 지닌 이러한 덕목을 따르도록 종용된다는 사실에 있다. 특별한 여인으로서 공경의 대상이며, 구세주의 어머니로서 찬양을 받을 수 있는 의미와는 별개로 여인들이라면 지녀야 할 덕목으로서 '겸손'과 '순종'의 미덕이 강조되는 것이라면, 마리아의 이미지는 가부장제적 사회에서 지배 이데올로기의 가치관을 반영하는 의미로 전의되는 것이다. 개별 인격체로서 마리아는 예수의 어머니로서 특별한 의미를 부여받지만, 마리아가 지닌 덕목은 여러 여인들이 본받아야 할 가치였던 것이다.

남성적 이미지로 왜곡되어 수용되는 신 혹은 하느님의 이미지는 마리아의 아들, 예수로서 남성으로 체화되어 표현된 것이다. 신성성이 인격적 위상과 조건을 뛰어넘는 존재론적 의미를 지니는 것이므로, 남성성이나 여성성의 의미에 국한될 수 없음에 대한 여부는 형이상학의 관계망에서 조율되는 것이므로, 일상에서 신의 이미지는 남성적일 수밖에 없었던 정황으로 볼 때에 마리아의 이미지는 성령과 성자를 관통하여 성부에 닿을 수 있는 인간으로서는 범접하기 어려운 성스러운 도구의 이미지였음에도 불구하고, 여전히 성적으로 제한적인 이미지로 남는 측면이 많았던 것이다.

16세기 스페인의 대표적인 신학자이며 시인이었던 프라이 루이스 데 레온<sup>Fray Luis de León</sup>이 여인들을 위해 저술한 유명한 책, 『완전한 결혼<sup>La perfecta casada</sup>』은 완전할 수 없는 주체로서의 여성이 결혼을 통해 완덕을 지향하기 위한 덕목으로서의 주제를 다루고 있다. 당시 여성들의 사회진출과 가정에서 소극적이고 제한적일 수밖에 없었던 역할을 벗어나지 않은 시각에서 여성이 저급한 열망과 사욕에 빠지지 않고 성령의 도움으로 보다 완전한 덕을 길러야 하며, 그 덕을 기초로 완전한 결혼을 이룰 수 있음을 강조하고 있다. 루이스 데 레온은 성경의 '갈라디아인에게 보내는 편지'를 인용하면서, "성령께서 맺어주시는 열매는 사랑, 기쁨, 평화, 인내, 친절, 선행, 진실, 온유, 그리고 절제입니다.

이것을 금하는 법은 없습니다. 그리스도 예수께서 속한 사람들은 육체를 그 정욕과 욕망과 함께 십자가에 못 박은 사람들입니다. 성령께서 우리에게 생명을 주셨으니 우리는 성령의 지도를 따라서 살아가야 합니다"(공동번역개정판)라는 메시지를 중심 주제로 삼아 영적 생활의 중요성을 강조하고 있다. 남성을 영성적 차원에서 우위에 두었던 것은 아니지만, 여성이 가정에서 매우 중요한 역할을 수행할 수 있으며, 남편과의 관계에서뿐만 아니라 가족 구성원들의 영적 삶을 위해 많은 역할을 수행해야 한다는 것이다. 그런데 여기에 중요한 사실은 '순종'과 '절제', '겸손'과 같은 수동적 가치가 여성들이 성령의 지혜를 받아들일 수 있는 가장 큰 미덕으로 논의되고 있다는 점이다. 『완전한 결혼』이 20세기 프랑코 정권 치하에서조차 여성의 필독서로 추천되었을 만큼 오랫동안 스페인사회에서 중요한 의미를 지녀왔다. 신사임당의 이미지가 그녀 개인의 삶에 중요한 의미가 부여되기보다는 여성으로서 가정에서 규방가사와, 어머니로서 후원자의 역할에 중요한 가치가 평가되는 것과 유사한 방식이다. 이는 가부장제적 지배 이데올로기에 종속되는 하위개념의 가치체제에 순응해야 했던 여성들의 사회적 역할과 무관하지 않다.

역사적으로 마리아의 이미지는 단순하게 해석되어온 것은 아니다. 요아킴과 안나 사이에서 태어난 마리아는 요셉과 정혼한 사이이기는 했으나, 성령으로 인해 수태를 고지받고도 놀라운 사실을 바로 수용하는 순종적 태도의 주인공이다. 성경에 비해, 코란에서는 마리아의 잉태를 기쁨과 더불어 고통과 슬픔의 이야기로 해석하는 측면이 보다 강하지만, 이는 훗날 예수의 죽음을 감내해야 하는 어머니의 아픔을 강조하기 때문일 뿐 구세주의 잉태가 갖는 희망의 상징성을 축소하는 이유 탓은 아니었다. 하지만 마리아와 고통의 관계는 이후 중요한 신앙적 모티브가 된다. 고통의 마리아의 이미지는 현실적인 아픔과 고난을 겪어내야 하는 많은 서민들과 라틴아메리카 식민지인들에게 모성성에 대한 그리움과 공감대를 형성할 수 있도록 하였으며, 성모에 대한 신앙과 공경의 향방은 기쁨과 희망에 더해 고통을 함께 공감하는 예수의 어머니에게 맞춰지기 때문이다.

초대 기독교 교부들의 시대에 마리아의 이미지는 모든 덕성<sup>德性</sup>을 지닌 절대적 존재로서 친밀한 공경의 대상이 되었으며, 지중해 중심의 이문화<sup>異文化</sup>에서 존재하던 여성으로 체화된 신성성에 대한 공경의 이미지가 혼합된 형식을 띠기도 하였다.

중세에는 "예수가 신이라면, 그리고 마리아가 예수의 어머니라면, 마리아는 신의 어머니가 될 수 있다"는 논리적 접근에 의해 마리아에 대한 친밀하고 직접적인 이미지보다는 신성한 모성성이 강조되며, 신을 향한 경로에서 중요한 기능적 역할을 수행할 수 있는 공경의 대상이 된다.

종교개혁<sup>宗敎改革</sup> 시대 이후 마리아의 이미지는 두 개로 나뉘게 된다. 종교개혁의 틀 안에서 마리아는 인격적 차원에서 가장 공경받을 수 있는 인물이지만, 신성으로 유도하는 적극적 역할에서는 제한을 두게 되었다. 가톨릭에서는 '성인들의 통공'의 교리를 통해 성인들처럼 마리아 또한 신에게 인간을 위한 기도를 드리고 죄의 사함을 위해 적극적인 역할을 수행할 수 있는 매개적 존재임을 차별적으로 강조하게 된다.

이슬람의 코란에서 역시 마리아는 공경의 대상이었으며, 마호메트는 개인적으로 예수와 마리아에 대한 특별한 공경을 표현해 왔던 것으로 잘 알려져 있다. 물론 이슬람에서는 교리의 차원에서 예수를 인격체로 간주하여 그의 신성성에 대한 이견을 제시하고 있지만, 인물로서 예수와 마리아에 대한 공경은 자연스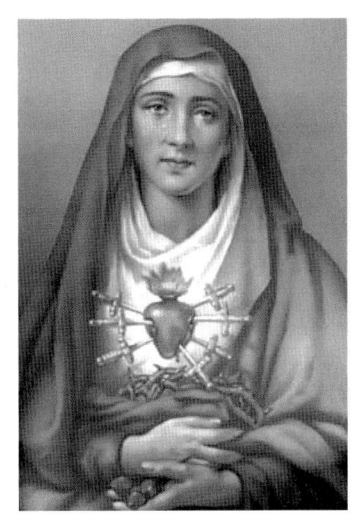
럽게 받아들인다. 코란의 기록에 의
하면, 마리아의 이미지는 예수의 탄
생과 더불어 예언자의 어머니라는 역
할과 더불어, 예수의 죽음을 목도해
야 하는 고통의 숙명에 보다 중요한
의미가 부여된다.

마리아의 이미지는 시대와 문화에
따라 조금씩 달리 해석되기도 하지
만, 전체적으로는 '순종'과 '고통',
'인고'와 '희생', 그리고 '영광'으로
이어진다. 구세주의 어머니로서 마리

성모는 고통을 대신 감내하는 대속의
이미지를 지님

아의 이미지는 라틴아메리카 원주민들에게는 낯설 수밖에 없었다. 적
어도 토난친$^{Tonantzin}$으로 대표될 수 있는 대지모의 이미지와 마리아의
이미지가 중첩되기 전까지는 그러했다. 하지만 라틴아메리카 전역에
서 병립$^{yuxtaposición}$ 형태로 나타나는 전통 종교와 외래 종교 간의 융합의
혼종$^{Syncretism}$ 현상은 가톨릭의 유입과 문화적 수용에 별다른 거부감을
야기하지 않았다. 어머니로서의 이미지와 신성성을 대리할 수도 있다
는 개연성과 더불어, 그들이 현실적으로 겪을 수밖에 없는 다양한 아
픔과 고통을 공감할 수 있는 친밀한 이미지로서의 마리아의 이미지는
긍정적으로 수용될 수 있는 연결고리가 될 수 있었다.

마리아가 지닌 이미지는 단순한 요소가 아닌 복합적 가치들이 융합
된 결과이지만, '고통'과 '인고'를 중심으로 형성된 마리아의 이미지는
라틴아메리카의 수많은 사람들이 식민 상황에서 찾을 수 있었던, '희

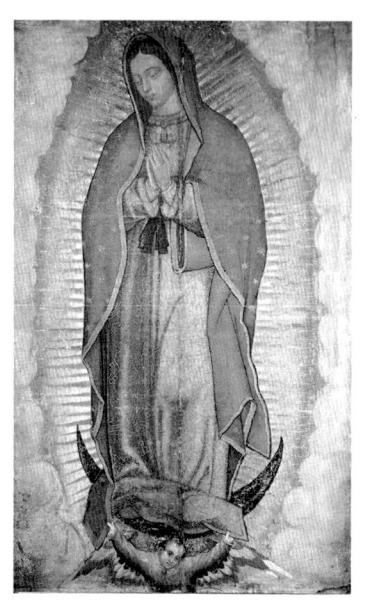

과달루페 성모 이미지

망'이고 '위로'의 코드가 되기도 했지만, 종교가 현실을 직시하지 않고 도피처가 되어서는 곤란하다는 의미에서 사회문화적 저항과 직면하기도 한다. 종교적 이미지로서 마리아가 지닌 의미가 라틴아메리카 사람들이 종교의 이름 아래 온순하게 길들여지고, 가부장제적 지배 이데올로기에 순종하는 콜로니얼리즘적 이념과 교묘하게 연결되어 해석될 여지가 있었기 때문이다.

과달루페 성모로 대표되는 마리아의 이미지는 단순하게 해석될 수 없는 이중적 의미를 지닌 복합체이다. 많은 피식민인들에게 위로와 희망을 제공하며, 동시에 순종하고 복종하는 이념적 틀을 제공하기도 하지만, 또한 동시에 피식민인들을 하나로 통합하고 독립을 위해 결연하게 저항하는 도구로서 사회적 기능과 역할을 수행하기도 하는 때문이다.

다른 한편 마리아의 이미지는 일상적 삶의 형태에서 복종하고 순종하는 여인의 덕목과 교묘하게 연결되면서, 남성우월주의와 결합되어 '마리아니스모Marianismo'의 사회현상을 낳았다. 구세주 예수의 어머니로서 마리아의 이미지는 처녀로서 구세주를 낳았다는 의미에서 '순결'과 '겸손', '성스러움'의 이미지를 함께 지닌다. 여성에게 마리아의 이러한 이미지를 요구하는 사회의 분위기가 과연 영성적 성숙을 위한 순수한 의식이냐 하는 문제가 제기될 수 있다. "여성은 성스러운 속성을 지니고 있어서, 도덕적으로 남성에 비해 우월하며, 영적으로 보다 강인하다"(Evelyn Stevens, 1977: 123)는 인식이 여성의 사회적 지위를 존중하는 것이 아니라, 오히려 여성에게는 속박이 될 수 있는 개념이기 때문이다. 마리아니즘은 전통적으로 여성의 지위를 낮게 유지해왔던 라틴아메리카에서 종교적 순종과 겸양의 미덕을 일상적 삶에서 여성에게 강요함으로써 남성에 종속되는 여성의 이미지를 만들어낸다. 남성의 우월적 행위에 따른 부당함과 고난에도 불구하고, 사회적으로 여성은 가정에서의 위치를 굳건히 지키며, 어려움을 견뎌내야 하는 의미는 애초 성경의 마리아가 지녔던 이미지가 부정적으로 정착한 대표적 사례라 할 수 있겠다. 이는 곧 남성우월주의인 '마치스모Machismo'와 함께 동전의 양면을 이룬다.[64] 여성들은 남성 중심의 사회이념이 만들어 놓은 동정성Virginity이나 순결함Purity과 같은 엄격한 도덕적 기준에 의해 만들어진 사회적 가치관에 자신을 맞추면서, 동시에 자신을 아낌없이 주는Eternally self-giving 역할을 사회와 가정에서 수행해야 하도록 내몰리는 것이다.

종합적인 시각에서 살펴볼 때, 마리아의 이미지는 크게 영성적 삶의 지향짐으로서 종교적 덕목과 관련되어 해석될 여지가 있는 부분과 더불어, 일상적 삶에서 마치스모와 관련되어 나타나는 마리아니스모와 관련되어 해석되어야 할 의미로 확장된다.

---

64) 사실상 마리아니스모의 어원은 마치스모에 대응하는 개념으로서 형성된 것이므로, 마치스모의 다른 이름이라 할 수 있을 것이다. 1970년대 사용되기 시작한 마리아니스모의 용어는 이후 현실참여에 있어서 주도적 역할을 제한받는 여성들의 사회적 입장을 대변하는 어휘로 적용되어 왔다.

## (2) 말린체

말린체는 역사적으로 악녀<sup>惡女</sup>의 이미지로 평가된다. 그녀는 나라와 민족을 팔아넘긴 매국노<sup>賣國奴</sup>의 이미지로 가장 널리 알려져 있는데, 스페인의 정복자 에르난 코르테스<sup>Hernan Cortés</sup>의 정부<sup>情婦</sup>가 되어 목테수마 <sup>Moctezuma</sup> 황제의 몰락을 부추긴 배신자로서의 부정적 이미지가 강하기 때문이다. 말린체는 1521년 8월 21일, 코르테스를 선두로 스페인 원정대가 아스테카 수도 테노치티틀란<sup>Tenochititlán</sup>을 함락하는 역사적 사건을 통해 기록에 등장한다.

말린체에 대한 역사적 기록은 매우 제한적이다. 그녀의 생애에 대한 기록조차 들쭉날쭉하다. 그녀는 마야문명의 영향권인 유카탄 반도와 아스텍 제국이 세력을 미치는 내륙이 만나는 접경지역에서 태어났다

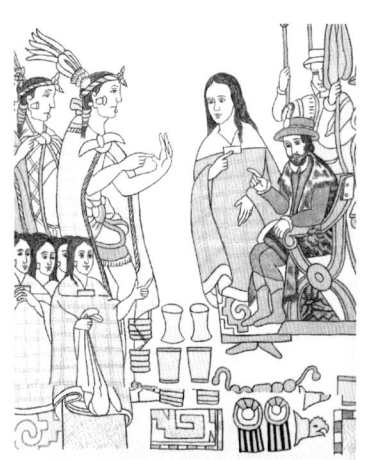

고 알려져 있다. 출생연도에 대해서 1496년과 1505년의 설이 있을 뿐 아니라, 사망설 또한 1529년과 1550년이 존재한다. 이름 또한 말린체 이외에도 말린친<sup>Malintzin</sup>과 말리날리<sup>Malinalli</sup>, 말리나, 도냐 마리나<sup>Doña Marina</sup> 등으로 다양하게 불렸다. 가장 대표적 이름으로 불리는 말린체는 그녀의 본명이 아니라 그녀가 죽은 뒤에 붙여진 이름으로서 상징적 의미가 크다.[65]

말린체는 복합적 이미지를 지닌 여성임

---

65) 역사적으로 그녀의 이름은 초원의 여신이라는 이름에서 온 말리날리(Malinalli) 혹은 말리날(Malinal)로부터 시작한다. 옥수수를 갈아 요리를 준비하는 노예로 뽑혀온 잡혀온 뒤 스무 명의 다른 여인들과 함께 당시 규정에 따라 세례를 받게 되었고, 말린체는 마리나(Marina)라는 세례명을 선택받았다. 마리나의 이름에 대

그녀의 어린 시절은 역사 속의 그녀의 이름만큼이나 파란만장했다. 유카탄<sup>Ucatán</sup> 반도의 파이날라 지역의 통치자 계급인 틀라토아니<sup>Tlatoani</sup>의 첫째 딸로 태어났다. 그녀가 어린 시절 남편을 여읜 후, 또 다른 틀라토아니와 결혼한 어머니는 새 남편과의 사이에서 아들을 낳았고 그 결과 말린체는 유복한 시절을 지속하지 못한다. 상업도시였던 히칼랑고<sup>Xicalango</sup>에 정착하며 살림을 꾸린 어머니는 새아버지와의 사이에서 낳은 아들에 집착을 하였고, 어머니는 천덕꾸러기로 전락한 말린체를 노예상인에게 팔아버렸다. 그녀의 부모는 마을 사람들에게 말린체가 죽은 것으로 위장했고, 죽은 노예의 자식이라며 노예로 팔아넘겼고, 그녀는 마야로 끌려가게 되었다. 말린체는 포톤찬<sup>Potochan</sup>으로 팔려간다. 어린 그녀가 겪었을 트라우마는 상당했으리라. 자신을 보호하고 함께 행복을 추구했어야 할 가정에 대해 그녀가 겪었을 배신감의 무게는 어쩌면 생존을 위해 그녀가 위기의 순간마다 선택해야 했던 결정에 적지 않은 영향을 미쳤으리라.

말린체가 역사의 현장에 등장하는 것은 1519년이다. 스페인은 오늘날 타바스코<sup>Tabasco</sup> 주州에 속하는 포토찬<sup>Potochan</sup> 지역의 마야 부족인 촌딸<sup>Chontal</sup>족과의 전투에서 승리를 거두었고, 전리품으로 여자 노예 스무 명을 징발했고, 그들 사이에 말린체가 있었던 것이다. 그녀의 정확한 나

---

해서는 본명과 유사한 발음 때문이라는 설과 함께 당시에 널리 통용되던 이름들을 무작위로 정하는 과정에서 부여된 것이라는 설이 대등하다. 마리나는 주로 당시 귀족에게만 허용되었던 도냐(Doña)라는 칭호와 함께 불리곤 했는데, 이는 코르테스와 친밀한 관계 때문뿐 아니라, 그녀가 스페인 정복군들에게 미치는 막대한 영향력과 더불어 그녀의 기품 있는 태도 때문이었다고 한다. 나우아틀어로 그녀를 그녀의 세례명인 마리나와 나우아틀어의 존경과 지위를 상징하는 친(tzin)을 합쳐서 말린친(Malintzin)이라 부르곤 했는데, 이는 원주민들 사이에서 '마리나'와 '높은 이' 혹은 '귀한'이라는 의미가 합성되어 나온 결과물이다. 원주민들은 마리나와 코르테스 모두를 말린친이라는 하나의 이름으로 부르곤 했는데, 최고 지위자였던 코르테스가 원주민들 앞에서 얘기 할 때면 늘 마리나를 통해 얘기를 해야 했고, 이 두 사람은 말린친의 이름으로 늘 하나로 간주되곤 했다는 것이다. 말린친이라는 공통의 이름으로부터 그녀를 특별하게 구분하기 위해서, 여성을 의미하는 형태로 수정하여 오늘날 말린체가 탄생하게 된 것이다. 여기에 특별하고 개별적인 인물로서의 의미가 부여될 수 있도록 스페인어 여성형 정관사 'la'가 첨가되어 공식적으로는 '라 말린체'로 불리게 된다.

이는 알 수 없지만, 스물 안팎이었으리라는 추정이 신빙성이 가장 높다. 베르날 디아스 델 가스티요<sup>Bernal Díaz del Castillo</sup>의 기록에 의하면 (Cohen, 1963), 말린체는 출중한 외모에 우아함까지 겸비했다고 한다. 스무 명의 노예들 가운데 유일하게 역사기록에 남겨졌던 것이다. 처음에 코르테스는 알론소 에르난데도 푸에르토카레로<sup>Alonzo Hernando Puertocarrero</sup>를 위해 말린체를 점찍었으나, 그가 카를로스<sup>Carlos</sup> 황제의 사신으로 스페인에 가게 되자, 그녀를 자신의 곁에 두게 되었다. 코르테스에게 그녀는 나우아틀어<sup>Nahuatl</sup>와 마야어를 구사하는 재원<sup>才媛</sup>이었고, 함께 업무를 수행하는 과정에서 조언자가 되었으며, 그리고 연인으로까지 발전하게 된다.

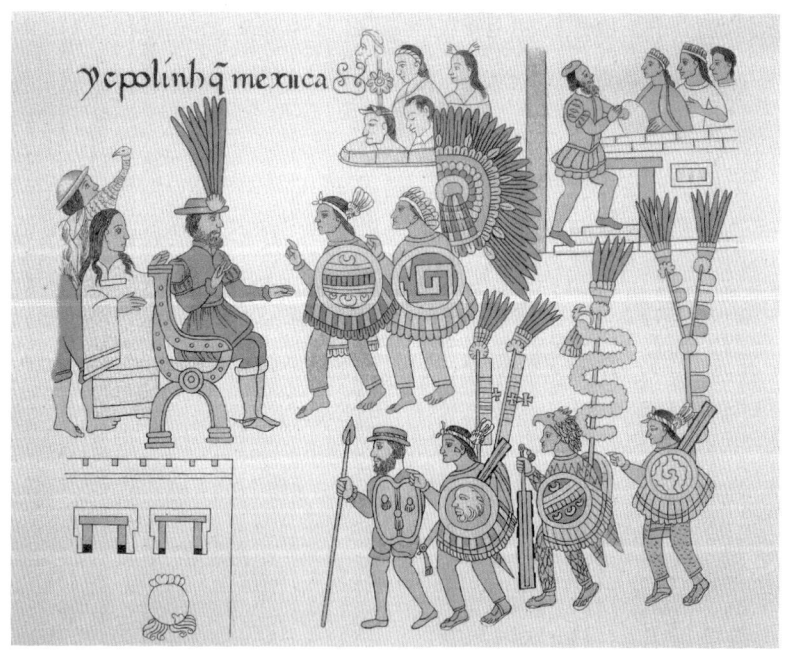

코르테스는 원주민과의 소통을 위해 말린체의 역할을 중요시 여김

코르테스가 아스테카의 황제 목테수마$^{Moctezuma}$의 사신使臣들과 대화하는 방식은 다소 번거로웠다. 코르테스는 마야 지방에서 몇 년을 보내며 마야어를 습득했던 스페인 수사신부 헤로니모 데 아길라르$^{Gerónimo\ de}$ $^{Auilar}$를 통해 마야인들과는 소통을 할 수 있었으나, 아스테카의 일상 언어였던 나우아틀어를 구사하는 사람을 찾기란 매우 어려웠다. 소통을 위한 통역사가 절실하게 필요한 상황에서 말린체의 역할이 두드러질 수밖에 없었는데, 처음에는 아길라르가 스페인어와 촌딸 마야어를 통역했고, 말린체가 촌딸 마야어와 나우아틀어를 통역했으나, 영특했던 말린체는 얼마 지나지 않아서 스페인어를 습득하여 혼자 촌딸 마야어와 나우아틀어, 그리고 스페인어의 통역을 맡게 된다. 아스테카에 대항하던 틀랄스칼라$^{Traxcala}$의 원주민들은 말린체의 협조 아래 목테수마 황제의 절대권력에 대항하기 위한 공통의 목표를 설정하며, 코르테스와 동맹을 맺기에 이른다.

나우아틀어와 마야어를 구사한다는 사실에서 알 수 있는 것처럼 말린체의 언어적 모국은 아스테카 제국이 유일한 것은 아니었다. 접경지역의 소수민족으로 태어나 마야족들 사이에서 자란 말린체에게 아스테카 제국의 융성이 우선석 선제소선은 아니었던 것이다. 또한 마야가 그랬던 것처럼 아스테카 역시 다양한 민족이 모여 하나의 국가적 단위를 형성했기 때문에 오늘날 아스테카와 스페인의 이분법적 대항 구도의 형성은 아스테카가 갖고 있던 내재적 모순과 갈등과 모순을 포함하지 않은 채 제국의 국가적 외형에 의한 구분의 탓이 크다. 말린체가 속했던 부족은 제국으로서 아스테카에 종속되어 있으면서도 독립을 위한 저항을 멈추지 않았으며, 따라서 말린체는 아스테카로부터 자신의 부족을 구한 것이라는 역설적이지만, 역사적 개연성이 충분한 정황이 포착되기 때문이다. 30개에 이르는 속국을 거느린 제국 아스테카 제국의 갑작스러운 멸망의 원인이 외부적 요인이 결정적 동기가 된 것은 사실이지만, 속국들이 목테수마 황제에게 공물은 바치면서도 동시에 그를 증오하고 저항의 순간을 염탐하는 이러한 내부적 갈등과 모순에 의한 본질적 문제가 가장 큰 원인이기 때문이다.

스페인과 토착원주민 세력의 구도 혹은 스페인과 아스테카의 구도라는 측면에서 역사적 정황을 살펴보아야 하는 것이라 한다면, 말린체가 넓은 의미에서 형성된 개념으로서 민족과 조국을 배신했다는 혐의로부터 자유로울 수는 없지만, 과연 그녀가 자신의 생존을 위한 선택의 기로에서 취할 수 있었던 역할의 수행이라는 측면에서 무엇이 '선'이고 '악'인지 구분하기 결코 쉽지 않은 복합적 현실이 그녀를 에워싸고 있었음을 간과해서는 곤란하다.

1521년 테노치티틀란이 함락된 다음 해 말린체와 코르테스 사이의 아들 돈 마르틴 코르테스<sup>Don Marín Cortés</sup>가 태어났고, 말린체는 세례명인 마리나<sup>Marina</sup>라는 이름으로 현재 멕시코시티의 중심지이며, 부촌인 코요아칸에 살았던 것으로 확인되고 있다. 이후 행적에 대해서는 코르테스가 1524년부터 1526년 사이에 오늘날 온두라스에 해당하는 지역의 반란을 진압하기 위해 마리나를 통역으로 대동했었으며, 이후 그녀는 스페인 귀족 출신인 후안 하마리요<sup>Juan Jaramillo</sup>와 결혼하였다는 기록이 있지만, 그녀가 죽은 연대만큼이나 정확한 사실이 아닐 가능성에 노출되어 있다. 말린체가 침략 정복자 코르테스의 연인이었으며, 둘 사이에 아이를 낳았다는 의미에서 정복자이자, 권력 실세의 여인으로 살아남았다는 사실은 그녀를 요부의 이미지로 기억하도록 만들기도 했다. 나라와 민족을 팔아넘기고, 외래 세력에 동조하는 배신자의 이미지는

'말린치스모<sup>Malinchismo</sup>'의 용어(Núñez Becerra, 1996: 9)를 통해 그녀의 이미지에 대한 각인을 더욱 강화시켰다. 그녀의 객관적 실체와는 무관하게 형성되고 덧붙여진 수많은 부정적인 이미지들이 그녀의 역사적 정체성을 형성했고, 그녀는 말린체의 이름을 통해 상징적으로 언급되곤 하였다. 식민지 초기시대에 말린체의 이미지는 비교적 중립적이었다. '코르테스의 충실한 통역사'로서 그녀의 이미지는 멕시코의 독립이 완성된 이후에 부정적으로 바뀌게 되었다. 메스티소의 사회문화적 정체성에 영향력을 행사하던 민족주의자들은 스페인과 관련된 역사를 부정하였고, 그 과정에서 말린체는 민족의 배신자이며 반역자로서의 이미지를 갖게 된다. 정복자의 언어를 이해하고 그들의 생각을 전파했으며, 정복자의 자식을 낳은 그녀의 이미지는 요부를 넘어, 창녀의 이미지로 거듭 부정적 이미지를 안게 된 것이다. 구체적이고 객관적인 역사와 신화가 뒤엉킨 것이다. 역사와 신화 사이의 경계는 응시의 시점에 따라 그 완충적 경계가 불확정적으로 된다. 과연 말린체의 실체는 어떠한 존재적 의미를 지녔던 것일까.

말린체와 코르테스 사이에서 태어난 아들은 혼혈 메스티소<sup>Mestizo</sup>의 시작이있으며, 문화-인종적 결합이라는 상징적 의미를 지니게 된다. 메스티소는 속국<sup>屬國</sup>에서 태어났다는 이유로 통치에 관여하는 높은 직위에는 오를 수 없었던 백인 끄리오요<sup>Criollo</sup> 계층보다 사회적 지위가 낮았으며, 원주민 계층과 비교해서 상대적으로 사회적 기회를 좀 더 가질 수 있었던 중간계층을 형성하게 되며, 오늘날 라틴아메리카 전역에 널리 퍼지게 되는 가장 많은 인종적 집단[66]을 이룬다.

---

66) 대부분의 라틴아메리카 국가에서 메스티소는 식민국가 형성의 초기에는 본국에서 파견된 스페인계 백인의 절대적인 권력 아래, 미미한 권력과 결집력을 행사하였고, 포괄적 의미에서 중-하층을 구성하는 사회적 인종의 의미를 지녔으나, 300여 년의 식민시기가 지나고 독립시기를 맞이하는 상황에서는 사회의 전반적 권

말린체가 스페인계 백인과 토착 원주민 사이에서의 혼종적 문화의 시원이 될 수 있다는 의미는 단순한 인종적 결합의 의미를 넘어선다. 이른바 북미로 구분되는 미국과 캐나다가 지닌 인종—문화적 정체성에 비교하여 중남미로 구분되는 여타 대부분의 나라들이 메스티소의 사회문화적 정체성으로 특징 지워질 수 있기 때문이다. 혼종과 혼혈의 사회문화적 정체성은 라틴아메리카를 북아메리카와 구별하는 결정적인 요소인데, 이는 서구의 문화를 통해 토착 원주민의 문화를 지우고 새로운 역사를 건설하려던 북미와 달리 토착 원주민의 문화를 부분적으로 수정하며 그들의 역사를 스페인(혹은 포르투갈)의 역사에 편입시키려던 중남미는 인종적 갈등의 뿌리가 전혀 다른 차원에서 접근되었기 때문이다. 인종적인 다양성이라는 차원에서 라틴아메리카는 형성의 역사와 동기가 혼혈과 혼종에서 시작되는 것은 간과될 수 없는 매우 중요한 역사적 사실이다.

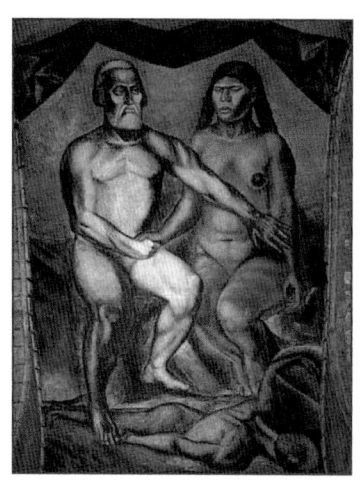

혼혈문화의 시작이라는 상징성을 지닌 말린체

말린체에 대한 역사적 기록이 제한적임에도 불구하고, 그녀의 이미지에 대한 역사적 기술과 문학적 묘사는 다양하다. 외부 침략자의 손에 토착 원주민들의 운명을 팔아넘긴 배신자의 이미지로부터, 인종—문화적 혼합과 결합의 이미지, 잃어버린

력 구조에서 두터운 중층을 구성하고 인구수에서도 가장 넓은 층을 구성하며, 새롭게 탄생한 국가—사회 조직에서 막강한 권력과 결집력에 닿을 수 있게 되었으며, 오늘날 메스티소는 라틴아메리카의 인종적 정체성을 의미할 만큼 일반화된 대표적 '현상'이 되었다.

자식들을 생각하며 눈물 흘리는 여인의 이미지, 여전사의 이미지 등이 그러하다. 역사의 단편적 기록들은 정복과 관련된 그녀의 역할과 이미지를 간략하게 기록하고 있지만, 대중 사이에 회자되는 그녀의 이미지는 문학적 묘사에 반영되곤 하였다. 라이더 하가드$^{Rider\ Haggard}$의 몬테수마의 딸$^{Montezuma's\ Daughter}$(1893)에서 말린체는 위기에 처한 주인공을 구출하는 적극적인 이미지로 묘사된다. 옥타비오 파스$^{Octavio\ Paz}$는 『고독의 미로$^{El\ laberinto\ de\ la\ soledad}$』(1950)에서 스페인의 아스테카 제국에 대한 침략과 정복을 강간과 폭력의 역사로 규정하며, 미로$^{Laberinto}$와 같은 운명적 시간성의 시원적$^{始原的}$ 역할을 수행하는 말린체의 비극적 이미지를 강간된 여인$^{La\ Chingada}$으로 묘사한다(Paz, 1976: 72).

> 그녀가 코르테스에게 자신의 몸을 스스로 맡겼다는 것이 사실이겠지만, 그는 그녀가 쓸모없어지자 이내 그녀를 잊는다. 도냐 마리나 (스페인 사람들에 의해 불린 말린체의 이름으로서 세례명 마리나에 존칭으로 도냐가 붙어져 있다)는 스페인 사람들에 의해 희롱되거나 농락되고 유혹당하는 원주민 여인의 상징이 되었다. 이런 식으로 아들은 아버지를 찾겠다고 자신을 버린 어머니를 용서하지 못하고, 멕시코인들은 말린체의 배반을 용서하지 않는다(Paz, 1976: 77~78).

비극적이고 역사적 기로의 순간에 결단을 해야 하는 여주인공의 고뇌와 복잡한 감정의 이미지는 로렌소 페레로$^{Lorenzo\ Ferrero}$의 오페라 작품 정복$^{La\ conquista}$(2005)에서도 드러난다. 라우라 에스키벨$^{Laura\ Esquivel}$은 소설 말린체$^{Malinche}$(2006)에서 멕시코 전통 문명적 가치와 스페인의 문명적 가치가 충돌하는 상황에서 인격적 주체로서 여인 말린체를 긍정과 부정의 복합적 이미지로 묘사한다.

그녀의 이미지가 한편으로는 신화적 원형$^{Mythical\ archetype}$으로서 라틴아메리카 사회의 문화적 복합성과 혼종성을 의미하기도 하지만, 악녀의 이미지와 더불어 개별 인격체로서 현실적인 처세술과 소신 있고 적극적인 사회활동 등과 관련되어 해석되기 때문이기도 하다. 마리아와 말린체는 상대적으로 '성'과 '악'을 상징하기도 한다. 그러나 말린체의 복합적 이미지는 현실과의 관계에서 사회적 기능에 어떠한 역할을 수행하느냐의 시각에서 사회의 질서에 순응하고 사회의 덕목을 지향하는 마리아의 이미지와 사회의 질서를 저항의 시각에서 응시하고, 자신의 현실적 이해관계에서 조망하며 사회의 지배이데올로기와 무관하게 보다 구체적이고 현실적인 목적을 지향하는 말린체의 이미지는 단순히 선-악의 이항대립적 이미지를 벗어나, 여성의 사회적 이미지의 상호보완적이고 상대적인 이미지의 구성이라는 의미로 확장된다. 에스키벨이 말린체와 과달루페 성모를 비유적으로 동일화하는 듯한 묘사를 하는 이유는 어쩌면 '성聖'과 '속俗', '선善'과 '악惡', '빛'과 '어둠'이라는 이분법적이고 이항대립적인 구도로 마리아와 말린체를 비교하는 것보다는 둘 모두가 라틴아메리카 여성이 지닌 복합적 이미지의 실체이기 때문인 것은 아니었을까.

　라틴아메리카에서 마리아를 대표하는 이미지로서 과달루페 성모가 서구와 라틴아메리카라는 충돌적이고 대조적인 두 에너지의 화해와 결합이라는 긍정적 의미로 연결될 수 있는 것이라면, 말린체의 이미지는 현실적 의미에서 인종적 결합에 의한 혼종과 결합의 실체와 연결된다는 점에서 마리아와 말린체의 이미지는 대응적 관계에서 파악되는 것이 아니라, 상호보완적인 관계에서 파악되어야 하는 여성의 이미지가 될 수 있다.

## 2) 여성에 투영된 역사적 트라우마

트라우마$^{Trauma}$란 인종 학살이나 천재지변과 같은 재난, 전쟁 등과 같은 극단적인 충격이 정상적인 의식에 편입되지 못한 채 이탈$^{Dissociation}$하여 무의식에 억압$^{Depression}$되어 있으면서, 반복적으로 환각, 악몽, 플래시백$^{Flashback}$ 등의 형태로 돌발적으로 재귀하는 체험의 양상(전진성, 2006: 218)을 의미한다. 트라우마의 용어는 사회문화의 광범위한 현상으로서 일반적인 의미로 사용되며, 의학 및 정신분석에서는 '외상 후 스트레스 장애$^{Post\ Traumatic\ Stress\ Disorder:\ PTSD}$'라는 표현으로 전문화되어 사용되기도 한다.

역사적 트라우마란 트라우마의 원인이 역사를 배경으로 형성된 경우로서, 민족이나 국가, 하층민, 노예 등과 같은 특정한 집단 안에서 공통적으로 발견되는 사회적 현상이며 실체이다. 이러한 트라우마의 효과는 사회적으로 약한 집단에게서 더욱 강하게 드러나는데, 타자로 형성되어 있는 집단들인 여성·흑인·노예 등에서 특징화되기도 한다.

트라우마가 역사의 기록과 관련되는 사실임에도 불구하고, 여전히 진행형으로서 현재에 의미와 영향을 미치는 것은 역사적 트라우마가 구체적 경험과 체험에 기반을 둔 사건이므로, 당사자들에게만 적용되지 않고 사회의 인식과 가치에 지대한 영향을 미치는 까닭이다. 쿠바 사회가 극복해야 할 사회적 인식의 문제점들은 현재적 의미에서 원인이 파악되고 그 원인의 문제점이 수정되거나 제거될 수 있는 것이 아니라, 그 뿌리가 역사성에 근거를 두고 있으면서도 여전히 현재적 의미를 두고 있기 때문이다. 역사적 경험과 일상적 기억은 트라우마가 지닌 동전의 양면이다. 역사적 경험이 일상적 불안과 억압의 망령이

되는 이러한 트라우마에 대한 당사자들의 접근은 거의 일방향적이며, 기억을 떠올리며 사건과 직면하기보다는 망각에 의존하는 경향을 보인다는 점에서 역사적 트라우마의 극복은 사회적 문제가 된다. 트라우마와 직면하고, 그를 극복하려는 일련의 과정에서 가장 본질적인 어려움은 이렇듯 심리적 외상을 준 사건이나 인습, 사고 등을 기억과 직면의 해법이 아니라, 망각과 회피의 해법으로 풀려는 속성(주디스 허먼, 2007: 6) 때문이다. 한 집단과 공동체는 스스로가 지닌 트라우마를 극복하기 위해 원인의 사건이나 유사 기억을 재구성하여 극복할 수 있는 통제력을 발동하지 못하는 경우가 대부분이다.

인종과 세대, 혁명지지 세력과 반대세력 할 것 없이 쿠바의 공기를 호흡하는 구성원들이라면 누구나 인지할 수 있는 고착된 역사의 오랜 기억들이 피식민의 역사적 트라우마로 존재해왔다. 이는 구체적, 역사적 사건이 아니라, 비역사적 실체처럼 이리저리 떠도는 불안신경증$^{Free floating anxiety neurosis}$으로서, 콜럼버스로 대표되고 상징되는 서구의 도착 이후 지속되는 서구의 수탈과 함께 형성된 기억에 대한 두려움으로 보는 것이 옳을 것이다.

트라우마를 경험한 사람들이 현재와 미래를 회복하기 위해서는 과거를 알아야 한다(주디스 허먼, 2007: 18)는 점에서 쿠바인들이 트라우마를 이해하는 일은 역사를 재해석하는 일에서부터 시작된다. 그러나 트라우마를 경험한 사람들은 원인을 제공했던 역사와 일정 부분 단절되어 있다. 과거의 역사와 그 사건들을 직면하기에는 외상이 크거나 오랫동안 익숙하게 고착되어 왔을 경우에는 더욱 그러하다.

역사적 배경의 트라우마는 한편으로는 망각되면서, 다른 한편으로는 일상적 기억의 대상이 된다. 여기서 망각된다 함은 트라우마가 일상적 기억에서 이탈된다는 것이고, 기억된다 함은 트라우마가 신경증 등을 통해 현실에 영향력을 행사한다는 것이다. 정신분석의사들에 의하면, 트라우마를 겪는 주체는 망각을 거부하는 만큼, 기억도 거부하는 특성을 지닌다고 한다. 그런데 이 과정에서 기억 자체를 거부하는 것이 아니라, 재현되는 생생한 기억을 두려워하기 때문에 거부감을 갖는다는 것이다. 즉, 현실적 의미에서 트라우마란 망각했음을 잊지 않을 가능태<sup>可能態</sup>이다. 그것은 우리가 잊어야 하는, 잊기를 원하는 어떤 것을 상기시킨다. 이 과정에서 트라우마를 체험하는 존재의 바람과 인식의 요청은 현 실태에서는 상호 갈등을 일으키는 것(전진성, 2006: 225)으로 보일 수 있다. 쿠바인들이 갖는 피식민의 역사적 트라우마가 명확한 실체로 기억되지 않는 것도 이러한 속성 때문이다. 구체적이고 개별적인 기억으로서가 아니라, 개별 이미지와 파편화된 사건의 총합으로 자리할 뿐이다. 트라우마가 쉽게 분석되고 해석될 수 없는 하나의 이유이다.

트라우마를 극복하기 위해서는 우선 트라우마의 원인과 직면해야 하고, 그를 위해서는 트라우마의 실체를 재현해야 하는데, 과연 트라우마를 재현하는 것이 가능한 것인가. 결론적으로 재현은 불가능하다. 모든 원형적 체험은 돌발적으로 이루어질 수 없으며 양도될 수도 없고 불연속적이다. 이것이 알아볼 수 있을 만큼 제 모습을 갖추려면 사후적으로 반드시 어떤 인위적인 구성작업을 거쳐야 한다.

역설적으로 과거를 기억한다는 것은 과거로부터 자유로워진다는 의미이며, 과거의 상실이 새로운 정체성을 구성하는 계기임을 의미할 때 긍정적 이미로 평가될 수 있을 것이다. 역사의 기억이란 이러한 시각에서 유의미하다.

역사적 트라우마를 취급하며 범하기 쉬운 접근방식은 크게 둘 정도이다. 첫째는 트라우마의 의미를 축소하여 역사의 일부로 편입시키는 것이다. 이 과정에서 과연 역사 속에 머무는 것인가, 역사의 목적에 의해 보상받는 것이 응당한가에 대한 성찰이 요구된다. 둘째는 트라우마가 잊힌 진실을 증언한다고 보는 것이다. 부정한 역사의 비밀을 폭로하는 열쇠로서의 트라우마라는 시선인 것이다. 위의 두 시선은 모두 트라우마를 쉽사리 대상화하는 오류를 범한다. 대상화는 직면을 의미하며, 상처를 받은 사람이 그 상처의 원인과 마주한다는 것은 심리적으로 거의 불가능할 만큼 어려운 일이다. 따라서 현실적으로 실현 가능한 중요한 사실은 트라우마가 사람들에게 '공감Empathy'을 요구할 수 있어야 한다는 점이다. 전진성이 트라우마란 단순히 인식의 대상으로서 '객관화'되기보다는 오히려 '공감'되어야 한다고 주장하는 것도 이 때문이다(전진성, 2006: 232).

트라우마로서 역사적 과거에 대한 직면은 트라우마에 서술을 통해 가능할 수 있으며, 이는 글쓰기와 영화장르를 통해 빈번하게 시도되고 있다. 마이클 로스Michael Roth는 <히로시마 내 사랑Hiroshima, mon amour>의 분석을 통해 이런 유의 작품들이 역사·기억·트라우마의 관계에 대한 풍부한 성찰을 담고 있음을 지적하고 있다(Michael Roth, 2002: 146). 이러한 영화들은 "가장 극단적인 상황들과 가장 일상적인 상황 모두에서 과거에 대해 얼마나 다른 종류의 관계가 확립되고 유지될 수 있을지를 탐구"(Michal Roth, 2002: 148)하는 과정에서 제공되는 관객과의 공감과 성찰을 매개로 트라우마의 역사성을 극복할 수 있도록 관객의 인식 전환을 위한 통찰이 가능하게 하기 때문이다.

이러한 시각에서 쿠바 신영화가 주목하는 것은 쿠바사회가 겪어 왔던 역사적 아픔의 이야기들이 트라우마가 되어 일상적 가치를 형성하는 인식에 영향을 주는 것들로서 특히 여성이 이중적 타자로서 겪어야 하는 아픔이다. 이러한 아픔은 쿠바사회가 구현하려고 설정한 사회적 정의와 건설에 필수적인 전제조건이기 때문이다. 트라우마의 아픔을 치유하려는 본질적인 노력이 경주되지 않는다면 쿠바혁명 정부가 주장하는 새로운 사회도 건전한 미래건설도 모두 허울에 불과할 수밖에 없었기 때문이다.

쿠바 신영화가 각별한 관심을 지향했던 주제들은 '식민화<sup>Colonización</sup>'로부터 벗어나는 '탈식민화 과정<sup>Proceso de la decolonización</sup>'에 대한 인식과 인격적 '해방<sup>Emancipación</sup>'에 있었으며, 이러한 주제들은 여성을 통해 더욱 섬세하게 표현된다. 여성은 은유적인 의미에서 쿠바를 상징하기도 하지만, 실체적인 의미에서 개별 인격체로서 약자이며, 동시에 타자가 된다. 탈식민화의 과정에 대한 사회적 인식을 환기<sup>喚起</sup>해야 하는 동기와 목적에 있어서 여성들은 이중적인 억압의 구도에 놓여 있었기 때문이었다. 사회 질서이념에 의한 종속과 더불어 남성중심의 가부장제적 인식에 의한 종속은 여성들이 겪어야 하는 이중고를 의미했다. 이들 여성들이 겪는 역사적 트리우미는 주로 '노예성'과 '봉건성', '선정성' 등으로 대표되는데, 개별적으로 여성에게 두드러지는 현상으로서의 트라우마를 의미하는 동시에 알레고리적 표현으로서 여성으로 체화된 쿠바의 트라우마를 함의한다. 또한 쿠바사회가 본질적으로 변화되기 위한 전제적 조건으로서 변화되어야 할 인습이다.

## (1) 노예성

카리브의 중앙에 아름다운 섬[67]으로 이뤄진 쿠바는 1492년 콜럼버스 일행이 상륙한 이후 아스투리아스$^{Asturias}$의 왕자 후안$^{Juan}$의 이름을 따서, 후안 섬$^{Isla\ de\ Juan}$으로 불리며, 수탈된 역사를 시작한다. 대략 6천~8천 년 전에 아메리카 본토에서 건너왔던 원주민들의 후예인 아라왁족은 시보네족과 타이노족으로 나눠지며 오랫동안 카리브의 아름다운 섬, 쿠바나칸[68]에 자신들의 방식과 속도에 맞춰 평온한 삶의 형태를 유지할 수 있었으나, 서구와의 만남 이후 삶의 리듬이 본질적으로 바뀌게 되었고, 삶의 질은 추락하게 되었다. 농경생활을 주로 했던 타이노족과 농경과 수렵을 병행했던 시보네족은 15세기 말 무렵에는 인구가 5만 명에 이를 만큼 번성했으나,[69] 사금 채취와 농업노동, 그리고 도시건설에 매진했던 스페인 정복자들을 위해 혹사당하는 반노예 상태가 된다. 1511년 스페인은 후안 섬을 본격적으로 식민 정착지로 개발하도록 디에고 벨라스케스 데 쿠에야르$^{Diego\ Velázquez\ de\ Cuéllar}$를 파견하였으니, 이때부터 쿠바 수탈의 역사가 시작된 것이다.[70] 서구 세력

---

67) 쿠바는 카리브에서 가장 큰 섬으로서, 면적은 11만 860km2이며, 쿠바 섬과 1,600여 개의 작은 섬들로 구성되어 있다.

68) 쿠바의 공식명칭은 쿠바공화국(República de Cuba)이다. 쿠바라는 이름의 유래는 원주민어인 '쿠바나칸' 에서 나온 것으로서 '중심지' 혹은 '센터'라는 뜻이다.

69) 쿠바는 동쪽 끝단의 마이시 곶에서 서쪽 끝단인 산 안토니오 곶까지 양 끝의 길이가 1,300km에 이르며, 남북으로 좁은 곳은 70km에서 넓은 곳은 200km에 이르는 동서로 긴 섬이다. 국토의 25%가량이 산지이지만, 나머지 75%의 지형은 100m 이하의 낮고 기름진 평야와 구릉지가 대부분이었으므로, 농경생활에 최적의 조건을 지니고 있었다. 이는 타이노족과 시보네족이 평화적 공존의 오랜 시간을 보내며 각자의 기반에서 성장해갈 수 있는 자연 환경적 요인이었다.

70) 벨라스케스는 1512년 300명의 병사를 이끌고 이스파뇰라 섬을 떠나 쿠바에 도착한 뒤, 스페인령임을 선포하고 1514년까지 7곳의 개척지를 건설하였으며, 1515년 쿠바의 수도가 될 산 크리스토발 데 라 아바나San Cristóbal de la Habana를 건설하며, 정착을 위한 인프라 구축을 완성하였다. 이 과정에서 낯선 이들의 침입으로 자신들의 영토를 빼앗기게 된 토착 원주민들이 거세게 저항하는 과정에서 수천 명에 이르는 막대한 희생을 당하였고, 흥분한 병사들은 벨라스케스의 반대에도 불구하고 대부분의 원주민들을 서쪽으로 쫓아 버렸으며, 일부 순종적인 원주민들은 사금채취와 농장노동을 위해 반노예로 종속시켰다.

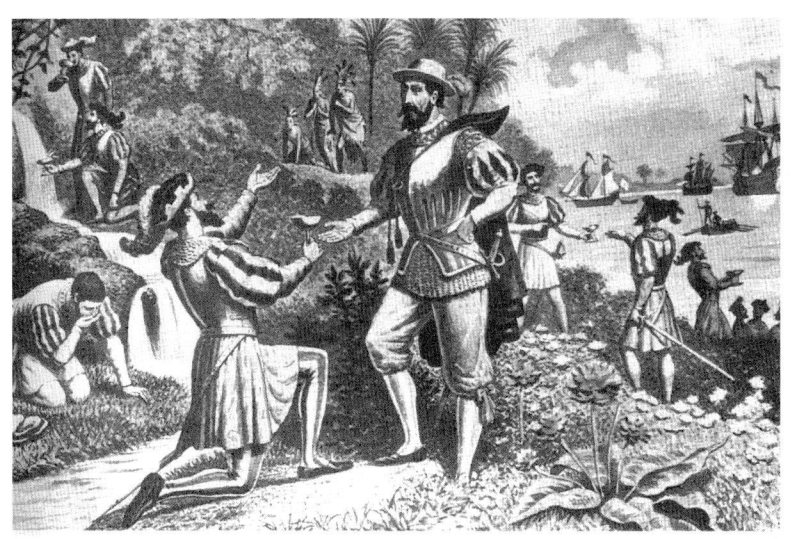

쿠바를 개척한 벨라스케스의 활동상에 대한 개념도

과 토착 세력의 만남은 전반적으로 우호적이지 않았다. 강력한 군사력으로 무장한 서구는 토착 원주민들을 수탈의 대상으로 간주하였다. 이 과정에서 근력이 상대적으로 많이 떨어졌던 원주민 종족들은 서구인들이 강요한 노동력의 강도를 이겨낼 수 없었고, 건강이 악화되었으며 면역력이 약한 상태에서 서구가 들어온 질병에 쉽게 감염되어 쓰러져 갔다. 1528년 원주민들은 스페인 식민자들에 항거하여 대규모의 반란을 일으키기도 했으나, 반란 초기에 실패를 맛볼 수밖에 없었고, 결국 1530년 발생한 악성 전염병에 노출되면서 대부분 사망하기에 이르렀다.

세균이나 바이러스는 가장 효과적인 동맹자였다. 유럽인들은 천연두와 파상풍, 폐와 장의 질환, 성병, 결막염, 티푸스, 문둥병, 황열병, 충치 등을 들여 왔고, 1542년 엔코미엔다Encomienda 체제가 폐지될 때까지 가혹한 노동착취와 유럽의 전염병으로 토착 원주민의 숫자는 5,000여 명에 이를 만큼 급격하게 줄어들었다. 30년 동안 인구의 90%가 사라진 것이었다.

상황이 급변하자, 초기 식민지배자들은 체력이 건장하고 노동력에서 장점을 지닌 아프리카 흑인들을 대량으로 수입하여 토착 원주민들의 노동력을 대체하였다. 쿠바가 지닌 노예성에 대한 역사적 트라우마는 이렇게 시작된 것이다. 흑인 노예가 집단노동을 제공할 수 있는 동원력이 되기 이전, 쿠바는 원주민의 절멸상태로 식민지 경제상태가 악화일로에 있었으며, 지금의 수도인 아바나<sup>Habana</sup>를 중심으로 스페인과 대륙 식민지를 연결하는 통상거점으로서의 역할을 수행할 수 있을 뿐이었다. 그러나 흑인 노예에 의한 노동력의 대체는 사탕수수와 담배의 플랜테이션<sup>Plantation</sup> 재배를 가능하게 하였으며, 쿠바의 지형과 토질은 원주민의 노동력에 의존할 당시에 비해 훨씬 효율적 형태로, 사탕수수와 담배 위주의 경작에 맞는 경제구조를 가능하게 하였다.

16세기 초부터 대량으로 유입되었던 아프리카 흑인 노예들은 19세기 초에 이르러 거의 100만 명에 이를 정도의 대규모 집단이 되었다. 쿠바는 서구와의 만남을 통해 원주민이 소멸된 뒤 백인이 지배하며 흑인 노동력이 생산하는 경제구조에서 인종적 분포를 이루는 전혀 새로운 형태의 공간으로 탈바꿈하게 된 것이었다.

토착 원주민이 전멸할 지경에 이르렀고, 그들의 노동력을 대체하기 위해 노예로 팔려와 투입된 아프리카 출신의 흑인들의 트라우마는 역사를 거듭하면서 계승되는 외상의 재현과 반복을 통해 현재 쿠바가 겪는 트라우마와 오버랩되며, 이러한 사실은 현대 쿠바인들에게 지금도 서구에 의해 수탈을 당하고 있다는 공감대를 통해 초기 원주민 및 흑인 노예들과의 동일시를 가능하게 하며, 원주민과 흑인의 트라우마를 자신들의 트라우마와 비교하여 공감하는 현상을 낳게 만들었다.

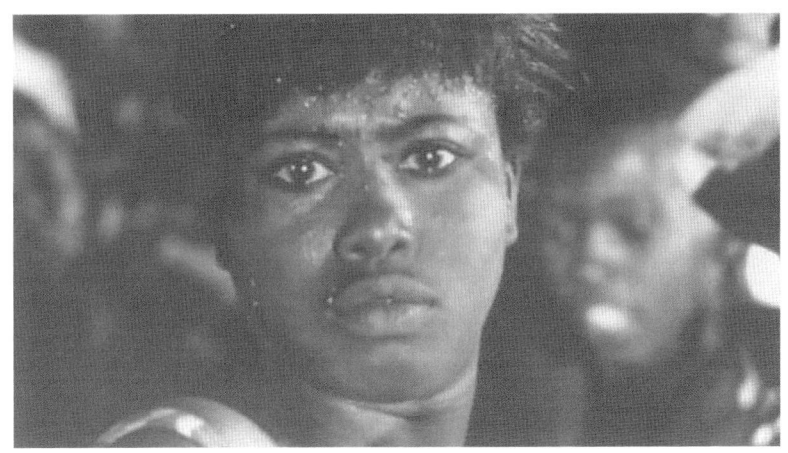

노예성과 전근대성에 의한 역사적 트라우마를 응시하는 시선: 영화 '저개발의 기억'의 장면

　20세기 쿠바인들의 인식에 트라우마로 자리한 노예성은 노예화<sup>奴隸化</sup>에 대한 분노와 두려움, 공포에 의한 인식태도 등을 포함하는 사회적 가치의식이다. 반노예<sup>半奴隸</sup> 상태로 노동력을 제공해야 했던 토착 원주민들이 전멸하다시피 했으며, 아프리카에서 강탈되어 노예로 팔려와 이주<sup>Diaspora</sup>의 삶을 살아야 했던 흑인 노예71)들이 겪었던 서구세력에 의한 억압과 착취는 비록 현대 쿠바인들의 삶에서 재현되고 있는 것은 아니었지만, 수탈의 구조적 측면에서 유사성을 인식하게 함으로써, 서구에 의해 노동력을 착취당하고, 종속적 경제구조에 놓이게 될 수밖에 없는 고착<sup>固着</sup>된 관계망에서 상징적 의미를 지니게 된다.72)

71) 아프리카 흑인들의 이주(Diaspora)는 북미의 경우와는 상대적으로 달라서, 개별개체로서 노동단위를 구성한 것이 아니라, 출신 집단과 지역을 기본단위로 노예화가 추진되었기 때문에 그들의 전통문화의 많은 부분을 새로운 환경에서 유지할 수 있게 되었다. 이는 북미로 팔려간 흑인 노예들이 자신들의 뿌리 의식을 갖기에는 너무도 세밀한 단위로 나뉘어졌기 때문에 공동체 의식과 문화 의식을 형성하기에 근본적인 어려움을 겪었던 것과 상대적으로 차별되는 상황이다.

72) 북미의 경우에는 인종적 차원에서 흑인 이주의 문제가 주로 다뤄지므로, 종속적 경제구조에 대한 고착된 관계망의 문제는 인종문제로 포괄적으로 다뤄지기 때문에 경제적 종속에 대한 본격적인 논의자체가 미진했다. 하지만 라틴아메리카 지역에서는 자신들의 문화를 유지하면서 경제적 종속을 논의할 수 있었기 때문에 인

쿠바의 경우는 토착 원주민의 문화적 전통이 미약한 상황에서 이주 흑인 문화가 상대적으로 강력한 영향력을 행사할 수 있었기 때문에 서구와의 관계망은 문화적 측면에서 접근이 가능하다.[73] '인간에 의한 인간의 노예화의 비극'은 역사적 트라우마에 대한 성찰적 직면을 통해 극복되어야 하는 사회문화적 이슈가 되고 있는 것이다.

비록 아프리카에서 강제 이주된 흑인 노예들이 자신들의 고유한 문화를 이식할 수 있을 만큼 집단적 구성에 의해 기본적인 자기정체성을 유지할 수 있었다고는 하지만, 노예로 팔려 와서 노동력을 착취당하고 자유를 제한당한 채 고향을 그리워하며 노역奴役을 제공해야 하는 '노예성'이라는 역사적 트라우마는 쿠바인들의 일상에 주요한 인식으로 정착하게 된다. 흑인 노예들은 점차 쿠바의 신흥 주민으로서 정착하게 되는데, 이는 쿠바의 인종적 분포가 중남미의 다른 국가들과는 매우 차별적으로 달리 구성[74]되고 있다는 점에서 간과되어서는 곤란한 사실이다.

토착 원주민이 전멸할 지경에 이르렀고, 그들의 노동력을 대체하기

---

종적 차원보다는 문화적 가치의 측면에서 접근할 수 있는 보다 사회구조적 방식이 가능했다.

73) 쿠바를 비롯하여, 남미의 북동 해안 쪽에 유입된 흑인 노예들은 집단을 구성하며 자신들의 전통적이고 토착적인 요소들, 예컨대 언어와 종교, 생활습관과 의례 등을 일정 부분 유지할 수 있었다. 여기에서 쿠바 문화가 아프로-라틴-아메리카의 특수성의 혼종적 결합의 특징을 지니고 있음을 명확하게 살필 수 있는 대목이다. 가장 대표적이고 상징적인 문화는 미술과 음악이다. 특히 음악은 아프로 쿠바 리듬의 전통이 라틴 재즈로 발전하는 궤적을 통해 아프로와 라틴, 그리고 아메리카의 문화적 혼종이 어떻게 구성되는지 세세한 과정을 살필 수 있는 '살아 있는 박물관'이라 할 수 있다. '살사(Salsa)'와 '손(Son)', '사보르(Sabor)'의 리듬은 아프리카의 리듬이 카리브와 쿠바의 풍토에서 자연스레 변환되어 정착한 고유의 리듬이라 할 수 있으며, 구체적으로 '아바네라(Habanera)'와 '단손(Danzón)', '맘보(Mambo)', '콩가(Conga)', '파창가(Pachanga)' 등의 리듬은 쿠바의 전형적인 댄스 뮤직으로 아프리카적 리듬의 카리브적 형성이라는 마술적 혼합의 매력을 지니고 있다. 이는 재즈와 록큰롤, 소울과 레게, 리듬앤블루스 등의 현대 리듬이 수용하는 카리브-쿠바의 리듬의 역사 속에서도 반영되고 있다. 아르만도 페라자(Armando Peraza), 카를로스 발데스(Carlos Valdés), 프란시스코 아구아베아(Francisco Aguabella), 칸디도 카메로(Cándido Camero), 알프레도 아르멘테로스(Alfredo Armenteros), 세실리아 크루스(Cecilia Cruz) 등은 오늘날 쿠바 대중음악이 얼마나 아프리카의 리듬을 유지하고 있으며, 카리브적 정열과 혼합되고 있는지 그 흔적을 생생하게 들려준다.

74) 라틴아메리카의 대부분 국가에서는 일반적으로 유럽계 백인들과 원주민, 그리고 그들 사이의 혼혈집단이 가장 기본적인 인종적 구성인데 반하여, 쿠바의 경우에는 혼혈집단인 메스티소Mestizo가 드물며, 백인과 흑인이 인구분포의 대부분을 차지하는 가운데, 그들 사이의 혼혈인 물라토Mulato가 아메리카 본토에 비해 상대적으로 두드러지는 특징을 보인다.

위해 노예로 팔려와 투입된 아프리카 출신의 흑인들의 트라우마는 역사를 거듭하면서 계승되는 외상의 재현과 반복을 통해 현재 쿠바가 겪는 트라우마와 오버랩되었으며, 이러한 사실은 현대 쿠바인들에게 지금도 서구에 의해 수탈을 당하고 있다는 공감대를 통해 초기 토착 원주민과 이주 흑인 노예와의 동일시를 가능하게 하며, 이들의 트라우마를 자신들의 트라우마와 비교하여 공감하는 현상을 낳게 만들었다.

중요한 것은 서구와의 관계에서 경제적 수탈에 의한 종속적 관계를 유지하던 쿠바사회는 우월적 남성이 여성을 지배하는 관계를 전통적으로 유지함으로써, 여성은 이중적으로 종속적 관계에 놓여 왔다는 사실에 있다. 노예성의 문제가 여성에게 적용되면 문제는 상징과 은유에

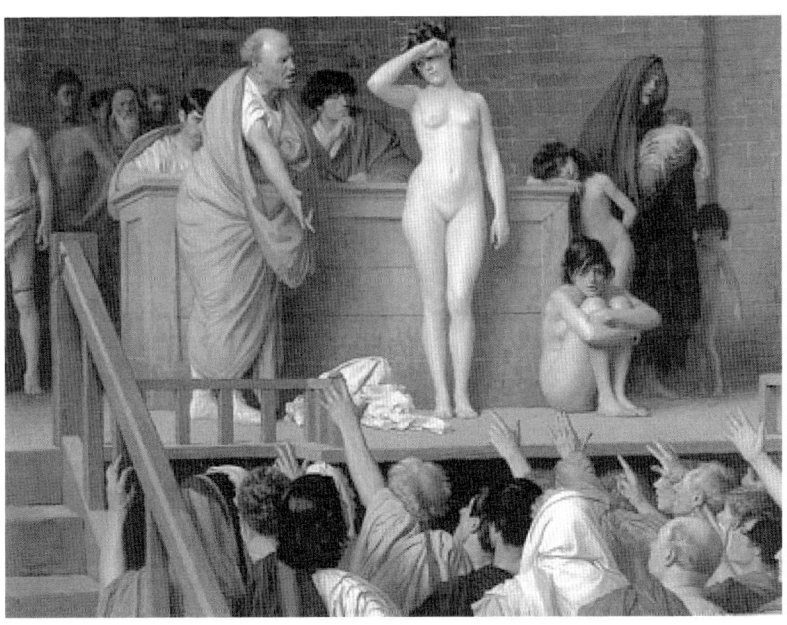

여성은 노예와 여성이라는 이중적 신분에 의한 속박의 대상이었다. 로마의 경매시장의 풍경 상상도

그치는 것이 아니라, 일상에서 벌어지는 불공정과 불평등이라는 인습과 마주하게 되기 때문이다. 인간의 진정한 해방을 논의한다면, 그것은 남성과 여성의 구분에 의한 차별성이 존재하지 않는 사회문화적 조건이 갖춰져야 하는 때문이다. 쿠바 신영화가 말하는 여성의 해방은 쿠바사회가 탈식민의 최전선에 서 있는 상황에서 무엇을 어떻게 직면하고 처리해야 하는 것인지 고백하고 논의하는 열린 주제이다.

식민시대에서는 물론이고, 쿠바가 자립을 선언한 독립시대에서도 여성은 남성 우월적 시각의 지배 이데올로기의 영향으로 남성에 사회적으로 종속됨으로써 반노예상태의 삶을 살아가는 것일 수도 있다는 자각과 인식태도는 역사적 트라우마로서 노예성의 사회적 문제가 여성에 있어서 더욱 절실한 사회적 이슈로 부각시켰다.

남성과 여성의 주체적 관계가 남성−지배; 여성−피지배의 종속적 관계를 드러내는 것은 여성이 남성에 의해 노예화를 경험하는 이중적 트라우마의 문제로 확산되는 것이다. 남성우월주의인 마치스모의 문제는 쿠바사회에서 여성이 남성에 예속될 수 있다는 사회적 인습을 가능하게 하였고, 많은 여성들이 자신들의 목소리를 내지 못한 채 남성에게 종속되는 반노예적 삶의 형태를 유지해야 했던 것이다. 탈서구와 탈수탈의 주제는 단지 남성에 해당되는 문제가 아닌 쿠바 여성에게도 적용될 수밖에 없는 문제임에도 불구하고, 여성은 여전히 아버지나 혹은 남편에 의해 남성에게 종속되는 주종관계를 벗어나지 못하는 인습의 굴레에서 살아야 하는 부당한 현실에 놓여 있는 셈이다.

1960년대부터 1980년대까지 쿠바 신영화가 특별히 주목한 주제가 바로 여성들이 겪는 노예성의 상태에 관한 문제들이었다. 서구 지배계급에 의해 구축된 콜로니얼리즘의 의식구조를 극복하고, 해체하여 새로운 언어개념의 사회를 지향한다는 쿠바혁명에도 불구하고, 쿠바 여성들이 실질적으로 체감하는 노예성은 본질적인 논의의 대상이 되기에는 미흡했기 때문이다. 사회가 변화와 혁명을 얘기하고 있음에도 불구하고, 여성들은 여전히 가부장제적 인식구조와 남성우월주의에 의해 종속적이거나 보완적인 인격체로서의 삶을 살아가는 경우가 일상에서 빈번하게 드러났으며, 여성이기에 감내해야 하는 가정과 직장에서의 차별에 대한 사회문화적 의식은 쿠바사회에 있어서 근본적인 전환을 맞이하기에는 미숙한 환경에 머물고 있었던 탓이다.

남성 우월적 의식이 지배하는 사회에서 여성은 지배의 대상으로서 피지배 계층이 되어 왔으며, 남성 지배계층이 만들어 놓은 가치관에 여성 스스로가 적응해야 한다고 믿음으로써, 남성 사회의 헤게모니에 공모하는 역할을 수행해 왔던 것이다. 이러한 시각에서 쿠바 신영화는 쿠바 여성들이 겪어야 하는 이중적인 반노예半奴隸 상태에 대한 역사적 트라우마에 관심을 두었으며, 남성 중심 사회가 만들어 놓은 헤게모니의 부당함을 고발하고, 헤게모니를 해체하고 더 이상 공모를 하지 않을 수 있다는 의식의 전환에 주목하게 되었던 것이다.

## (2) 봉건성

사탕수수와 담배와 같은 플랜테이션Plantation 농업에 기반基盤한 쿠바의 경제구조는 서구 중심의 제도와 장치에 의한 봉건적 사고와 인습에 익숙한 사회적 구조를 가능하게 하였다. 수직적 계층구조에 의한 경제구조는 평등한 관계가 아닌 주종관계主從關係를 고착시켰고, 수탈적 고리에 의한 수직적 주종관계는 소수 주체적 계층 중심의 가치관 형성과 유지

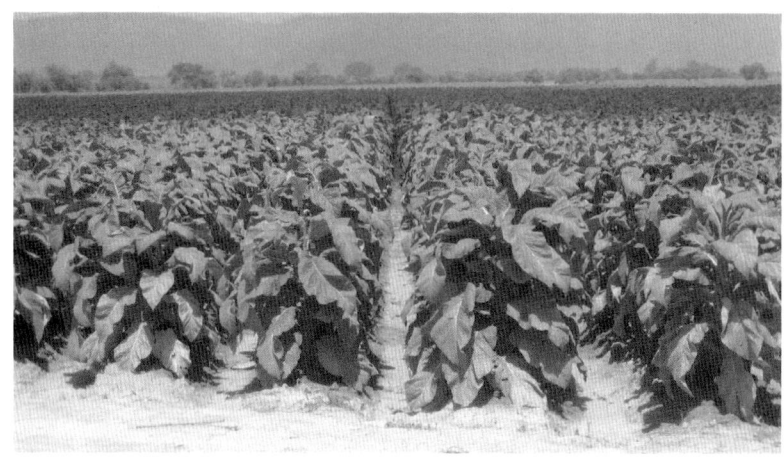

에 봉사하는 봉건적封建的 구조로 이어졌다. 절대 대다수의 쿠바인들은 소작농이었으며, 경제적으로 반노예 상태를 벗어나지 못하였다. 몇 차례의 독립운동이 시도되었으나, 실패로 끝났으며,[75] 쿠바에서 스페인의 영향력은 지속되는 듯 보였다.

하지만 미국의 개입[76]은 역사 전개를 전혀 다른 방향으로 이끌게

---

[75] 스페인 식민정부는 쿠바가 제공하는 경제적 성과에 많은 득을 보고 있었음에도 불구하고, 제도적인 개선을 할 의지와 능력이 결여되어 있었다. 동부 지방의 쿠바인들은 부패하고 비효율적인 식민 행정부에 불만을 품고 부유한 농장주였던 카를로스 마누엘 데 세스페데스(Carlos Manuel de Cespedes)의 지휘 아래 결속했다. 1868년 10월 발표한 세스페데스의 독립선언문(El Grito de Yara['야라의 외침'])은 10년 전쟁의 전조였다. 세스페데스는 스페인으로부터의 경제적 · 정치적 독립을 갈구하는 지주로부터 지지를 받았지만, 농민이나 노동자는 노예제의 즉각적인 폐지와 더불어 평민에게 많은 정치적 권한이 부여되기를 원했기 때문에 세스페데스를 중심으로 한 결속력은 한계를 지닐 수밖에 없었다. 1876년 스페인은 아르세니오 마르티네스 캄포스(Arsenio Martínez Campos) 장군을 파견했고, 조직력과 지원이 부족했던 독립군은 1878년 2월 사면과 정치개혁을 약속하는 휴전협정(Pacto de Zanjón)에 조인해야 했다. 1879년 8월 칼릭스토 가르시아의 지휘 아래, 작은 전쟁이라는 의미의 게라 치키타La Guerra Chiquita가 일어났으나, 1880년 가을 스페인군에게 패하였다. 스페인은 쿠바 의회의 대표권을 인정하고, 1886년에는 노예제를 철폐하는 개혁을 단행하기는 했으나, 후속 개혁은 실행하지 않았다.

[76] 1897년 스페인은 쿠바의 자치를 허용했으며, 1898년에는 쿠바의 자립을 위한 정책수립을 꾀하였으나, 미국-스페인 전쟁을 막지는 못했다. 쿠바의 경제성에 눈독을 들이고 있던 미국은 아바나에 정박 중이던 미국 전함 메인 호의 폭발을 계기로 쿠바에서 스페인의 식민정책에 많은 문제점을 제기하며, 미국 내에서 제국주의적 확장주의를 위한 공감대를 이끌어냈다. 결국 1898년 4월부터 8월까지 쿠바 문제를 둘러싸고 쿠바와 필리핀에서 전쟁으로 이어졌고, 미국 내의 강력한 제국주의적 확장주의 정서가 미국 정부로 하여금 필리핀과 푸에르토 리코(Puerto Rico), 그리고 괌을 포함한 스페인이 지니고 있던 해외 영토를 병합을 꾀하였다. 전

만들었다. 다른 라틴아메리카 국가들에 비해서 상대적으로 늦은 독립[77]은 국민 혹은 민중이 사회의 중심이 된다는 의미에서 근대국가의 형성이 늦어질 수밖에 없는 요인이 되었다. 또한 스페인을 대체하는 서구세력으로서 미국이 등장함으로써, 쿠바의 경제와 사회구조는 여전히 소수 특권층에 의해 주도되는 봉건성을 유지할 수 있었다.

절대적 친미정부였던 바티스타[Batista] 정부의 부정과 부패는 극에 달했고, 결국 쿠바는 혁명으로 사회구조를 뒤바꾸는 격변을 피해갈 수 없었다. 형식적으로 사회는 변화되었고, 사회의 구조와 질서의식 또한 변화된 듯 보였다. 하지만 변화된 것은 극히 일부일 뿐, 사회를 구성하는 구성원들의 인식을 변화시키는 것은 전혀 다른 문제이다.

변화된 가치관을 내세우는 쿠바혁명 사회도 봉건적 인습과 편견을 쉽게 떨치지는 못했다. 특히 여성에 대한 인식에 있어서는 전근대적 봉건성이 유지되고 있었다. 여성이 갖추어야 할 덕목은 온순하고, 순종적이며, 가정적인 이미지로 표현되었다. 남성들은 여성의 교육과 사회진출에 있어서도 소극적이었다. 여성의 개화와 사회적 역할의 변화를 본질적으로 반대한 것은 아니었지만, 우선순위는 분명 아니었다. 많은 쿠바인들에게 쿠바사회의 발전과 개발을 위해 시급한 일은 너무도 많지만, 여성의 변화에 대한 필요성은 전혀 급할 것이 없는 문제였던 것이다. <어느 정도까지는[Hasta cierto punto]> 영화의 도입부에 등장하는 한 남성은 인터뷰에서 "자신도 [사회의 변화에 맞춰] 많이 변화되

---

쟁은 필리핀과 쿠바에서 미국의 일방적인 승리로 끝을 맺었다. 파리조약(1898년 12월 10일)은 스페인이 쿠바와 필리핀, 푸에르토 리코 및 괌의 지배권을 미국에게 넘겨주도록 하였다. 스페인은 파리 조약에 따라 쿠바에서 철수했으나, 미국 점령군은 1902년 5월 20일 쿠바 공화국이 발효될 때까지 3년 이상 그곳에 남게 된다.

77) 대부분의 라틴아메리카 국가들이 1820년대에 독립을 쟁취하는 것과는 달리 쿠바는 1902년 쿠바공화국의 선포와 함께 독립을 맞이할 수 있었다.

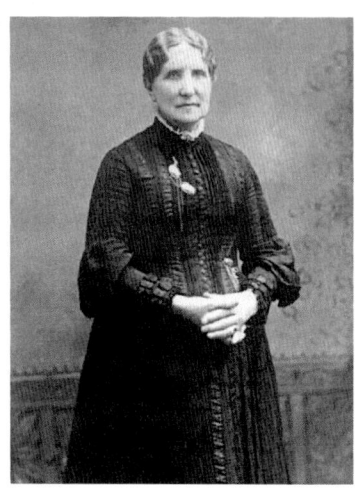

미국의 여성 참정 운동가 메리 애슈턴 라이스 리버모어, 미국에서도 여성의 투표권은 1920년에야 주어졌음

기는 했지만, 그래도 [여성이 남성과 동등할 수 있다는 견해에는] 80% 정도까지는 변화했는데, 100%는 절대 있을 수 없다"라는 말에서 볼 수 있는 것처럼 여성의 변화에 대한 사회의 평균적 인식은 봉건적 수준에 머물러 있음을 알 수 있다.

여성의 사회참여는 21세기 정치사회적 변화의 한 흐름이다. 통계적으로 쿠바사회가 여성의 사회참여를 저해하는 구조를 갖고 있는 것은 아니다. 오히려 여성의 사회참여는 혁명 이후 꾸준하게 상승하고 있으며, 거의 대부분 노동현장에 여성의 참여율은 매우 높은 편이다. 그럼에도 불구하고 정작 남성으로 주도되는 사회적 인식은 여전히 부정적인 측면이 있다. 1970년대 말 쿠바사회는 기존 세대의 양성관계에 있어서 성차별이나 양성평등 등에 관련하여 사회구조적 갈등 요소에 대한 의식이 일반화되지 못한 상황이었다. <테레사의 초상<sup>Retrato de Teresa</sup>>의 주인공 테레사가 사회적 인습의 벽에 부딪혀 고민을 토로하자, 들려주는 엄마의 얘기가 당시 상황을 잘 대변한다. "여자는 여자, 남자는 남자일 뿐 [……] 이건 피델로 못 바꾼다." 혁명의 대상으로 인식되지 않았던 가치개념으로서 남녀의 사회적 역할에 대한 봉건적 태도는 뿌리 깊은 사회문화적 가치관 때문이다. 테레사로 대변되는 많은 여성들은 시대적 이념과 문제에 직면한다. 그녀의 시어머니가 "요즘 여자들은 백인, 흑인, 애, 어른 할 것

없이 다들 그 모양이다", "자유롭다는 거겠지"라며 봉건적 인식태도에 친숙한 가치의식에 대한 동의를 드러내는 행위에서 혁명에도 불구하고 여전히 변하지 않는 여성에 대한 가부장제적 인식과 남성우월의식의 영향을 볼 수 있다.

주체적$^{主體的}$ 삶을 위해 스페인 식민정부로부터의 독립을 선언했고, 수많은 희생을 치러야 했지만, 여전히 독립의 정신과 의미는 정치권력과 사회의 질서의식에 국한된 것이었지, 일상$^{日常}$에까지 파급되지 않았다는 사실은 쿠바 신영화를 이끌었던 의식 있는 감독들의 관심의 대상이었던 것이다. 이렇게 여성의 사회적 역할을 가정에 국한시키거나 제한하는 사회적 인식은 여성이 속한 사회의 봉건성의 특성 때문이라 볼수밖에 없는 것이라는 문제의식이 제기되었다. 쿠바사회가 여성의 문제에 대한 봉건적 태도로부터 자유롭게 되어야, 건전한 미래의 건설이 가능하다는 성찰적$^{省察的}$ 시각이 제기된 것이다.

현모양처$^{賢母良妻}$의 이미지는 오랜 세월 여성의 가장 뛰어난 자질로 간주되어 왔다. 신사임당의 이미지가 여성성을 저해한다고 믿는 사회인식은 여성의 다양한 자질 개발과 사회적 역할을 제한하고 통제하는 수단으로 악용될 우려가 있다는 측면을 주장한다. 서구사회에서 마리아의 이미지를 순종적이고 순결하며 가정적인 덕목으로 강조한 측면은 여성을 존중하는 긍정적 요소를 지니지만, 다른 한편 여성의 가능성을 제한하는 부정적 요소를 지닐 수밖에 없다.

쿠바 여성에 있어서 사회적 역할에 대한 봉건적 인식은 쿠바혁명 이후에도 줄곧 계속되어 왔다. 남성은 여성의 사회진출과 활동을 제한하지 않는다고 주장하지만, 그 여성이 자신의 상관이라면 다른 평가를 내놓는다. 나아가 그 여성이 자신의 아내여서, 자신이 담당해야 할 가

사務의 몫이 커져야 하는 것이라면 여성의 사회진출에 대한 긍정적인 생각과는 전혀 별개의 견해를 내놓게 된다. 여성의 사회적 역할에 대한 제한적 인식은 봉건적 인습으로 쿠바사회에 사회적 문제로 대두된다. 쿠바 신영화가 주목하는 주요한 문제의식이 바로 여성에 대한 사회의 봉건적 태도인 것이다. 영화들은 이론적으로는 공감을 하면서도 일상에서 자신의 삶과 연결된 문제가 되는 경우에는 전혀 다른 태도를 취하게 되는 모순矛盾을 쿠바 남성과 그들에 의해 구성된 사회의 인식적 태도에서 찾고 있다. 콜로니얼리즘의 유산으로서 잘못된 과거의 인습적 태도가 유지되고 있는 것이라면, 그를 극복하고 대체하는 방향성을 제시해야 하는 것이며, 그를 위해서는 너무도 당연하게 여겼던 의식구조와 행위를 새롭게 관찰하고 다양한 관점에서 재해석하는 '재구성'의 과정을 논의해야 하기 때문이다.

쿠바 신영화가 지적하는 것은 서구에 의한 수탈상태를 극복하고 독립을 선언한다는 국가-사회적 기치가 여성에 대해서는 제한적인데, 그 배경에는 봉건적이고 폐쇄적 태도를 취하는 남성이 많기 때문이라는 사실이다. 인격적 차원에서의 독립을 쟁취하려는 취지가 여성의 남성으로부터의 독립으로 연결되어야 하는 현실에 대한 강력한 메시지가 주요 영화의 메시지인 것이다.

여성도 남성만큼이나 주체적 자아를 개발하기 위한 노력을 경주할 수 있는 권리를 주장할 수 있어야 하며, 사회는 여성의 그러한 권리를 옹호하고 남성의 봉건적 인습과 편견을 지적하고 수정해야 한다는 문제의식은 남성우월의식인 마치스모Machismo에 대한 문제점 지적과 병행해서 실시될 수 있는 사회적 접근이다.

전통적 여성성은 아내와 엄마로서의 역할에 의해 정의된다. 일반적으로 여성주의자들은 이러한 정의가 가부장제적 질서의식에 의한 산물이므로 여성 스스로가 다시 정의를 해야 하는 것은 아닌가, 성찰해야 한다고 주장한다. 여성을 가정에 종속시킴으로써 여성의 사회적 역할에 제한을 주기 때문이다. 이러한 의식은 전근대적 의식과 봉건성에 기인하는 탓이 크다. 주체적 삶의 자아인식이 전근대적 특성에 동화되어 있기 때문이다.

쿠바영화산업예술기구$^{ICAIC}$가 제작하거나 후원한 많은 영화에서 주제로 삼는 남녀관계는 남성과 여성의 관계가 지배/피지배의 관계가 아닌 동등관계로 발전되어야 한다는 점에서는 서구 중심의 여성주의자들이 내놓는 견해와 일치하는 경향을 보이지만, 여성주의자들이 인권적 차원에서 접근하는 것과 달리 쿠바 신영화는 사회발전을 위한 만인의 평등이라는 차원에서 접근한다는 점과 일상에서의 구체적인 삶에서의 접근이라는 점에서 영화의 세밀하고 구체적인 묘사와 방향성을 달리한다. 이론적$^{理論的}$이고 담론적$^{談論的}$인 접근이 아니라, 실증적이고 현실적인 접근인 것이다.[78]

쿠바혁명 정신이 지향하는 반봉건$^{反封建}$ 사회를 건설하기 위해서는 여성의 사회적 역할에 대한 제한이나 인습적 사고를 지양해야 하며, 남녀가 동등한 관계에서 사회를 새롭게 보아야 한다는 성찰의 필요성이 영화가 지닌 장점으로서의 '몰입'과 '동일시'의 서술 장치를 통해 자연스럽게 사회적 논의로 연결되었다. 많은 토론회가 영화에서 드러난 주제들을 토론의 주제로 삼았으며, 봉건적 사고와 인습이 드러내는 문제들을 척결하기 위한 구체적인 방안에 대한 모색으로 이어졌으며, 여

---

78) 쿠바 신영화가 장르적으로 대부분 극영화 형식의 줄거리를 취하고 있으면서도, 극의 기본전개와 묘사에 있어서 다큐형식을 차용하고 있는 것도 이 때문이다.

성에 대한 봉건적 사고에 대한 지적 또한 여성의 사회진출과 가사부담으로부터의 해방을 위한 다양한 주제들로 이어지곤 하였다. 쿠바 신영화의 인기는 '모성법'의 입법과 같은 사회적 장치의 보완과 정비에도 긍정적 영향을 미쳤다.

## (3) 선정성

여성의 이미지는 '어머니이자 동시에 아내'로서 남성의 이미지와 차별화되는 존재로 인식되었다. 남성에게는 없는 이러한 기능적 정체성은 모성과 여성성이 결합된 특별한 개념화를 만들어내었다. 여성의 성적 정체성은 욕망의 대상으로서 기능을 하면서도 또한 동시에 신성하거나 함부로 더럽혀져서는 곤란한 개념을 내포한다(참조: 기든스, 2001: 82). 오늘날 "여성은 남성의 욕망에 의해 존재적 의미를 갖는다"라고 선언한다면, 지독한 마치스모의 추종자이거나 성적으로 편향된 기호에 노출된 사람으로 평가받을 수 있을 것이다. 하지만 여성이 오랜 세월 남성에 의해 욕망의 선정적 대상으로서의 의미를 정체성으로 지녀왔던 것은 역사적 사실이다. 비단 남성의 욕망을 대변하는 대상이 아니라, 인간의 물신적 욕망의 대상으로서 여성이 은유적으로 묘사되기도 하였다. 따라서 여성의 이중적인 정체성은 '여성성女性性'과 '모성성母性性'으로 분리되어 강조되곤 하였다. 이는 곧 어머니에 대한 이상화를 여성에게서 분리할 경우, 여성은 성적 대상으로서의 정체성에 의해 개념화되는 경향으로 연결됨을 의미한다. 이러한 시각에서 볼 때, 여성을 욕망의 선정적 대상으로 인식하는 이미지의 총체적 개념은 여성에 대한 소유적 경향으로 기울었으며, 역사적으로 여성의 존재적 경향에 대한

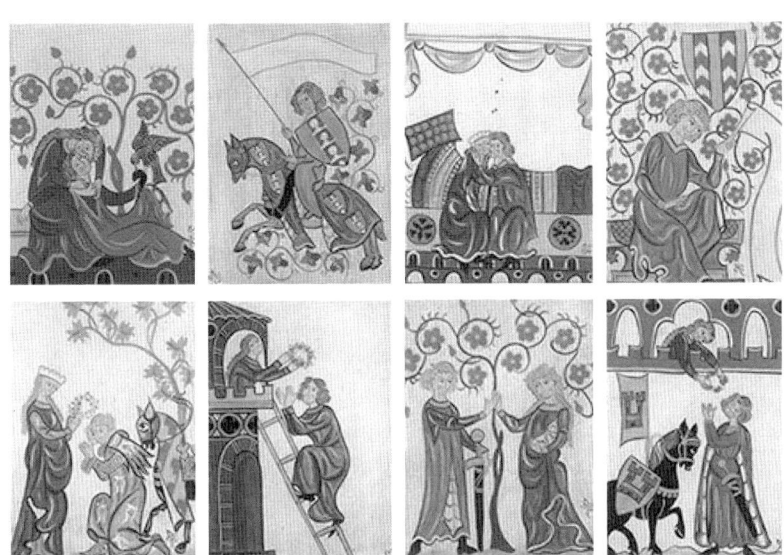

중세 서구의 '양반의 사랑' 주제는 여성에 대한 물신적 욕망을 낭만적 욕망의 유희 대상 포장한 은유임

존경을 대표하는 낭만적 사랑을 제외한다면, 여성은 남성에 의해 선정적으로 욕망되고 소유되는 존재로서의 정체성의 이미지를 담는다.

역사적으로 여성이 낭만적 사랑의 코드로 서술된 시절에도 그 근거는 비실제적이었다. 기든스가 지적하듯, 낭만적 사랑은 본질적으로 어성화된 사랑이다. 남성들은 집안의 안락함을 정부情婦나 매춘부의 섹슈얼리티와 분리함으로써 낭만적 사랑과 열정적 사랑amour passion의 긴장에 대처할 수 있었다(기든스, 2001: 83). 욕정이나 노골적인 섹슈얼리티Sexuality와는 양립兩立이 불가능한 것으로 보이는 낭만적인 사랑은 그 기원과 실체를 본다면, 유희적이고 관념적인 놀음일 뿐 현실을 대변하는 일상적 삶의 패턴은 아니었다는 데에 그 한계가 있다. '여자들은 사랑을 원하고, 남자들은 섹스를 원한다'는 가설假說이 낭만적 사랑이 지닌 내재적<sup>內在的</sup> 전복성<sup>顚覆性</sup>의 특징을 드러내는 표현이라 할 수 있을 것이다.

욕망의 선정적 대상으로서 여성의 이미지는 영화의 시선을 통해 잘 드러난다. 현대 혹은 현대성의 탄생과 함께 시작된 영화는 타자의 욕망을 반영하는 인물에 투사된 관객의 욕망을 카메라 앵글을 통해 분출하고 해석한다. 관객은 영화를 감상하는 과정에서 자신의 욕망을 타자화된 인물인 주인공에게 투사하며, 주인공이 수행하고 체험하는 욕망의 재현을 체험하는 까닭이다(박종욱, 2008: 39).

관객은 자신의 욕망을 주인공에게 투사하며, 그/그녀가 표상하는 욕망의 노출을 통해 안전한 관음적 시각에서 영화에 참여한다. 관객이 영화를 본다는 것은 영화 속 인물이 접근하는 욕망의 대상을 소유하는 것이며, 많은 경우 영화들에서 드러나는 욕망의 대상은 여성으로 귀결된다. '영화를 본다는 것=여성을 소유하는 것'의 등식이 성립하며, 억제된 욕망을 자연스럽게 드러낼 수 있는 적절한 환경에 자리 잡은 관객은 자신의 은밀한 욕망을 들키는 위험에 노출되지 않은 채 안전하게 욕망의 분출을 체험할 수 있다. 대부분의 사회, 특히 가부장제적 가치관이 일반화된 사회에서 관객은 자신의 욕망이 투사된 남성 인물이 서사를 주도하는 과정에 몰입하며, 남성 인물의 성적 욕망의 대상인 여성 인물이 남성 인물에 의해 소유당하는 구성에서 대리 만족감을 얻는다. 결국 영화의 카메라 앵글은 남성적 시각을 대변하며, 영화의 시선은 대상으로서의 여성이 욕망의 대상으로 물화<sup>物化</sup>하는 메커니즘<sup>Mecanism</sup>인 것이다.

오랜 세월 피식민을 경험한 쿠바사회에서 여성은 수탈의 대상이며, 욕망의 대상으로 상징적으로 표현되어 왔다. <나는 쿠바<sup>Soy Cuba</sup>>의 첫 번째 에피소드의 주인공 마리아<sup>María</sup>는 수탈의 주체에게 몸을 파는 하

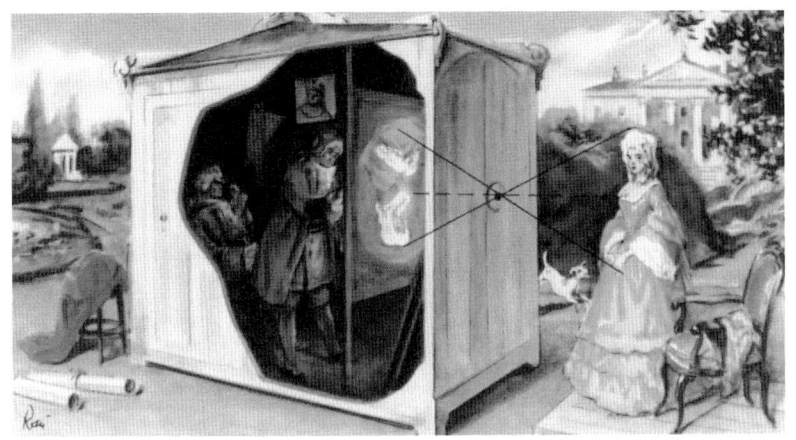

카메라 옵스큐라의 투시는 대상에 대한 욕망과 소유를 시선으로 바꾸어 놓음

층 여인이다. 영어를 사용하는 백인 남성으로 대변되는 서구 수탈의 주체는 매혹적인 여인, 마리아를 욕망하고 마리아는 남성의 욕망을 자신의 욕망 교환적 가치로 치환하여 수용함으로써, 자신의 욕망을 남성의 욕망으로 대체하고 스스로 물신화되어 간다. 물신적 욕망의 가치는 여성을 육체적으로 소유하는 관계를 통해 표상된다. 화류계에서의 마리아는 베티[Betty]로 불린다. '마리아 ↔ 베티'의 구도는 서구자본 권력에 휩쓸리는 쿠바 서민의 의식에 나타난 대립적 요소를 통한 대조이다. '서구=식민의 주체 ↔ 쿠바=피식민의 주체'의 등식 또한 일반화와 단순화를 매개로 대립적 구도가 된다(박종욱, 2010a: 73).

독립에 의해 식민/피식민의 구도가 형식적으로는 파괴되었으나, 미국으로 대표되는 서구는 여전히 수탈적 주체로서 쿠바에 군림하였다. 여성은 여전히 성적 유희의 대상이었으며, 수탈의 주체들에게는 은유적 전리품일 수밖에 없었다. 구바 신영화가 주목하는 것은 수탈의 주체로서 서구의 태도에 대한 지적이 아니라, 오히려 내부자인 쿠바인들이 여성들에게 갖는 성적 폭력성에 있다. 쿠바 남성은 쿠바 여성이 서구적 인식에 의한 물신적 욕망의 대상이라는 구도를 파괴하고, 극복함으로써 여성이 성적으로 타자화되는 것을 막아야 할 당사자임에도 불구하고, 여전히 여성에 대해 성적 폭력을 행사하는 주체가 됨으로써, 서구의 수탈적 지위를 계승하는 측면을 보인다는 것이다. <루시아<sup>Lucía</sup>>의 세 번째 에피소드의 주인공은 남편 토마스<sup>Tomás</sup>에 의해 정신적이고 육체적으로 수탈되는 아픔을 드러낸다.

쿠바사회에서 여성을 선정적 대상으로 욕망하고 인식하는 편견과 억압이 여전한 것이다. 따라서 카메라 앵글이 여성을 관음적으로 들여다보고, 남성 관객 중심의 시각에서 여성의 행위를 추적하는 방식은 쿠바 신영화에서는 찾아보기 어렵다. 쿠바 신영화는 관객이 남성 인물의 서사행위에 몰입되는 과정에서 둘 사이에 타자화된 욕망의 투사<sup>投射</sup>와 동일시<sup>同一視</sup>가 생성되는 것을 의도적으로 방해한다.

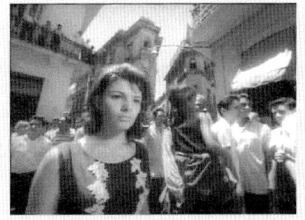

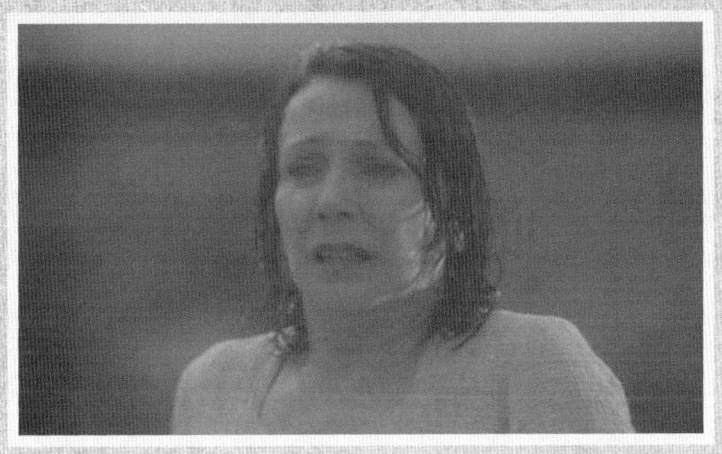

# 3. 영화 속 여성의 이미지

쿠바의 사회문화적 이미지를 살펴보기 위해서는 쿠바사회가 단일한 층으로 형성된 것이 아니라, 상이한 단층$^{Substructure}$의 복합체로서 구성되어 있는 유기체라는 사실에 주목해야 한다. 사실 쿠바영화를 보는 시선은 여전히 사회주의 국가의 폐쇄성과 관련될 수밖에 없는 것이 현실이다. 하지만 쿠바의 사회구성이 다층적 요소에 의해 형성되는 것처럼 쿠바의 영화 또한 단일한 색채를 지니고 있지 않다. 신영화를 주도한 ICAIC이 관여한 영화들조차도 혁명적 특성을 위한 교화적 성격을 비롯하여 사회비판적 자기비평의 성격과 혁명정신의 한계와 그 주체세력에 대한 견제의 성격을 포함하고 있음을 파악해야 할 것이다. 예술매체로서 영화가 갖는 모호함과 상징성의 표현 세계가 갖는 장점은 공공적 검열과 통제를 넘나드는 이미지의 창출을 통해 부각된다.

쿠바영화의 역사적 맥락은 크게 두 시대로 구분될 수 있는데, 하나는 혁명 이후인 1959년부터 1980년대까지의 시기를 말하고, 다른 하나는 1989년 베를린 장벽의 붕괴와 1991년 소련의 붕괴 등으로 상징되는 1980년대 말 이후 현재까지의 시기를 말한다. 이러한 구분에 대한 이유는 이념적 정치 환경의 변화에서 발견된다. 이는 쿠바가 지정학적으로 미국과의 관계 및 대체종속의 비난이 되었던 소련과의 관계를 통해 이념적 정체성으로 규정될 수밖에 없는 정황을 고려한다면 매우 긍정적인 기준이 된다. 쿠바에서 정치사회적 요소는 사회문화적 삶의 다양한 가치 요소에 지대한 영향력을 행사하며, 특히 쿠바 국내에서 영화가 지니는 정치사회적 매체로서의 기능을 생각한다면, 이 기준은 여전히 유효하다.

글렌다 메히아Glenda Mejía와 마르티네스-엑스포시토Martínez-Expósito는 '혁명적 쿠바영화의 두 시기에 나타난 여성의 재현'이라는 연구주제를 통해 쿠바영화에 통시적으로 접근하는 과정에서, 대부분의 영화 전문가들이 그러하듯, 전반기의 대표작으로 <어느 정도까지는Hasta cierto punto>, 그리고 <테레사의 초상Retrato de Teresa>을 꼽았으며, 후반기에 <투명한 여인Mujer transparente>과 <인생은 휘파람La vida es silbar>이 선택되었다. 우리의 관심은 전반기의 영화를 '제국과 자본 이념으로 규정되는 이념적 요소들을 대체하는 시기로서 여성들이 혁명 영웅으로 등장'한다는 평가와, 후반기를 상대적으로 '현재까지 존재하고 있는 가부장제 사회의 가치관에 대항하는 여성주의적 주인공' 중심의 영화라는 평가(Glenda 2005, 36) 모두가 과연 합당한 평가인가 하는 문제이다.

시대를 반영하는 여성의 이미지를 분석하기 위해, 쿠바 신영화의 역사를 두 시기로 구분한 것은 일반적으로 수용되는 부분이다. 객관적 타당성을 지니기 때문이다. 하지만 전반기 영화의 여성 주인공들을 '여성혁명영웅heroína revolucionaria'으로, 둘째 시기 영화의 여성 주인공들을 '가부장제적 가치관에 대항한 젠더와 페미니즘적 주인공'으로 구분하는 것이 과연 가능한 것인지 논란의 여지가 있다. 이들의 주장은 영화의 역사적 시기와 위에서 언급한 개별영화들의 가치들을 단순화하여 비교하는 과정에서 지나친 '일반화'를 거쳤고, 결과적으로 부분적인 오류에 빠진 듯하다. 1960~1980년대와 1990~2000년대를 비교하는 과정에서 상대적인 특징을 강조한다는 측면에서만 타당성을 지닐 뿐이다.

사실 인간의 문화적 흔적을 담고 있는 자산적 가치의 결과물들은 기술적이고 제도적인 면을 포함하여, 모두 자신이 속한 시대의 사회문화적 속성과 가치이념의 반영이라고 볼 수 있다는 점에서 영화들을 이처럼 하나의 흐름을 기준으로 크게 구분하여 사회문화적 가치를 평가하려는 시도는 실증적이고 실효적인 접근인 것은 분명하다. 하지만 시대와 사회를 넘어서 존재하는 보편적이고 원형적인 가치와 의식의 문제는 시대적 담론이나 패러다임의 채용 혹은 수용이라는 측면에서 제공되는 스타일(혹은 사회문화적 형식을 담아내는 문체적 특징으로서 양식)에 머물지는 않는다. 따라서 본 장에서는 쿠바영화 속에 투영된 여성의 다양한 이미지를 포괄적 시각으로 살펴보기로 한다.


## 1) 나는 쿠바

<나는 쿠바>는 1964년 미국과 소련의 쿠바 미사일 위기라는 냉전시대의 초강경 대치 정국이 끝난 뒤 차갑게 식어버린 미국─쿠바의 관계를 대체하는 쿠바─소련의 새로운 연대의 분위기를 배경으로 소련과 쿠바 합작으로 제작된 영화로서, 미하일 칼라토조프Mikhail Kalatozov가 감독한 역작이다. 그러나 국가적 기획이 아닌 개별영화인들의 협력에 의한 작품이며, 오히려 칼라토조프의 작가주의적 성향이 크게 드러나는 영화이다.

도발적인 제목이 의미하듯, 쿠바를 세상에 알리는 영화이다. 쿠바는 어떠한 나라인가. 우리에게 쿠바는 콜럼버스나 헤밍웨이$^{Hemingway}$가 사랑했던 열대의 낙원 쿠바, 체 게바라$^{Che\ Guevarra}$와 카스트로$^{Castro}$의 혁명 이후 이상과 현실이 뒤엉킨 혼돈의 섬나라의 인상으로 가득하다.

감독인 미하일 칼라토조프는 여인의 이미지를 통해 역사 속에서 변화해 온 쿠바의 모습에 관심을 둔다. 카리브의 열정과 낭만에 가려진 채 역사의 상처를 안고 있는 쿠바의 모습을 묘사하는 것이다. 카메라 광고 배경이 된 하바나의 말레콘$^{Malecón}$ 해안이나 <부에나 비스타 소셜 클럽$^{Buena\ Vista\ Social\ Club}$>에서 낭만적으로 보았던 카리브의 리듬과 정열은 잠깐 잊어야 할지도 모르겠다.

영화는 증언적$^{證言的}$ 주체로서 '나'를 내세운다. 콜럼버스가 쿠바에 상륙하던 시점부터 영화가 제작되는 시점까지를 통시적$^{通時的}$으로 관통하는 나는 여성의 목소리로 등장한다. 그녀는 과거의 상처와 아픔에 대해 이야기한다.

나는 쿠바.

콜럼버스가 이곳에 도착한 후
자신의 일기에 이렇게 나를 묘사했지요.
'내가 본 가장 아름다운 땅이라고'

고마워요, 콜럼버스.
당신이 나를 처음 보았을 때,
나는 노래하고, 웃었지요.
나는 인사를 했고,
당신이 행복을 가져다 줄 것으로 생각했습니다.

나는 쿠바.

배들이 내 설탕을 실어 나르곤 했어요.
내 눈물이 나를 적셨고
설탕이란 참 이상하지요, 콜럼버스.
설탕에 울음을 흘려도
설탕은 달기만 하지요.

쿠바는 콜럼버스79)에게 그러했듯, 여전히 이국적 풍경으로 연상되는 낙원의 모습으로 묘사된다. 향신료의 욕망을 대체하는 고부가가치<sup>高</sup><sup>附加價値</sup>의 기호식품인 설탕을 재배하기 위한 거대한 사탕수수 농장은 스페인 식민자들에게는 설탕의 달콤함 그 이상이었다.

영화가 여성 발화자를 통해 기억하는 방식은 다큐적 형식의 차용이다. 콜럼버스로 대표되는 서구 세계와 쿠바의 만남에 대한 여인의 감상은 영화의 서론이며 배경이다. 이후 본격적인 네 편의 에피소드가 등장한다. 네 개의 개별적인 주제로 구성된 에피소드를 하나로 묶는 것이 바로 '나'인 여성 발화자이다. <나는 쿠바>에 역사적 사건을 직접 경험한 인물들이 등장하는 것은 분명 아니다. 과거의 사건을 다루기 때문이다. 극영화로서 역사적 사건과 배경을 재연하는 과정에서 현실감을 살리기 위해 다큐적 성격을 차용한다. 1인칭으로서 '나'는 발화의 주체로서 영화의 메시지가 지닌 다큐적 성격을 살리기 위한 것이다. '나'는 영화의 종합적 메시지를 생성하고, 관객에게 전달하는 주체적 존재이다. '나'는 수탈된 자이며, 지배계급인 '그' 혹은 '그들'의 행위를 '너'에게 전달하여, '너'와 '나'가 '우리'가 될 수 있는 인식의 전

---

79) 향신료 때문에 인도 항로 개척을 위해 서쪽으로 떠났던 콜럼버스 일행은 자신들이 도착했던 카리브를 인도 서쪽 근처로 알았고, 세상은 오늘날까지도 카리브의 섬나라들을 서인도 제도로 부르고 있다. 도대체 인도와는 무관한데도 말이다. 게다가 '신대륙 발견'이라니. 우리 교과서에서 인용되는 이 용어는 분명 엉뚱한 표현이다. 콜럼버스 이전에도 고도의 문명을 이루고 살며 고유 역사를 갖고 있던 아메리카 지역을 '신대륙'으로, 그리고 자신들의 행위를 '발견'이라 부르는 무지를 당연시한다.

환을 유도하는 역할을 적극적으로 수행하는 발화주체이다. '나'는 증언적 주체로서 메시지를 발화하며, 동시에 '나-우리'의 공감을 이끌어내는 적극적 '매개'의 역할을 수행한다. 이른바 수탈에 의한 사회적 고통의 역사적 트라우마를 고발하고, 인식의 전환을 기획하는 것이다. 이른바 증언적 성격을 부여하여, 각각의 에피소드에 등장하는 이야기들이 실제 경험을 바탕으로 극화되었음을 효과적으로 강조한다. '나'는 공동적 타자로서 쿠바 국민을 대표한다. 역사적 행위의 주체가 되지 못했던 타자인 하위주체를 포함하고 있지만, 하위주체를 결코 강조하려는 것은 아니다. 따라서 <나는 쿠바>에서 여성의 이미지를 하위주체와 관련하여 해석하기는 곤란하다. 본 영화는 국가로 체화된 이미지로서 보다 적극적인 의미를 지니기 때문이다.

'나'의 의미는 분명 '쿠바'를 의미한다. 발화자인 여성은 곧 쿠바이며, 국가가 여성으로 체화되는 것이다. 영화 속의 '나'는 '여성의 목소리'이며, 동시에 '쿠바'를 의미한다. 나=여성=쿠바이다. 유린되는 국가/집단적 이미지는 종종 여인의 이미지로 표현된다. 국가가 여성으로 체화되는 것이다. 지역이나 장소를 여성으로 표현하는 것은 드문 일이 아니다. '처녀림'이나 '처녀지' 등의 표현은 미국 동부의 버지니아<sup>Virginia</sup> 주<sup>州</sup>가 개척되지 않은 여성의 처녀성을 상징하는 의미에서 명명된 사실에서 확인된다. 오스트레일리아의 경우 또한 여성형으로 명명된다. 물론 아메리카와 쿠바를 비롯하여 라틴아메리카의 많은 나라들이 여성형으로 표현된 것 또한 이러한 경향과 무관하지 않다. 왜 여성형인가. 이는 남성이 탐사와 개발의 주체가 될 수 있다고 생각해왔기 때문이다. 발굴하고, 탐험하며, 지배하는 주체가 남성으로 상징되는 것은 바로 피동적으로 발굴되고, 탐험되며, 지배되는 주체가 여성적 이미지일 수밖에 없는 자연스러운 결과를 이끌어낸다. 문제는 새로운 식민 대상을 묘사할 때는 여성형으로 표현되는 경우가 빈번했다는 사실에 있다.[80]

아메리카를 '수탈의 대상으로서 여성'으로 바라보는 등식이 서구에 의해 의식적으로 기획되었건, 정복-피정복의 구도에 대한 무의식적 전통에 따른 표현이었건, 아메리카를 여성으로 표현하여, 수탈의 이미지를 드러내는 것은 효과적이다. 식민주체가 대상을 침탈하는 행위를 '발견'했다는 용어와 의미로 사용하여, 기존 토착민과 그들의 문화를 무시한다는 시각에서는 수탈의 주체-대상의 관계를 남성-여성의 관계로 표현하는 것이 그 결과적 이미지의 효과가 큰 것은 분명하기 때문이다. 이러한 이미지는 말린체의 경우에도 활용된다.

나=쿠바의 등식은 수탈의 이미지로서 여성=쿠바의 구도와 긴밀한 관계에서 파악될 수 있다. 하지만 '나'는 쿠바를 여성으로 체화하는 상징적 기능 이외에 다른 장치로서 해석될 수 있다. 여성의 시각으로 역사를 바라봄으로써, 현실적 차원에서의 일반인으로서 여성의 시선을 살필 수 있다는 긍정적 효과가 그것이다. 동시대의 쿠바영화인 <루시아>에 등장하는 여성인물들이 역사적 사건을 응시하는 시선을 드러내는 인물의 특징을 드러낸다는 사실은 여성으로서 역사를 응시한다는 의미와 긴밀한 관계에서 파악된다.

---

80) 콜럼버스에 의해 발견된 신대륙은 벌거벗은 여인으로 묘사되곤 하였으며, 이른바 '만남'이 아니라 '발견'되었기에 '정복'될 수 있다는 제국주의적 발상에 의한 자연스러운 알레고리의 표현이었다. <나는 쿠바>에서 발화자 역시 여성으로 등장하며, 자신의 역사를 쿠바의 역사로 체화하여 표현한다. 아메리고 베스푸치가 자신의 이름을 따서 '아메리카'로 신대륙을 명명했음은 주지의 사실이다. 여기에서 여성형의 이름이 붙은 까닭은 남성 유럽에 종속되는 여성 아메리카의 이미지를 명시한 때문이다. 1575년 네덜란드 화가 안 반 데르 스트라에트Jan Van der Straet가 그린 '음란한 열대'에서 남성=유럽; 여성=(옷을 벗은 미개한) 원주민의 구도는 수많은 비평가들이 주목하는 의식태도였다(임호준 2006: 35~36). 화가의 그림을 판화로 만든 테오도르 갈레의 작품에 적어 놓은 "아메리쿠스가 아메리카를 재발견하다. 그가 그녀를 불렀더니. 그 후 항상 깨어 있더라"는 문장은 이름을 불러주는 유럽은 곧 정복자 남성이고, 그늘에서 잠자고 있던 아메리카는 정복당하는 나체의 여성임을 지적한다(이성형, 2003: 77).

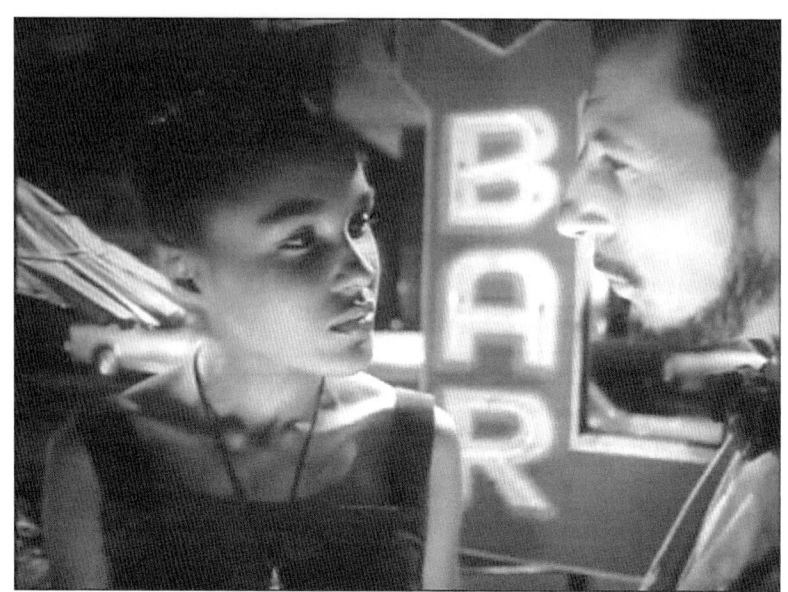
7서구 관광객의 성적 욕망의 대상이 된 마리아

여성 발화자로 등장하는 '나'인 '쿠바'는 다시 네 개의 이미지로 나뉜다. 성적 정체성으로서의 이미지가 아닌, 보다 포괄적 의미에서 여성의 이미지인 것이다.

첫 번째 에피소드에서 혼혈인 마리아는 백인 관광객을 위해 춤을 추고, 결국 매춘까지 하게 된다. 마리아의 모습은 무기력한 채 몸을 내맡기는 쿠바이다. 백인 남성으로 표현되는 서구는 매혹적인 여인, 마리아를 원하고, 마리아는 남성의 욕망을 경제적 이익을 위해 받아들인다. 그녀가 아는 영어는 '네, 손님'과 '자기' 그리고 '돈'이 전부이다. 수탈적 구조의 경제적 거래관계에 의해 그녀의 정체가 정의된다.

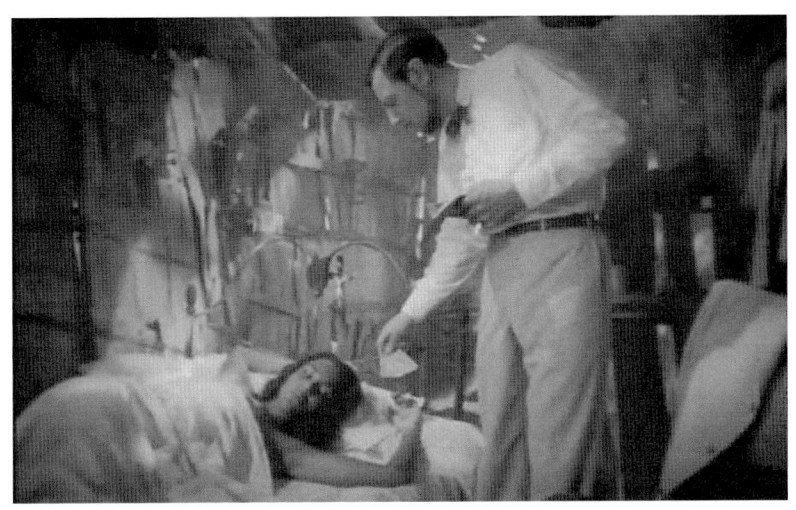

관광객들과 어울리던 환락가의 화려한 네온사인과 광란의 춤사위는 그녀가 살고 있던 아바나 뒷골목의 남루한 모습과 대조를 이룬다. 다음날 아침 길을 잃고 도망치듯 골목을 구비치는 미국 손님. 빈민가의 아이들과 마주치며 당황한다.

여성의 목소리가 들려온다.

나는 쿠바.

그대는 왜 도망치나요? 그대는 즐기러 오지 않았던 가요. 즐기세요.
풍경이 즐겁지 않은 모양이군요.
시선을 피하지 마세요 보세요.

나는 쿠바.

저는 카지노이고, 바이며, 호텔입니다.
그러나 내미는 손들과 아이들, 그리고 늙은이들 모두
저랍니다.

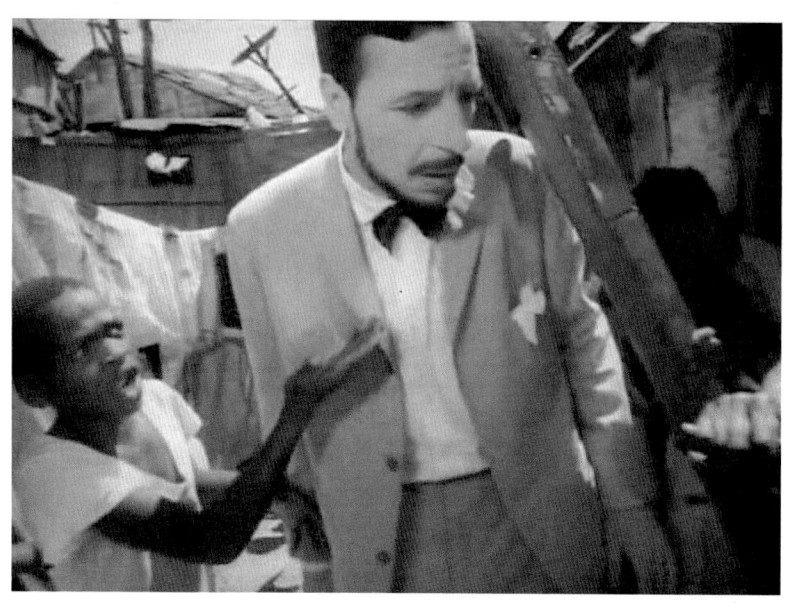

두 번째 에피소드는 갑자기 일터와 삶의 터전을 송두리째 잃어버린 사탕수수 농장 일꾼 페드로$^{Pedro}$의 이야기이다. 그는 발작처럼 사탕수수밭을 헤맨다. 막대한 자본으로 라틴아메리카 전역에서 과일 농장을 꾸려나가던 유나이티드 후르츠$^{United\ Fruit}$ 회사가 땅을 매입한 것이다. 많은 소작인들이 노동의 터전과 삶의 터전을 잃는다. 노인도 그 가운데 하나일 뿐 노인은 분노와 무기력에 휩싸여 사탕수수밭에 불을 놓는다. 화마가 자신을 에워싸며 죽음을 부를 때까지. 희망을 잃은 노인의 예고된 죽음의 화면과 함께 선동적인 여성 발화자의 목소리가 들린다.

나는 쿠바.

야자나무 둥치에 물을 댄 것은 다름 아닌 피였으며,
주변에 움직이는 것은

바다가 아니라, 민중의 눈물이랍니다.

누가 이 피에 대답할까요?
누가 이 눈물에 대답할까요?

노인의 죽음은 억울한 희생양에 대한 관객의 공감을 유발한다. 노인과 여성은 하나가 된다. 노인의 이미지는 여성 발화자의 이미지에 흡수된다.

세 번째 에피소드는 '역사적 문제는 덮을 수 없으며, 결국 뇌관이다'라는 노랫말로 상징된다. 노천극장 화면에 비친 독재자의 모습이 서민의 피폐한 일상과 대조된다.[81] 분노한 일부 시민들이 화염병을 던지자 공공뉴스 화면은 불길에 휩싸인다. 열정과 냉정 사이에 방황하던 학생 엔리케Enrique의 마음을 여는 것은 거리의 맹인 악사가 부르는 노랫말이다.

잊을 수 없어요.
당신이 나를 울게 했던 그 일을

역사적 사건과 상처는 쉽게 잊힌다. 트라우마의 본질이 그렇다. 가해지는 사건을 덮으려 하고, 피해자는 사건의 기억을 잊으려 하기 때문이다. 잊어야 속이 편하다. 과연 그러한가.

학생들이 반정부 전단지를 만드는 현장을 경찰이 닥쳐든다. 경찰들을 뿌리치고 한 학생이 전단을 밖으로 뿌리며 외친다. "자유 만세, 혁명 만세 [……] 폭군에게 죽음을" 사람들을 향해 울리는 총성. 흩어지

---

81) 이러한 대조는 쇼윈도와 그 앞을 지나가는 미군들의 모습에서도 강조된다. 쇼윈도는 근대성을 상징하며, 바티스타 정권의 부패와 서구자본 세력에 대한 의미로 등장한다. 미군들은 우연히 거리에서 마주친 쿠바 여인을 희롱하는 주체로 등장한다. 엔리케가 희롱되는 여인의 편을 듦으로써, 남성 간의 결속male bonding은 축출되고, 사회 정의의 가능성이 제기된다. 이유 없이 희롱당하는 여인이 쇼윈도를 배경으로 겁에 질린 모습으로 묘사되는 것은 서구 자본주의와 물신주의가 빚어내는 사회적 부패와 가치의 왜곡에 대한 은유이다.

는 총성 위로 소리 없이 전단지가 바람에 날리며 거리로 내려앉는다. 격앙된 시민들의 '혁명 만세' 소리가 높아진다. 시민들의 데모와 진압군이 발포한 총성이 거리를 메운다. 상황은 돌이킬 수 없는 국면을 맞이한다. 비둘기가 떨어지고, 엔리케는 비둘기를 손에 안고 전진한다. 들려오는 총성. 그리고 죽은 엔리케를 어깨에 둘러매고 소수의 군중이 나선다. 성당의 종소리와 시신에 던져지는 꽃. 장엄한 음악이 흐른다.

칼라토조프 감독에게 역사적 배경과 세부 묘사는 불필요하다. 그는 대조를 통해 상황을 단순화하고 역사적 사건을 재해석한다. 사건의 배경은 의미를 상실한다. 이러한 선동적 태도는 감독의 장점이자 한계이다.

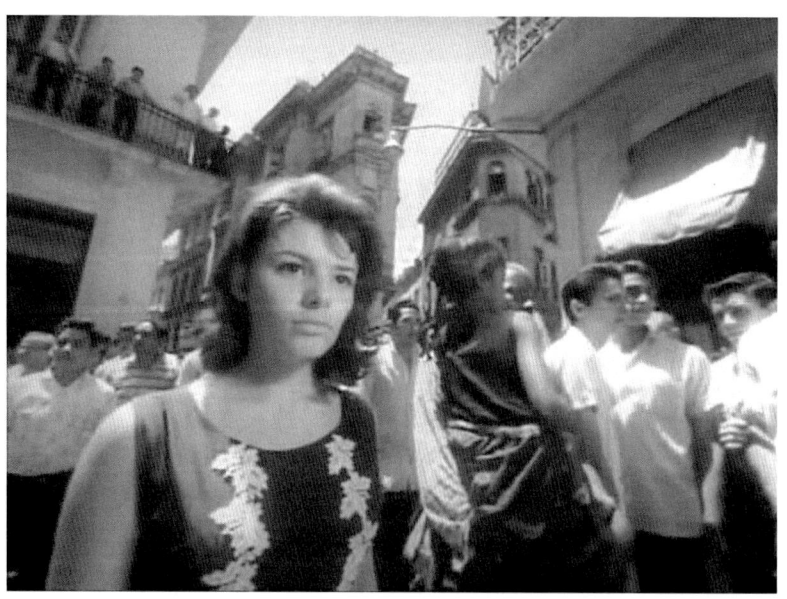

마지막 에피소드는 혁명을 당연한 결과로 결론짓는 장이다. 이야기는 총을 들고 바다를 경계하는 투사들의 모습이 나타난다. 갑작스런 총성과 불빛이 일군의 무장한 사람들을 겨냥한다. 쿠바의 혁명을 꿈꾸던 어설픈 혁명군들이다. 어지럽게 뒤섞이는 불빛과 사람들의 아우성 소리가 화면을 어지럽게 채운다. 어느 순간, 프란시스코 고야의 '몽클로아의 총살Fusilamiento de Moncloa' 장면처럼 총구를 겨누는 병사들의 기계적인 모습과 처형을 맞이하는 포로들의 모습이 대조된다.[82] 어둠 속에서 모습을 드러내는 혁명군의 행색은 초라하지만 당당하다.

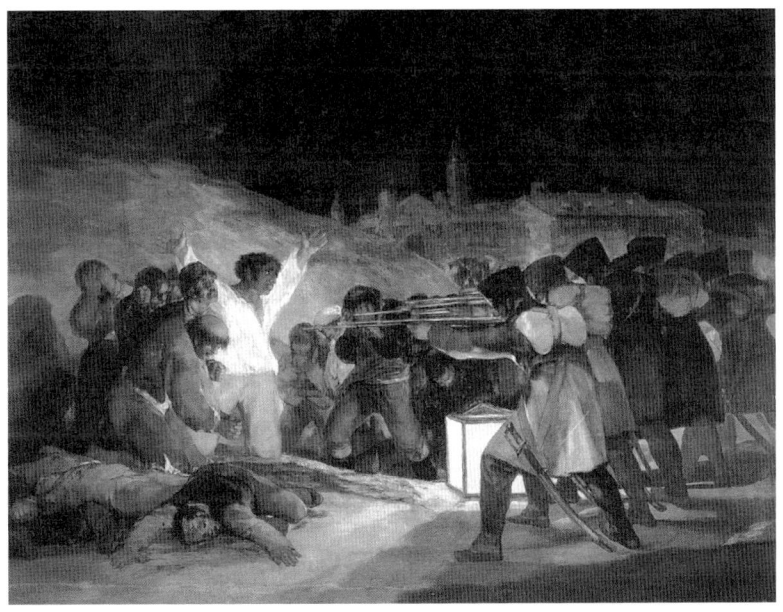

---

82) 이때의 병사들과 포로들은 개별 인격체의 의미보다는 집단을 대표하는 표상으로서 상징적 의미를 지닌다.

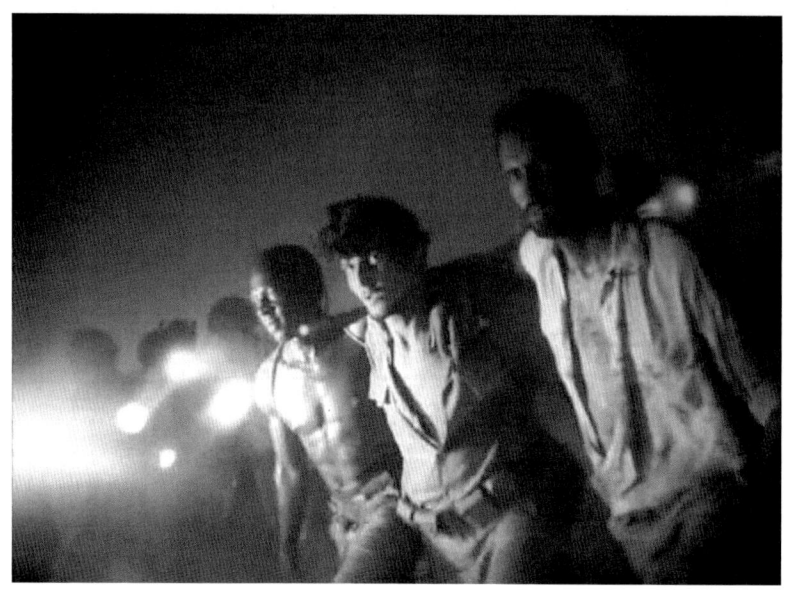

장면은 바뀌어 방아를 찧고 있는 여인과 곁에 있는 네 아이들, 그리고 당나귀에 나무를 해오는 농부의 평화로운 모습이 보인다. 서정적이고 낭만적인 장면이다. 리얼리즘의 시각에서는 디테일이 부족하지만, 격정적인 변화와 위기를 위한 장치이다. 소시민적 행복과 일상적 기쁨은 공습으로 집과 가족을 잃게 되면서 농부의 삶의 태도를 바꾼다. 총을 들고 나서는 농부, 마리아노의 모습이 비춰지며, 다시 여성의 목소리가 들려온다. 마리아노의 이미지는 다시 여성 발화자의 이미지에 흡수된다.

나는 쿠바.

그대의 손은 씨를 뿌리기 위해 만들어졌지요,
마리아노.

그러나 지금 그대는 손에 총을 쥐고 있네요.

쏘아요,
죽이기 위해서는 아니에요.

쏘아요,
당신의 과거를 향해.

쏘아요,
당신의 미래를 지키기 위해.

마리아노가 자신의 과거를 향해 쏘는 행위는 분명, 수탈과 억압의 지난 역사의 상처에 대한 보상을 의미한다. 프란츠 파농이 제기하는 "식민지 상황에서 폭력이 민중을 다시 태어나게 하고, 그들을 하나로 묶어 주며, 그들을 '민족'으로서 서게 하는 힘을 갖게 되는 수단"인 것이다. 마리아노의 행위는 존재의 탈식민화$^{Post-colonialization}$를 가능하게 하는 수단이 되는 것이다. 폭력의 피해자에 대한 아픈 상처를 논의하면서, 피해자의 가해자에 대한 폭력을 상정한다는 파농의 논리는 다분히 역설적으로 이해될 수도 있다. 하지만 영화에서 폭력의 정당성은 폭발적으로 발생된다. 폭력을 통해 탈식민화된 민중은 다시 태어난 사람이며, 따라서 소시민인 마리아노는 더 이상 지금까지 그랬던 것처럼 의존적$^{dependent}$이거나 소극적$^{passive}$이지 않을 것이며, 진정 자신의 미래를 전망하는 데 자유로운 인격체가 될 것이라는 논리를 실현한다. 마리아노의 행위와 파농의 논리의 차별성은 상황을 논리화하고 객관화하는 것이 아니라, 다분히 감성적이고 직물적인 분노의 노출에 의해 행위를 정당화하는 것처럼 해석될 수도 있다는 측면에서 차이를 드러낸다. 관객을 논리가 아닌, 감성으로 공감시켜야 하는 매체로서 영화의 제한적한계 때문일 것이다.

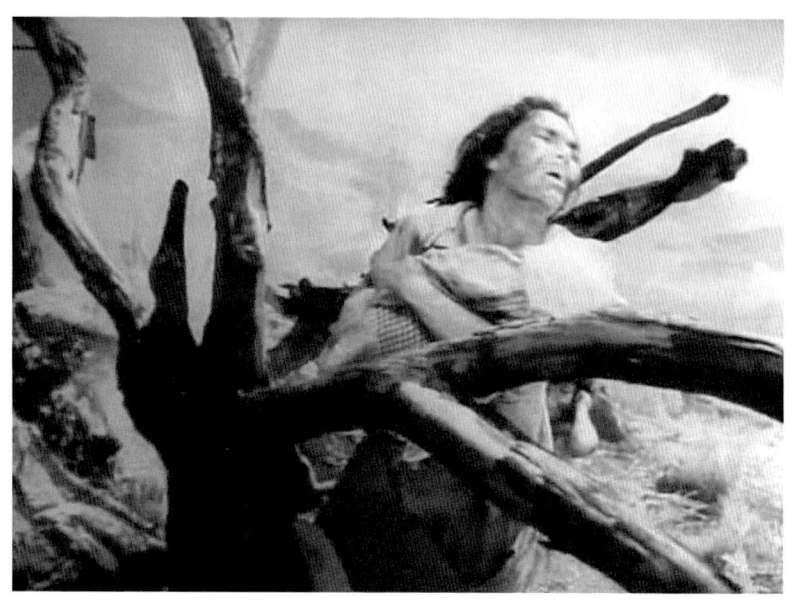

　<나는 쿠바>의 여성의 이미지는 매우 포괄적이다. 그러나 남성/여성의 이분법적 대결구도에 의한 이미지가 아니다. 이때의 여성은 쿠바의 역사이며 트라우마의 세월을 상징한다. 처음 두 에피소드는 역사적으로 스페인과 미국에 의해 차례로 경제적 수탈을 경험하는 피해자의 입장이다. 쿠바가 경험한 역사적 트라우마에 대한 회상에 집중하는 것이다. 세 번째 에피소드는 인식 전환의 장이다. 관객의 공감을 매개로 어떻게 역사적 사건을 재해석하며, 왜곡되거나 간과되어온 가치들을 관객 스스로의 성찰과 의식작용을 통해 수렴할 수 있느냐의 의미가 주요한 메시지가 된다. 수탈과 폭력의 피해자가 스스로의 상태에 대한 각인刻印을 하며, 삶의 방향성을 깨닫는 주제이다. 마지막 에피소드는 유혈 혁명의 정당성을 합리화한다. 주변에 산재한 폭력의 기원과 피억압자들의 유일한 해방구가 폭력일 수밖에 없음을 간결하게 드러낸다.

어쩌면 폭력의 정당화는 오해의 여지를 남기고 있다. 어떠한 의미에서 건 폭력은 정당화될 수 없는 것일까 하는 의문은 역사적 트라우마를 겪는 주체들의 입장이 아니라면, 여전히 논리적 접근에 머무는 한계를 드러낼 수밖에 없다. 안중근 의사를 테러범으로 규정하는 일본 우익단체들의 입장에 대응하는 시선이 단순하게 폭력의 정당화일 수는 없는 일이지만, 파농의 지적처럼 보다 본질적이고 체계화되는 폭력을 줄이기 위한 방안으로서 폭력은 정당화될 수 있는 대상일 수도 있는 일이 아닐까. 여성 발화자는 네 개의 에피소드가 지닌 주제들을 모두 포함하는 통합적統合的 이미지로서 쿠바와 그 역사성歷史性을 상징한다.

<나는 쿠바>는 라틴아메리카 신영화의 대표작으로 세계 영화산업의 성과물 가운데 손꼽을 수 있는 고전작품이다. 그러나 여전히 영화에 대한 아쉬움이 남는 것은 여성 발화자에 수렴된 통합적 이미지가 쿠바인들이 겪었던 피식민의 트라우마에 대한 내재적 인식의 부족과 치유적 접근을 위한 고뇌를 도식적이고 사념적인 접근으로 대체한다는 한계에 있다. 서구의 역사 해석의 시각을 비판하며 각을 세웠지만, 구도적 측면에서 쿠바의 목소리를 이끌어내고, 담아내려는 의도가 탈종속과 혁명의 선동적 의도에 묻혀 여성의 이미지로 쿠바를 그리고 있지만, 진정한 쿠바의 목소리가 제대로 들리지 않는다는 태생적 한계를 지적하지 않을 수 없는 것이다. 제3자의 입장에서 피해자의 트라우마를 묘사하고, 직면해야 할 문제를 제기한다는 점에서는 오히려 객관성을 유지할 수도 있는 장점을 지닌다. 하지만 트라우마를 직면하고, 해결방안을 모색하는 직면의 과정은 피해자 자신이 주체가 되어야 한다는 의미에서 영화의 장점은 제한적일 수밖에 없다는 것이다. 그럼에도 불구하고 쿠바의 역사성을 여성의 이미지로 체화하여 역사적 트라우

마의 다양한 모습을 통합하는 칼라토조프의 시도는 역사적 걸작으로 작품을 평가하도록 한다.

피억압자로서 쿠바의 실태를 여성으로 체화하여 쿠바 근현대의 역사적 흐름에 대한 비판과 평가를 사고의 전복 과정을 통한 탈식민적 의식으로 접근해야 한다는 칼라토조프의 메시지는 유럽 백인 문명의 원천이 그들이 타자화하는 저개발 세계의 수탈에서 비롯된 것이며, 따라서 탈식민화의 과정은 피억압자 스스로가 주체적 입장에서 역사성에 대한 성찰과 도전, 그리고 폭력을 포함한 정당한 자위행위를 통해서만 수행될 수 있다는 자기성찰의 주제로 해석된다.

여성 발화자는 역사행위와 기록에서 제외되어 왔던 역사적 배경에도 불구하고, 지난 과거의 역사를 재구성하고 의미를 부여함으로써, 말을 할 수 없었던 그녀가 아니라, 말을 통하여 '과거의 역사적 사건을 재구성하여 해석하는' 주체로서 의미를 수행한다.


## 2) 루시아

<루시아$^{Lucía}$>는 움베르토 솔라스$^{Humberto\ Solás}$ 감독이 1968년 제작한 영화이며, [1895], [1932], [196..]의 삼부로 구성되어 있다. 세 개의 에피소드는 쿠바의 독립운동에서 혁명 이후까지를 시간적으로 어우르며 사회문화적 가치의 변화를 이해하기 위한 역사적 시점들이다. 세 시점은 각기 별개의 여성주체인 루시아의 행위에 의해 묘사된다.

이는 칼라토조프 감독의 <나는 쿠바>가 여성 발화자의 증언적 서술방식을 통해 스페인의 쿠바 도착에서부터, 수탈 구조의 고착과 친미

독재정권의 폭력성에 대한 고발과 그에 따른 혁명의 당위성에 이르는 일련의 역사적 과정을 네 개의 상징적 표상<sup>表象</sup>으로 나누어 독립적 에피소드로 구성한 것과 형식적인 면에서 비교되는 이유이다. 두 영화가 지향한 이러한 옴니버스 형식의 구성은 역사의 단편<sup>斷片</sup>들이 지닌 상징성을 단절된 에피소드의 나열<sup>羅列</sup>이 아닌 원인의 발생과 결과적 현실이라는 연속선상에서 역사를 재해석하기 위한 접근방식으로서의 의미를 지닌다.

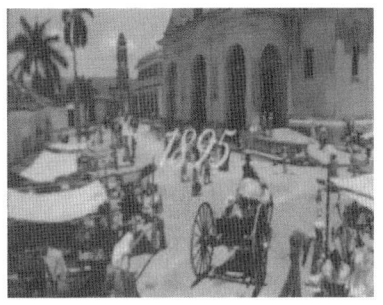

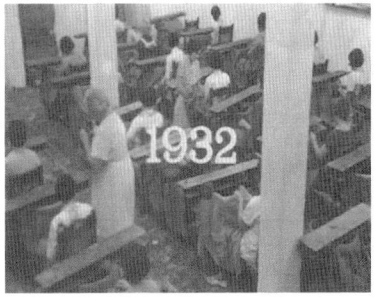

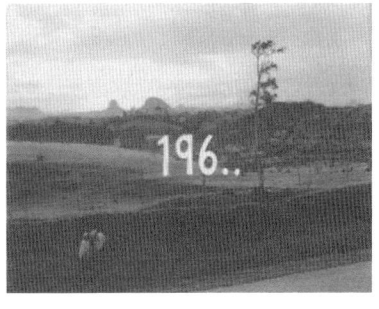

두 편 모두 증언적<sup>證言的</sup> 다큐멘터리영화의 특징을 극적 구조에 많이 활용하고 있으며, 여성을 국가적 상징의 표상으로 사용하고 있다는 점에서는 유사한 특징을 공유하고 있다고 할 수 있다. 그러나 구조적인 측면에서 살펴볼 때, <나는 쿠바>가 혁명의 당위성을 피력하기 위한 주제의 심화를 단계별 기준으로 삼아 플롯을 기-승-전-결의 구조로 구성한 것이라면, <루시아>는 쿠바 근현대 역사에 있어서 중요한 시점을 플롯으로 구성했다는 점에서 차별된다 할 수 있다. 또한 칼라토조프 감독의 영화에서 중심 코드로서의 여성 인물을 여성 발화자의 이미지를 통해 내세우

고는 있지만, 모든 에피소드가 여성 주인공을 선택하는 일관성을 지니
는 것은 아닌 반면, 솔라스 감독의 영화에 있어서 세 편의 에피소드는
각각의 주인공을 루시아라는 이름을 공통적으로 지닌 개별적 여성을 중
심으로 이야기를 서술하고 있다는 점에서 구성적 차이를 찾을 수 있다.

여성 이미지를 주인공으로 내세워 그 여성이 역사의 사건을 기억하
는 증언적 다큐멘터리영화로서 두 영화의 공통적 특징 이외에도 두 영
화의 유사점은 트라우마의 피해자가 지니는 히스테리아의 불가사의함
에 대한 해결책으로서 기억의 재현을 통해 재연되는 고통을 견디며 역
사적 과거를 재구성이라는 영화기획의 공통된 목적에서 찾을 수 있지
만, 특히 <루시아>는 트라우마의 역사성과 일상의 기억이라는 문제
의식을 탁월하게 접근하여 풀어가는 장점을 지닌다.

트라우마의 속성으로서 피해자의 망각은 원인적 대상과 직면하는
것에 대한 두려움과 공포, 그리고 트라우마의 재현이 가져올 히스테리
에 대한 거부 때문이다. 하지만 트라우마의 역사성은 기억되고 재구성
됨으로써, 그 현재적 의미를 부여받을 수 있다. 따라서 일상의 기억이
피해자의 통제력 상실과 관련되어 형성된 것이라면, 트라우마의 역사
성은 트라우마 직면이 생략된 경우에는 그 자체로서 왜곡되고 고착될
뿐이다. 결국 트라우마를 이해하고, 문제의 대상을 극복하기 위해서는
일상의 망각과 싸우며 왜곡된 기억을 재구성하려는 트라우마 직면의
노력이 요구되는 것이다. 여기에 트라우마를 '응시'하는 카메라의 시
선은 중요한 의미로 작동한다. 이 과정이 감독의 가장 중요한 시각이
되어야 함은 물론이다.[83]

---

83) 솔라스 감독의 행위 전개 속도는 칼라토조프 감독에 비해서 보다 현실적이다. 그만큼 칼라토조프 감독의 영화
가 상징성과 은유에 집중되었다면, 솔라스 감독의 영화는 상대적으로 보다 구체적이고 사실적인 사례들을 배
경으로 하기 때문일 것이다. 주인공들의 역할 또한 솔라스 감독의 경우에 보다 주체적이다. 감독의 일인지배

솔라스 감독의 역할은 트라우마의 역사성을 일상에서 망각하지 않도록, 망각을 스크린에 투사해야 하는 일이다. 그가 해야 할 일은 역사적 기억의 망각, 곧 쿠바 역사에 있어서 주요한 시점에서 주체적 개인이 소멸된 자신의 기억을 되살릴 수 있도록 개인의 일상적 삶에서 트라우마의 역사성에 대한 조망을 하는 것이다.

일상의 기억이 왜곡되어, 트라우마에 대한 간헐적인 기억이 '제대로' 반영되지 못하는 분위기에 노출되는 경우 피해자의 슬픔과 아픔의 감성은 분노와 광기로 표출된다. "당신도 알다시피, 광기는 지성과 같아요. 그건 설명될 수 없어요"라는 <히로시마 내 사랑>의 여주인공의 고백은 이미 선언과 다름이 아니다. <루시아>의 첫째 에피소드의 페르난디나의 광기[84]가 그것이며, 주인공 루시아가 남동생의 죽음을 앞에 두고 페르난디나와 동일시를 경험하는 과정이 바로 그러하다. 둘째 에피소드에서 남편 알도의 죽음을 목도하며 남편의 이상을 현실적 목표로 체화하는 루시아의 감성적 반응이 그렇다. 셋째 에피소드의 루시아가 소금공장에서 자신을 노예화하려는 남편의 소유욕 앞에 "너는 아무도 아니야!"라는 말을 선언적으로 외칠 때가 바로 그렇다. 이때의 '분노'와 '광기'는 이성적 성찰을 넘어 직관적<sup>直觀的</sup> '통찰'과 맞닿기도 한다.[85] '광기'와 '분노'가 '통찰'과 만나는 것은 유연적이고 비논리적 개연성으로 가능해진다. 이는 사회의 지배적 이념과 가치관이 갖는 왜곡이 강할 때 의존할 수 있는 비이상적 탈출구가 된다.

---

적 시각이 그만큼 제한적이기 때문이다. <루시아>에서 주인공 인물들은 사회의 구조적 틀에서 유기적 생명체로서의 긍정적 기능과 역할을 수행한다는 측면에서 <나는 쿠바>의 주인공 인물들에 비해 훨씬 사실적이다.

84) 에라스무스가 지적하는 것처럼 '광우狂愚'는 역설적으로 어리석음이 아니라, 깨달음 혹은 지혜의 문을 여는 접근이나, 현실의 구소적 문제를 논리직 관계밍으로 풀어가는 깃이 아니라, 역설과 피리독스를 통한 접근으로 풀어가는 비일상적 방식이 지배적인 사회적 왜곡과 가치관을 극복하는 유일한 방식일 개연성이 높기 때문이다.

85) 이때 '미친' 상태는 '지혜로운 깨달음'의 상태로의 '우연적' 접근을 가능하게 한다.

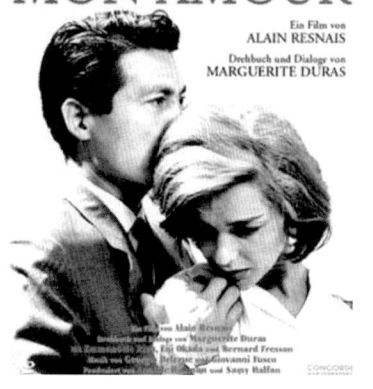

<루시아>에서 여성의 이미지는 <나는 쿠바>의 경우처럼 국가의 이미지를 반영하고 있으나, 개별적 인격체로서 세 명의 루시아를 통해 역사적 트라우마의 순간들을 세부적으로 접근하는 차별성을 보이고 있으며, 각각의 에피소드는 쿠바 근현대사에서 중요한 역사적 시점을 배경으로 하고 있다. 상대적으로 <루시아>의 여성 인물들이 갖는 역사적 사실성과 개별적 구체성의 이유이다.

첫 번째 에피소드인 [1895]는 쿠바의 자립과 관련한 역사적 사건에 상징적 의미를 담는다. 호세 마르티José Martí를 중심으로 쿠바의 독립을 위한 쿠바인들이 2차 봉기의 해이기 때문이다. 루시아는 상류층 사회에 속한 풍요로운 가정에서 '여성으로 곱게 키워진' 인물이다. 흥미로운 점은 그녀의 가정에는 남자가 보이지 않는다는 사실이다. 아버지는 등장하지 않으며, 평범한 어머니는 종종 아버지에 대한 불만을 언어적으로 토로할 뿐이다. 아버지와 관계된 회상 장면도 없다. 아버지에 대한 그리움도 가부장적 권위에 대한 불만도 없다. 그저 부재할 뿐이다. 커피 농장에서 제2의 독립운동을 벌이고 있는 쿠바 병사인 남동생 또한 잠깐 등장한다. 이는 여성의 입장에서 전쟁의 소용돌이를 증언하는 시각이 강조되어 있기 때문이다. 그러나 에피소드의 초반부에서 전쟁의 트라우마에 대한 루시아의 경험은 아직 표면적이고 형식적이다. 루시아는 또래의 다른 여인들과 함께 독립운동을 하고 있는 쿠바 병사들

을 위한 물품을 만들면서 전쟁에 참여하는데, 이 과정에서는 의식의 한 부분에서 전쟁을 체험하고 공감하고 있을 뿐이다. 루시아의 인식이 전환되는 계기는 평범한 일상 속에서 한 남성과 만나 사랑을 꿈꾸면서부터 시작된다. 성당에서 우연히 만난 그 남자는 이틀 전 쿠바에 도착한 스페인 군인, 라파엘이었다. 그들의 만남은 역사적 트라우마가 어떻게 개인화 과정을 거치게 되는지에 대한 장치이다.

두 사람의 만남의 의미는 미친 여인 페르난디나를 통해 관객에게 전달되고, 쿠바인들 모두에게 보내는 메시지로 확장된다. 그녀의 메시지는 두 사람의 만남이 맺게 될 결말에 대한 복선이며 예언적 기능이다. 윤간당한 수녀 페르난디나$^{Fernandina}$는 옥타비오 파스$^{Octavio\ Paz}$가 『고독의 미로$^{El\ laberinto\ de\ la\ soledad}$』(1950)에서 멕시코인을 '강간의 아들$^{hijo\ de\ la\ chingada}$'로 표현한 것에 대한 환기의 기능을 지닌다. 서구로부터 지속적인 수탈을 경험하는 식민지의 후손들인 라틴아메리카인들의 자기정체성에 대한 회의와 분노는 비극적 개별사건으로 상징된다. 피식민의 고통이 성적 폭력으로 은유된 것이다. 라파엘에 의해 루시아의 옷이 벗겨지는 장면이야말로 제국주의 식민지 침탈에 대한 명백한 성적 은유이기노 하다(임호준, 2006: 38). 교수형에 처해진 병사들의 넋을 위로하며 기도를 드리던 수녀, 페르난디나를 강간하는 스페인 병사들의 소문은 거리를 헤집고 다니며 외마디를 던지는 그녀의 처참한 모습과 광기어린 시선을 통해 사람(관객)들에게 그녀의 처절한 사연의 무게감을 전달한다.

트라우마 재현의 불가능함은 그녀의 광기에서 잘 드러난다. 끔찍한 사건을 겪은 뒤 정신을 놓은 수녀 페르난디나의 절규는 광기의 외마디가 아닌 경고와 각성을 향한 기도에 가깝다. 일상적 기억의 왜곡된 노

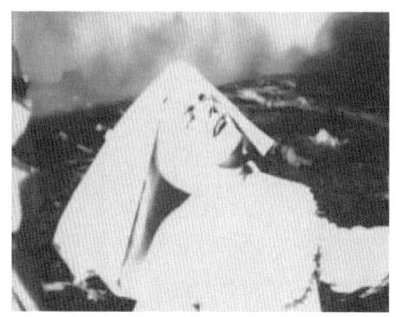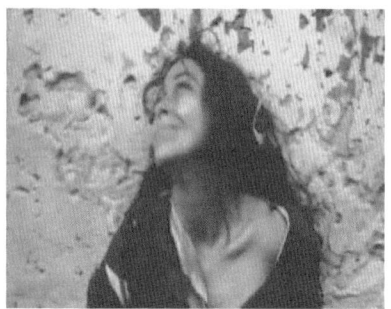

출은 분노와 광기를 통해 드러나고, 그녀의 광기는 때론 성찰적 직관
으로 통찰로 예언적 기능으로 묘사되는 것이다.

"쿠바인들이여, 자고 있나요 ¿Están durmiendo cubanos?" 남자들은 그녀의 절
규를 단호히 무시한다. 계속되는 그녀의 외마디. "죽은 것입니까? 잠을
자고 있는 것입니까? 쿠바인들이여, 일어나시오 ¿Están muertos? ¿Están durmiendo?
Despierten cubanos!" 그녀의 행각은 광기에 휩싸인 외형적 괴이함 때문에 쉽
게 수용되지 못한다. 사람들은 "조용히 해 A callarse!"를 외치며, 그녀의
광기에 조소적인 반응을 보일 뿐 도무지 진지한 대응을 하지 않는다.
자신을 에워싼 현실의 실체에 대한 조망이 불가능한 탓이다.

페르난디나의 절규는 기득권 사회계층이 갖는 언어적 의미를 지니
지 못한다. 그저 미친 여자의 절규이거나 광기의 소리일 뿐이다. 지배
계급의 언어를 사용하여 대항할 수 없는 타자로서 그녀의 행위는 소통
으로 이뤄지지 않는다. 루시아의 반응도 이념적 전환으로 연결되지 않
는다. 그저 놀랍고 끔찍할 뿐이다. 사실 페르난디나가 겪은 고통은 지
배자와 피지배자 사이에 불합리하게 벌어진 수탈과 억압의 행위 결과
때문이다. 그녀의 아픔을 극복하기 위해서는 과거의 아픔을 현재적으
로 다시 이끌어내어 새로운 의미를 부여하는 과정에서 치유의 개연성

으로 유도되어야 한다. 과거를 재구성하는 것은 고통스러운 행위이기에 사회문화적 헤게모니를 이루는 지배적 언술행위를 통해 타협과 소통의 대상이 될 수 없다. 페리난디나의 절규는 루시아가 자기성찰을 통해 깨달음을 얻기까지는 그저 놀랍고 끔찍한 조건일 뿐이다.

라파엘과의 사랑에 빠진 루시아는 그가 붙여준 이름, '치자꽃'에 환희를 느낀다. 순수함과 정결함의 상징인 하얀 치자꽃은 트라우마의 역사성에 대한 개오를 경험하기 전 '여성으로 곱게 키워진' 루시아를 상징한다. 숙녀로서의 우아함과 정갈함, 그리고 사회적 대인관계 속에서 조신함을 최고의 사회적 덕목으로 인식하도록 교육된 여인의 이미지인 것이다. 트라우마를 경험하기 전 루시아의 이미지는 라파엘과 사랑을 속삭이는 '정원'에서 완성된다. 사랑을 받으면서 비로소 여인으로 성장하는 이미지는 과실나무와 꽃이 가득한 그녀 정원의 이미지와 중첩되어 표현된다. 페르난디나의 경고도 거리의 소음일 뿐, 그녀의 가슴 속에는 희망과 사랑의 기쁨으로 가득하다.

독립전쟁을 하는 동생이 몰래 집에 숨어들어오면서 이야기는 정점을 향해 접근한다. 남동생을 전쟁터에 되돌려 보내면서도 "나는 행복해Soy feliz."를 고백하던 그녀는 라파엘이 쿠바의 독립운동을 감시하기

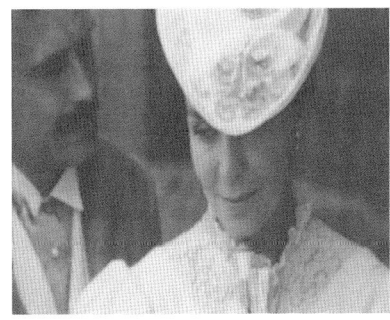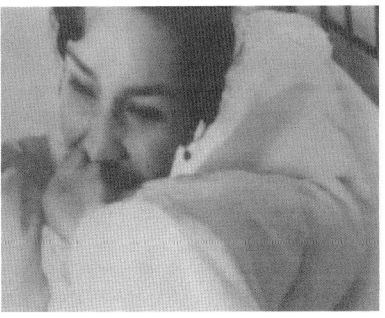

위해 파견된 스페인의 스파이이며, 유부남이라는 사실을 알게 되면서 스스로가 만든 고통의 감옥으로 들어간다. "어머니, 저에게 감옥을 주세요Mamá, dame una cárcel." 트라우마의 역사성이 개인화되는 시작이다. 역사적 트라우마를 체험하는 루시아의 모습에서는 간헐적으로 페르난디나의 광기가 오버랩된다. 재현이 불가능한 트라우마의 깊은 아픔 때문에 묘사된 서술일 것이다. 그러나 루시아와 페르난디나의 관계는 단순한 복선과 예언의 관계가 아니다. "당신을 믿을 수 있다면Si pudiera creerte"를 외치며 다시 한 번 라파엘을 믿기로 한 루시아는 독립운동의 거점 가운데 하나인 커피농장으로 사랑의 도피를 거행하기로 한다("그곳에서 우리는 자유롭고 행복할 거예요Allí vamos a ser libres y felices"). 그에 대한 배신감이 스페인의 첩자이기 때문이 아니라, 유부남이기 때문이었음이 드러나는 대목이다. 그녀를 사랑한다는 말에 그를 믿기로 한 그녀의 태도는 여전히 개인적 기준에 따른 것이다. 페르난디나는 "그와 함께 가지 말아요No se vaya con él"라며 그녀의 앞길을 막아서지만, 루시아는 "나를 내버려둬요Déjame"라며 페르난디나의 절규 어린 요청을 거부한다. 두 사람의 여행을 통해 스페인 군인들에게 위치도 가늠이 되지 않았던 독립운동의 본거지인 커피농장의 위치가 노출되었고, 무엇보다 남동생이 죽임을 당하면서 그녀, 루시아의 분노는 페리난디나의 광기를 닮아간다. 트라우마의 역사성에 대한 개인의 체험이 사회화 과정을 겪는 순간이다. 역사적 트라우마의 원인적 대상과 직면하게 된 루시아는 자신의 비극적 상황을 논리적으로 드러내어 표현하지 못한다. 그저 페르난디나의 광기와 같은 절규를 재현하게 될 뿐이다. 일상의 삶에서 역사적 트라우마와 직면한 루시아는 흔들리는 화면의 틀 속을 걷는다. 인식의 본질적인 전환을 광기와 흥분을 계기로 표현한 솔라스 감독의 의도는 화면의 구도와 불안정에서 찾아진다. 시내에서는 산테리아<sup>Santería</sup> 의식이 벌어지고 있으며, 아프로 타악기 리듬과 운율에 맞춰 십자가를 들고 있는 일군의 시민들은 산테리아 의례를 수행하고 있다. 그들의 시선은 이미 일상적 시선이 아니라, 현실을 넘어선 것으로 보인다. 루시아는 스페인 군인의 칼을 빼앗아, 스페인 군복을 입고 있던 라파엘을 찌른다. 군중들의 집단 광기와 광란이 절규와 두려움, 공포를 통해 드러난다. 고통으로 죽어가는 라파엘과 붙잡혀가면서도 분노를 삭이지 못하는 루시아에게 여인이 다가선다. 정신을 놓았던 수녀 페르난디나이다. 페르난디나의 역할은 복선과 환기의 메시지이지만, 루시아의 개인적인 트라우마의 체험을 응시하는 관객의 공감을 통해 그녀의 복선과 환기의 메시지는 비로소 의미를 찾게 된다. 루시아는 눈을 뜬 채, 허공을 본다. 그녀의 시선은 이미 현실에 있지 않다. 트라우마의 역사성은 일상의 기억에서 망각되는 것이 아니라, 두려움과 공포의 대상과의 직면을 통해 더욱 간절하게 그 비극의 모습을 드러내고 있다. 역사적 트라우마의 직면은 사회적 시각에 의해 '여성으로 곱게 키워진' 여인 루시아에게서 '치자꽃' 같은 이미지를 지우고, 페르난디나의 이미지로 중첩된 시술을 통해 개인의 일상적 삶에서 트라우마의 기억을 묘사하고 있는 것이다.

두 번째 에피소드인 [1932]는 마차도 독재정권이 폭력정치의 극을 달리던 해를 무대로 한다. 소녀의 티를 채 벗지 못한 처녀 루시아는 첫 번째 루시아가 '치자꽃'으로 불리었던 의미 이상으로 사회적 갈등으로부터 일정한 거리를 둔 채 일상적 삶을 살아가고 있었다. 연일 계속되는 반독재 항거시위의 사회적 갈등과 폭력적 상황으로부터 보호하기 위해 루시아의 아버지는 그녀를 어머니와 함께 역사적 현장으로

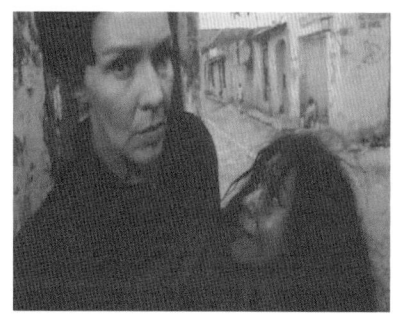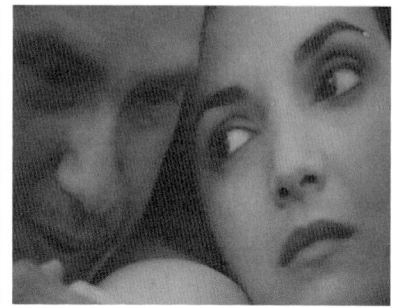

부터 벗어나 있는 섬에 보냈던 것이다. 아버지는 선착장에서 뒷모습을 드러낸 이후, 어머니의 푸념 속에서만 존재할 뿐 구체적인 이미지나 실체는 드러나지 않는다. 역시 여성의 눈으로 역사적 트라우마의 현장을 증언적 시선으로 바라볼 수 있도록 하기 위함이다. 언제나처럼 남편에 대해 푸념을 늘어놓는 어머니에게 루시아는 강하게 저항한다. 그녀의 시선은 부모의 시선을 벗어나 스스로의 시각으로 세상을 관찰하기 시작한다. 안전할 줄 알았던 섬에서도 어두운 밤이면 사복경찰에 의해 누군가가 육지로 끌려 나가곤 했는데, 그러던 어느 날 루시아는 경찰의 눈을 피해 숨어 있는 청년 투쟁가, 알도와 만난다.

그와의 만남은 사회적으로 길들여지는 여성의 수동성과 소극성에 본질적인 변화의 계기를 만들게 된다. 알도가 사회적 조건과 갈등에 대해 적극적이고 이념적이라면, 루시아는 일상적이고 개인적인 삶의 태도를 대변한다. 그들은 알도의 도피처에서 즉흥적으로 춤을 추려는 상황에서도 다른 취향을 드러낸다. 루시아가 왈츠를 생각하는 반면, 알도는 탱고를 제안한다. 사회적 갈등 상황에 대해 단호한 알도에게서 남자의 매력을 발견한 루시아는 알도에게 먼저 호감을 표현한다. "당신은 나를 기쁘게 해요Tú me agrada." 알도에게 루시아는 순진무구한 아름다움이다. "그대는 다정하고, 상냥하며, 순수해요. 가끔은 정말 부드러워 [……] 후회하지 않을 거야. 너는 내 첫 사랑이야<sup>Eres una muchacha</sup> dulce, agradable, inocente y a veces muy tierna. [……] No te arrepientas. Tú eres mi primer amor ."

루시아와 알도는 순식간에 가까워지고, 둘의 곁에 알도의 투쟁 동지인 안토니오와 그의 애인 플로라가 등장한다. 그들의 시선은 사회의 갈등과 현 정부의 폭력정치에 응시의 시점을 맞춘다. 루시아는 어머니의 간섭으로부터 벗어나 알도와의 살림을 시작하면서, 생계를 잇기 위해 플로라와 함께 공장에서 일하게 된다. 그녀가 스스로의 판단과 결정으로 사회에 접근하는 단계이다. 일상적 삶이 역사성을 부여받게 되는 것이다. 여인들이 공장에서 간헐적인 투쟁의식을 유희와 전투적 삶의 구분이 모호한 채 수행하고 있는 한편, 알도와 안토니오는 마차도 정권에서 일하는 경찰과 군인들을 향해 테러를 감행한다. 살사의 선율이 화면의 어지러운 구도 위에 겹쳐지며 장면을 긴장으로 유도한다. 전투의 위기감이 팽배해지는 동안 극장 밖에서는 여인들이 시위에 나선다. "마차도는 물러가라<sup>Abajo Machado</sup>." 극장에서는 드디어 긴장이 극에 달한다. 총격전이 벌어진 것이다. 알도 일행은 마차도 정권이 유지하는 사회의 혼란을 가중시키며 군중이 정권에 반대하고 있음을 피력하는 데에 총력을 기울인다. 거창한 이념과 구호는 보이지 않는다. 거리의 아비규환, 쓰러지는 군중, 특히 시위하던 여인들이 쓰러지며 영화는 극적 상황으로 치닫는다. 소극적 삶을 살아가던 인물들의 적극적인 행위는 역사의 트라우마로서 관객의 일상의 기억을 수정하며 동일시와 공감을 통해 트라우마가 재현되는 과정으로 확장된다.

영화가 지적하는 문제는 마차도의 실각 이후 바티스타 정권으로 바뀐 상황에서 여전히 변하지 않는 사회의 분위기가 실각 이전 부패한 정치권력에 대한 저항의식조차 소극적으로 만들어 놓았다는 데 있다. 안토니오와 플로라의 해이해진 삶의 태도는 알도와 루시아의 불안함과 대조된다. 투쟁의 본질은 완성되지 않은 채 투쟁의 대상만 제거된 상황에서 알도의 넋두리가 의미를 더한다. "이건 똥이야. 아무것도 바뀐 것이 없어<sup>Esto es una mierda. No se ha cambiado nada</sup>." 알도는 죽은 이들의 희생이 헛됨을 눈물로 호소한다. 플로라가 이상의 실현을 위한 투쟁보다는 당장 거리에 나가서 가족을 먹일 빵을 구하는 것이 더욱 간절할 뿐 더 이상의 투쟁은 소득 없는 싸움이라며 루시아를 설득하려 할 때, 그녀는 트라우마의 본질에 대해 고민하게 된다. 루시아는 변화되지 않는 속성 때문에 트라우마의 본질과 직면하지 않으려는 플로라와 안토니오의 태도에 분노를 느끼지만, 무기력할 수밖에 없는 현실에 진저리를 친다. 알도는 그녀를 설득한다. "아버지에게 돌아가<sup>Vuelve con tu padre</sup>." 이 때의 아버지는 거부할 수 없는 역사의 무게에 대한 은유이다. 그러나 그녀는 알도의 곁에 머물기로 결심한다. 알도에 대한 그녀의 사랑은 트라우마의 본질을 직시하는 시선을 갖게 된 것이다. 알도는 계속해서 무장투쟁을 수행하고, 담배공장에서 일하고 있던 루시아는 알도의 주검을 확인하라는 통보를 받고 경찰에 소환된다. 죽음을 확인한 루시아의 분노는 첫 번째 에피소드에서 루시아와 페르난디나의 광기를 닮아 있다. 위로하기 위해 찾아온 플로라의 방문에도 루시아는 더 이상 슬퍼하지 않는다. 비교적 경쾌한 관악과 그 뒤로 점점 커지는 타악기의 소리가 들려온다. 정면을 응시하는 루시아. 루시아의 일상적 삶의 태도는 트라우마와 직면을 통해 알도의 이상적 삶의 태도로 변화된다. 망각하기는 쉬워도 트라우마의 고통스러운 본질과 대면함으로써, 근원적인 변화의 가능성을 위해 나아가야 한다는 인식의 전환을 경험하

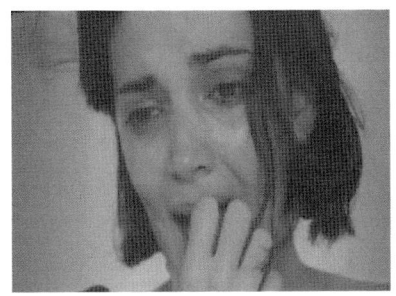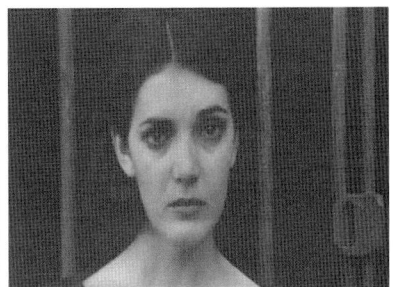

게 된 것이다. 그녀의 이러한 본질적인 변화는 알도의 죽음을 통해 미
래지향적인 통찰로 이어지게 된다. 루시아는 알도에 대한 사랑을 통해
개인적 트라우마를 사회화하는 과정을 경험하게 된 것이다.

에피소드의 표제어인 [196..]은 혁명 이후 영화가 제작된 1968년 이
전 쿠바사회의 어느 시점을 의미한다. 혁명은 변화될 수 없을 것 같았
던 쿠바의 정치 상황을 본질적으로 바꿔놓았다. 그러나 혁명은 일순간
에 완성되는 것은 결코 아닐 것이다. 세 번째 에피소드의 주제는 여성
으로서 혁명의 과정을 타성적인 시각이 아니라 자율적이고 주체적인
시각에서 어떻게 받아들이게 되는지에 대한 구성에 있다.

혁명 이후 쿠바사회에서 노동지로 일하고 있는 루시아는 트럭 짐칸
에 타고 집단농장으로 공동작업에 나선다. 경쾌한 카리브의 음악이 노
동자로서 화면 속의 루시아와 동료들의 태도를 긍정적 이미지로 그리
고 있다. 여인들은 즐겁게 노동요를 읊조린다. 루시아는 농장에서 돌
아오는 길에 자신을 태워준 트럭 기사, 토마스와 자연스럽게 사랑에
빠진다. 그녀는 앞의 두 에피소드의 여주인공들과는 외모와 신분 및
주거 환경에서도 구분된다. 평범한 노동자이며, 서민으로서 건강하게
생활하는 루시아의 모습은 쿠바혁명 정부가 롤 모델로 내세울 수 있는

속성을 지녔다. 동료들과 함께 노동현장에서 일하는 루시아의 모습은 일견 소유방식에서 존재적 방식으로의 삶의 전환이기라도 한 것같이 과장된 측면이 있다. 힘겨워야 할 노동은 세부적 구체성이 결여된 채로 즐거움의 대상으로 묘사되기 때문이다. 그러나 영화의 주제는 혁명사회의 건전한 노동성에 있는 것이 아니다. 루시아가 경험하게 될 트라우마는 혁명 이후의 쿠바사회의 본질과 크게 관련되지 않기 때문이다.

두 사람이 만나, 자연스럽게 가정을 이루는 과정에서 세부적인 절차에 대한 묘사는 제한적이다. 물론 가부장제적 사회구조에서의 부모의 역할에 대한 논의조차 생략되어 있다. 따라서 세대 간의 갈등에 대한 토픽 또한 보이지 않는다. 부모와 친척을 대신해서, 동료와 사회조직이 그들의 삶을 축복하고, 지켜보고 있을 뿐이다. 쿠바가 지향하는 사회주의 사회의 대안적 전망이 드러나기도 한다.

루시아의 고통은 축복과 격려로 시작된 부부생활에서 시작된다. 그러나 루시아와 토마스는 존재적 방식으로 각자 개별적 주체로서 서로의 삶을 지켜주는 것이 아니다. 그녀는 소유적 방식으로 남편의 간섭과 애정을 구분하려 하지 않는다. 그는 그녀를 소유하려 한다.

토마스의 태도는 마치스타의 전형을 넘어선다. 자본주의 세계의 대표적인 부조리인 '소유'를 향한 욕망을 대표하기 때문이다. 토마스의 태도가 정도를 넘어서는 것은 사실이다. 그는 루시아가 모임에서 다른 남자와 이야기를 나누거나, 춤을 춘다는 것은 결코 허용할 수 없는 한계로 인식한다. 결국 루시아를 집안에 가두고, 대인관계와 사회생활 모두를 제한하기에 이른다. 처음에는 애정과 간섭을 구분하지 않던, 루시아는 토마스의 행위를 폭력으로 인식하기 시작한다. 서구의 백인이 그러했듯, 여성은 타자화된 존재로서 주체적 존재가 아닌 종속적 존재로서 남성중심사회의 부속물이 되어야 하는 것이다. 에리히 프롬 식으로 보자면, 토마스가 인식하는 사랑은 존재적 사랑의 관계에 의해서 형성되는 것이 아니라, 남-녀의 종속적 관계에 의한 지배구조에서 소유적 사랑인 것이다. 중요한 것은 토마스의 행위에 대응하는 루시아의 태도에 있는데, 이 과정이 관객들의 몰입과 공감대가 요구되는 대목이다. 여성은 정체된 존재로서, 남녀의 경계 나누기 원칙의 한계를 벗어나지 않은 채 자신의 위치를 찾아가는 미덕을 길러야 하는 것으로 교육되어 왔고, 따라서 '현모양처'나 '삼종지도'의 덕목이 사회문화적으로 높이 숭앙되는 사회 환경에 노출될 수밖에 없었으니, 토마스의 태도가 비록 부분적으로 강조되고 부풀려진 측면이 있다 하더라도, 사회문화적 분위기가 결코 토마스를 비난하는 형태가 되지는 않았을 것이다. 하지만 루시아의 대응태도에는 분명한 메시지가 있다. 이는 인간의 해방을 기치로 전개되는 여성의 사회적 자유와 탈종속에 의미를 부여하려는 메시지이다. 영화가 이러한 메시지를 강조하는 데는 분명한 이유가 있다. 쿠바혁명 주체들은 혁명의 정신이란 부패 자본주의로부터 나오기도 하지만, 타성과 방관, 종속성과 노예성으로부터 독립에서 발견되는 것이라 믿기 때문이다. 루시아는 남자에게 종속되지 않으려 저항한다.

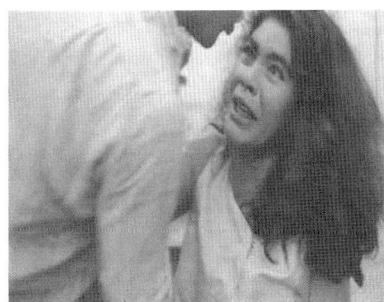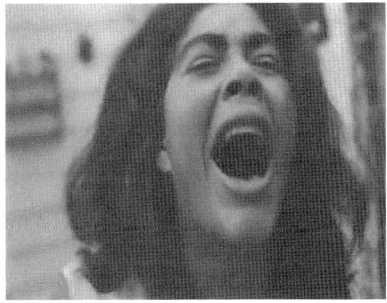

그러나 토마스는 문과 창에 못질을 한다. 집안에 갇힌 채 분노를 경험하는 루시아의 모습이 화면에 일렁이며 카리브의 운율을 담은 노랫말이 들려온다. "루시아는 갇혔고, [······] 그는 그녀를 노예로 만들려 하네<sup>Lucía encerrada, [······] quiere esclavizar la mujer</sup>." 설탕 농장의 노예가 되기 위해 아프리카에서 잡혀와 험난한 삶을 살았던 선조들의 이야기는 다름 아닌 '노예화'의 트라우마에서 일상의 망각된 기억을 채우고 있었다. 루시아는 격렬하게 저항하며, 현실을 부정했지만, 토마스의 행위는 단호했고 집요했다. 혁명의 정신이 인간의 해방에 있는 것이라면, 무엇보다 먼저 사회에 만연한 정신적 노예성을 극복하고, 그러한 차원에서 여성의 주체적 삶의 태도는 보장되어야 하는 것이다. 변화되어야 하는 것은 시스템에도 있지만, 보다 본질적으로 인식의 전환에 있음을 지적하는 구성이다. 전통적 가치관이 새로운 가치관으로 그 패러다임이 변화되어 정착되는 과정이 생략되어 있는 1960년대 쿠바사회는 가치관의 대립과 그에 따른 트라우마가 역사성을 띠고 있었던 것으로 보아야 할 것이다.

앙헬리나는 루시아의 폐쇄된 삶을 사회와 주변에 고발하는 증언적 역할을 수행한다. 주변인들은 토마스의 '질투'를 지적한다. 그의 질투는 소유욕에서 발생하는 것으로서 루시아를 노예화하는 전근대적 인식태도로 규정된다. 선조들을 노예화했던 서구의 수탈적 행위와 태도를 토마스가 재현하고 있는 것이다. 루시아의 분노는 노예성의 일상적 기억의 트라우마를 환기시키는 장치로 관객들에게 공감을 유도한다.

상황은 지역사회에 문맹을 퇴치하려는 계몽적 운동의 세부적 내용과 만나면서 다른 국면을 맞이하게 된다. 이웃들이 루시아가 글을 읽고 쓰는 교육을 받을 수 있도록 배려하지만, 토마스는 자신의 아내가 사람들에게 노출되는 것을 거부한다. 젊은 남자 선생이 가정교사로서 루시아를 가르치려 하지만, 토마스는 한사코 반대한다. 그러나 선생이 '문맹은 제국주의가 낳은 희생'이라고 주장한다. 선생의 태도는 흥미롭다. 전근대적 산물로서 여성의 지체된 개화의식을 쿠바적 사회현상으로 해석하는 것이 아니라, 제국주의의 산물로서 평가하는 것이다. 이웃사람들 또한 토마스의 폐쇄적 태도를 "세상이 바뀌었네. 자네는 루시아를 집에 가두어 놓을 권리가 없어<sup>Tiempo es cambiado. Tú no tienes derecho de meter a Lucía en casa</sup>"라며 지적하자 마지못해 교육을 허락한다. 하지만 그의 태도는 본질적으로 변화를 위해 준비가 되어 있지 않다. 결국 이중적 타자로서 여성인 루시아가 자기인식의 과정에 직면하게 되는 순간을 맞이한다. 남편의 소유욕과 사회적 개별 인격체로서 자신의 제한된 삶에 대한 분노와 저항은 트라우마를 직면하는 구도로 유도된다. 눈물과 호소로 남편에게 종속되어 있던 루시아가 선언을 한다. "나는 이렇게 계속할 수는 없어. 나는 나갈 거야<sup>Yo no puedo seguirlo así. Yo me voy a salir</sup>". 루시아는 처음으로 자신의 넘어설 수 없을 것이라 생각했던 두려움과 공포의 상황을 넘어선다. 더욱 중요한 것은 여성이 주체적으로 '노예성'을 벗어나려는 절실한 자기직면이 있어야 한다는 의미로 확장된다. 그녀는 잉헬리나를 찾아 나선다. 토마스는 그녀를 찾아 나서지만, 일을 하고 있던 루시아는 거듭 자기선언을 공포한다. "당신은 아무것도 아니야. 이젠 당신을 사랑하지 않아<sup>Tú no eres nada. Ya no te quiero, Tomás</sup>." 자신의 소유주처럼 군림하던 토마스를 향한 선언인 것이다. 당황하는 토마스의 얼굴이 줌인되며, 노랫말이 들려온다. "[그는] 윤리적으로 망가졌지. 남편으로서 스스로를 망친거야<sup>Moralmente destruido. Se destruyó como marido</sup>." 여전히 그 어느 때보다도 그녀를 더 사랑한다면서, 재결합을 애걸하는 남편을 향해, 루시아는 결정을 내린다.

그러나 나는 당신이 나를 소유했던 것처럼 계속할 수는 없어. 나는 일
할 거야. 나를 이해해줘. 당신은 나를 남용하지 못해<sup>Pero yo no puedo seguir</sup>
como tú me tenías. Yo voy a seguir trabajando. Compréndeme. Tú no vas a abusarme.

　　루시아는 수탈의 대상으로서 노예의 후손이며, 여성으로서 이중적
타자라는 역사적 트라우마를 통찰한다. 또한 그녀는 삶의 방식이 지닌
한계에 종지부를 선언하기에 이른다. 이는 말을 할 수 없었던 여성 인
물이 스스로의 목소리가 지닌 의미를 깨닫고 목소리를 되찾았다는 긍
정적인 의미이다. 이 과정에서 가부장제적 가정의 원형을 파괴하는 것
이 아니라, 여성의 목소리가 수용되는 새로운 형태의 가정을 전망한
다. 마지막 화면에서 바닷가에 쓰러지는 두 남녀의 모습을 보면서 어
린 소녀가 활짝 웃는 표정에서 미래지향적 긍정적 전망의 이미지가 연
출된다.
　　근대 식민지배의 본질적 동기는 서구자본이 제3세계로의 확장을 통
한 자본의 세계화이다. 서구열강이 비서구를 타자로 규정하고, 스스로
를 선한 주체로 선언하는 행위는 비서구를 상대적 악의 근원으로서 정
복되거나 훈육되어야 하는 비문명 혹은 저개발의 상태로 보려는 왜곡
이다. 이 과정에서 계급과 인종은 극단적 편견을 만들었으며, 비서구
의 여성은 이중적 타자로서 처참한 비인간화의 대상이 되고 말았다.
독립과 혁명을 거쳐 탈식민의 완성을 논의해야 하는 역사적 상황에서
쿠바의 여성은 여전히 사회문화적 이데올로기에 의해, 그리고 남성의
소유적 지배구조에 의해 이중, 삼중의 비인간화를 겪고 있는 것이다.
　　<루시아>에 등장하는 세 명의 루시아는 시대적 아이콘으로서 쿠
바의 사회문화적 가치와 이데올로기를 반영한다. 첫째 에피소드의 루
시아는 지배 이데올로기와 헤게모니에 무의식적으로 자신을 공모하는

삶을 살았으며, 역사의 행위와 기록에서 배제되었지만, 동생의 죽음을 겪으며 내재되었던 트라우마의 직면을 통해 개인적 복수라는 사회변화의 첫발을 경험하고 있으며, 둘째 에피소드의 루시아는 보다 적극적으로 사회에 참여하면서도 본질적으로는 여전히 기존 이데올로기와 헤게모니에 스스로를 적응시키려는 피지배자의 양가성을 떨쳐내지 못했으나, 남편의 죽음을 경험하면서 사회적 참여를 통한 실천의 필요성을 깨닫게 된다. 셋째 에피소드의 루시아는 사회 이데올로기적 변화에도 불구하고, 인습적으로 유지되고 있는 남녀차별에 의한 헤게모니의 부당함을 체감하며, 종속적 정체성을 탈피하여 사회에 주체적으로 참여한다. 이들 세 루시아는 쿠바사회가 지행해야 하는 사회문화적 이데올로기 재구성의 필요성을 깨달으며, 이를 정립하려는 주체적 정체로 전환되는 쿠바 여성의 변화 과정에 대한 스펙트럼을 상징한다.


## 3) 저개발의 기억

<저개빌의 기억>은 토미스 구티에레스 알레아$^{Tomás\ Gutiérrez\ Alea}$가 동명소설 『저개발의 기억』의 작가 에드문도 데스노에스$^{Edmundo\ Desnoes}$와 함께 각색했으며, 알레아가 감독한 대표적 영화이다. 작품은 쿠바인들에게 내재하는 트라우마의 기억이 역사적 사건을 계기로 상기되고, 기억과 사건의 재현 가능성에 대한 혼란과 두려움이 쿠바사회를 잠식하는 시대적 상황에 대한 서술이다.

<저개발의 기억>에서 여성은 행위의 주체가 아니라, 관찰과 성찰의 대상으로 등장한다. 카메라의 앵글은 때론 할리우드영화들이 그러

하듯 남성 관객 중심의 관음적 시선을 지니기도 하지만, 이는 관객을 향해 스스로의 시선에 대한 성찰적 응시의 필요성에 대한 문제제기의 성격을 지닌다. 영화는 주인공 세르히오가 쿠바 미사일 위기를 맞이하는 역사적 상황에서 겪었던 트라우마를 계기로 쿠바사회가 지니고 있는 일련의 가치관에 대한 인상을 성찰적으로 제시하는 서술방식을 갖는다. 여성의 이미지는 이미 국가를 대변하는 것이 아니라, 세분화되어 등장한다. 세르히오가 회상하는 다양한 경험의 층위들을 통해 쿠바 여성의 이미지는 다층적으로 분포되어 해석되는 것이다.

<저개발의 기억> 역시 <나는 쿠바>나 <루시아> 등 영화가 주인공들을 통해 쿠바가 안고 있는 내면의 트라우마에 대한 격정적인 증언과 고백 행위에 주목하고 있는 듯 보이지만, <저개발의 기억>은 상대적으로 주인공의 성찰적 태도가 관객의 역사적 트라우마를 상기하여, 성찰하는 계기를 제공한다는 점에서 관객 참여적 성격이 두드러진다. 이러한 자기성찰의 수용적 태도는 정신분석에서 지적하는 '트라우마 직면'의 단계에 해당된다. 따라서 <저개발의 기억>은 주인공 독백형식의 서술이지만, 일방적으로 독자와 관객을 끌고 가지는 않는다. 주인공 내면의 갈등요소와 다양성이 이미 독자와 관객의 다양성을 수용할 뿐 아니라, 주인공과 관객 그리고 감독과 소설가 사이의 복합적 시선이 두드러지는 메타 내러티브의 특징이 부각되기 때문이다. 칼라토조프의 <나는 쿠바>에서 드러나는 선동적 주관주의와 데스노에스와 알레아의 <저개발의 기억>에 나타나는 관조적 성찰태도를 비교할 수 있는 이유이다. 주인공 세르히오가 쿠바사회를 응시하는 시각은 보는 관점에 따라서는 소극적이거나 모호하게 보이기도 한다. 심지어 쿠바혁명에 대해서도 관조적이면서 동시에 조소적이기도 하다. 주

인공의 태도는 스스로 쉽게 드러낼 수 있는 감성에 의존하거나, 겉으로 연출하여 드러내는 위장과 같은 응시의 시각을 적극적으로 제한한 채 응시의 정도를 냉소적일 만큼 절제하고 있으며, 자기성찰적이고 사색적이다. 소설과 영화가 모던하다는 호평을 받을 수 있었던 부분도 이러한 극단적 표현을 배제하는 절제와 모호함의 미학에서 찾을 수 있다.

따라서 여성의 이미지 또한 단일한 유형으로 등장하는 것이 아니라, 빛의 입사각에 따라 스펙트럼이 달라지듯 주인공과 참여된 관객의 성찰적 시각이 어떠한가에 따라 다양한 유형의 여성 주인공이 등장한다.

먼저 한나^Hanna는 선진화된 서구를 대표한다. 망명한 독일계 유대인인 한나는 지적 전통과 문화적 전통의 상징으로 구현된다. 세르히오가 막연하게 동경하고 여전히 그리워하는 그러나 그 실체가 불분명한 대상으로서의 여인이다. 한나의 실체에 대한 서술은 인상적 묘사에 의존한다. "한나의 키스는 향기가 없는 꽃잎, 축축한 살맛이 났다. 그녀의 피부는 아주 희고 금발이었으며, 물기를 머금은 그녀의 푸른색 눈을 바라볼 때면 나는 다리가 풀리곤 했다."(Desnoes, 2009: 90) 독자와 관객들에게 그녀의 이미지는 다른 서사의 경우와 비교하여 환상과 몽환으로 수용될 수 있는 기호로서 표현된다. 물론 그녀와의 만남이 가장 먼저였으며, 시기적으로도 당연히 오래전의 사건이었기 때문이기도 할 것이다. 그러나 소설에서나 영화에서 한나에 대한 묘사는 막연하며 추상적인 인상으로 나타난다. 한나를 통해 묘사된 선진문명에 대한 막연한 동경과 향수는 프티 부르주아만은 산물이 아니라, 쿠바의 일반화된 동경을 상징하고 있다.

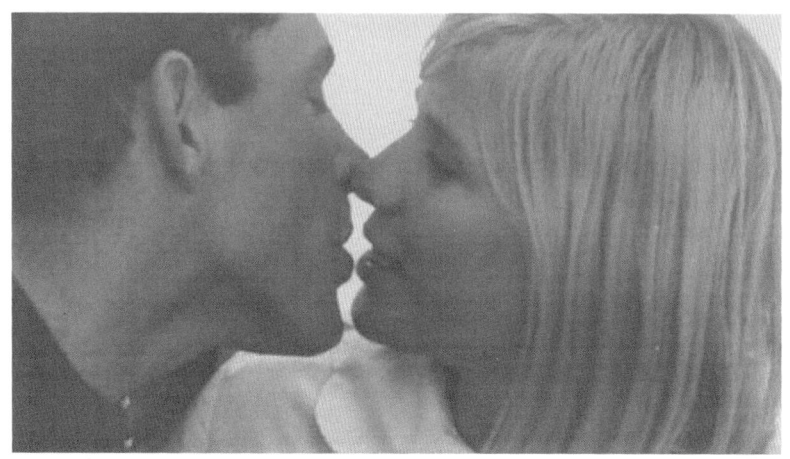

　프란츠 파농이 『검은 피부 하얀 가면』에서 주장하고 있듯, 파농이 본받고자 했던 선진유럽의 고귀한 이념과 정신은 피식민 혹은 저개발 국가의 시민들에게는 그저 검은 피부를 한 차별적 타자가 꿈꾸는 하얀 가면에 지나지 않는다. 이러한 시각에서 하나의 상징은 서구의 백인들이 비서구인들에게 부여하는 부당하고 비정상적인 비합리성을 의미하며, 서구의 부당한 시선에 항거하기보다는 그들의 시선에 맞춰 닮아가려는 가면의 표상이 되기도 한다.

　하나는 헤밍웨이의 경우와 중첩되고 비교되는 이미지를 지닌다. 영화에는 헤밍웨이에 대한 직접적인 묘사는 이뤄지지 않는다. 서술의 토대가 세르히오를 통한 기억과 인상이기에, 이는 당연한 결과이기도 하다. 그럼에도 불구하고 헤밍웨이는 하나의 경우보다 더욱 적극적으로 쿠바의 역사와 삶과 연결된 인상을 주기에 충분한 흔적을 남긴다. 쿠바를 사랑했고, 서구에 쿠바의 삶을 낭만적으로 소개한 헤밍웨이는 역설적으로 쿠바를 타자화한 서구적 시선의 상징이기도 하다.

가이드가 집에 대해 시시콜콜 설명하는 동안 나는 [……] 파파 헤밍
웨이는 쿠바에 대해 털끝만큼의 관심도 없었다는 생각을 했다.
[……] 집 전체에서 쿠바적인 것은 아무것도 없었다. 산테리아 의식
용 물건이나 쿠바 그림이 한 점도 없었다(Desnoes, 2009: 69~70).

헤밍웨이에게 쿠바는 낭만과 열정의 휴식 장소였으며, 짜릿한 오락
의 공간이었을 뿐이었던 것이라 판단하는 세르히오의 시선은 서구문
명을 막연하게 동경하는 이중적 타자가 되지 않으려는 성찰적 응시에
서 온다. "헤밍웨이에 대한 사랑과 증오를 느낀다. 나는 그를 존경하
지만, 동시에 그는 나를 수치스럽게 만든다. 이곳 쿠바 사람들도 마찬
가지다."(Desnoes, 2009: 61) 헤밍웨이의 박물관에서 마주친 소련 관광
객들의 등장에 대한 세르히오의 독백은 종속과 대체종속의 담론을 생
각하게 한다.

항상 같은 일이 되풀이된다. 언제나 있어 왔던 똑같은 관광객들. 강
대국은 자신의 식민지 중 한 곳을 방문하고, 방문객들은 밀사들이다.
[……] 그들의 태도는 헤밍웨이가 가졌던 태도와 아주 유사하다. 후
진국들은 본능이 지배하는 삶, 야생 짐승을 죽이고, [……] 삶을 즐기
는 것, 이런 것들을 하는 데만 소용이 있다(Desnoes, 2009: 52~53).

한나와 헤밍웨이는 모두 공통적으로 근대성을 의미한다. 서구적 취
향을 대변하기 때문이다. 한나가 세련된 유럽의 고급예술취향을 대변
한다면, 그것은 한나가 유럽의 고급예술을 소비하는 주체라는 의미이
다. 헤밍웨이는 쿠바에서의 삶을 적극적으로 만끽하면서도 쿠바인들
과 자신의 삶을 공유한 것이 아니라, 쿠바라는 지형에 서구적 삶의 공
간을 이식하고 있을 뿐이다. 쿠바는 한나에게는 잠깐의 도피처이며,
헤밍웨이에게는 낭만적 공간에 있는 별장이다. 결국 그들에게 쿠바는

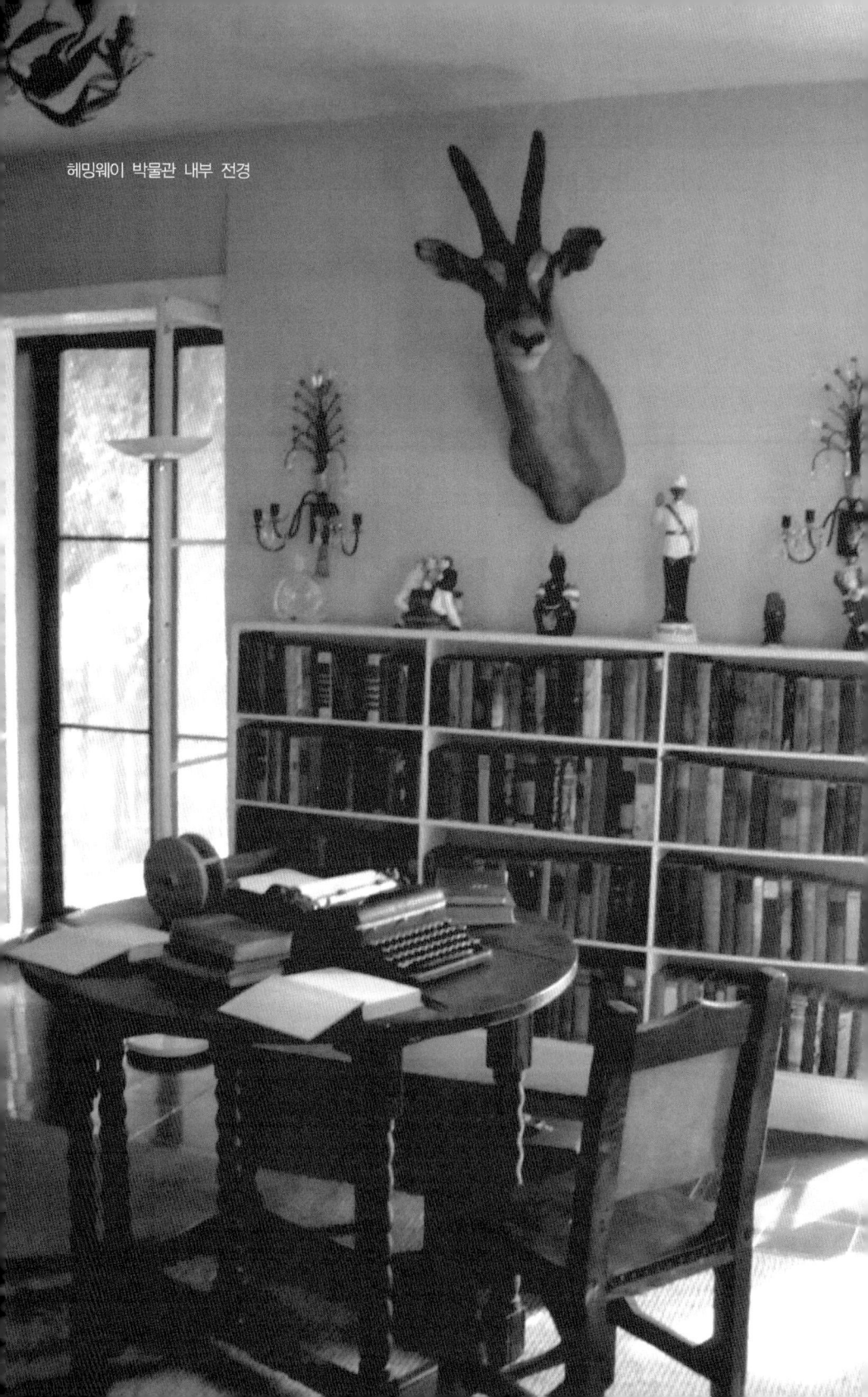

헤밍웨이 박물관 내부 전경

관심의 영역 밖이거나 타자일 수밖에 없었다. 쿠바에 살면서도 그들은 서구적 삶을 살았고, 쿠바는 그저 그들의 삶에 안락한 기회와 공간을 제공했을 뿐이다. 서구적 수탈자들의 인식과 본질적으로 구분이 되지 않는 부분이다.

세르히오는 헤밍웨이에게 반감을 토로하고 있다. "헤밍웨이는 어느 모로 보나 재수 없는 인간이었음에 틀림없다."(69) 하지만 한나에 대해서는 여전한 향수와 그리움을 토로한다. 쿠바를 최근까지 지배했고, 가까운 위협 세력인 미국에 대해서는 마치 전사이거나 사냥꾼에 대해 두려움을 느끼면서도, 한나에게서 느끼는 것은 근대화된 선진유럽의 고급 문화예술에 대한 지식인으로서의 동경과 공감이 지배적이기 때문일 것이다. 근대 서구문명에 대한 쿠바 지식인들의 이율배반적 태도가 드러난다. 피식민의 트라우마가 식민의 주체를 동경하며, 그들과의 동일시를 기원하고, 동시에 그를 두려워하는 식민의 표상기호가 되는 것이다.

세르히오에게 전처前妻 라우라Laura의 이미지는 "그녀가 몸에 걸치고, 또 가지고 있던 모든 물건들로 이루어져 있었다."(Desnoes, 2009: 21) 그녀가 얼마나 물신적이었는지를 실감할 수 있는 서술이다. 수유와 욕망의 물신성物神性으로 표현되는 라우라의 속성은 이후 그녀의 옷을 입고 세르히오 앞에 나서는 엘레나Elena의 이미지를 통해서도 엿보인다. 라우라는 세르히오의 조소적 표현에 의하면, 저개발의 섬이 아니라 뉴욕이나 파리에서 태어난 부르주아인 것처럼 살아왔으며, 그와 공항에서 헤어지면서도 손조차 내밀고 싶어 하지 않았던 인물이다. 쿠바인으로서 쿠바를 철저하게 외면하고 싶어 했던 서구 지향적 인물이었다.

전처 라우라의 이미지는 친구 파블로Pablo의 이미지와 중첩된다. 파블로 역시 "내(세르히오)가 되기 싫은 모습을 모아둔 집합체이다."(Desnoes, 2009: 36) 세르히오의 곁을 마지막으로 떠나며, 쿠바의 미래를 조소적으로 비판하던 파블로는 라우라가 그러했듯 뉴욕으로 대표되는 서구의 삶을 동경하는 상징적 기호이다. 아이티가 최고의 설탕산업에도 불구하고, 나폴레옹에 대항하여 독립을 쟁취한 뒤 가난과 직면한 역사를 볼 때 아메리카 최초의 사회주의 혁명이 과연 무슨 의미가 있겠느냐는 파블로의 언술은 조소적이고 도발적이다. 세르히오는 작금의 사태는 러시아와 미국 사이의 문제일 뿐이라며, 해묵은 역사에서 의미를 찾으려 하지 않는다. 쿠바사회에서 상류계층을 구성하면서 내면으로는 서구에 대한 열등의식을 감추기 위해 더욱 그들과 동질화되려는 내면의 그림자를 지니고 있는 인물이다. 물론 자신의 강박을 솔직하게 드러내어 고백하지 않을 뿐 아니라, 그럴 필요성조차 느끼지 않는 인물이다.

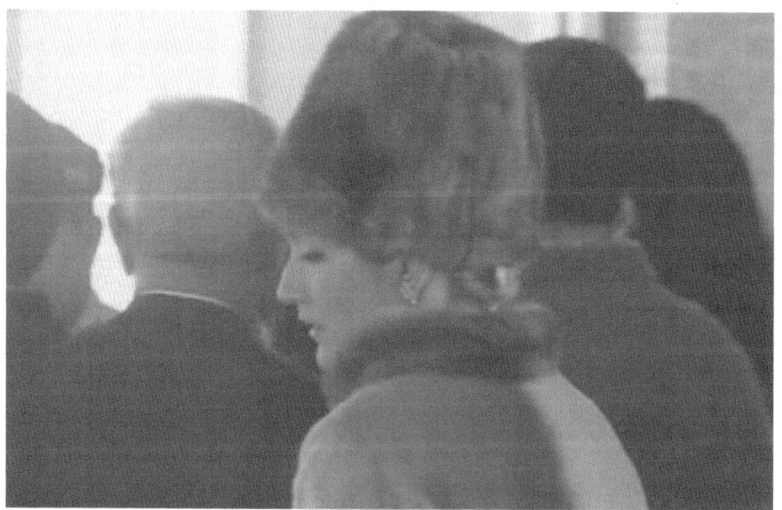

라우라와 파블로는 쿠바를 떠날 수밖에 없었다. 그들에게 쿠바는 서구적 삶의 가능성으로부터 등을 돌린 비관적인 상태에 놓여 있는 것으로 인식되었기 때문이다. 쿠바의 미래는 가난한 섬나라의 애처롭고 비관적인 암운에 드리워 있는 것이다. 세르히오는 쿠바를 떠나 미국으로 향한 한나에게서는 여전히 공감과 향수를 느끼고 있으면서도 파블로와 쿠바인들에게는 반감과 가벼운 경멸까지 느끼고 있다. 마치 그들의 모습에서 보기 싫은 자신의 모습을 발견하게 될까 두려워하는 것처럼. "나도 예전엔 파블로 같았나? 그럴 수도 있다. [……] 혁명은 나를 망가뜨리지만, 멍청한 쿠바 부르주아 백치 같은 내 자신의 삶에 대한 나의 복수이기도 하다."(Desnoes, 2009: 36~37) 지배적 이데올로기가 주도하는 현실에 적극적으로 적응하려는 라우라와 파블로의 모습에서는 외형적으로 피식민의 트라우마를 찾기 어렵다. 이들은 식민주체를 적극적으로 염원하는 열외적 타자이며, 그들의 태도는 이율배반적이다. 자신들이 종속적 정체성으로 살아왔다는 현실을 외면한 채 '하얀 가면'에 대한 동경으로 스스로를 식민주체와 구분하지 않는, 그러나 식민주체가 될 수는 없는 공허하게 떠돌 수밖에 없는 존재가 아닌가. 권력적 구도에 있어서 사실상 타자에 속하는 이들은 스스로에 대한 자기인식이 결여되어 있는 것이다. 사회문화적 권력의 주체가 존재하고, 그들의 가치가 있다면 자신들의 모든 삶을 그 기준에 맞춰야 한다고 믿는 '의존 콤플렉스'가 라우라와 파블로에게 작동하고 있기 때문이다. 지배 이데올로기가 잘못된 편견과 왜곡된 가치의식에 의한 것이라면, 이를 단호하게 거부하고 그에 대해 저항할 태도를 갖추어야 할 개연성에 노출된 것이지만, 이들은 스스로가 자신들을 옭죌 수도 있는 지배 이데올로기를 거부하기는커녕 적극 수용하고, 나아가 '내면화'한다. 결국 혁명 이후 불안해하던 그들의 정서-심리적 정체성은 미사일 위기가 닥치자 곧바로 미국으로의 탈출을 위한 출국으로 이어지게 될 수밖에 없었던 것이다.

주체로서 스스로를 염원의 대상과 끊임없는 동일시를 통해 자신과 욕망의 대상 사이에 메워질 수 없는 간극을 보지 않으려 하고 있을 뿐이다. 그들은 선진화된 서구를 그리워하고 닮아가려 노력하는 프티 부르주아의 상징이지만, 나아가 "길들여진 바보 천치이다."(Desnoes, 2009: 24) 그에게 이들은 자신의 과거이며, 자신의 일부를 차지하고 있는 수치스러움이다. 세르히오의 고백은 프란츠 파농의 고백과 닮아 있다.

> 파블로는 파블로가 아니라 내 자신의 삶이었다는 것을 이제 알겠다.
> 나는 명징함을 유지하려고 한다. 그 명징함이 유쾌하지 않다 하더라
> 도 무슨 일이 일어나고 있는지 알지만 나는 그것을 피할 수가 없다.
> 파블로, 라우라 그리고 모든 이들(Desnoes, 2009: 40).

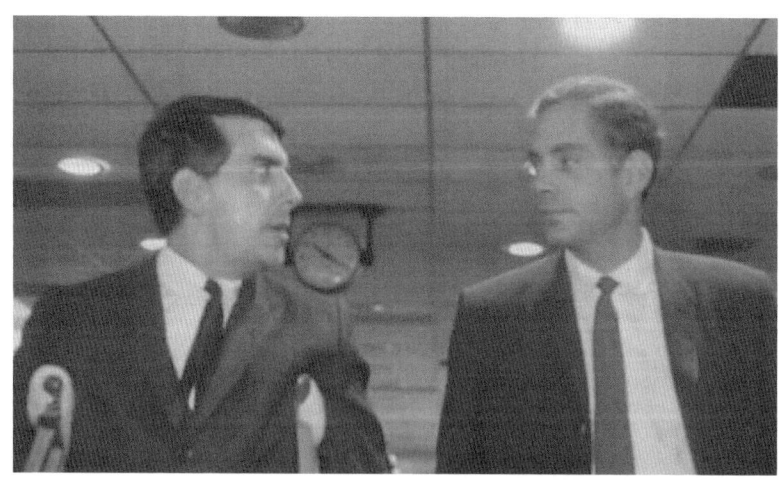

이들은 타자이면서도 자신들의 모습을 경멸하며 식민적 주체를 동경하는 자발적 열외적 타자의 상징기호의 이미지를 지닌다. 파농이 말하는 '하얀 가면'을 덮어 쓴 그들인 것이다. 타자로서 규정되는 자신들의 허망한 꿈에도 불구하고, 스스로를 하얀 가면의 서구인으로 인식하는 이들의 미래는 불투명하지만, 보다 중요한 것은 그들의 삶의 전망이 아니라, 그들이 지닌 의식에 있다. 서구의 입장에서 쿠바 출신의 백인들은 타자적 대상일 뿐, 결코 본질적으로 서구적 주체가 될 수 없는 현실을 가면으로 덮고 있는 그들에게 과연 미래의 전망은 어떠할 것인가.

한편 엘레나와 노에미<sup>Noemí</sup>의 이미지는 쿠바 여성의 일반화된 이미지에 대한 성찰적 시각에서 재해석이 요구된다. 헤밍웨이의 흔적을 찾아온 관광객들에게 아름다운 쿠바 처녀로서 대변되는 엘레나는 분명 쿠바를 의미한다. 그녀는 삶이 터전을 쿠바에 두고 있는, 혁명이 보호해야 할 소시민이기도 하다.

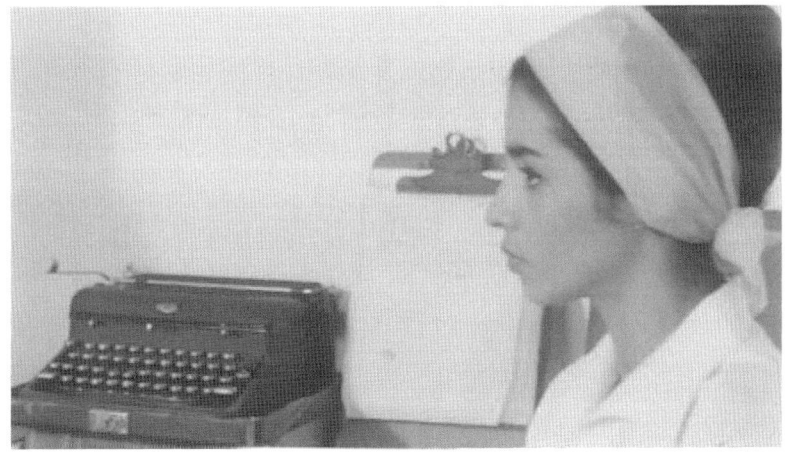

노에미 역시 쿠바의 일상적 얼굴을 대변한다. 세르히오의 아파트를 관리하는 가정부로서 성실하게 삶을 살아가는 소시민의 전형적인 모습이며, 혁명정부가 보호해야 할 노동자이다. 그러나 엘레나와 노에미가 쿠바적 삶의 전형성을 상징하기에는 한계가 있다. 엘레나는 다른 사람들의 행위를 모방하는 영화배우를 꿈꾸는 한편, 막연히 자본사회의 향락과 고급 취향을 동경한다. 세르히오와의 결혼을 부추기며 신분상승을 기획하는 그녀의 가족들과 억지스러운 연출을 통해 허구적 삶의 가능성을 헛되이 탐색하기에 이른다. 세르히오에게 성적 환상을 키워줬던 노에미는 가톨릭이나 산테리아에 익숙하기보다는 침례교인으로서 쿠바사회의 소수를 대표할 뿐이다.

엘레나는 또 다른 라우라의 표상이 되기도 하다. 세르히오를 통해 서구와 동일시를 꿈꾸는 라우라를 동경하는 인물이기 때문이다. 세르히오의 짝이 되려 함은 라우라로 표상되는 집단에 대한 동경이며, 우연히 라우라의 옷을 얻어 입게 되는 착복의 표상을 통해 드러난다. 라

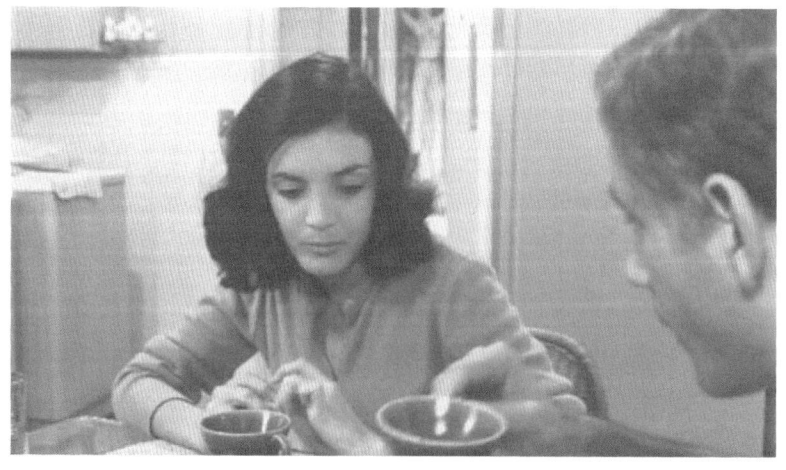

우라의 옷을 건넨 세르히오의 행동은 다분히 충동적이고 즉흥적이었으나, "오늘 엘레나가 라우라의 옷을 걸치고 집으로 찾아왔다"(46)는 대목에서 세르히오가 느낀 것은 자신에 대한 혐오와 엘레나에게서 라우라가 오버랩되는 인상이었다. 엘레나는 우아함과 교양에 대한 즉흥적인 관심과 신분변화에 대한 막연한 이끌림에 의해 자신의 행동을 내맡긴다. 여전히 일관성 없고 논리성도 부족한 저개발의 표상일 수밖에 없다. 그러나 인위적이지 않고, 자연스러운 엘레나의 태도는 세르히오가 그녀에게 끌리는 이유가 되기도 한다. 헤밍웨이의 저택에서 세르히오는 엘레나가 전형적인 쿠바의 자연스러운 처녀라는 표현을 사용한다. 그가 그녀에게 빠져 있을 때의 이야기이다. 하지만 엘레나가 자신에게 집착을 하는 순간을 계기로 그는 그들 사이의 격차를 새삼스레 상기한다. 그녀를 다시 보고 싶지 않다. 엘레나와 사랑에 빠지고 있지만, 그러기를 원치 않는다. "라우라와 있었던 일이 그대로 반복될 것이다. [……] 그녀는 라우라와 똑같이 나를 배반할 것이다."(Desnoes, 2009: 72~73)

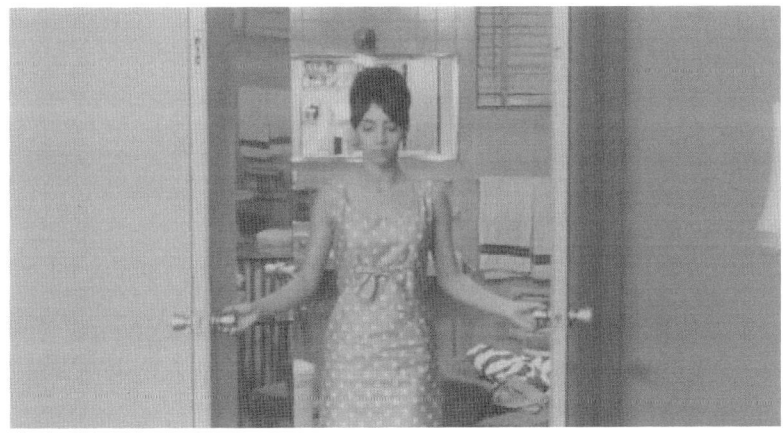

복장전환의 엘레나

엘레나는 세르히오와 이질적 신분의 격차를 결혼으로 극복하여 자신을 부르주아로 전환하려는 자기 보상 심리를 추구했지만, 현실적 차원에서 세르히오는 새로운 라우라를 꿈꾸는 엘레나를 거부했고, 결국 그녀는 교양이 부족하고 일관성이 없는 저개발의 표상인 한 여인으로 머물 수밖에 없다. 엘레나의 가장 큰 문제점은 즉흥성에 있으며, 이는 성찰적 태도와 대조되는 것으로서 문제의 본질에 다가갈 수 있는 능력을 결여하고 있음을 뜻한다. "자신이 원하기만 한다면 엘레나도 발전해나갈 수 있을 텐데. [……] 그녀는 그 어떤 것에 대해서도 깊이 파고들지 않는다. 적확한 지적을 할 때도 그것은 즉흥적으로 나온 것일 뿐이다."(Desnoes, 2009: 56~57) 엘레나와 노에미는 쿠바를 대표하는 듯했지만, 그녀들은 작품에서 진정한 쿠바인의 상징적 기호로서 기능하지 않는다. 이것은 작가가 고뇌하고 성찰하는 피식민의 트라우마를 극복하기 위해 수용해야 하는 자기인식의 중요성에 대한 고찰 때문이다. 이는 소위 말하는 저개발과 그 본령으로서의 피식민과 그 망령으로서 트라우마가 본질적으로 극복되기 위해 겪어내야 하는 문제인식에 대한 자기성찰이 중요하다는 메시지를 위한 서사이다. 노에미처럼 지나치게 편협한 시야 속에 가린 채 살아가거나, 엘레나처럼 일관성 없이 즉흥적인 채 다른 사람의 삶을 흉내 내는 역할에 적극적인 인물들에게 자기성찰적 인식의 태도가 결여되어 있음을 독자와 관객이 스스로 생각할 수 있는 기회가 제공되는 것이다.

그녀들은 쿠바를 대표하는 평범한 여인들이며, 일반 대중의 의식과 삶의 태도를 반영하고 있다. 라우라와 파블로에 대한 환멸 이후 그에게 찾아온 희망이기도 한 인물이다. 그러나 동시에 세르히오 내부의 부르주아적 관성을 일깨우는 인물이다. 그녀들은 쿠바적 삶의 주체이

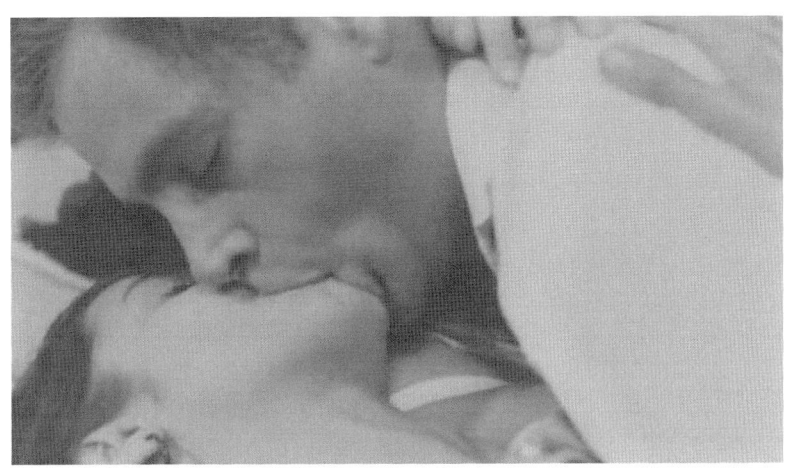

며, 쿠바를 존재하게 하는 구성원임에는 틀림없으나 쿠바의 미래를 전
망하기에는 분명한 한계를 지니고 있다. 세르히오에게 투영된 그녀들
은 쿠바사회의 변화에 대한 본질적인 성찰도 전망도 없는 채 일관성도
없이 살아가는 저개발적 특성을 지닌 타자로서 길들여진 상징적 기호
로서의 이미지이다. 하지만 이때의 저개발적 특성은 서구 식민주체들
의 의식구조에 의해 제기되는 저개발-개발 구도에서의 저개발이 아
니라, 피식민의 주체로서 타자화되어 있는 주체들이 스스로의 문제에
직면하고, 성찰하여 미래를 전망해야 한다는 일정한 목표에 도달하기
위해 스스로의 단계를 저개발로 수용한다는 의미에서 해석되어야 할
것이다. 세르히오의 자조적인 푸념이나 파블로의 비아냥거림과는 일
정 부분 거리를 둔 채 객관화를 시도해야 할 필요가 있는 것이다.

## 4) 테레사의 초상

쿠바혁명 20주년이 되는 1979년에 발표된 영화, <Retrato de Teresa>
(이하 <테레사의 초상>)는 ICAIC에 의해 지원되는 쿠바 신영화의 변
화과정에서 주요한 의미를 지닌다. 영화는 혁명 이후 지난 20년 동안
쿠바 신영화는 사회재건을 위해 이념적 투쟁의 대열에 합류하였으며,
혁명의 당위성을 확인하고, 과거사를 청산하며, 새로운 미래건설을 위
한 혁명정신을 자극하는 주제들에 집중하였다. <테레사의 초상>은
상대적으로 선언적이고, 상징적인 쿠바혁명의 이념적 좌표에 대한 논
의에 주목하는 것이 아니라, 일상적 삶의 관계망에서 여성의 사회문화
적 위상에 대한 보다 실증적 이미지에 관심의 영역을 확장하게 된다.
매번 되풀이되는 선언적 이미지는 관객의 주의를 환기하기에 제한적
이었으며, 현실적인 시각에서 보다 구체적이고 실증적인 주제가 관객
의 관심과 논쟁의 대상이 될 수 있었기 때문이다.

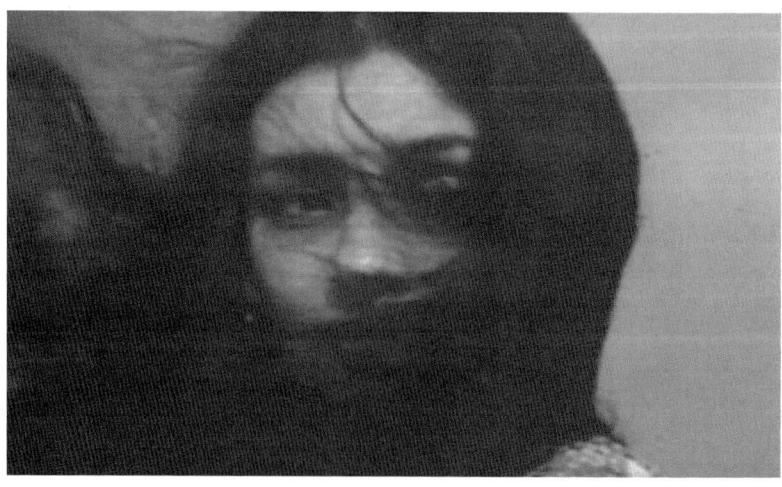

<테레사의 초상>은 쿠바사회의 일상적 삶의 문제적 주제들 가운데 대표적 이슈인 마치스모를 전격적으로 스크린에 옮긴 작품으로서, 쿠바영화 역사상 공전의 히트를 기록할 뿐 아니라, 감독의 신랄한 비평적 시각은 사회적 논쟁의 주요한 대상이 되었던 기념비적인 영화이다. 영화는 ICAIC에 의해 지원된 영화 가운데 최고의 '논란거리'가 되었으며, 존 킹<sup>John King</sup>이나 피터 슈만<sup>Peter Schumann</sup> 등 서구 영화 비평가들도 앞다투어 쿠바영화가 주제와 스타일 양면에서 새로운 발전단계에 올라섰음을 인정하는 계기로 평가되었다. 1972년부터 1979년까지 개봉된 쿠바영화들의 국내 입장객 수를 기준으로 비교했을 때, <테레사의 초상>은 역대 4위를 기록할 만큼 쿠바에서도 관심의 대상이었다 (Chanan, 1985: 34, 358~359). 인구 천만 명을 약간 상회하던 쿠바에서 백오십만 명 이상이 관람을 했다는 것은 대단한 기록으로 기억된다. 흥미로운 사실은 1970년대 흥행 순위 5위 안에 들었던 다른 영화들을 모두 제치고 비평가들의 지속적인 관심의 대상이 되는 작품은 <테레사의 초상>이 유일하다는 점이다. <테레사의 초상>에 나타나는 세부 주제로서 '마치스모'와 '여성의 해방' 그리고 '시대적 여성성에 대한 다양한 담론을 구성하는 여성의 이미지' 등을 들 수 있는데, 세 주제들은 1970년대 쿠바사회에서의 여성의 사회문화적 이미지라는 포괄적 주제 아래에서 논의될 수 있다.

<테레사의 초상>은 1970년대 말 쿠바사회에 있어서 여성의 사회적 역할에 대한 주제를 잘 드러낸 영화이다. 파스토르 베가<sup>Pastor Vega</sup> 감독은 쿠바 신영화 1세대 감독들이 한창 활동하던 1969년에 <아메리카 전쟁에 관하여<sup>De la guerra americana</sup>>로 데뷔했다. 소위 황금시대로 불리는 1960년대의 화려한 시대에 출발한 것은 사실이지만, 실질적으로는

<어떤 식으로든>의 사라 고메스의 경우처럼 1세대의 영향을 받으며,
활동한 1.5세대에 속한다(Hernández, 2009: 5).

<테레사의 초상>은 <루시아$^{Lucía}$>나 <어떤 식으로든$^{De\ cierta\ manera}$>
과 함께 혁명 이전 쿠바영화계에서 재현된 여성의 전형적인 이미지에
대한 의문을 제기하며 혁명 이후 쿠바의 사회문화적 맥락에서 쿠바 여
성의 현실적인 이미지와 가치를 주조한 영화이다(Pastor, 30).

테레사는 영화의 여성 인물이다. 영화는 1970년대 쿠바사회의 전형
적인 사회환경에 노출된 여성의 이야기이다. 영화는 남성 마치스모를
고발한다. 직장생활을 하며, 주부로서, 엄마로서, 아내로서의 삶을 살
아가는 여성의 일상에 대한 묘사가 배경으로 전개된다. 1979년 쿠바
사회는 이념적 혁명을 위한 과거역사의 청산보다는 일상적 삶에서 사
회문화적 인습을 바로잡으려는 새로운 문화적 혁명의 시기를 맞이한
다. 혁명은 결국 대중이 주인이 되는 사회의 발전을 도모해야 하는 것
인데, 과연 당시 쿠바의 사회문화적 위상은 어떠한지, 일상의 삶에 대
한 자기성찰이 영화가 주목하는 중심 주제이다.

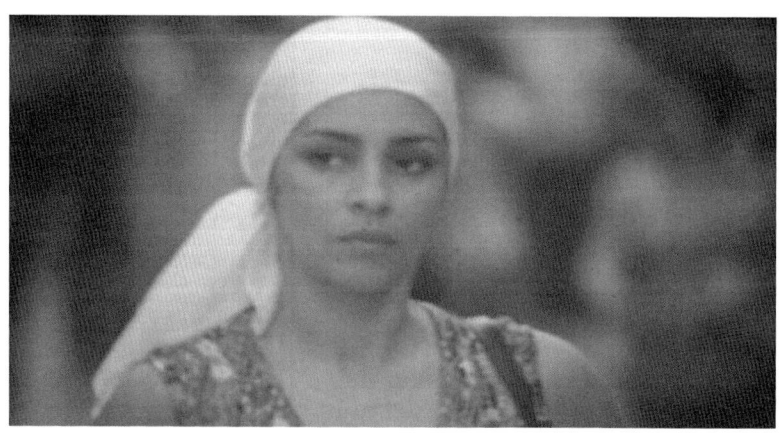

1960년대 대표적인 여성과 남성의 사회적 갈등에 대한 영화인 <루시아>의 경우, 역사적 실체에 대해 규명하고, 그 의미를 재설정함으로써, 결국 정의의 시각에서 '해피엔딩happy ending'을 보이고 있는 것과 비교하여, 1979년도 <테레사의 초상>의 경우에는 의도적인 해피엔딩을 암시하지 않았다. 테레사는 사회적 문제의식의 전환을 위해서는 문제를 해결하기 위해, 서둘러 문제에 직면하고, 바로 해결 가능성을 시사하는 이미지와 개연성으로 이야기를 몰아가는 1960년대식의 추상적이고 이념적인 접근을 벗어나, 현실에서의 구체성과 실체를 대상으로 수행되는 실증적 면모에 주목한다. 그녀의 접근시각은 문제를 해결하기 위한 문제의식의 환기에 머무는 것이 아니라, 문제의 해결 가능성이란 개인의 '적극적인 참여'에 의해 주도되는 접근이 되어야 한다는 의식에 있다(Hernández, 2009: 6).

　혁명이 선언된 지 20년이 되는 시점에서 파스토르 베가 감독은 쿠바혁명이 스페인과 미국으로 대표되는 서구가 청산의 모든 대상인 것

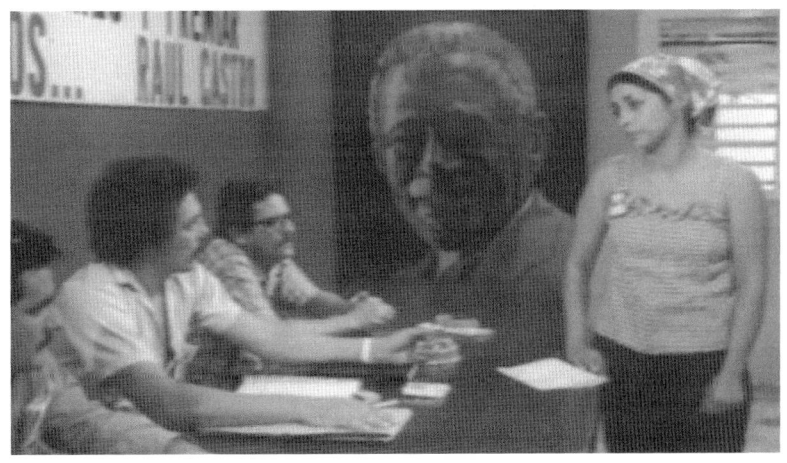

처럼 논의되는 것보다는 사실상, 국내 구성원들인 쿠바 사람들의 일상적 삶의 사회문화적 가치에서 보다 본질적인 문제를 찾아야 하는 것은 아닌지, 사회문화적 인식을 위한 '시선'의 생산을 시도한다. 영화적 시각의 주류를 이뤘던 다큐형식은 관객들의 시선을 생산하는 기능에 있어서 새로운 접근방식으로 보완되거나 대체될 그 무엇을 찾아야 했다.

영화의 주제 못지않게 스타일이 강조된 것도 바로 이 시기이다. <테레사의 초상>은 역사성보다는 일상성에 관심을 집중하며, 사회적 이슈가 되는 주제에 접근하는 현실성에 강조점을 두었다. 베가 감독은 1970년대 쿠바영화 상황에서 여전히 다큐형식의 영화가 주도하고 있는 분위기를 극복하고, 극적 전개를 중심으로 구성하는 픽션영화에 주목하였다. 상업주의와 효과 위주의 영화들이 갖는 단점을 답습하지 않는다는 전제는 유지하되, 최대한 관객을 사회적 이슈가 되는 영화의 주제에 몰입을 시키고, 공감대를 통해 새로운 시선의 가능성을 이끌어내야만 했기 때문이다. 그는 사회적인 이슈와 문제의식을 부각시키기 위해, 영화의 극적 구성을 강조했다. 과연 영화는 대성공이었다. 개봉 2주 만에 25만 명의 관객을 불러들이며(Chanan, 1997: 198), 사회적 이슈를 만들어냈다. 새로운 시선을 생산한 것이다. 연일 사람들은 영화의 주제들을 두고 토론을 벌였으며, 관공서와 학교, 직장과 거리에서 토론과 논쟁은 계속되었다.

중요한 것은 영화가 여성의 사회참여와 역할이라는 이미지를 중심으로 사회적인 핫 이슈를 제시할 수 있었다는 점이기도 하지만, 관객의 적극적인 참여를 유도해낼 수 있는 영화적 장치가 마련되어 있었다는 대목이다. 사회주의 발전을 위한 요소의 개발과 공동의식이라는 차원에서 관객 혹은 대중의 적극적인 참여는 영화매체의 사회적 기능의

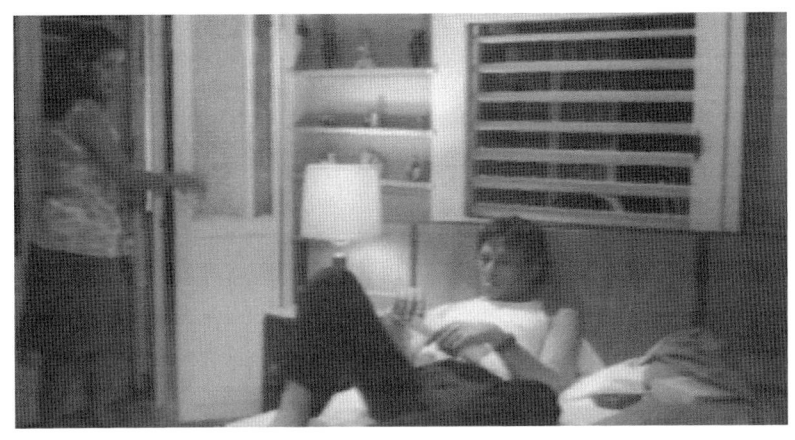

목적과 일치된다(Quiros, 1993: 65~66, cited in Glenda, 2005: 38). 결국 <테레사의 초상>은 사회문화적 논란을 야기했고, 많은 이들이 토론에 적극적으로 참여할 뿐 아니라, 정부정책 등과 같은 정치적 영역으로 확장되었다. 이는 감독이 의도했던 것처럼 관객을 참여시킴으로써, 시선을 생산하고, 그러한 과정에서 사회의 점진적 발전의 모델로서 영화의 기능과 역할을 수행할 것을 기대했던 ICAIC의 목적과 일치하는 부분이다(Chanan, 1985: 378). ICAIC이 추구했던 영화매체를 통해 사회의 문화적 인식의 틀을 변모시키려는 시도가 성공을 거둔 것이다. 이렇듯 사회문화적 가치를 구성하는 이념과 관습 등을 전향적 시각으로 전환하려는 노력은 전략적으로 접근되어야 하며, 효율성이라는 측면에서도 교육적 캠페인이나 구호를 통하는 접근보다는 영화매체와 같이 관객의 '몰입'을 통한 '공감대 형성'을 토대로 다가가는 것이 관객의 '시선'을 생산할 수 있는 보다 긍정적인 접근이기 때문이다. 결과적으로 관객들은 현실성이 있는 일상적 주제에 깊은 관심을 기울이게 되었고, '마치스모'와 '여성의 해방'이라는 주제가 개념적이거나

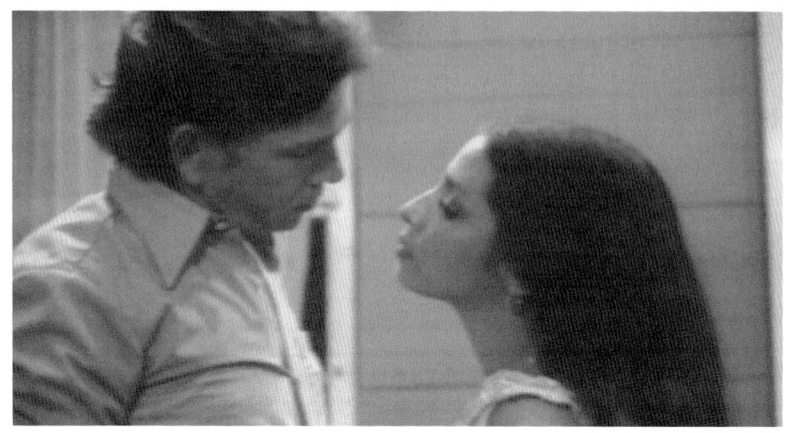

추상적인 접근이 아니라, 현실적이고 구체적인 방식으로 이해되어야 하는 문제의식이라는 사실을 알게 된 것이다. 감독은 이렇게 관객의 시선을 생산할 수 있었다.

<테레사의 초상>은 1968년 움베르토 솔라스의 작품인 <루시아>의 3부 가운데 마지막 에피소드의 여성 인물 루시아가 남편의 '마치스모 Machismo'에 대항하면서도, 남편을 설득하여 가정을 지키려 했던 것과 비교하면, 상대적으로 보다 투쟁적이고 선동적이며, 독립적인 인물을 묘사한다. 루시아는 남편의 질투와 성적 지배가 중요한 요점이 되는 갈등상황에서, 자신이 참여하여 수행할 수 있는 일을 하겠다는 사회적 참여의 차원에서 자립과 독립, 자아 찾기를 주장한다. 글렌다가 주장하는 '여성혁명영웅'의 모습은 <나는 쿠바Soy Cuba>에서 전형적으로 나타나는 인물 유형으로서, 이미 루시아의 인물과도 다소 거리가 있다. 물론 루시아의 경우에는 사회발전을 위한 혁명정신을 고취하려는 의미라는 차원에서 일정 부분 글렌다의 평가를 긍정적으로 수용할 수 있다. 하지만 테레사라는 인물에 대해서는 일상적 가치와 여성으로서 젠더와 페미니즘적 주

인공의 모습에 가깝다는 점에서 글렌다의 주장을 수용하기란 곤란하다.

<테레사의 초상>에서는 <루시아>의 경우에 비추어, 보다 구체적인 현실이 묘사된다. 그녀는 세 명의 아이들의 엄마, 남성 우월주의자의 아내, 방직 공장의 직원, 노동자 연맹의 문화 담당 등의 역할을 수행하면서 사회문화적 편견에 맞서 당당하려는 여인의 모습이다. 테레사의 주변 인물들은 그녀에게 '단순하게 집안일을 하며, 아내 역할에 충실한 것이 본질적'이라는 견해를 밝힌다. 이들은 사회에서 주체적 임무를 수행하는 개인으로서 보다 적극적인 자신의 역할을 수용하는 것은 선택의 문제가 아니라, 당연한 것임을 강조한다. 각자 맡은 일을 충실히 한다는 것, 그것이 당연하다는 주장 자체가 편견과 인습이라는 사실을 그들은 인식하지 못한다. 여성의 일과 남성의 일을 영역으로 정하고, 구분하는 과정에서 사회적 편견과 성차별이 기인할 수 있음을 깨닫지 못하는 것이다. 영화는 이처럼 쿠바사회에 만연한 남성우월의식에 대한 일상적 시각에서의 접근이다.

1970년대 말 쿠바사회는 기존 세대의 양성관계에 있어서 성차별이나 양성평등 등에 관련하여 사회구조적 갈등요소에 대한 의식이 일반화되지 못한 상황이었다. 힘들어하는 테레사에게 그녀의 엄마는 "여자는 여자, 남자는 남자일 뿐 [……] 이건 피델도 못 바꾼다"고 결론짓는다. 혁명의 대상으로조차 인식되지 않았던 가치개념으로서 남녀의 사회적 역할이라는 문제의식은 뿌리 깊은 사회문화적 가치관이기 때문이다. 테레사는 시대적 이념과 문제에 직면한다. 당시 쿠바사회는 모든 분야에서 꾸준히 혁명을 외치고 있지만, 정작 일상적 삶에서 가장 본질적인 문제조차 외면하고 있는 것은 아닌지, 감독은 문제를 던진다. 그는 사회문화적 가치에 대한 변화의 시선이 왜 필요한 것인지 말

한다. 정치제도의 개혁이 사회문화적 인식의 개혁이나 일상에서의 구체적인 삶의 변화보다 중요한 것은 결코 아님을 지적한다.

"나는 엄마와 속한 시대가 달라서 다행이야." 테레사의 시선이다. 남편인 라몬은 TV 수리 기술자로서 사회적으로 우수한 재원이다. 자기개발의 측면에서 주인공들은 각각 별다른 문제를 지니고 있지 않다. 둘의 관계 또한 사랑으로 맺어진 관계이다. 직장업무와 특별활동, 집 안일까지 여러 몫의 삶을 살아가는 테레사에 대한 이해가 부족한 남편에 대한 투정에 대한 직장동료의 조언도 크게 다르지 않다. "그런 것은 남편들이 짜증을 내는 일이야." 루시아가 저항하는 대상은 개인으로서의 남편이었으나, <테레사의 초상>에서 여주인공이 변화의 대상으로 삼는 것은 남성우월의식의 대표적 유형으로서의 남편, 라몬이다. "오늘은 설거지를 않겠어." 라몬은 "내일이면 나아지겠지" 아내의 불만을 이해하지 못하는 남편의 설득에도 불구하고, 테레사는 "내일, 당신이나, 나, 모두 변하는 것은 아니야"라 외친다. 사소한 문제에 본질적으로 대응하는 아내의 태도에 당황한 라몬은 점차 언성을 높이게 되고, 테레사 또한 감정적으로 폭발한다. 하지만 테레사는 라몬이 원하는 것처럼 직장 근무시간과 근무 후 직장동료들과의 '문화 활동'의 시간을 바꿀 수는 있지만, 남편의 시중을 들기 위해서가 아니라, 근무 후 보다 자유로운 여가활동을 하려는 것이라 항변한다. "나는 노예가 아니야." 그녀의 말은 단호하다. "나는 노예가 되고 싶지는 않아. 나 자신이 될 거야. 나는 내 엄마나 시어머니처럼 살지는 않을 거야." 그녀의 말은 이미 선언이다. 개인 테레사의 말이 아니라, 쿠바 여성의 대표로서 내뱉은 말이기 때문이다.

문제에 직면한 테레사가 해결책을 찾아가는 과정은 고민과 번민으로 표현된다. 하지만 사회의 인습적 가치관을 바꾼다는 것은 "피델도 할 수 없다"는 표현처럼, 혁명정신으로도 불가능한 대상일지 모른다. 시어머니가 "요즘 여자들은 백인, 흑인, 애, 어른 할 것 없이 다들 그 모양이다", "자유롭다는 거겠지"라며 보수적인 가부장제적 인식과 남성우월의식에 친숙한 가치의식에 대한 동의를 드러내는 행위에서 테레사의 현실적 어려움이 묘사된다.

테레사의 입장을 다루는 '응시'의 시선이 행위와 사건 속에서 여주 인공을 배치하는 플롯의 설정에서 논의된다는 전개가 맞는다면 <어떤 식으로든>과 <어느 정도까지는>의 경우와 비교하여, <테레사의 초상>이 좀 더 개별적 특징을 드러낸다. 남자 주인공 라몬은 개인으로서 '인물'이지만, 동시에 사회적 가치개념의 '표본'이고 '상징'이다. 다큐적 요소가 많이 반영된 위의 두 영화들과 비교하여, 극적 요소가 보다 강조된 <테레사의 초상>에서 라몬은 마초로서의 상징성과 더불어, 테레사의 존재 이유에 대한 설명으로서 기능하는 측면이 강하다. 이는 '테레사는 누구인가'라는 주제와 맞물리는데, 그녀는 상대적으로 남편과 사회적 편견에 의해 실존적 의미를 구성한다. 남편인 라몬의 '인물'과의 상관관계에서 그녀의 존재적 의미와 내용이 규정되기 때문이다. 남편의 외도에 대해, 남편에게 질문하는 그녀의 입장이 이러한 두 사람의 기능적 관계를 대변한다. 상황이 여자의 외도였을 때, 당신이라면, 어떻게 했을 것이냐는 물음을 통해, 라몬의 생각은 '인물'을 대변하고, 테레사는 그의 대답에 따라, 남편과의 화해를 토대로 충돌하는 갈등적 요소들을 화합하고, 융합하는 개연적 절충의 가능성과 과거의 인습과의 단절을 향한 발걸음을 떼는 투쟁의 상징을 선택할 가능성 사이에 놓이게 된다.

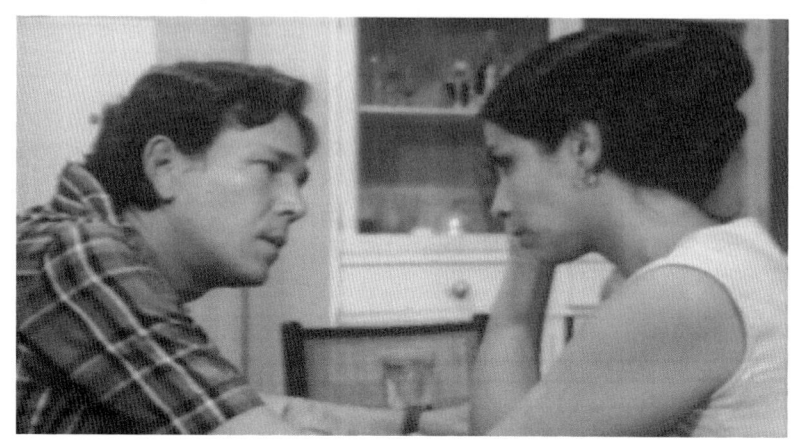

　파스토르 베가는 테레사라는 여성 인물 이미지의 창조를 통해 당시 사회가 간과하고 있던 이슈를 중요한 사회적 문제로서 부각시키는 데 성공했으며, 선언적이고 상징적 수준에서 되풀이되던 사회변혁의 정신을 일상적 삶의 인식 전환으로 이끌어낼 수 있었다.

　영화가 제기하는 화두는 '마치스모'와 여성 해방의 상관관계를 통해 생산되는 여성의 사회문화적 이미지이다. 주인공인 테레사는 남편인 라몬의 마치스모에 저항하는 행위를 주도한다. 혁명이란 급격하고 극적인 방식으로 심리적 정신적 구성축을 바꿀 수 없음을 아내, 테레사에 대한 라몬의 태도를 통해 이미지로 구성된다. 한순간에 변화될 수 없는 사회문화적 가치로서, 청산의 대상이며 사회발전에 저해의 요소로 해설될 수 있는 전근대적 요소는 라몬의 마치스모와 가부장제적 태도에서 함축적으로 발견된다(Brígada, 2006: 37).

　영화는 '여성'을 상징으로 표현하기보다는 현실적 이미지로 재현하고 있는데, 이때 여성은 <나는 쿠바>의 경우처럼 '국가적 이미지'로 체화된 여성과는 차별적이다. <나는 쿠바>에서 화자로서 여성은 국가로서 쿠바이며, '여성=국가'의 구도가 성립된다. 그러나 <테레사의 초상>에서 여성은 국가로 체화되지 않는다. 테레사는 개별적 '인물'이며, 동시에 '현실적' 인물이기 때문이다. 그러므로 주인공인 테레사가 추구하는 자유와 해방이 곧 쿠바의 자유와 해방이 되는 것은 아니다. 따라서 <나는 쿠바>에서 추구되는 자유와 해방은 곧 쿠바의 자유와 해방이라는 구도로 이해되지만, <테레사의 초상>에서 추구되는 자유와 해방은 여성과 남성의 양성대결국면에서 전근대적 인습으로서 마치스모로부터 여성의 해방의 구도로 이해가 된다.

따라서 <나는 쿠바>에서는 여성이 곧, 쿠바이며, 여성의 해방이 쿠바의 해방이라는 구도가 가능하며, 해방1과 해방2 사이에는 완전한 일체감이 형성된다.

| 여성 | = | 쿠바 |
|---|---|---|
| ↓ | | ↓ |
| 해방1 | ≡ | 해방2 |

<테레사의 초상>에서 여성은 쿠바를 대표하지 않으며, 여성의 해방과 쿠바의 해방이 일치하지 않는다. 물론 쿠바의 해방과 여성의 해방 또한 동일시될 수 없으니, 이는 ≪(여성∈쿠바); (해방1∈해방2)≫의 구도에서 파악되기 때문이다.

| 여성 | ≠ | 쿠바 |
|---|---|---|
| ↓ | | ↓ |
| 해방a | ≠ | 해방b |

| 여성 | ∈ | 쿠바 |
|------|-----|------|
| ↓ | | ↓ |
| 해방a | ∈ | 해방b |

여성은 쿠바의 부분집합이며, 해방a가 해방b의 부분집합이다. 감독의 의도는 단순하게 작은 개념의 해방을 논의하려는 것이 아니라, 일상적 삶에서의 변화가 결국은 쿠바사회의 발전에 공여한다는 구도에서 논제를 제공하는 것이기 때문이며, 쿠바사회의 변화발전을 위한 방향성의 의미에서 파악될 수 있다.

사회주의 체제에서 여성의 노동성은 남성과 평등하게 평가된다. 영화는 여기에서 출발점을 찾는다(Glenda, 2005: 37). 노동의 평등함을 내세워 여성의 성적 평등에 대한 논의를 출발하는 것이다. 1979년 쿠바사회에서 여성의 성적 동등성과 해방이란 주제는 가부장제적 사회환경에 오랫동안 노출되어 온 쿠바인들이 쉽게 수용할 수 있는 주제는 결코 아니었다. 현실적으로 여성의 해방은 마치스모의 변화와 반비례의 관계에 놓여 있었으며, 마치스모는 가부장제적 환경에 길들여진 쿠바인들 사이에서 남성들끼리 혹은 남녀 사이에서 모두 존재하던 강한 사회적 인습이었다.

<테레사의 초상>에서 간과할 수 없는 것은 라몬과 테레사가 주도적이고 주체적인 개인으로서 역할을 어떻게 수행할 것인지, 자신들의 자유의지가 무엇이고, 어떠한 인식에 기반을 하고 있는 것인지에 대한 개인주의적 차원의 담론으로 이어지지 못하고 있다는 점이다. 상황에 의해 충동적이거나 우연적인 요소가 극의 전반을 구성하는 '행위'의 주체가 되지도 않는다. 따라서 라몬의 외도 대상이었던 미리암의 역할은 극히 제한적이다. 라울과 테레사는 별거상태에서도 나름대로 자신

들의 삶의 원동력을 구성할 수 있는 기본활동은 충실히 이행한다. 각자의 직장에서 역할을 성실하게 수행하고 있다. 고뇌와 성찰의 행위가 개인 일상의 의미로 확장되지 못하고 있는 것이다.

가부장제적 환경에서 마초로 성장한 라몬은 여성이란 사회적 진출의 기회가 주어지더라도 가정에 우선적으로 충실해야 한다는 인식에 익숙할 뿐 아니라, 결혼을 한 이후에도 남편이 이식한 마치스모의 규칙 아래 아내가 자신과 자신의 태도를 수용할 것을 당연하게 주장한다. 중요한 점은 남성의 입장에 대한 세세한 묘사가 제한적이라는 사실이다. 감독은 영화를 통해 마치스모의 문제를 드러내고 있으나, 남자 주인공들의 행위와 사색의 방향을 통해 관객들이 함께 남성의 입장에서 고뇌하고, 성찰하는 기회를 제공하고 있지 않는다. 이러한 태도는 테레사의 경우에 차별적이다. 일상의 삶에서 힘들어하고, 고뇌하는 그녀의 모습이 지속적으로 스크린에 노출됨으로써, 관객들은 '몰입'에 의한 '공감대'를 형성하게 된다. 그러나 개별인물로서 테레사의 고뇌는 제한적이다. 고뇌하는 모습은 보이지만, 무엇을 어떻게 직면하고 있는지 감성적인 수용과 반응에 대해 세밀한 묘사는 거의 생략되어 있다. 남성에게 기회를 주고는 있지만, 정작 자신이 얼마나 깊이 문제에 집중하고 있으며, 고뇌와 성찰을 하였는지, 표현하고 있지 않다. 남편의 마치스모를 확인하고는 자신이 예비적으로 결정했던 길을 걸어가기로 하는 모양새를 이루고 있다.

그렇다면 테레사가 남편을 설득하려는 입장을 어떻게 볼 것인가. 변화를 기다리는 것이 '독립적'인 인물로서의 이미지에 부정적 요소인가, 아니면 공동의 참여를 위한 사회적 내재화의 일환으로서 필요한 과정인가. 일반적으로 남편이 외도 이후에 자신의 의지로 가정으로 돌아왔을 경우, 여자들은 수동적이기는 해도 남편을 받아들이며 자신들이 사회적으로 불안정한 가정을 극복하게 되었다는 사실에 보다 중요한 가치를 부여한다고 본다면, 본 영화는 남편을 수용할 것인지에 대한 테레사의 입장을 '주저'하는 태도로 그리고 있다. "그렇게는 안 돼, 불가능해" 용서하고, 하지 않고는 이미 중요한 문제가 아니라는 것이 테레사의 입장이다. 그렇다면 무엇이 문제란 말인가, 관객은 궁금증을 안게 된다. 여기에 감독이 생각하는 영화매체의 사회문화적 기능이 있다. 관객을 공감과 몰입을 통해 담론 혹은 논의에 적극적으로 참여하게 함으로써, 구태의연한 사고방식이나 행위의 반복이 아니라, 논의의 대상에 대한 본질적인 성찰을 유도하려는 것이다. 사회주의 발전이론에서 라몬의 자발적인 변화의 노력 가능성은 사회발전을 위한 설득의 이유가 된다. 사회주의의 평등개념에 호소함으로써 단순하게 마치스모의 문제를 지적하고, 화두를 던지는 행위에 그치는 상징과 선언의 의미를 넘어서는 노력을 어떻게 경주해야 하는가 하는 문제가 보다 구체적인 감독의 의도이다.

테레사는 끊임없이 여성의 동일한 노동력 제공에 대한 논의를 펼치고 있다. 라몬의 마치스모에 대한 그녀의 태도는 분명하다. 자신이 가사일과 육아, 직장생활과 문화활동 모두에 충실하려는 것이 현실적으로 무리가 된다면, 그것은 남편의 도움과 이해, 그리고 나아가 가정에서 남편의 노동력 분담이 절대적인 전제조건이라는 것이다. 테레사는 가부장제적인 사회 분위기를 조장하는 사회에도 저항한다. 남녀유별을 강조하는 기성세대들의 조언과 권유는 그녀가 극복해야 할 어려움으로 묘사된다. 엄청난 장벽이거나, 갈등의 요소로 표현되지 않는 것이다. 그녀는 단호한 선택의 기로를 스스로 선택한다. 하지만 그녀는 마지막 순간까지 라몬의 변화를 기대한다. 그녀는 묻는다. 만약 내가 그와 같은 (외도의) 경험을 한 것을 알게 된다면 어떻게 반응할지 묻는다. 그의 대답이다. "나는 남자야, 남자는 달라"라 대답한다. "게다가 (남자와 여자는) 같을 수도 없지. 그건 다른 거니까" 그것이었다. 둘 사이가 소원해지고, 별거가 이별로 이어질 수도 있는 필연적 요소가 있었다면, 그것은 바로 라몬이 대답하는 내용에 있었다. 남자와 여자는 다를 수밖에 없다는 생각. 남성중심의 우월의식인 것이며, 이것이 1970년대 후반, 쿠바사회가 발전을 위한 혁명적 개혁의 수행 대상으로 삼아야 하는 사회문화적 변화의 척도이며, 인습이라는 것이 감독의 생각이다. '마치스모'로 대표되는 가부장제적 남성우월의식이 쿠바사회의 미래지향적 발전 과정에 저해요소라는 인식인 것이다.

1980년대 대부분의 쿠바영화들이 극복하지 못한 문제, 즉 남성 인물의 욕망을 묘사하는 과정에서 여성 인물의 감성적 반응에는 제한적이라는 문제는 <테레사의 초상>에서도 동일하게 나타난다. 테레사의 고민과 번민은 그녀 자신의 감정이나 상실감보다는 부부관계의 단절 여부에 원인으로 맞춰져 있기 때문이다. 현대 서구사회의 일상을 반영하는 영화들의 대부분은 부부 이별의 주된 원인으로 '상대에 대한 감정'의 소홀함을 손꼽는다. 개인주의의 시각에서 일상의 삶을 바라보기 때문이다. 이러한 부분의 논의는 <테레사의 초상>에서는 극히 제한적이다.

| 개별인물로서 테레사 | < | 쿠바 여성의 대표 |
|---|---|---|
| ↓ | | ↓ |
| 개인의 행복 | < | 사회와 국가의 발진 |

테레사는 개별인물이면서 쿠바의 시대 상황에서 마치스모를 경험하는 대표적 여성의 이미지를 반영하고 있다. 따라서 그녀의 행복은 사회와 국가의 발전에 종속적이다. 사회주의의 전체주의적 구도에 대한 중요성의 강조는 이렇게 개인주의에 기초한 현대 서구영화가 드러내는 욕망의 구도와 차별적일 수밖에 없다. 그러므로 <테레사의 초상>이 지닌 여성주의를 보는 시각은 개인의 인격과 개인의 삶에 대한 존중의 시각에서 제기되는 것이 아니라, 사회주의의 국가적 발전을 위한 사회문화적 가치체계에 대한 시각으로서 '개인집단'의 구도로서 영화의 목적이 본질적으로 수행되고 있음을 확인하는 과정이다.

전반기 쿠바 신영화들에 빈번하게 등장하던, 국가로 체화된 여성의 이미지는 여성의 사회문화적 이미지로 대체되고 있으며, 비록 전반기 영화들 가운데 여성의 문제를 젠더와 페미니즘적 시각에서 포괄적으로 다루고 있기는 하지만, 사회주의 체제의 발전이라는 보다 큰 틀에서 영화의 기능을 설정함으로써, 개별인물로서 여성 주인공에 초점을 맞추지 않는다. 개별적인 일상적 삶의 테두리를 대상으로 사회문화적 가치를 다루고 있음에도 불구하고, 결국 사회문화적 가치체계에 대한 점검과 검토의 의식은 다시 진정한 사회의 변혁과 혁명을 위해 봉사하는 종속적 가치개념에 머물고 있음을 드러낸다.

그럼에도 불구하고 <나는 쿠바>가 선언적이고 상징적으로 여성의 이미지를 그리고 있다면, <테레사의 초상>은 실존적 해방의 개념으로서 여성의 사회문화적 이미지를 그리고 있음은 분명하다. 하지만 영화의 전개 과정에서 그녀의 고뇌와 슬픔은 묘사되고는 있으되, 개인의 감성적 취향과 기호를 세밀하게 반영한 감성적 고뇌와 슬픔이라기보다는, 사회의 기능에 참여하는 공적 개인으로서의 삶에 보다 강조점이

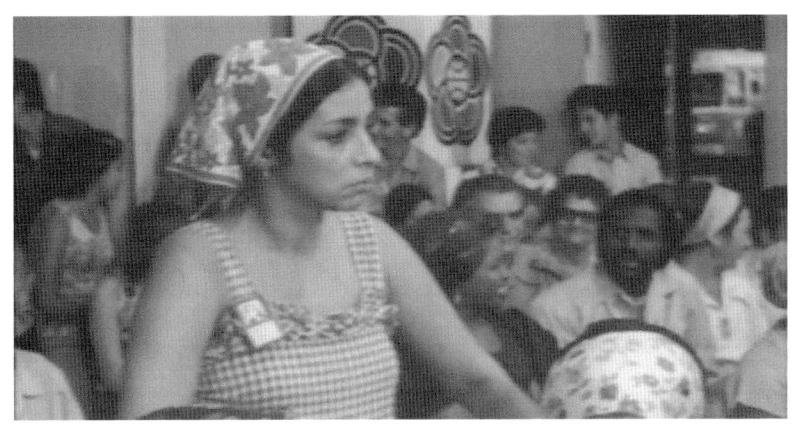

맞춰져 있다. 베가 감독의 작품이 국제적인 우수성을 인정받았던 '여성의 역할'에 대한 사회문화적 문제제기와 의식이라는 평가에도 불구하고, 쿠바 사회주의 사회환경의 테두리 안에서 영화제작의 환경과 목적이 수행되고 있음을 드러내는 대목이다.

브리가다(2006: 42)가 주장하듯 <테레사의 초상>은 혁명 이후 쿠바사회라는 맥락에서 돌출되는 새로운 '여성 해방'의 주제에 대한 뛰어난 반향이고 결실인 것은 분명하다. 테레사로 대표되는 1970년대 말 쿠바사회 여성의 사회문화적 이미지는 분명 전반기 영화인들이 주장했던 것처럼 상징적이고 선언적인 의미에서 '여성혁명전사'의 역할에 집중하고 있는 것은 아니다. 그녀는 <나는 쿠바>에서처럼 '여성=쿠바'의 등식으로 존재하지 않기 때문이다. 그녀의 일상과 희망, 삶의 구체적인 이야기들이 여성으로서 그녀의 존재를 구성하고 있으며, 집단 혹은 국가 개념으로서의 쿠바와 일정한 부분에서 거리를 둠으로써, '여성=쿠바'의 등식을 벗어난다.

테레사의 해방을 위한 투쟁은 사회의 발전에 공여하는 측면에서 긍정적이며, 그녀의 해방은 남성의 협조 여부에 종속적일 수밖에 없는 사회문화적 한계에서 논의가 제한적으로 맴도는 경향을 지닌다. 다만 그녀는 국가적 영웅의 이미지에서 벗어나, 사회적 가치를 선도하는 모델의 이미지로 기능한다. 물론 그녀가 쿠바의 해방과 혁명정신의 궤도에서 벗어나 있는 것은 아니다.

개별인물로서 테레사의 사회문화적 이미지는 여성이라는 집단성을 반영하는 것으로서 결국 쿠바사회와 국가라는 개념에 종속적 구도에서 파악된다. 따라서 '여성∈쿠바'의 등식이 가능하며, 이러한 전제가 잘못된 것이 아니라면, 테레사의 마치스모로부터의 해방 선언은 개별인물로서 그녀의 해방을 의미하기보다는 사회집단에서 여성의 사회문화적 이미지로서 기능한다고 보아야 할 것이다. '그녀의 해방∈쿠바의 해방'의 등식이 토대적 의미이기 때문이다.

테레사는 여성의 해방이 가부장제적 구조와 의식에서 벗어나야 가능하다는 메시지를 지속적으로 전하고 있지만, 그 이유는 그녀 개인의 감수성과 기호에 의존하는 존재의식에서 찾아지기보다는 사회주의 경제체제에서 남녀 양성평등의 원칙과 같은 제도적이거나 추상적인 개념과 긴밀하게 연결된다. 1990년대 쿠바영화에서 살펴볼 수 있는 감성을 지닌 여성으로서 '나는 누구인가?', '무엇이 여성인가?', '개인은 누구인가?' 하는 질문에 직면하는 여성 주인공들의 전형적 모습과 <테레사의 초상>의 여성 인물은 차별적으로 구별될 수밖에 없는 제한적 특징을 지닌다. 개인주의의 측면에서 개별인물로서 테레사를 규정짓고, 구성하는 요소로서의 특질들이 관객에서 노출되지 않기 때문이다. <테레사의 초상>에서 드러나는 '여성의 해방'의 주제는 초기 ICAIC 영화들이 지니는 선언적이고 상징적인 여성의 사회문화적 이미지를 극복하고는 있지만, 개인주의적 측면에서 젠더와 페미니즘적 시각을 포함하는 주제로 발전하기에는 실증적 측면이 제한적이다. 결국 선언적 의미와 실증적 의미 사이에 끼어 있는 중간적 형태와 내용을 지니는 것이다.

젠더와 페미니즘적 자아의 발견과 사회적 위상의 추구라는 측면에서 드러나는 부분적인 한계에도 불구하고, 1979년 출현한 <테레사의 초상>은 쿠바 여성의 사회문화적 이미지의 형성 과정에 대한 매우 긍정적인 자료 그 이상의 의미로 기록되고 있다. ICAIC이 추구했던 영화매체를 통해 쿠바사회의 인식의 틀을 변모시키려는 시도는 <테레사의 초상>을 통해 성공을 거두었으며, 모범적인 사례로 거론되는 영화의 장점은 사회문화적 이슈에 관객을 노출시키고, 논란을 야기하며, 결국 새로운 시선을 생산하여, 사회문화적 가치체계에 대한 긍정적인 논쟁과 토론의 장을 만들어낼 수 있었다는 점에 있으며, 이는 사회의 점진적 발전을 위해 봉사하는 영화제작을 꿈꾸었던 ICAIC의 목적과 일치하기 때문이다.


## 5) 어느 정도까지는

식민주의적 상황과 요소들에 의해 익숙해져 있던 사회문화적 이데올로기의 잔재들을 극복하기 위한 주요 키워드는 '제3세계', '여성', '노동자' 등에 집중되는 경향을 보인다. 포스트콜로니얼리즘을 위한 성찰적 시각을 위한 주제 또한 이러한 키워드를 중심으로 형성되는 것은 자연스러운 일이다 <어느 정두까지는>은 쿠바사회의 노동 분업 현장을 중심으로 여성의 사회문화적 이미지를 다루고 있다.

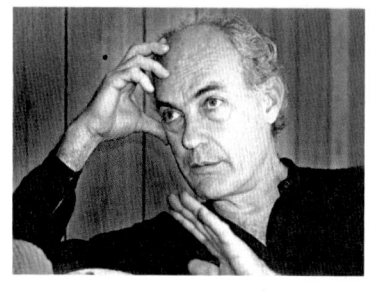역시 세계적인 감독의 시선은 남달랐다. <어느 정도까지는>을 연출한 토마스 구티에레스 알레아 Tomás Gutiérrez Alea 감독은 1980년대 초반 쿠바사회의 남성우월의식인 '마치스모Machismo'가 사회의 변화와 발전에 어떠한 장애가 될 수 있는 것인지 섬세한 시선으로 관객을 끌어들인다. 쿠바 신영화를 이끌었고, 영화의 장르를 사회문화의 실천적 변화의 기틀로 삼으면서도 예술적 가치에 대한 작가주의적 요소86)들을 포기하지 않았던 감독의 면면이 드러나는 대목이다.

영화는 쿠바의 평범한 일상적 삶에서의 인습적 태도인 마치스모에 대한 지적이다. 본 작품 이외에도 고전작품의 반열에 오른 쿠바영화들로서 마치스모를 다룬 영화들로서 <루시아>, <테레사의 초상> 등을 꼽을 수 있다. 다른 영화들과 비교하여 <어느 정도까지는>의 가장 큰 특징은 '남성 vs. 여성'의 대립적 구도에서 마치스모를 다루지 않는다는 점이다. <루시아>의 3부에서 표현되는 것처럼 남편의 우월적 지위와 입장을 폭력적이거나 과장적으로 묘사함으로써, 관객들의 정서적 동의를 구하는 것과는 접근의 세밀함이 구분된다. 감정적으로 격해진 관객들의 동의를 구하는 것은 일상에서의 성찰적 태도와 실증적인 변화로 이어지는 관계망으로 조망했을 경우에 본질적인 차별점이 드러날 수밖에 없다. <테레사의 초상>에서 보는 것처럼 남편의 외도를 계기로 아내의 입장에서 '독립적인 삶의 가능성'을 선택하는

---

86) 쿠바사회의 공적 기능을 다루고 있으면서도, 접근하는 시각에 있어서 개인적 차별성에 강조점을 두고 있는 감독은 인물이 지닌 사회적 상징성을 유지하는 한편, 개별인물에 대한 세밀한 묘사와 감성적 묘사에 있어서 감독 고유의 시선과 카메라 앵글을 유지한다.

여주인공의 태도에 집중하는 방식을 취하지도 않는다.

이야기의 구성은 영화 시나리오 작가와 항구의 여성 노동자의 사랑에 관해 집중된다. 이미 연극무대에서 큰 성공을 거둔 유명 극작가 오스카$^{Oscar}$는 쿠바사회에서 마치스모가 사람들의 삶에 어떻게 스며들어 있는지, 영화의 시나리오를 집필하기로 하였다. 그는 항구 노동자들의 인식적 태도에서 드러나는 마치스모에 대한 세밀한 관찰을 위해, 직접 항구를 찾아 노동자들의 대화를 기록하고, 인터뷰를 하며 현장의 목소리에 주목하기로 한다.

다큐형식의 기록영화들을 촬영하고, 편집하며, 노동자들의 일상에서 마치스모에 대한 생생한 생각들을 찾아내어 자신의 글감으로 수집하려는 오스카의 태도는 우월적 시각으로 무장한 채 이론적으로 접근하는 여느 작가들과는 본질적으로 다르다. 혁명 이후에도 여전히 일정 부분 상류사회의 주체적 계층으로 군림하는 지식인 계층의 태도와는 스스로 구분되고 싶었던 것이며, 그는 삶의 현장에서 자신의 생각을 확인하기를 원했다. 하지만 이 과정에서 만난 여성 노동자 리나$^{Lina}$와 사랑에 빠지고 만다. 객관적으로 쿠바사회의 문제를 관찰적 시각에서 응시하려던 오스카에게 돌연 주관적인 감성의 변화 가능성이 생긴 것이다. 전지전능한 작가의 시점이 지닌 단점이 실증적 삶의 현장성을 제대로 반영하지 못할 한계를 지니고 있는 것이라면, 오스카처럼 현장에 몰입하는 경우에는 객관적이고 타당한 의식을 유지하지 못한 채 다양한 변이요인에 함몰될 가능성도 배재하지 못하는 것이다. 사회를 객관적으로 관찰하고, 이념적이고 논리적인 가치들을 현실의 삶에서 찾아내기란 어쩌면 실천적 접근에 한계를 부여하는 장애가 될 수도 있을 것이다.

쿠바는 여성 노동자들의 사회진출이 평균적 자본주의 국가들의 경우에 비하여 상대적으로 높은 편이며, 여성들의 사회적 진입의 장벽도 낮은 편이다. 그럼에도 불구하고 사회의 변화를 이끌어 가기 위한 남녀 양성의 사회적 역할과 분담이라는 주제는 여전히 부진을 면치 못하는 측면이 빈번하게 드러난다. 쿠바는 자본주의의 폐해를 극복하기 위해 혁명을 주도했고, 미국과의 대립을 통해 사회주의 혁명으로 그 성격을 스스로 규정한 국가이다. 그럼에도 불구하고 양성평등이라는 주제에 있어서 쿠바는 여전히 넘어야 할 산들에 막혀 있다는 것이 감독의 인식이다.

영화는 실제 남성 노동자와의 인터뷰 장면으로 시작된다.[87] 그의 여성에 대한 편견이 무척 흥미롭게 표현되는데, 자신은 사회적 노력과 제도 때문에 여성의 사회적 역할에 대해 80% 정도 생각이 바뀌었고, 어쩌면 몇 % 더 바뀌어 87%에 이르는 정도처럼 **'어느 정도까지는'** 변화될 수 있겠지만, 남성과 여성에 대한 자신의 생각이 100% 바뀐다는 것은 생각할 수도 없다는 것이다. 쿠바사회의 현실을 극명하게 드러내어 영화의 타이틀과 결합시킨 장면이다. 과연 21세기 한국사회에서 남성과 여성의 사회적 역할에 대한 인식은 어느 정도일까. 특정 분야에 있어서 여성의 놀라운 사회적 진출이 현실화되었으며, 맞벌이를 결혼조건으로 공개하는 선남선녀들이 많아졌음에도 불구하고, 남성우월의식의 일상적 모습은 어느 정도일까. 군복무 가산점의 폐지와 더불어 성적 역차별에 대한 논란마저 존재하고 있다고는 하지만, 남성우월의식이 우리 사회에 잠재해 있는 정도에 대한 객관적 표본조사와 실태분석이 가능하다면, 어떠한 결과로 이어질 것인지 궁금하다.

---

87) 영화는 큰 틀에서 극영화의 전형을 이루고 있지만, 그 구성과 소재에 있어서 다큐형식을 차용하고 있다. 특히 인터뷰 장면들은 구도가 흔들리거나 초점이 흐린 장면을 고스란히 넣음으로써, 다큐형식이 지닌 장점으로서 현실 재현의 기능에 대한 긍정적 의미를 반영하고자 한다.

부두 노동자들에 대한 오스카의 면담과 인터뷰는 마치스모와 관련된 다양한 사회적 편견과 인습에 대한 자료들을 제공한다. 그러던 어느 날 오스카는 노동자 정기 토론회에서 자유 발언의 기회를 통해 자신들의 노동환경이 얼마나 열악한 것인지에 대해 노동자 스스로가 보다 철저하고 공익적인 인식 전환과 적극적인 대응태도가 필요하다는 취지의 견해를 피력하는 여성 노동자를 발견하게 된다. 당당하고 단호한 그녀의 태도와 시선에서 오스카는 자신의 영화에 등장할 여성 캐릭터를 찾아낸 것이다. 마치스모가 사회 곳곳에 만연한 환경에서 자신의 역할을 당차게 펼쳐가는 그녀는 오스카가 막연하게 그리던 여주인공의 모습이었다.

　　오스카가 리나를 만나 자신을 소개하고, 인터뷰의 의미를 설명하자, 그녀가 던진 질문이다. "왜, 당신 주변에는 함께 일하는 여성 동료가 보이지 않나요?" 당당한 그녀는 자신의 가정환경에 대해서도 숨길 것이 없다. 아들과 둘이 산다는 말에 '이혼녀'냐 묻는 오스카에게 답한다. 결혼한 적이 없으므로, 이혼한 적도 없다고 그랬다. 그녀는 고향 산티아고에서 남자를 만났고, 아기를 낳게 되었으나 무책임한 남자와 억지로 결혼을 힐 생각은 없었던 것이었다. 몇 가지 꿈이 있지만, 지금

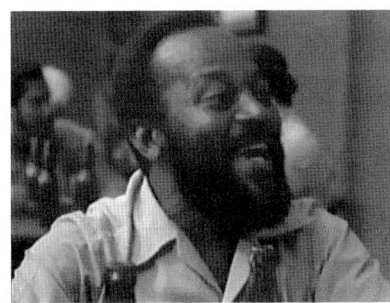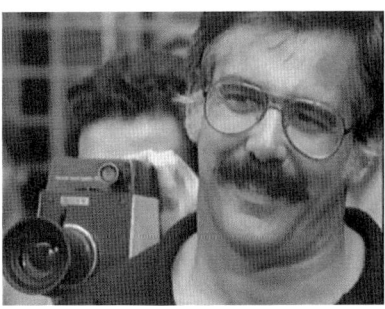

은 그 과정에 있으며, 부두 노동자로서 나름의 삶을 살아가고 있는 것이었다. 그러한 그녀는 오스카에게는 정말 만족스러운 여주인공 캐릭터로 비쳐졌다. 하지만 그녀에게 다가가면 갈수록 오스카는 자신이 그리는 캐릭터와 실재하는 그녀 사이에서 감상에 빠지게 된다.

생각과 행동의 일치를 보이는 리나의 자의식은 분명했다. 영화가 제시하는 모델로서의 여성상은 더 이상 자신의 말을 하지 못하는 존재가 아니다. 지배집단의 언어체계에 종속되어 스스로의 견해를 드러내어 말로 표현하지 못하거나, 최소한의 소극성으로 침묵을 유지하는 존재가 아닌 것이다. 리나는 자신의 언어를 갖추고 역사와 사회의 주인으로서 말을 하고 있는 것이다. 리나는 오스카로 대표되는 남성중심사회의 지배계급의 언어와 담론체계를 뒤집어 말을 한다.

오스카는 자신의 여주인공 캐릭터에 대한 보다 섬세한 감상적 관찰을 시도했다. 그녀의 생각은 분명 그녀의 다른 동료 노동자들의 생각에 비해 진취적이고 자주적이었기 때문이었다. 그러한 그녀의 태도를 보면, 사회에 여전히 만연한 마치스모에 대한 고발적 시각의 다큐형식 영화 극본은 분명 의미 있는 창작활동이 될 것이었다. 사회의 변화를 주도하는 모델로서 리나의 이미지를 영화에서 재현하려던 오스카는 스스로의 언어체계에 의한 허구적 망상에 머물고 있었던 것이다.

구도적으로 쿠바사회를 이해하고, 미래적 전망을 제시할 수 있는 성찰적 판단력을 지니고 있다고 스스로를 생각하던 오스카는 이념적 허구의 틀이 아닌, 현실 세계에서 그녀를 가까이 경험하면서 점차 혼란스러워지는 자신을 발견한다. 점점 가까워지는 두 사람은 어느 순간부터는 시나리오 작업을 위한 관계에서 감성적인 관계로 발전되고 말았다. 문제의 발단은 여기서부터 시작된다. 쿠바사회의 문제점을 직시하

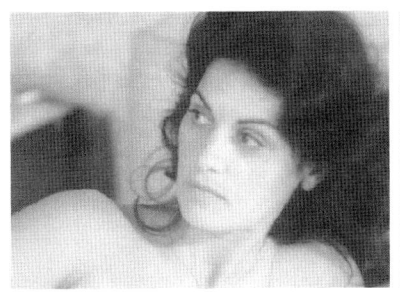
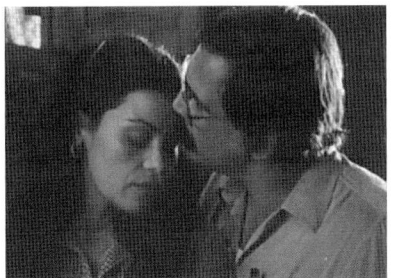

고 그 대안적 시각을 제시하려던 오스카의 응시는 욕망의 시각으로 흐트러지고, 동료인 아르투로<sup>Arturo</sup>와 언쟁을 벌이기에 이르렀다. 현실주의자인 아르투로에게 성찰적 인식을 하는 노동자란 현실 세계에서는 없을 뿐이며, 정작 개별 노동자들은 술과 재밌거리, 돈 등의 물질적 가치에만 관심을 보일 뿐 마치스모와 같은 사회의 인습을 바꾸는 정신적 가치와 관련된 프로젝트에는 아무런 관심도 없는 것으로 보인다는 것이다. 오스카는 그러한 아르투로에게 자신들이 생각하는 성찰적 태도와 삶의 괴리가 없는 완벽한 모델을 찾았음을 피력한다. 하지만 아르투로는 직감적으로 오스카가 리나와의 만남에 의해 감정이 흔들리는 것을 눈치 챘고, 아내에게 고민을 토로하였다. 그의 아내는 남편의 근황에 미심쩍은 부분이 있던 오스카의 아내, 마리안<sup>Marián</sup>에게 정황을 설명하게 된다. 오스카는 마리안의 질책에 감정적으로 흥분하게 되면서, 자신이 영화의 캐릭터와 만나고 있는 것이 아니라, 여인과 만나고 있음을 실감하게 된다.

오스카와 리나는 자신들의 미래에 대해 고민하게 되고, 누구도 예측할 수 없는 앞날을 그대로 남겨둔 채 각자의 일에 몰두한다. 물론 두 사람이 속한 사회는 분명 달랐다. 쿠바사회의 지식인 계층을 대변하며, 상대적인 삶의 풍요로움을 경험하던 오스카에게 리나가 속한 노동자의 환경은 낯설고 척박한 것이었으며, 미혼모이며 여성 노동자로 생활하는 리나에게 오스카가 살아가는 삶의 배경 또한 친밀해지기에는 일정한 격차 너머에 있었다. 그러나 이러한 격차는 두 사람의 감정의 자연스러운 흐름을 거스를 만큼 큰 것은 아니었다. 정작 중요한 것은 마리안과 리나 두 여인 사이에서 보여주는 오스카의 태도에 있다.

오스카에게 마치스모는 남성이 사회적인 주도권을 쥐어 왔던 사회에서 개별 남성이 손쉬운 헤게모니에 의해 마치 전통처럼 내려오는 남성의 우월의식을 무비판적으로 수용하며, 여성과의 사회적 관계에서 동등하지 않은 부정적 요소에 대해서 성찰적 태도를 취하지 않기 때문에 고쳐지지 않는 인식이라고 여겨졌다. 하지만 이제 오스카도 자신의 우월적 지위와 위치, 남성에 대한 사회적 용인이라는 시각으로부터 자신 스스로를 성찰의 대상으로 내어놓아야 하는 처지에 놓이게 되었다. 감독이 응시하는 시각은 바로 여기에 있다. 마치스모는 격정적이거나 극단적인 상황에서 선택이 강요되는 상황에서는 금방 수긍되고 수용될 수 있는 부정적 인습이다.

영화의 시나리오가 슬픈 결말이 아니기를 바란다는 리나에게 결코 슬프게 끝나지 않을 것이라 장담하던 오스카는 아내, 마리안에게 '나도 모르겠다'는 무책임한 태도로 상황에서 한 발 물러선다. 리나에게도 뚜렷한 대안을 제시하지 못한다. <루시아>에서처럼 아내를 폭력적으로 제압하거나, <테레사의 초상>에서처럼 남성은 집안에서 주체적 존재여야 하며, 남성과 여성은 본질적으로 입장이 다를 수밖에 없음을 강권하던 남성 주인공들의 입장과 비교할 때 <어느 정도까지는>의 주인공, 오스카의 태도는 과장된 마치스모의 행위자로 보이지는 않는다.

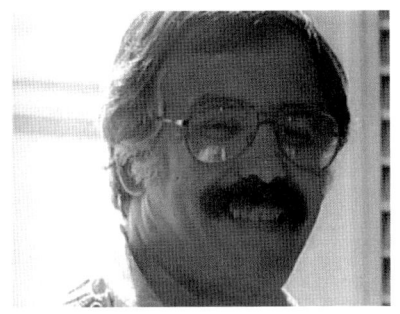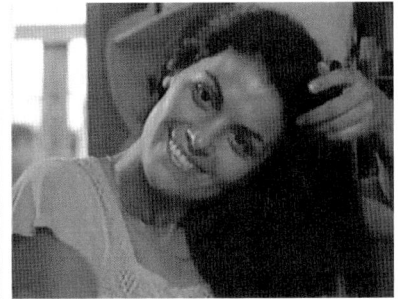

하지만 자신의 행위에 대해 분명한 태도를 취하지 못하는 오스카는 두 여성 모두에게 아픔을 가져다준다. 구티에레스 알레아가 주목하는 마치스모의 단면이다.

오스카가 자신의 결단력 없고 무책임한 행위에 합리화할 수 있는 계기가 마련되었다. 오랫동안 자신을 짝사랑해 왔던 디에고$^{Diego}$로부터 겁탈을 당했고, 그 정황적 현장을 들이닥쳤던 오스카는 리나에 대한 생각을 단순화한다. 그녀 스스로가 홀로 설 기회를 준 것이다. 그는 쉽게 그녀를 버릴 수 있었고, 결국 마치스모의 전형적인 자기합리화를 실현하게 된다. 자신이 고민했던 사회적 인습의 부정적 패러다임인 마치스모를 저지른 것이다. 하지만 그에게서 자신에 대한 번민과 성찰적 태도는 극히 제한적이다. 관객의 시각에서 객관적이고 타당한 가치에 대해 성찰할 기회가 주어질 뿐이다. 오스카가 리나에게 들려주던 바스크 지방의 노랫말이다.

> 만일 내가 원해서, 그녀의 날개를 꺾는다면,
> 그녀는 날지 못하게 되겠지.
> 그러면 그녀는 내 것이 될 테지.
> 하지만 내가 사랑하는 것은 하늘의 새라네.

오스카가 사랑했던 것은 하늘의 새였지만, 손아귀에 넣으려는 순간,

그 새는 날개를 꺾여 그가 원했던 대상이기를 그만두게 되는 것은 아니었을까. 역설적으로 오스카는 그녀의 날개를 꺾었지만, 그녀를 소유할 수 없었고, 그가 사랑했던 것은 자유롭고 당당했던 미혼모 여성 노동자 리나였을 뿐이다. 오스카의 감성은 결과적으로 가식적이었거나 자기중심일 수밖에 없는 한계를 지녔고, 그러한 그의 태도는 구티에레스 감독이 지적하는 마치스모의 결과이다.

사회 전반에 광범위하게 수용된 인식이라고 해서, 객관타당성을 부여받을 수는 없다. 때론 그러한 인식은 인습이거나 편견으로서 사회의 건전한 발전과 긍정적인 변화에 장애적 요소가 되기도 하기 때문이다. 많은 사람들의 생각에도 불구하고, 옳지 않은 대상이라면 변화의 대상이 되어야 하는 것이 아닐까. 사회의 인습은 오랫동안 내려오는 관습이거나 풍습으로서, 혹은 습관으로서 자연스레 수용되어야 하는 것은 아니다. 변화에 대한 거부감은 어느 사회에서나 동일할 수밖에 없다. 현재의 상황에 대한 불만족에도 불구하고, 새로운 패러다임을 맞이해야 한다는 '막연한 두려움Free floating anxiety'은 사회의 본질적인 변화가 비록 긍정적인 방향일지라도 그에 대한 더딘 진행으로 이어질 수밖에 없다.

쿠바의 혁명이 정치제도적인 대상에 집중되었다고 해도, 그 정신은 전방위적 요소를 대상으로 하고 있으며, 이론적으로는 일상적 삶의 다양한 가치와 패러다임에 대해서도 동일한 변화와 수정의 가치를 제고해야 하는 것이었다. 하지만 일상의 가치와 패러다임은 일상의 삶에 녹아 있기 때문에, 정치적인 혁명과 제도의 변혁과 같이 극단적인 변화에 대해서는 수용하는 태도를 취하면서도, 일상적 가치에 대한 변화를 수용하기란 어려울 수밖에 없다. 쿠바사회에 여전히 만연한 마치스모에 대한 감독의 분석이다.

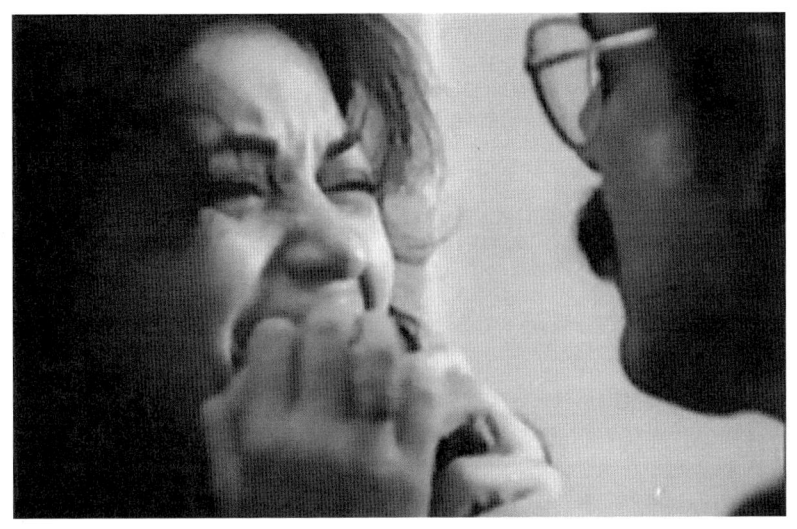

구티에레스 알레아 감독은 이야기의 구성에 있어서 극한 상황과 격정적인 갈등의 구조를 통해 마치스모에 접근하지 않는다. 이는 과도한 극적 대립의 상황에서 관객이 쉽게 동의할 수 있는 장치에 호소하지 않는다는 의미이다. 감독은 극적 대립과 갈등의 상황은 감상적인 선택이며, 이러한 감상적인 선택은 결코 일상의 삶에 본질적인 영향을 행사하기에 제한적이라고 믿는 끼닭이다. 오히려 갈등과 번민에 대한 공감을 통해 성찰적 태도와 연결되는 편이 실증적 변화에 긍정적인 효과를 낳는다고 믿는다. 실천적 지식인으로서, 영화인으로서 쿠바사회의 진정한 발전적 변화를 꿈꾸고 선도하는 감독의 태도이다. 구티에레스 감독의 예전 영화 <저개발의 기억>에서 주인공 세르히오가 보여준 태도는 객관성과 주관성 사이에서 과연 무엇이 미래지향적인 자기성찰적 태도가 될 수 있을 것인지 고뇌하는 지식인의 입장을 담고 있었다면, <어떤 정도까지는>에서 보여주는 감독의 태도는 생각과 행위

사이의 모호하고 불분명한 접점 그 언저리에서 관객의 반응을 기다림에 의미를 둘 수 있다. 감독은 자신의 의도를 감상적으로 공감하게 함으로써 관객에게 주어진 생각을 수용하기를 강요하는 것이 아니라, 관객 또한 감독의 시각에 빠져듦으로써, 사색의 기회를 제공하려 한다는 점에서 일관된 철학을 유지하는 것이다.


## 6) 관타나메라

영화는 유명한 노래 '관타나메라'로 시작한다. 관타나모의 아름다운 여인에 대한 낭만적 그리움을 노래하는, 노래 관타나메라의 흥겨운 리듬을 배경으로 쿠바 국적기 Cubana 비행기가 착륙한다. 지나$^{Gina}$의 이모인 요지타$^{Yoyita}$가 가수로 데뷔하면서 고향 관타나모$^{Guantanamo}$를 다시 찾으면서 이야기가 전개된다.

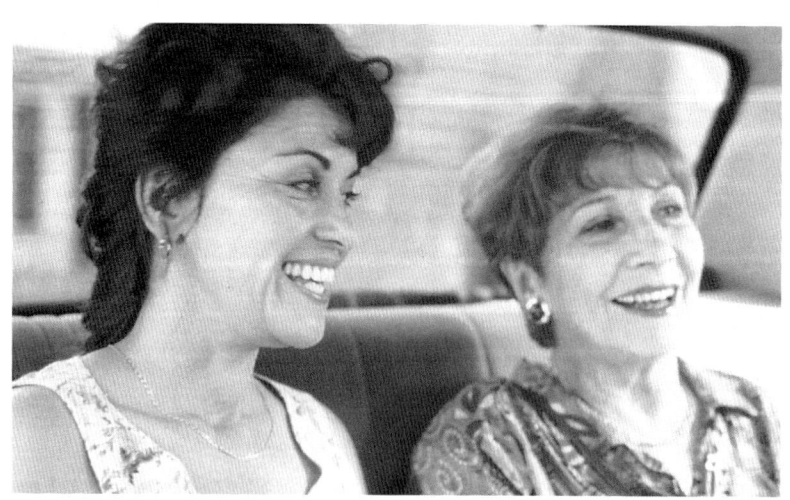

Guan＋anamera는 낭만적 과거와의 단절인 현실에 대한 비유적 접근이 된다. 가장 낭만적이고 이국적 정서로 대변되는 관타나메라의 이미지로 생경한 쿠바의 사회문화적 가치와 이미지를 다루는 것이다.[88]

영화는 쿠바의 일상을 서술의 대상으로 삼는다. 일상적 삶에서 발견되는 다양한 패턴들, 그 패턴들은 흔히 쿠바에서 찾아보기 쉬운, 그래서 매우 '매우 있을 법한' 토픽들로 가득하다.

행사에서 이모는 예술인으로서 기념비적인 공헌에 대한 고향의 답례로 작은 기념회에 참석한다. 기념식장에 붙어 있는 문구가 클로즈업된다. '문화는 영원하다$^{\text{La Cultura es inmortal.}}$, 감성의 요소로서 문화$^{\text{Cultura}}$는 영원한 것이며, 희로애락의 감성을 노래하는 가수 요지타는 문화적 가치의 소중함에 대한 상징으로 등장한다. 하지만 공식적인 행사는 지나나 요지타 모두에게 별로 중요한 의식이 아니다. 화면은 시간적 구성에 행사의 중요성을 할애하지 않는다. 대신 젊은 시절 남자친구였던 칸디도$^{\text{Cándido}}$와의 재회에 비중을 둔다. 이제부터는 헤어지지 말고 그립고 즐거운 기억을 살아가자며 회상에 젖던 요지타는 칸디도의 어깨에 기대어 죽음을 맞이하고, 그녀의 죽음은 조카와 조카사위, 칸디도에게 문제없이 평범하게 돌이키는 것으로 보이던 일상에 새로운 의미를 부여하는 기회를 제공하게 된다. 요지타의 갑작스러운 죽음은 일상에서 잊혔던 사소한 가치들에 대한 '간과하는 시각'에 대한 환기를 부여하는 것이다.

요지타는 주소지에서 장례를 치르기 위해 관타나모에서 긴 여정을

---

88) 음악 관타나메라는 이국적 정서와 서정성으로 해석된다. 하지만 이국적 정서와 서정성이 쿠바사회가 지니고 있는 사회문화적 문제들을 가리고 있는 것이라면, 관타나메라의 서정성은 쿠바의 사회분화석 이비시를 왜곡하는 셈이다. 쿠바라는 국가적 이미지와 정체성에 대한 객관적 접근과 해석이라는 측면에서 감독은 가장 쿠바적인 노래와 쿠바의 실체를 대비하고 대조한다.

시작하게 된다. 제목인 관타나메라의 표기가 Guan＋anamera는 죽음을 둘러싼 일상적 삶의 사소한 가치에 대한 인식의 제고라는 의미로 확장된다. 't' 대신 '＋'를 넣음으로써, 죽음이 영화의 중요한 모티브가 되고 있음을 이미지로 드러낸다. 중요한 것은 이모의 죽음이 여성적 감성의 주체적 실천과 관계되는 동기로서 서술의 시점을 만들어간다는 점이다.

기본코드로서 지나의 삶의 방식은 그녀의 옷차림에서 반영되는 것처럼 남편에게 종속적인 삶의 방식을 드러낸다. 영화가 진행되면서 죽기 전 요지타가 추천했던 원피스를 구입했던 지나는 아돌포로부터 모욕적인 대우를 받게 되고, 이를 목격하게 된 마리아노가 새로운 관계를 설정하는 현실적 계기를 마련하는 사건으로 이어지게 된다.

이야기의 구도는 몇 쌍의 남녀관계에 의해 조망된다. 먼저 여주인공인 지나와 남편 아돌포는 별다른 문제를 외부로 드러내지 않은 채 부부의 외형을 유지하는 평범한 관계를 이룬다.

아돌포와 마리아노는 남자들의 극단적인 전형적 모습을 반영한다. 사회적 책임감과 이념에 헌신하며, 개인의 삶의 정서적 가치보다는 사회의 공적 질서와 이데올로기적 가치에 보다 큰 의미를 찾으려는 공명심에 불타는 아돌포는 소비효율성을 중심으로 최소비용으로 최대의 효과를 지향하는 방향에서 성실함과 꾸준함, 헌신과 공헌으로 스스로를 지향한다. 그는 아내와의 관계에서도 정서적 감수성보다는 효율적 사회이념을 중요하게 여긴다. "모든 것은 계획된 것과 같이 이뤄져야 한다"는 그의 신념은 융통성이 없이 경직된 관료주의의 상징이기도 하다. 공무원이 그의 역할이 죽은 사람들의 장례절차와 관련하여 장지의 결정과 장지까지 운구차의 운행 등과 구체적인 업무에서 파악되고 있는 부분은 <어느 관료의 죽음<sup>Una muerte de un brocrata</sup>>을 상기시키는 주제로서, 대비되는 에피소드를 구성한다. <어느 관료의 죽음>이 지적하는 코믹한 관료주의의 일상적 모습에 대한 신랄한 비평의 시각이 아돌포에 대한 관객의 시각에서 재현되는 병렬적 구조의 시선은 매우 흥미로운 서술 시점이 되기도 한다. 성공한 관료로서 그는 사회의 모범으로서 전형적 사례로 기념되고 싶어 한다. 장례식장에서 기도하는 사람들의 모습에서 기념탑에 건립된 자신의 동상을 우러르는 대중의 모습을 꿈꾸는 그는 이념의 실현을 꿈꾸는 이상주의자의 모습이다. 하지만 그의 이념을 향한 실천태도는 공허하고 비현실적이어서, 감성이 결여되어 있는 비인간적인 면모를 통해 과장되어 묘사된다.

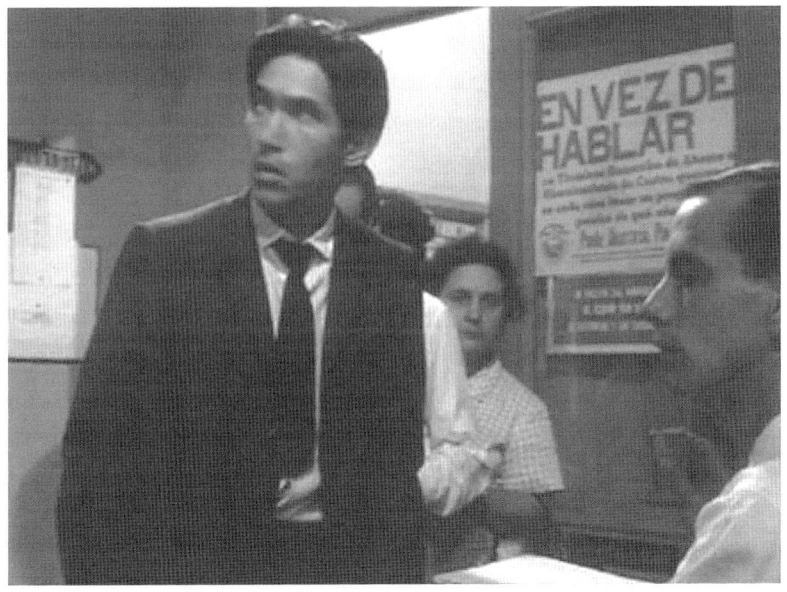

어느 관료의 죽음의 장면

아돌포는 쿠바사회의 미래지향적 전망을 수행하는 의미에서 혁명을 적극적으로 수행하는 존재로서 스스로를 평가하고 있다. 하지만 과연 그가 기획하고 신뢰하는 공적 가치와 체계가 자신들이 제거해야 한다고 믿는 콜로니얼리즘적 사회체계에서의 계급 간 불통과 불평등한 관계를 극복하는 것인지, 부정적이 아닐 수 없다. 그의 관료주의적 태도와 남성우월의식은 헤게모니로서 주변적 존재에 군림하고 있기 때문이다.

마리아노는 인생의 가치에 대한 성찰과 고찰을 고집하지 않은 채 즉흥적이다. 대학에서의 전공을 제대로 추구하지 않았을 뿐 아니라, 꾸준하지도 성실하지도 않은 채 때론 즉물적이고 때론 임기응변적인 일상의 태도를 보여준다. 대형 화물트럭 운전사인 그는 성공한 사례로 전혀 꼽힐 수 없는 평범한 개인이거나, 오히려 그에 미치지 못하는 인물이다. 영화의 전개라는 시각에서 로드무비[Road Movie]의 성격으로 볼 때, 영화의 에피소드별 경유지마다 크고 작은 사건과 더불어 마리아노의 여인들이 등장하는 것은 감성과 열정을 절제하고 조절하지 못하는 과장된 사례로서 마리아노의 인물을 형성한다.

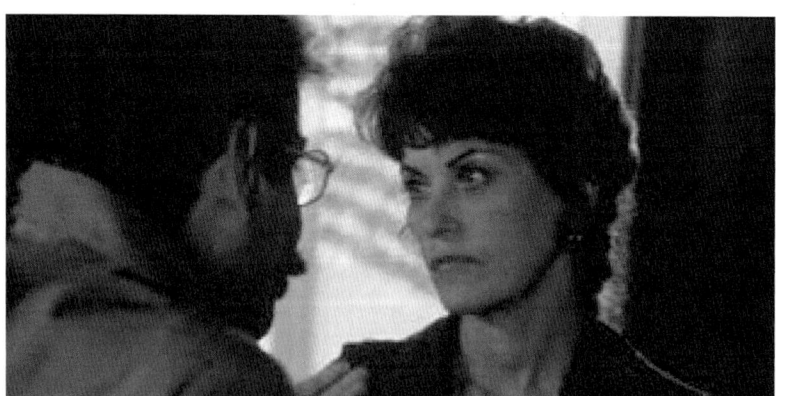

아돌포는 관료적 권위주의의 상징

마리아노는 주변적 인물이며, 쿠바혁명 사회의 미래적 전망에 특별한 책무를 느끼지 않는 소시민적 존재이다. 본성적인 이끌림에 의해 자신의 삶을 내맡기는 사회적으로는 무책임하고, 무계획적인 인물로서 사회적 모델과는 거리가 멀다. 아돌포가 자신을 사회적 모델로서 자평하는 것과는 달리 마리아노는 자신을 자조적으로 평가할 뿐이다.

아돌포가 생각하는 혁명정부의 사회적 역할과 정책의 방향성은 효율적인 실천을 통해 완수되는 것으로서, 그는 이상적 가치의 효율적 실천을 위한 선봉의 역할을 자임한다. 사회적 행위에 있어서 효율적 실천이라는 측면에서 마리아노는 비효율적이고 즉흥적이며 즉물적이어서 속물의 성격을 드러내는 것으로 보인다.

아돌포는 요지타의 죽음에 대처하는 효율성의 태도로서, 관타나모-비야모로-라스투나스의 여정을 각각의 운구차를 활용하는 방식을 직접 실천하며 경험하는 공명심에 불타오른다. 스스로가 관료주의적 형식주의자이면서, 그 피해자가 될 수밖에 없는 과정에서 관객들은 이상이나 이념의 실천을 위한 과정에서 효율성의 공허한 의미를 조소적으로 관찰하게 된다. 중요한 것은 감성/이성=즉흥성/계획성의 대조적 등식이 다소 과장된 대비를 통해 관료주의의 형식논리에 긷혀 있던 감성의 세계에 대한 발견의 의미이다.

아돌포와 칸디도는 정책의 효율성과 그 논리적 입증 과정에 대한 실천주의자와 감성과 회상의 주체의 대조적 입장이 갈등으로 빗어지는 현실과 만난다. 두 사람의 관계는 다시, 지나를 중심으로 아돌포와 마리아노의 상반된 입장을 통해 구도적으로 더욱 강조된다.

아돌포는 계획적이며, 정화하고, 정직하며, 성실하고, 충직하지만, 또한 동시에 이념과 인식의 형식론에 휩싸인 비현실주의자의 표상으로 점철하게 된다. 쿠바혁명 사회의 관료주의가 자칫 간과하고 왜곡하는 약점이 될 수 있을 것이다. 마리아노는 즉흥적이고, 즉물적이며, 불성실하고, 바람둥이의 기질을 고스란히 가지고 있지만, 자신의 감성에 충실하며, 무엇이 삶의 가치에서 소중한 것인지를 살필 수 있는 지혜와 용기를 가진 인물이다. 현실에서 모범적인 사례가 되기 어려운 캐릭터임에도 불구하고, 지나의 선택을 받을 충분한 자격을 드러내 보여주는 진실성이 그에게는 있었던 것이다.

표면적으로 '아돌포>마리아노'의 평가가 객관적일 수 있지만, 지나의 입장에서 대응하는 관계를 살펴보면 전혀 새로운 관계망이 형성되는 것을 알 수 있다. '아돌포<마리아노'의 구도가 현실적으로 관객의 긍정적 평가와 공감으로 이어지게 되는 것이다.

여기에서 중요한 것은 지나의 주체적인 삶의 태도에 대한 자각이다. 삶의 안정성은 이상 혹은 이념적 가치를 위한 인식의 합리화와 사회화의 과정을 거칠 수밖에 없으며, 이는 때로는 강제화의 관계망을 통해 현실에서 실천되는 구도를 이루기도 한다. 지나는 남편, 아돌포의 선제적이고 합리적인 형식주의 논리에 개인의 감성과 욕망을 잊은 채 살아가는 데 익숙해진다. 효율성은 쿠바사회에서 근대화 혹은 탈식민화의 과정에서 매우 중요한 가치이념이 되어 왔으나, 제대로 개인의 삶, 특히 여성의 삶의 개별적 의미를 긍정적으로 평가할 수 있는 틀을 마련하지 못한 채 사회의 구조와 틀에 집중하는 한계와 마주한다.

진정한 포스트콜로니얼리즘적 시각에서 혁명정신에 종속하는 것이 아니라, 뛰어넘을 수 있어야 하는 것이다. 지나의 선택은 이러한 의미에서 감독의 목소리를 명확하게 드러낸다. 감독의 입장에서 여성의 이미지는 요지타와 지나를 통해 보다 명확해진다.

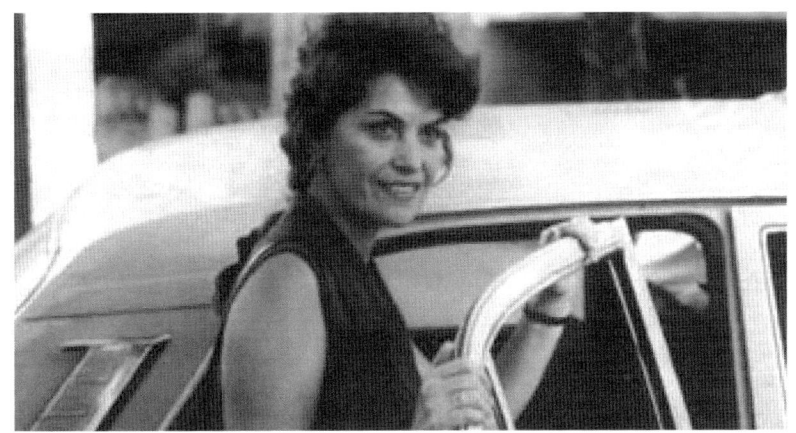

　　로드 코미디<sup>Road Comedy</sup> 형식의 기본구조에 다큐<sup>documentary</sup> 형식을 부분
적으로 차용하며 현실의 있을 법한 세계를 화면에서 재현한다. 중간
기착지에서 만나는 다양한 사람들과 그들과 얽힌 에피소드들은 쿠바
의 일상적 모습을 재현하는 장점을 드러낸다.

　　삶의 느슨함/관료주의/달러나 CUC<sup>89)</sup>의 사용/문제없이 밀거래 등의
모습은 단어와 기치로서 존재하는 혁명 쿠바 정부와 사회의 이념을 반
영하기보다는 일상적 현실에서의 쿠바의 모습을 반영한다. 혁명정신은
이념적이고 이상적인 지향이지만, 현실을 그대로 반영하거나 투영하지
못한다는 신랄한 비평은 사회주의적 시각의 비평을 통해 성숙된다.

　　결국 혁명은 아돌포의 방식과 같은 일방향적인 정책수행의 과정을
통해 완성되는 것이 아니다. 탈식민주의의 방향성 또한 이렇듯, 이론
적이거나 외향적 가치 지향에 있다기보다는 실존하는 일상의 삶의 방

---

89) 인민화폐를 대신해서 외국인 관광객이 사용하는 화폐 단위로서 달러를 기준으로 환율이 결정된다. 인민화폐와
　　외국인 전용화폐는 원칙적으로 시중에서 교환될 수 없는 이중적 화폐개념이지만, 실질적으로는 혼용되어 사용
　　되기도 한다. 외국인이 인민화폐를 사용하거나, 내국인이 CUC을 사용하는 것 모두 현실적으로 빈번하다.

식에서 자연스럽게 이뤄져야 한다는 것이다.

지나와 칸디도의 대화에서 지나가 "정말 살고 싶어 했어요"라는 말
에 칸디도가 "그녀가 아니면 자네가"라는 되물음은 영화의 축이 어떠
한 시각을 구성하고 있는지를 단편적으로 드러내는 부분이다. 지나는
'살아가는 기쁨'이 자신에게 무엇이었는지 자문하지 않았던 것이다.
그녀의 막연한 외로움과 허망함은 이모의 죽음에 의해 동기화되기는
했지만, 그녀 자신 내면의 것이었으며, 이제 자신이 행복하게 살아야
하는 당연한 삶의 목적에 대한 그녀 자신의 질문의 시간과 마주하게
된 것이다.

마리아노와 지나는 요지타의 운구 여정을 따라 우연히 자주 마주치
게 된다. 두 사람은 차츰, 서로에 대한 과거의 감정을 기억해내었고, 서
로가 갖고 있던 감정이 기억 이상임을 체감하게 된다. 우연한 마주침은
결코 우연이 아니라, 뭔가 특별한 의미와 결부될 수 있음이 묘사된다.

'우연한 만남'이라는 사건은 로드 무비의 정체성과 방향성에 의미를
부여한다. 지나의 여행은 자신의 과거와의 만남이며, 그녀 자신에 대
한 탐색의 시간이 되고, 또한 동시에 미래적 삶의 가치를 형성하는 에
피소드와 가치들에 대한 태도를 형성하게 된다. 세 번째 만남에서 서
로에 대한 모호한 감정의 기억을 숨기며 헤어지는 상황에서 지나는
"아름다운 편지였어"라며 제자였던 마리아노가 자신에게 보냈던 편지
이야기를 건넨다.

남편은 여전히 성실한 임무 수행자로서의 역할에 충실하고, 자신이
진행하는 정책의 효율성을 입증하려는 사회적 공명심에 집중하는 동
안, 그 그늘에 가려 자신의 감성을 가린 채 살아왔던 지나는 삶의 본
질적 가치와 의미에 대해 몰입하게 된다. 그녀는 너무도 오랫동안 삶

의 의미에 대해 간과해 왔던 것이다.

중간 기착지인 장례식장에 도착했을 때 그들이 경험하고 지향하는 감수성의 문제는 아돌포의 행정집행방식과 대조를 이룬다. "계획된 바 그대로$^{tal\ y\ como\ diseñado}$"를 외치는 아돌포의 시선은 빵의 배급을 둘러싼 우스운 해프닝에서 반복적으로 되풀이된다. "왜냐하면 모든 것은 계획되어 있기 때문이니까$^{Porque\ todo\ está\ planteado}$."

사전에 수립된 기획에 의해 빵의 배급조차 경직된 방식으로 이뤄지는 쿠바의 일상적 삶의 모습들은 아돌포의 당연한 태도와 더불어 관료주의의 형식이 얼마나 삶의 충만함에 저해요소로 기능하는 경직된 요소가 될 수 있는지를 웅변적으로 피력한다. 남성 인물의 '말'은 과도하게 드러나서, 오히려 공허하게 반영된다.

지나와 긴 여정을 함께하던 칸디도가 "자네는 앞날이 많이 남았잖은가"라고 충고를 하자, 지나는 반사적으로 자기방어적인 태도를 취한다. 자동적으로 튀어나온 응답은 자신의 감정에 정직하지 못한 태도를 감추려는 의도처럼 낯설다. "저는 유부녀잖아요." 다시 칸디도가 그녀의 상태에 진단을 내린다. "자네는 정말 장님이구만."

시계처럼 모든 것이 정교하게 계획대로 이뤄져야 한다고 믿는 아돌포의 태도는 성찰적이다. 그의 태도는 관조적인 칸디도의 삶의 태도나 즉흥적이고 열정적인 마리아노의 태도와 근본적으로 대조적이다. 아돌포의 말이 칸디도나 마리아노의 말에 비해 공허할 수밖에 없는 것은 이 때문이다.

삶과 죽음의 공통점은 즉흥성/무계획성이라는 데 있다. 죽음의 문턱에서 삶의 의미는 계획적이지도 형식적이지도 않은 그저 어느 순간 마주할지 알 수 없는 즉흥적이고 무계획적인 대상일 수밖에 없다.

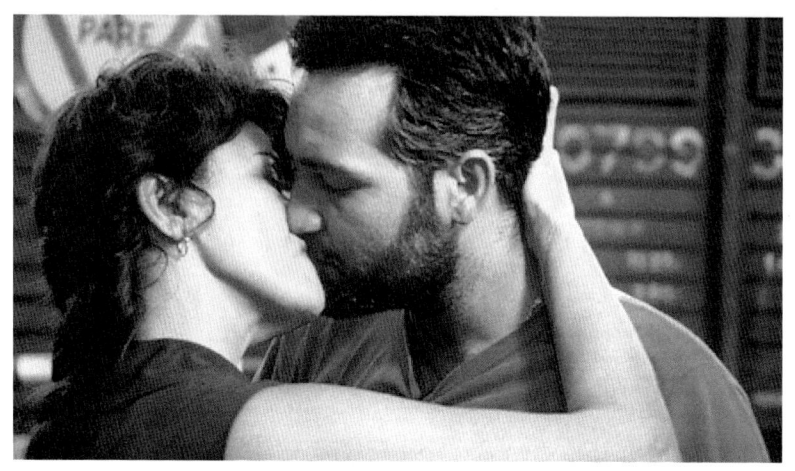

　말을 하는 것은 소리를 내거나 주장을 하는 것이 아니라, 사회적 공감을 위해 자신의 감성과 메시지를 외부에 드러내어 발설하는 행위이다. 지나는 자신에 대해 말을 하는 데 아직은 낯설다. 지배적 행위에 참여하지 않았던 그녀는 아직 스스로의 언어체계를 갖추지는 못했다. 어쩌면 서벌턴으로서 지나는 역사의 주인으로서 행위의 주체로서 아직 자신의 말을 갖추고 있지 못한 것일 수도 있다. 하지만 중요한 것은 그녀가 스스로의 목소리를 내기 시작했으며, 그것은 담론체계에 의한 유희적 태도가 아니라, 실증적이고 일상적인 삶의 태도에서 자연스럽게 드러나는 '울림'이라는 데 있는 것이다.


## 7) 인생은 휘파람

　삶은 그 무게만큼이나 무거워 경쾌함을 따르기 힘들다. 휘파람처럼

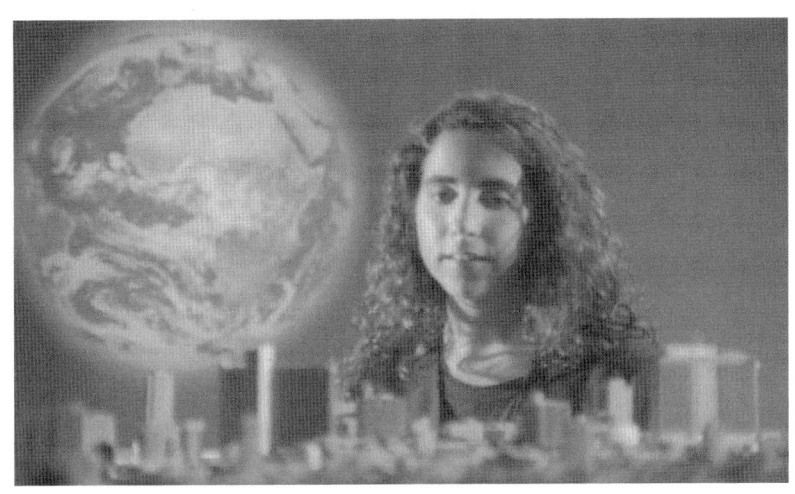

경쾌한 삶을 제목으로 단 <인생은 휘파람<sup>La vida es silvar</sup>>은 현재 쿠바인
들이 자신들이 지니고 있는 트라우마를 감당하고 극복하여 소통을 향
해 나갈 수 있는 가능성을 은유적으로 그려낸다.

영화는 "내가 속한 계층에서는 휘파람을 부는 것이 허용되지 않는
다"는 내레이션으로 시작된다. 휘파람을 불 수 있는 특별한 계층이 있
다는 말인가. 이러한 시작은 영화의 무대가 쿠바 수도, 아바나라는 사
실과 연결되면서, 영화의 주제가 이념적 사고와 사회통제를 다룰 것
같은 선입견을 유도한다. 분명한 것은 영화가 서정적이라는 사실이다.
쿠바사회에 대한 편견에서 벗어난다면, 영화 읽기는 보다 쉬워질 수
있을 것이다.

"인생이란 당신이 다른 것을 하느라 바쁜 동안 일어나는 그런 것"
이라는 존 레논의 인용된 말은 삶의 진정한 의미를 찾는다는 데 영화
의 주제가 있음을 드러낸다.

영화는 음악적이다. 아니 음악이라기보다는 포괄적 의미에서 '소리'

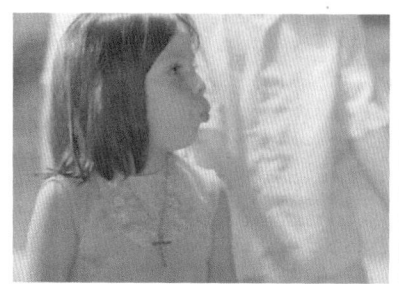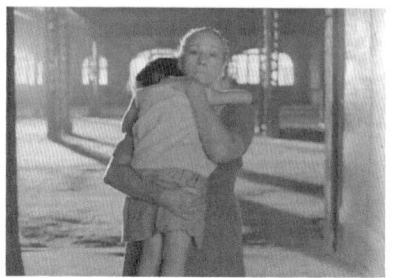

로 표현해야 옳을 것이다. 쿠바의 한 고아원에 십자가 목걸이를 걸고 있는 아기가 도착한다. 아이들은 Bebé(아기)란 이름을 붙여주었고, 아기는 그렇게 불린다. 문제는 아기가 자라면서 좀처럼 말을 하지 않으려는 데에 있다. 말 대신 휘파람 소리를 내는 것이다. 사회제도와 장치가 베베를 그대로 내버려둘 수는 없다. "휘파람을 불어서는 안 돼, 말을 해야지."

집단 사회조직은 개인의 언어적 선택권을 허용하지 않는다. 사람은 말을 해야 하고, 소통을 이뤄야 하는 것이다. 하지만 이는 개인의 삶을 위한 것이라기보다는 집단 사회조직의 운영주체의 입장이라는 점이다.

영화의 행위를 조절하고 이끌어가는 내레이터는 소녀이다. 그녀의 독백이다. "나는 혼자다. 그러나 조화롭게 나는 혼자이다." 파도가 부서지는 말레콘Malecón 해안에서 그녀의 독백은 계속된다. "나는 행복하다. 그래서 나처럼 행복해졌으면 하는 세 사람을 찾을 것이다."

영화에는 내레이터 소녀와 세 사람의 관계가 부각되지 않는다. 어떠한 선택 기준인지, 소녀와는 무슨 관계인지 중요하지 않은 듯 세부가 생략된 채 묘사된다. 세 사람은 엘피디오El Pidio와 마리아나Mariana 그리고 훌리아Julia이다.

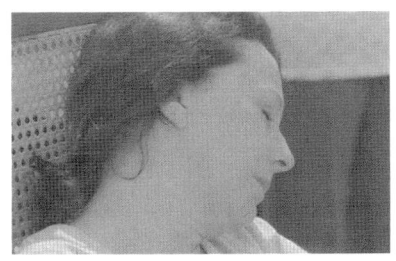
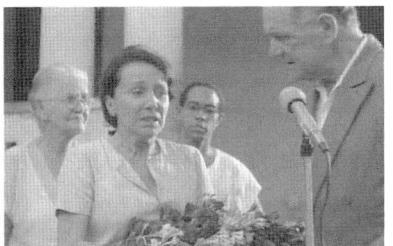

　훌리아는 시도 때도 없이 터져 나오는 '하품' 장애를 지니고 있다. 그녀는 하품 틱 장애 이외에 특정한 단어를 들으면 의식을 잃는 문제를 갖고 있다. '섹스'라는 말에 그녀의 뇌는 기능을 멈추고 어휘와 관련된 의식작용을 멈춘다. 그녀의 트라우마의 본질이다.

　발레 무용수인 마리아나는 자신을 포함한 무용수들의 몸놀림에 섬세한 매력을 느낀다. 그녀에게 몸의 언어는 적나라하다. 심지어 사람들의 걸음걸이에서도 벌거벗은 육체의 움직임을 감지한다. 육감적인 대상에 몰입하는 그녀의 습관은 자신의 트라우마와 관련된다.

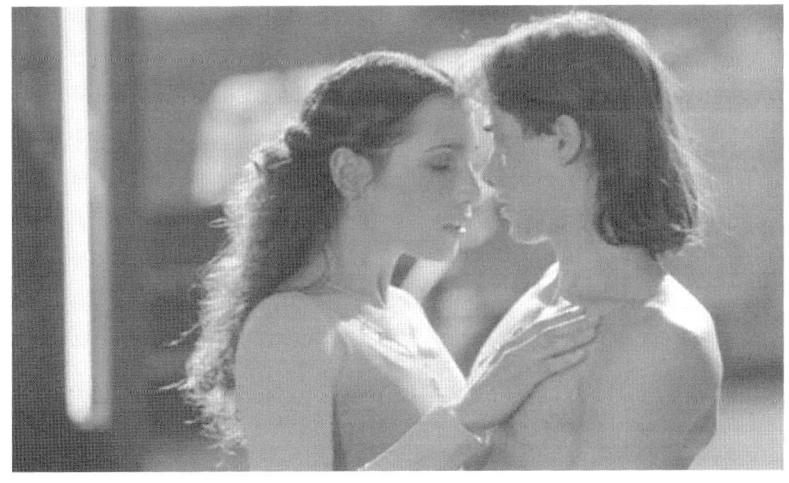

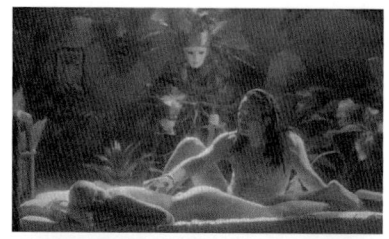
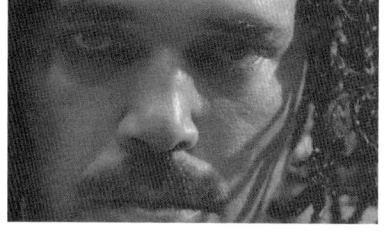

엘피디오는 어린 시절 엄마로부터 버림을 받은 이후 방황하는 삶을 살아간다. 흑백사진으로 남은 엄마에 대한 그리움은 그의 집착이 되고, 버림받은 삶이란 인식은 그의 트라우마이다. 그는 그리움을 문신으로 남긴다. "어머니의 사랑과 견줄 것은 없다."

마리아나는 흑인 남성과의 육체적 탐닉으로 늦게 공연장에 도착한다. 공연을 관람하는 훌리아, 하품을 멈추지 못한다. 공연 후 택시를 타고 집을 향하던 중 자신을 알아보는 택시기사와 잡담을 나누다 '섹스'란 단어를 듣고 기절하고 만다. 한편 말레콘 방파제에 누워 있던 엘피디오는 하늘에서 떨어진 지갑을 습득한다. 다음 날 연락을 받고 여인이 그를 찾아온다. 그녀는 그린피스 회원이다. 엘피디오와 그린피스 여인은 사랑에 빠진다. 불같은 정열적 사랑이다.

세 사람의 주인공들이 주목하는 것은 모두 섹스로 귀결된다. 마리아나와 엘피디오가 열정적 사랑에 빠진다면, 훌리아는 섹스라는 말조차 두려워한다. 세 사람 모두는 심리적으로 섹스의 동기와 결과에 연류되어 있다. 훌리아는 우연히 택시를 합승했던 정신과 의사의 도움을 받기 시작한다. 하지만 일상에서 확실한 에너지 충전을 위해 뭔가 불충분한 그녀의 상태가 강박관념에 대한 종속적 상태 때문이라는 사실을 인정하기까지는 어려움이 따른다.

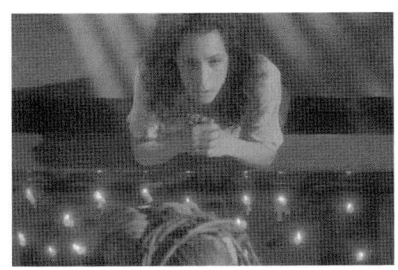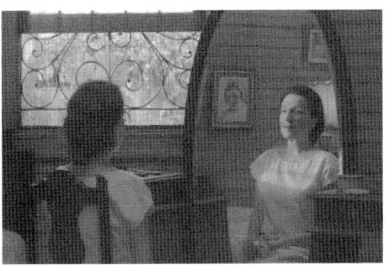

 그린피스 여인은 엘피디오를 태우고 하늘로 난다. 공중에서 어지러움을 느끼는 엘피디오, 그는 여인을 통해 모성을 느끼고, 그의 정서는 음악적인 이미지로 다가온다. 지젤 선발을 앞둔 마리아나는 성당에 들어가 기도를 한다. 남자들과의 잠자리는 그녀의 정서적 불안과 부성에 대한 결핍으로부터 비롯되었음이 드러난다. 그녀는 지젤 역할을 위해서 자신이 가장 어려워하는 남자들과의 잠자리를 포기하기로 기도한다.

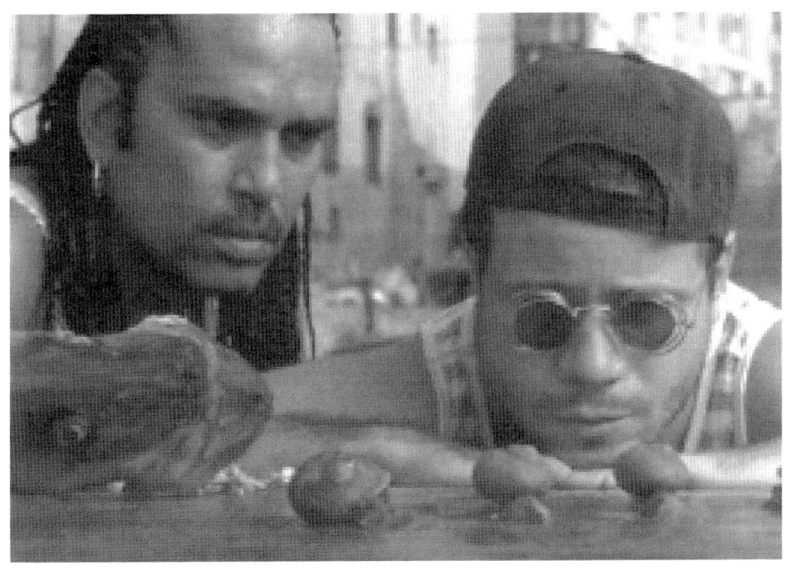

세 사람의 고민은 상이하게 등장하지만, 화자의 안내에 따라 관객에게 노출되는 그들의 일상은 각자가 지닌 현실적인 불편함이나 장애가 과거의 트라우마와 밀접하게 연결되어 있으며, 이는 영화가 진행되면서 점차 하나의 공통적 요소에 접근하기에 이른다. 영화의 주된 행위는 상이한 요소에서 동일한 공감을 찾아가도록 유도하는 것이다.

정신과 의사는 훌리아가 '섹스'라는 단어에 기절하는 이유를 분석한 뒤, 그녀가 자신의 트라우마의 원인과 직면하기를 거부한다면 치유는 불가능하다는 사실을 인지시키려 노력한다. 지젤 역할을 맡게 된 마리아나는 발레리노 이스마엘과의 사랑을 의도적으로 거부하려는 노력으로 힘겹다. '삶의 새로운 장'을 알게 된 엘피디오 또한 그린피스 여인과 헤어져야 한다는 사실에 심리적인 동요를 겪는다.

영화가 진행되면서 처음에는 막연하게 엉킨 실타래 같던 행위는 점차 기본적인 방향을 잡아간다. 세 사람 모두 억압의 원인이 무엇이든, 사람을 행복하게 할 수 있도록 그 억압의 원인으로부터 자유로워져야 한다는 메시지가 조금씩 명확해지는 것이다.

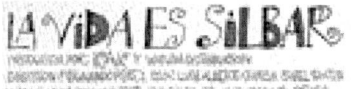

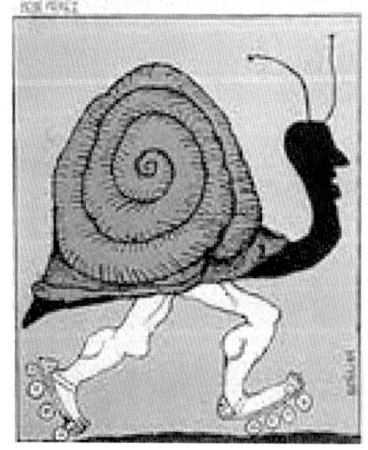

훌리아의 장애의 원인은 20년 전 예기치 못했던 출산과 태어난 아기를 버렸다는 죄의식에 그 뿌리가 있었다. 죄의식으로부터 벗어나려는 훌리아에게 진실과 만나는 작업, 즉 트라우마의 실체와 직면

하는 과정은 치유의 본질이다. 하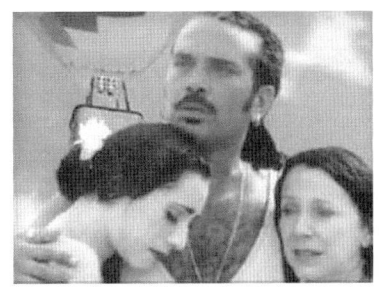
지만 훌리아는 멈칫거린다. 진실
과의 대면, 과연 무엇이 진실인 것
일까. 진실을 규정하는 시각과 판
단기준은 무엇인가. 무엇으로 판
단하고, 이름 지을 것인가.

　마리아나와 엘피디오, 훌리아 모두 본질적인 변화에 대한 두려움을
인정하면서, 자신들의 트라우마에 접근하게 된다. 그들은 내면의 자연
스러운 욕망에 귀 기울이며, 욕망에 대한 판단과 정의와는 무관하게
다양한 접근과 해결모색방안을 찾아간다.

　진정한 사랑의 느낌과 욕망을 구분하지 않으려는 갈등 상황에서 힘
겨워하는 마리아나에게 그녀의 사랑, 이스마엘이 던지는 말이다. "마
리아나, 당신은 자유예요." 자유로움은 성당에서 신에게 맹세했던 약
속에 얽매이지 말라는 의미이기도 하지만, 그녀 자신을 조이고 있는
억압과 강박으로부터 벗어나야 진정 자유롭게 내면의 행복에 접근할
수 있으리라는 조언이다. "나 역시 아버지를 알지 못해요"라는 그의
밀에서 사회질서이념의 혼란과 부재라는 쿠바익 시대적 상황에 대한
은유적 표현이 구체화된다. 부연하자면 가부장제적 서구 중심주의 사
고로서 종교・정치・체제와 관계된 통문화적 가치개념으로 확장될 수
있을 것이다.

　딸을 유기했다는 죄의식에 대한 보상심리로 양로원에서 장기 근무했
던 훌리아는 자신의 트라우마의 원인을 연상시키는 '섹스'라는 단어에
강박적 기피를 했던 것이고, 또한 유기되었던 딸, 마리아나가 겪었던 자
유분방한 섹스의 행위 또한 유기된 채 고아로 성장할 수밖에 없었던 자

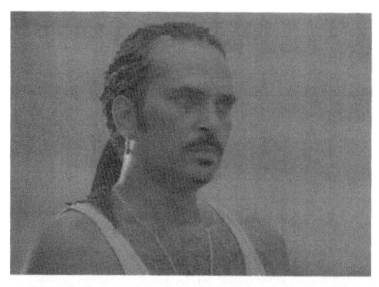

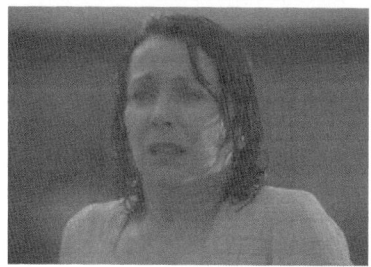

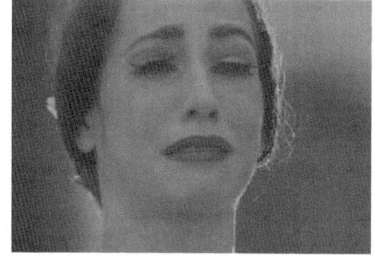

신의 정체성에 대한 자학적 행위에 다름이 아니었던 것이다. 엘피디오의 방관적인 삶의 태도 또한 어린 시절 자신을 버렸던 어머니에 대한 그리움과 적개심의 뒤엉킨 의식에 뿌리를 두고 있었던 것이다.

트라우마와의 직면은 어려운 일이다. 자신의 문제점을 응시하고, 그 원인적 문제 요소를 직시한다는 것은 괴롭고 힘겨운 과정이다. 그린피스 여인이 엘피디오에게 들려주는 말이다. "밤이 어두울수록, 새벽이 가까이 왔음을 알리는 의미이다"는 말은 트라우마와의 직면 과정에서 가장 힘겨운 순간을 맞이해야 극복의 가능성과 만날 수 있음을 시사한다.

세 사람의 가족관계는 불분명하다. 영화는 구체적인 그들의 관계를 밝히는 서술 과정을 생략한다. 상징적이고 은유적인 구도로 많은 관계의 틀을 암시적인 수준으로 묶어 둔다. 세부는 생략된 채 모호한 실체와 뒤엉킨다. 물론 그들의 관계는 추상적이거나 형이상학적인 이념화에 목적을 둔 것이 아니라, 다양한 관계망에 대한 접근의 가능성을 열어두기 위한 장치일 뿐이다.

훌리아와 마리아나, 엘피디오 모두 진실과의 만남, 자신의 상처와의 직면이라는 힘든 과정을 수용해야 하는 상황에서 '자발적' 선택을 한다. 이들이 자신들의 삶을 돌이켜보고 과거를 현 시점에서 살펴보며, 상처를 주었던 요인과 화해를 준비한다는 태도는 단순하게 역사를 인정한다는 의미를 넘어서서, 과거를 재구성하고 해석할 수 있음으로서 과거와 진정한 화해를 도모한다는 접근을 의미한다.

성녀 바르바라 축일인 12월 4일 예언처럼 자신들의 주변에서 들려오는 약속된 시간이 다가오자, 반신반의하던 이들 세 주인공들은 혁명광장으로 발길을 돌린다. 저마다 일상적 시간의 흐름을 거슬러 과거의 사건에서 멈춰버린 트라우마의 원인과의 힘겨운 직면의 순간을 스스로가 맞이하기 위해 발걸음을 뗀다. 장소와 시간의 구체성은 특별한 의미를 상징한다. 구태여 혁명광장인 것은 가부장제적 이미지로서 아버지의 부재와 문화심리적 연대의 고리인 어머니와의 만남과 관계회복이라는 관계망에서 조망이 가능하다. 동정 순교자인 성녀 바르바라가 동정을 지키기 위해 순교를 맞이하는 에피소드는 성적 순결성으로부터 대척점에 놓여 있는 세 사람들의 위상과 대조된다. 그런데 왜 12월 4일인가. 주어진 윤리의식과 질서의식의 틀에서는 주변부의 인물이며, 긴전힌 사회의 윤리적 모델과는 거리가 먼 세 사람들이 아닌가.

"아무도 완전하지는 않지."

기존의 의식구조 형태를 벗어나, 불필요한 죄의식과 자기비하라는 강박으로부터 자유로울 수는 없는 것인가. 혁명광장은 성녀 바르바라의 날, 성스러운 공간의 특별한 시간의 의미로 변화된다. 선남선녀가 불필요한 죄의식과 자기비하에서 벗어나 자유롭고 행복한 삶을 위해 당당하게 걸어나갈 수 있는 사회문화적 가치의 울타리가 가능해지는 전환이 이뤄진다.

영화는 사회주의 혁명으로서 쿠바혁명을 얘기하지는 않는다. 다만 역사의 재구성과 화해에 기초를 둔, 그러나 일상적 삶의 문화적 가치 구조에 있어서 아비투스에 나타나는 부정적 인습의 요소들을 정서 심리적 측면에서 극복하고 변화를 꿈꾸는 사회의 필요성을 얘기한다. 영화의 주제는 정치 사회적인 이념에 주목하지 않는다. 일상적 삶에서 소시민적 자유와 행복에 바탕을 둔 변화에 초점을 맞추고 있다. 중요한 것은 '이념'과 '가치'의 논쟁이 과정으로 부각되는 것이 아니라, 사소하지만 본질적인 가치들, 예를 들어 가족에 대한 그리움과 사랑하는 사람에 대한 소중한 인식 등과 같은 자각인 것이다.

최소한 인간의 자유로운 삶을 억압하고 강박의식으로 힘겹게 만드는 의식과 질서개념을 인습적인 타파의 대상으로 사고의 전환을 얘기하려는 것이다. 삶은 무겁고 힘겨운 것이 아니라, 자유롭고 경쾌한 휘파람과 같은 가벼움이어야 하는 것은 아닐까. 그것이 감독의 의도일 것이다.

물론 죄책감과 무력함의 상징적 존재인 홀리아의 이름은 엘피디오에게는 '쿠바'이다. 이때의 쿠바는 부재하는 부성을 대체하는 새로운 이미지로 등장하며, 오랫동안 지배이념의 주된 정체였던 서구중심의 지배 이미지로 체화된다. 정치적 상징성으로의 개연성은 은유적 장치에 머문다. 세 사람이 만나는 혁명광장은 새로운 변화의 시작을 상징한다.

내레이터가 등장하여 읊조린다. "2020년 모든 아바나 시민들은 행복하게 살 것이다." 그녀가 미래로부터 들었다는 말이다. "비밀은 휘파람이다." 삶을 무겁게 짓누르는 지배이념에서 해방되어 소시민적 가

치가 보장되는 삶의 방향성을 인
정하고 수용하는 태도가 곧 경직
된 사회의 종속적 구조가 아닌, 다
양한 가치가 보장되는 수평적 구
조임을 영화는 휘파람으로 표현한
다. 어려운 학술적 담론체계에 의
한 대안적 어휘와 방향을 제시하
는 것이 아니라, 실증적 일상에서
의 자연스러운 좌표를 '공감'으로
체감할 수 있도록 하는 것이다.

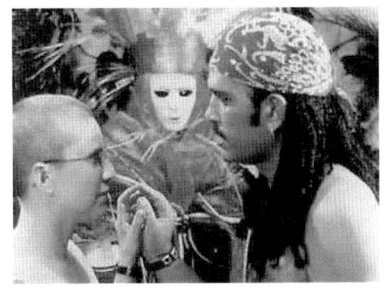

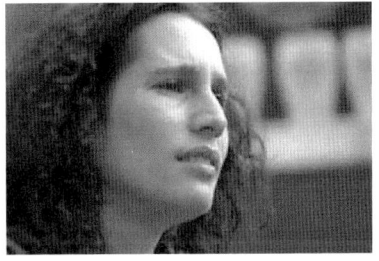

영화는 로테르담 국제영화제
Hubert Bals 기금의 지원으로 제
작되었으며, 선데스 영화제와 일
본 국제 NHK에 의해 우수 각본
으로 선정되었다.

엔딩 직전 마지막 대사다. "왜
냐하면 삶은 휘파람, 휘파람, 휘
파람이기 때문이지요."

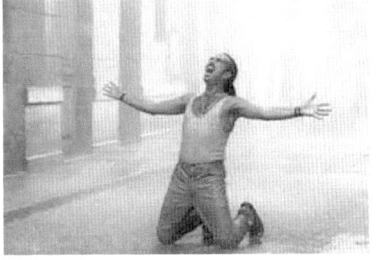

사랑하는 그이의 달콤한 속삭임과 존재는 내게 인생이 장밋빛으로
보게 만드네요. 엔딩 음악인 'La vie en Rose'의 주제이다. 삶은 노랫말
처럼 무겁고 진지해야 하는 것이 아니라, 가볍고 경쾌하여 스스로의
무게에 짓눌리지 않아야 하는 것은 아닐까. 뜨거운 가슴과 열정으로
들뜬 듯 날아오르는 삶의 경쾌함과 짜릿함, 그것을 짓누르는 어떠한
강박과 무게도 일상으로부터 삶을 가라앉힐 권리를 없는 것이 아닐까.

## 8) 딸기와 초콜릿

쿠바의 대표 감독인 토마스 구티에레스 알레아$^{Tomás \ Gutiérrez \ Alea}$는 환 카를로스 타비오$^{Juan \ Carlos \ Tabio}$와 함께 쿠바사회의 편견과 관용에 대한 변증법적 시선의 영화를 세상에 선보였다. 영화는 1993년 발표된 이후 쿠바영화로서는 최초로 아카데미 외국어부문 수상 후보에 올랐을 뿐 아니라, 세계의 유수 영화제의 극찬을 받았다. 30개에 가까운 국제영화제 수상 경력은 과연 구티에레스 감독의 영화라는 평과 함께 쿠바영화의 새로운 장을 여는 계기가 된다. 하지만 영화는 쿠바사회의 우수성을 선전하는 영화가 아니라, 쿠바사회로 대표되는 현대사회의 편견과 관용을 위한 변증법적 시각을 다루고 있다. 영화의 원작은 세넬파스$^{Senel \ Paz}$의 『늑대와 숲, 그리고 새로운 인간$^{El \ lobo, \ el \ bosque \ y \ el \ hombre \ nuevo}$』이며, 작가가 직접 영화를 위한 각색 작업을 맡았다.

영화를 통해 잊을 수 없는 캐릭터가 있다면, 그것은 동성애자, 디에고의 역할을 연기했던 호르헤 페루고리아$^{Jorge \ Perugorría}$라 해야 할 것이다. 주인공 다빗의 블라드미르 크루스$^{Vladmir \ Cruz}$의 연기도 놀라웠으나, 페루고리아의 연기는 찬사를 받기에 충분했다.

본 저술이 주목하는 흥미로운 점은 여성의 이미지는 이미 남-녀의 양성 대결적 구도에서의 여성의 사회문화적 이미지를 넘어서는 가능성을 이야기하고 있다는 점이다. '소수자'에 대한 논의를 통해 쿠바 현대사회가 직면하고 있는 계층 간, 계급 간 불평등과 부조리의 구조적 문제점을 성찰한다는 의미에서 외형적인 구도로서 남-녀의 상관관계를 다루는 것이 아니라, 내면적인 구도로서 남성성-여성성의 사회문화적 상관관계를 다룬다. 구체적으로 동성애를 다루는 입장에서 여성

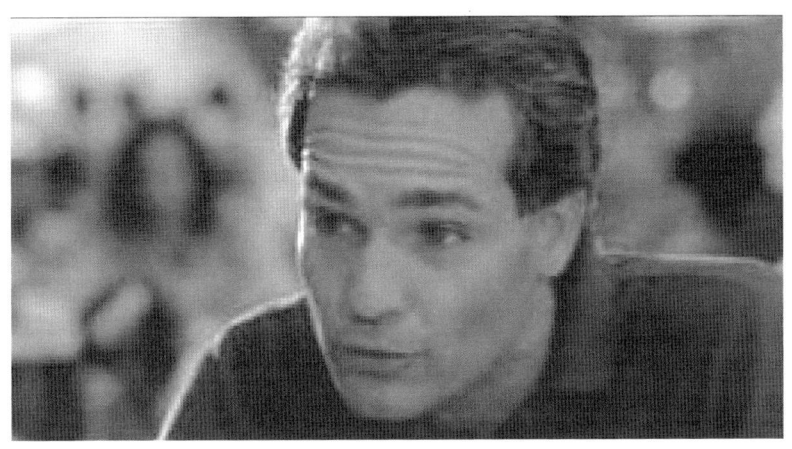

은 남성의 욕망의 대상이거나 사회적 차별성으로서 종속된 성으로서 의미를 지니는 것이 아니라, 사회적 주변부와 소외계층에 대한 지배 계층적 이데올로기의 왜곡과 억압을 다룬다. 남-녀로 구성된 양성의 대결적 구도에 의한 갈등과 사회적 반목의 문제는 오히려 양성이라는 시각에서 제한하고 있는 소외된 소수자들의 경우에 더욱 강조되어 나타날 수 있는 사회적 문제를 드러내는 것이다.

　본 장에서 동성애에 관심을 두는 것은 쿠바사회에서 편견과 질곡의 인습 속에 가려진 소수자들의 인격권과 밀접한 관계에서 파악되는 사회적 문제에 대한 주목이다. 겉으로는 콜로니얼리즘적 체계에서 구축된 지배이념의 헤게모니가 상당 부분 극복된 것으로 보이지만, 동성애와 같은 소수자의 문제와 직면하면 현대 쿠바사회가 갖고 있는 왜곡과 편견은 시선은 여전히 경직된 사회구조를 극복하지 못하도록 붙들어 두는 부정적 장애물이 가득하다. 결국 소수자로서 동성애에 관련된 문제는 사회의 이데올로기가 지닌 선전성과 관련된 주제이다.

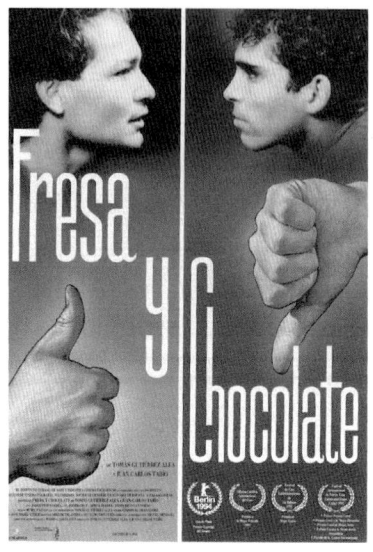

쿠바와 같은 사회주의 국가에서 동성애자에 대한 시선은 매우 경직되어 있는 것이 당연한 듯 보인다. 아니 동성애 혐오증의 태도가 어쩌면 자연스러울 수도 있을 것이다. 주인공 다빗$^{David}$은 자신에게 호감을 갖고 접근하는 디에고$^{Diego}$를 비호감으로 대한다. 디에고는 쿠바 주재 외국 대사관의 도움을 받으며, 예술활동을 하는 사십대 동성애자이다. 다빗은 쿠바사회가 지닌 이념을 모범생처럼 수용하고, 그 사회가 거부하는 편견을 당연하게 공감하는 아바나 대학교 학생이며, 열렬한 공산주의자이다. 그가 동성애자이며, 종교와 예술, 문학에 심취해 있는 디에고를 혐오하는 것은 너무도 당연하다.

아이스크림을 먹던 중 자신의 테이블에 허락도 없이 합석을 하며, 성적 호감을 여지없이 드러내는 디에고를 바라보는 다빗의 시선은 편견으로 가득하다.

> 디에고: 나는 너를 알아. 학교에서 나오는 모습을 여러 번 보았어.
> 다빗: 내가 아니에요.
> 디에고: 그래, 귀여운 것. 어떻게 네가 아닐 수 있겠어?
> 다빗: 아니라니까요.

디에고의 접근에 대한 다빗의 반응은 점차 동성애 혐오의 시선으로 분명해진다.

디에고: 바르가스 요사의 책 좋아해? 이 책은 증정본이지만, 집에 다른 책이 더 있어. 세베로 사르두이와 고이티솔로의 책도 있지. '전집'으로 말이야. 어때, 같이 가보지 않겠어?

당시 쿠바사회에서는 구하기 쉽지 않은 해외 문학작품들을 줄줄이 꿰고 있는 디에고에게 다빗의 대답은 제한적이다.

다빗: 나는 당신 같은 …… 모르는 사람 집에는 가지 않아요.

다빗의 말에는 쿠바사회의 동성애혐오증이 가득하다. 자신의 교양과 예의가 입 밖으로 내지 못하도록 할 뿐, "당신 같은 ……"이란 그의 말에는 사회적 기호를 반영하는 모멸이 담겨 있다.

디에고: 좋은 기회야. 어떻게 이런 책들을 구할 수 있겠어?
다빗: (말없이 주머니에서 붉은색의 공산당 청년당원증을 꺼낸다)
디에고: (다빗의 의도를 알아차리고) 그렇구나. 너는 청년회가 허락하는 책들만 읽는구나. 상상력을 가져봐.
다빗: 나는 내 마음에 드는 것들을 읽어요. 말하고 싶지 않아요. 알았어요?

다빗의 차가운 태도에도 아랑곳하지 않고 디에고는 자신의 의도를 꾸준히 드러낸다.

디에고: "유혹을 이길 수 없다니까. 나는 딸기가 좋아. 음, 이 나라에서 만드는 유일한 좋은 것이지. 지금은 수출을 하고 있지. 우리는 설탕물이나 먹고 말이지. (수저로 딸기를 집어 들며) 오늘은 행운이 있는 날이네. 대단한 걸 발견했으니."

물론 디에고가 말하는 대단한 것은 다빗이고, 딸기 또한 다빗이 된다.

다빗이 모범적으로 사회의 편견과 규정을 잘 수용하는 주체라면, 그의 룸메이트인 미겔Miguel은 편견과 규정을 제작자의 입장에서 행동하고 실천하는 주체라 할 수 있다. 그는 쿠바사회를 좀먹는 동성애자에 대한 혐오로 가득하다. 친구인 다빗을 시켜 디에고를 염탐하게 하지만, 다빗이 점점 자신의 말을 듣지 않자, 직접 디에고를 찾아가 두 사람의 관계를 확인하고, 만약 다빗이 동성애자와 관계를 맺고 있다면 대학교에서 추방해야 하는 것이 옳다고 믿는다. 미겔은 고착된 편견으로 가득한 쿠바사회의 모습이다. 다빗에게 들려주는 디에고의 항변이다.

> "오스카 와일드나 지드, 로르카를 아니? 나와 공통점이 있던 사람들이야. 물론 더 많지. 리스트는 엄청나. 역사상 유명했고 용감했던 전사들의 경우에도 흔했지. 알렉산더 대왕, 헤라클레스, 아킬레스도 그랬으니까."

동성애자에 대한 사회적 편견은 '적'의 의미도 모호하게 만든다. 동성애 혐오자이며 열렬한 공산당원인 미겔이 "적이 구십 마일 거리에 있는데"라고 할 때와 디에고가 "그러면 우리, 적의 술로 축배를 들어볼까?"라는 표현에서 '적'의 의미는 상대적으로 전혀 다른 개념과 뒤엉키게 된다.

동성애자에 대한 편견을 버리라는 디에고의 지적에 자신은 사회적 편견이 없다며 항변하는 다빗의 말에는 "나는 변증법적 유물론자예요. 흑인들은 다른 어떤 인종과 같은 사람들이고, 아프리카에서 건너온 사람들이죠. 우리나라에서 인종차별은 이미 없어졌어요. 저는 제 원칙에 충실할 뿐이에요." 그의 변론은 디에고와의 만남이 잦아질수록 공허하다.

낸시Nancy는 흥미로운 여성 인물 이미지를 지닌다. 미겔−다빗−디에

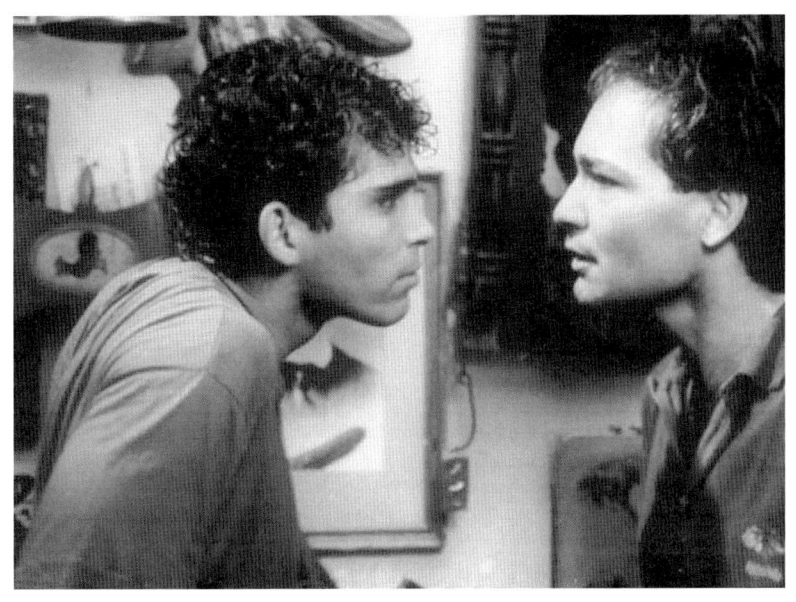

고의 관계망에서 어느 곳에도 자신의 자리가 없는 듯한 그녀는 정작 어느 곳에도 갈 수 있는 존재는 아니었는지. 그녀는 스스로에 대한 자긍심이 결여된 존재이다. 하층의 삶을 살아가는 그녀는 암시장 거래를 통해 근근이 살아가는 민중이며, 사회에서 여전히 소외되는 개별 여성이다. 낸시는 사회주의를 표방하며, 모든 사람들이 행복의 권리를 실현할 수 있는 사회를 만들어가겠다는 이데올로기가 주목해야 하는 대표적 민중인 것이다. 그러나 그러한 그녀가 소통을 할 수 있는 유일한 존재는 사회적 편견과 거부의 대상인 동성애자 디에고이다. 그녀는 자신에 대한 존중을 찾지 못한 채 자살을 시도했지만, 디에고의 배려와 다빗의 헌혈로 겨우 목숨을 구할 수 있었다. 디에고는 수다스럽고, 저급하며, 주체적 삶의 의미를 찾지 못한 채 허둥기리는 낸시의 다정한 이웃이자, 친구이며, 소통의 창구이다.

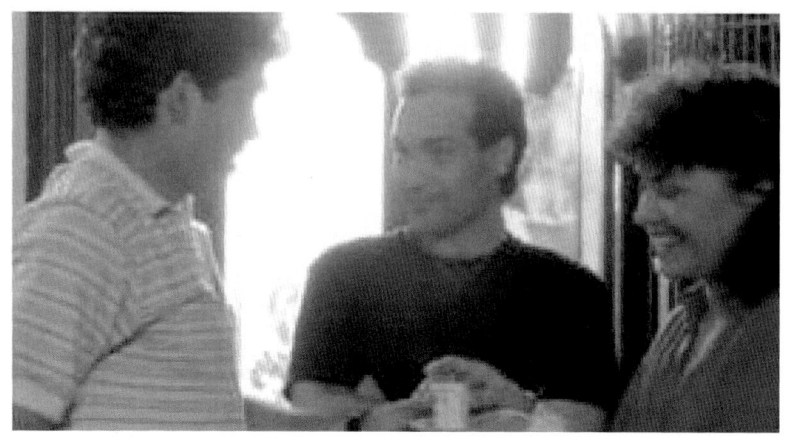

　사랑하는 여인으로부터 버림을 받았고, 그로 인한 상심으로 절망에 빠져 있는 다빗을 위해서 디에고는 낸시에게 다빗을 위로해주기를 진심으로 기원한다. 이성애자인 다빗을 위로하는 방법을 알 수 없는 자신을 대신해서 낸시가 위로의 손길을 뻗어주기를 부탁하기에 이른다. 동정을 지켜주며 사랑하던 여인이 자신을 버리고 사회적 기회를 위한 결혼한 후에도 그녀를 잊지 못하던 다빗은 해외로 떠나 몇 년은 있을 거라는 그녀로부터 완전한 독립을 받아들이지 못해 힘겨운 감정의 기복을 겪고 있었다. 디에고를 대신해 다빗을 위로하던 낸시는 다빗의 순수함에 마음이 설레기 시작했고, 다빗 또한 솔직하고 편견이 없는 낸시에게 빠져들게 되었다. 급기야 둘은 디에고의 침실에서 사랑을 속삭이기에 이른다.

　영화의 원작인 『늑대, 숲, 그리고 새로운 인간』에서 숲은 생명력이 가득한 공간이지만, 두려움과 그에 따른 편견이 가득한 공간이기도 하다. 다빗은 디에고와의 만남을 통해, 자신이 잃었다고 생각했던 사랑을 찾게 되었고, 디에고와의 관계를 통해 사회적 편견과 관용$^{tolerancia}$은 본질적으로 다른 것이 아니라, 삶의 본질에 대한 존중과 이해에서 나오는 극히 자연스러운 것이라는 사실을 깨닫게 된다. 다빗은 더 이상 늑대가 있는 숲을 두려워하지 않는, 편견으로부터 자유로운 새로운 인간이 되는 것이다.

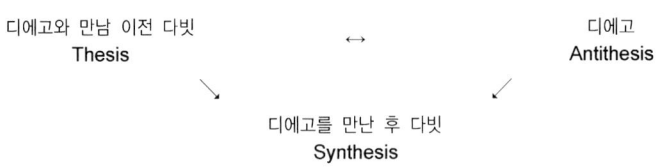

다빗과 디에고 그리고 새로운 인간형으로서 변화를 거치는 다빗은 '관객의 변증법'에서 지적하는 Thesis로서 다빗과 Antithesis로서 디에고, 그리고 디에고와 낸시를 통해 변화된 새로운 모습인 Synthesis로서의 다빗의 구성을 드러낸다.

다빗이 편견에서 관용으로 변화하는 과정이 영화를 통해 관객에서 소통하고 싶은 감독의 메시지이다. 낯선 주제의 영화을 경험하면서, 평소 공유하지 않았던 감성과 사고, 이념과 인식의 틀을 새로운 각도에서 편견 없이 살펴볼 수 있도록 하는 역할이 감독의 역할이며, 관객이 영화를 통해 경험하게 되는 변증법적 기능일 것이다.

담론적 유희가 아닌, 실증적 접근으로서 사회의 편견과 억압을 극복할 수 있는 시선을 제공한다는 측면에서 토마스 구티에레스 알레아의 '관객의 변증법'은 쿠바 현대사회가 지향해야 하는 미래적 가치의 건전성에 대한 제안이다. 소수자 혹은 주변적 인물들 스스로는 자신의 언어체계를 정립하여, 사회적 불합리와 문제점을 극복할 수 없는 일이다.

```
    관객                      ↔                      영화
    Thesis                                          Antithesis
              ↘                              ↙
                        관객의 성찰
                        Synthesis
```

　서벌턴이 스스로의 해방을 위해 지배 언어체제의 언어를 사용하는 데
는 제한적일 수밖에 없는 것처럼, 서벌턴 스스로가 언어를 정립하여 사
회적 편견과 맞서 싸움으로써 자신들의 권리를 쟁취하기보다는 관객의
시각에서 사회문화적 가치의 쟁점을 성찰하고 미래지향적 비전과 전망
을 위한 고민의 시간을 갖는 것이 무엇보다 중요하기 때문일 것이다.

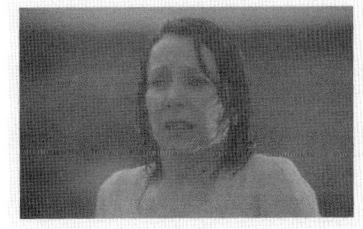

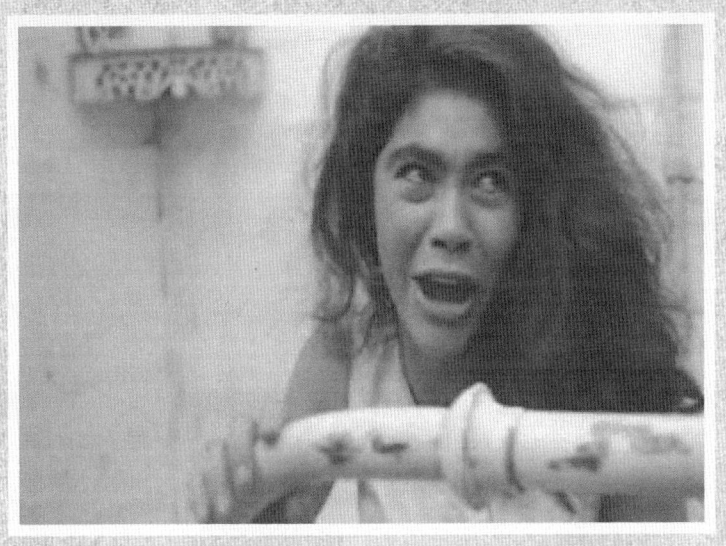

## 4. 쿠바영화와 '말하는' 여성

1960년대 이후 쿠바영화는 지속적으로 변화를 거듭하였다. 신영화라는 큰 틀을 형성하며, 논의를 전개할 수 있는 프레임을 만들었으며, 그 프레임을 넘나드는 새롭고 다양한 틀을 통해 오늘날 쿠바영화의 다양성이 가능하게 되었다. 이러한 전개 과정에서 파악되는 다양성에도 불구하고, 가장 주목할 만한 특징으로서 공통점을 꼽으라면, 혁명 이후 쿠바사회가 맞이하게 되는 '우리', 그리고 '그들'이라는 이항대립적 구조에 반영된 대외적인 폐쇄적 시선이 단순한 대결적 구도의 사고를 넘어서 보다 디대일한 조망의 시각을 지향하게 되었다는 변화에 있을 것이다. 그러한 시각 가운데 하나가 오랫동안 침묵을 강요당해 왔던 주변적 타자였던 서벌턴<sup>Subaltern</sup> 혹은 하위주체의 목소리에 귀 기울이는 것이었다.

## 1) 쿠바 여성들은 말하는가

고종 황제가 1907년 네덜란드 헤이그에서 열린 제2회 만국평화회의에 이준, 이상설, 이위종 등 밀사를 파견했던 것은 무력으로 정복된 국가가 존망의 기로에서 취할 수 있었던 최대의 저항이며, 외부를 향한 '말'이었다. 고종 황제는 일제에 대항하고 분노하며, 독립을 누구보다 바라는 입장에서 자신과 백성의 처지를 이야기하고, 역사의 진정한 주체가 누구인지를 선언하려 했던 것이다. 하지만 고종의 노력은 정치적 행위능력으로 연결되지 못했으며, 국제사회에서 고립된 채 지배 언어체제 내에서 침묵 아닌 침묵의 결과가 되고 말았다. 주권을 잃은 민족은 역사 기록의 주체가 될 수 없으며, 역사가 없는 민족으로 전락하게 되기 때문이다. 일제 점령기 동안 대한제국이나 한민족의 역사는 대외적으로 공백으로 기록되는 것이며, 역사의 주체 또한 대한제국이나 한민족이 아닌 외세가 되기 때문에 한민족의 삶의 이야기는 뒤틀린 역사의 기록과 왜곡된 정보에 의해 평가되고 인식될 수밖에 없는 한계에 노출된다. 스스로의 삶에 대한 평가를 수행할 수도 평가된 내용을 거부하거나 인정할 수도 없는 종속적 삶의 태도에 놓일 수밖에 없는 것이다.

식민지의 여성들은 이중적으로 제한된 삶의 방식을 강요받게 된다. 스스로에 대한 말을 할 수 없을 뿐 아니라, 아예 말을 하지 않거나 못하는 계층이나 주체로 머물게 되기 때문이다. 사회문화적 행위능력을 지니고 있지 못할 뿐 아니라, 스스로의 행위능력에 대한 잠재력을 의식하지 못하는 경우도 빈번하다. 스피박이 지적하는 '말할 수 없는 여성'은 이렇듯 자신의 입장을 대변할 권리도 기회도 갖지 못하는 이중적 타자로서의 여성이다.

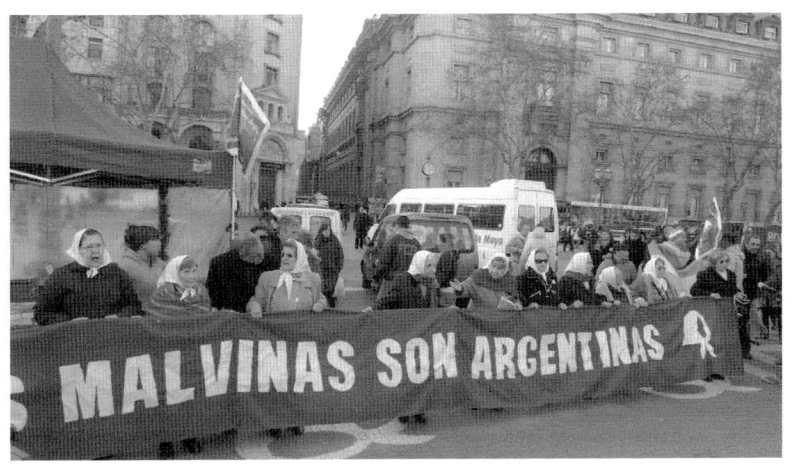

'말하는 여성'으로서 아르헨티나의 5월 어머니회

　콜로니얼리즘의 시대에 쿠바 여성은 말할 수 없는 이들이었다. 역사
행위의 주체도 아니고 역사를 기록하는 이들도 아닌 여성들은 식민체
제가 만들어 놓은 지배계급/피지배계급의 이중적 구조의 틀 안에서 형
성된 헤게모니에 의식과 무의식적으로 공모함으로써 사회적으로 존재
할 수 있는 소극적 타자일 뿐이었으며, 또한 남성과 여성의 관계에 있
어서 남성 중심의 사회문화적 이데올로기에 종속되는 이중적 타자였
다. 따라서 그녀들은 말을 할 수가 없었으며, 역사적 과거의 사건과 실
체를 직면하여 재구성할 수 있는 의식적 성찰과 행위에 익숙하지 않은
존재였다. 그녀들이 할 수 있는 것은 사회문화적 이데올로기와 헤게모
니에 공모하거나 침묵[90]하는 것이 전부였다. 여성의 침묵은 여성이 겸
손해서 또는 자발적인 노력에 의해 형성된 것은 아니다. 오히려 여성
의 침묵은 남성의 일방적인 요구와 억압에 의해 이루어졌다. 때론 개

90) 이때의 침묵은 스피박이 말하는 저항으로서의 침묵이 아니라, 역사의 기록과 행위에 적극 참여할 수 없다는
　　의미이다.

별적 인격체로서 남성에 의한 억압과 무력에 의해, 때론 남성이 중심이 되는 사회문화적 가치관에 의한 억압과 인습에 의해, 그녀들은 말을 잃고 살아왔다. 침묵이 관성처럼 지속되는 상황에서는 여성은 마치 본성이 그랬던 것이기라도 한 것처럼 말을 잃은 채 목소리를 내면화하고 스스로 억압을 통해 살아간다. 이러한 방식은 생존을 위한 적응이라 할 수 있을 것이다.

타민족에 의한 정복이 빚어낸 피식민의 침묵의 경우가 아닌, 일상적인 사회에서 여성의 침묵은 많은 경우 겸손과 귀감의 모델이며, 동시에 여성이 갖춰야 할 미덕으로 숭상되어 왔다. 하지만 여성의 침묵은 역설적으로 미덕이면서 동시에 수동성과 무기력에 의한 열등성의 상징으로 간주되기도 한다. 그래서 침묵하는 여성, 말이 없는 여성은 언어가 없는 자이며, 사유할 줄 모르는 자로 오인당하여 왔던 것이다. 침묵은 여성을 비언어적 존재로 변화시킨다. 말이 없고, 스스로의 역사를 기술하지 못하는 여성은 사회적으로 하층의 문화로 규정되기도 한다. 왜곡되고, 부정되며, 파괴되는 대상으로서 말이 없는 여성에 대한 폭력은 여성의 침묵을 부정적이고 폐쇄적 이미지로 연결하곤 한다. 하지만 여성의 침묵은 노예에게 강요되는 강요된 노동에 대한 무저항이면서, 역설적으로 보다 본질적이고 역동적인 저항을 예비하는 힘으로 전환되기도 한다. 생산하는 모성과 여기에서 말이 없는 그녀들이 말을 할 수 없었던 상황과 말을 하지 않는 상황은 구분되어 차별적 의미와 마주하기도 한다.

## (1) 말할 수 없었던 그녀

여성으로 체화된 쿠바는 말하지 못했던 암울한 시절을 보냈다. 대한
제국이 일제의 억압으로 말없는 시절을 보내야 했던 것처럼, 쿠바 역
시 스페인과 미국의 식민시절을 침묵으로 보내며, 스스로의 역사를 기
술하지 못하는 '말할 수 없었던 그녀'였다. 그렇다면 식민시절을 경험
한 쿠바는 과거와의 단절을 경험한, '역사 없는 나라'인가. 이는 제3세
계 국가들을 타자로서 명명하는 제국주의적 시선에서 오는 의문제기
이며(Kerwin Lee Klein, 1995: 275~298) 편견이다. 이러한 시각은 오
리엔탈리즘에 다름이 아니다. 쿠바를 비롯한 많은 제3세계 국가들이
근대 역사에서 주체적 역할을 수행하지 못했다는 인식은 역사에서 그
근거를 두고 있지만, 권력의 주체가 곧 역사의 주체라는 제한적이고
왜곡된 사고思考에서 오는 발상이다. 대한민국의 정체성이 역사를 결여
하고 있다고 한다면, 우리의 오천 년 역사는 어떻게 평가되어야 한다
는 말인가. 역사가 없다는 표현은 역사를 기록하고 해석할 주체가 없
다는 의미가 되기도 하지만, 역사적으로 국가로서 존립할 만한 정체성
이 결여되어 있다는 의미이다.

일제가 한반도를 무력으로 점령하고, 합병하기 훨씬 이전부터 대한
민국의 사회문화적 정체성은 존재해왔으며, 과거 역사와의 단절이라
는 시각이 국호라는 차원에서 가능할 수 있다는 논리적 의미 전개와는
전혀 별개로 한국은 오천 년을 질곡과 난관 속에서도 존재해 왔음은
새삼스러운 사실이 아니다. 이렇듯 콜럼버스가 쿠바를 방문하고, 그를
기록하면서 비로소 쿠바인들의 '이야기'가 시작된 것이 아니라, 그 훨
씬 이전부터 그들의 '이야기'는 다양한 방식의 표현으로 기록되어 왔

으며, 비록 서구 중심의 보편적 가치에 의한 '기록'이 아닐지라도 그들에게는 분명 자신들의 이야기가 있어 왔고, 쿠바의 원주민이건 정착민이건 그들 삶의 이야기를 그들 스스로가 느끼고, 생각하고, 의미를 되새길 때 참다운 의미가 구현될 수 있는 것이기에, 마치 '역사 없는 이'들에게 형이상학적 이념과 이상으로 무장하여 무엇을 제시하는 것으로 생각해서는 옳지 않을 것이다.

일제강점기를 겪었다고 해서 대한민국이 역사 없는 나라가 될 수 없는 것처럼 주권을 상실했다는 사실과 역사가 없다는 사실은 전혀 다른 해석이 되어야 한다. 탈근대성을 경험하는 오늘날 역사라는 용어는 국민의 다양한 삶과 문화적 요인들이 한데 모여 만들어내는 요소들의 총체라는 사실을 간과해서는 결코 이해할 수 없다. 수많은 구성원들 삶의 세밀한 이야기들의 총합이 역사를 이루기 때문이다. 결국 국가권력을 이루는 주체의 정체성이 곧 역사의 주체라는 사고는 탈근대 이전의 유물이며, 근대성을 부르짖던 제국주의의 산물이다. 그럼에도 '역사 없는 나라'에 대한 논의는 서구와 서구의 영향을 받은 근대화의 주체들에 의해 그 대상을 소수민족이나 약소국에 적용시키며 지속되고 있음은 현실이다.

근대성을 역사 인식의 틀로 삼는 이들에게 쿠바의 역사는 콜럼버스의 신항로 개척 과정에서 시작된다. 평온한 삶의 리듬이 깨진 것은 역시 '신대륙의 발견'이라는 이름으로 회자되는 역사적 사건이다. 우리 교과서에서도 사용되는 이 용어는 분명 서구의 시선에 의한 어휘이다. 신대륙이 될 수 없는 것이다. 아메리카는 크리스토퍼 콜럼버스 이전에도 고도의 문명을 이루고 살았던 자신들의 역사를 갖고 있는 주체적 존재이기 때문이다. 쿠바의 존재를 알아차린 최초의 서구인이 콜럼버스인 것은 사실이지만, 본격적인 정복과 식민의 시작은 디에고 벨라스케스 데 쿠에야르$^{Diego\ Velázquez\ de\ Cuéllar}$가 1511년 300명의 병사를 이끌고 원정에 나선 이후이다. 하지만 쿠바 수탈의 역사는 상징적으로 콜럼버스로부터 시작된다. 서구중심주의에 의한 일방적인 시각이다. 칼라토조프에게도 관객에게도 벨라스케스의 긴 이름보다는 콜럼버스가 원망의 대상이 된다. '신대륙의 발견'이라는 서구 편향적 어휘가 쿠바의 역사를 규정하는 근거가 되는 것이다. 오류와 편견이 역사적 실체를 규정하는 셈이다. 스페인과 미국에 의해 오랫동안 피식민을 경험한 쿠바가 자국(自國)에 대한 역사 인식을 되짚어야 하는 것은 너무도 당연하다. 또한 그러한 시각은 쿠바 내적 구성원이건 외적 구성원이건 자유롭게 논의를 전개할 수 있는 문제이다.

물론 '역사 없는 국가'란 지적은 오롯이 제국주의적 시각을 지닌 주체들이 열등하다고 여겨지는 대상을 타자로 규정하는 차별의 근거 찾기에서 만들어진 것이기 때문에 객관적 타당성을 결여한다. 문제는 단순한 기록으로서의 역사에 대한 관심이 아니라, 역사의 기록이 지닌 행간의 의미를 해석하는 주체적 인식의 유무$^{有無}$와 그 정도에 있다. 자신들의 역사를 기억하는 과정에서 주체성은 매우 중요한 의미를 지니기 때문이다. 자기정체성에 대한 문제의식인 것이다.

흥미로운 점은 역사적 전개에 있어서 여성으로 체화된 쿠바의 이미지가 말을 할 수 없었던 여성으로 표현되었다는 문제가, 현대 쿠바사회에서는 남성우월의식과 같은 사회문화적 인습과 편견에 의해 말을 할 수 없는 여성들과 의미가 중첩되고 있다는 점에 있다.

<나는 쿠바>에서 여성으로서 쿠바는 말을 할 수 없었던 것은 아니었다. 오히려 기쁨과 희망의 시선으로 사물과 새로운 세계의 전개를

바라보았을 뿐이다. 그녀에게 말이 없었던 것이 아니라, 말은 있었으나 말을 할 수가 없었던 것이다. 일방적으로 공세적인 세력에 의해 구성되는 사회와 문화가 형성되는 과정을 주인공 쿠바는 아픔의 눈물로 기억하고 있다. <나는 쿠바>의 쿠바는 말을 하지 않았던 것이 아니라, 상황의 전개를 전혀 예측하지 못한 채 무방비로 있으며, 그저 주체적 삶을 살아가지 못했던 그녀는, 그저 무슨 말을 해야 할지 알 수 없는 채, 말을 할 수 없었던 그녀였다.

<나는 쿠바>의 그녀는 때론 노예로 종속된 삶을 살아야 했으며, 설탕의 단 꿈을 꾸고 있는 서구의 수탈자들에게 사탕수수의 노역을 제공해야 했다. 노예성으로 파악되는 그녀들에게 존엄성이란 부여되기 어려운 것이어서, 때론 선정성의 대상으로 몸을 내맡겨야 하는 베티가 되어야 했다. 순수한 마리아의 이미지 대신 말린체의 이미지를 부여잡

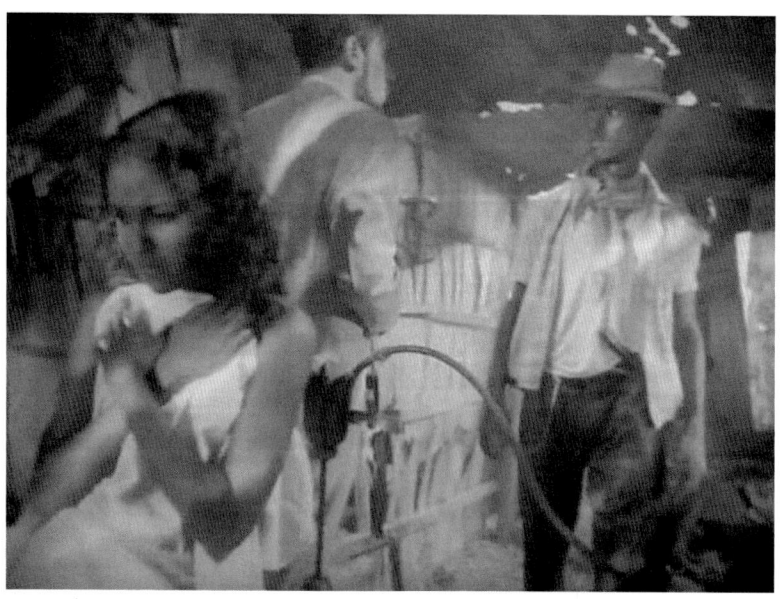

은 채 자본에 영혼을 파는 베티로 살아가는 선택을 해야 했던 현실 속의 마리아는 애인에게도 자신 스스로에게도 어떠한 말을 할 수도 건넬 수도 없게 되었다.

　노동 노예로서 쿠바의 여인은 말린체의 부정적 이미지처럼 스스로를 서구의 물신적 욕망에 내어주며, 화려한 조명 아래 '네, 손님'과 '자기', '돈'을 외치는 베티로서의 삶을 선택한다. 마리아란 이름의 그녀는 아름다운 사랑을 키워가며, 사랑하는 남자와 함께 만들어갈 꿈을 그려가는 순수한 쿠바의 처녀 마리아이다. 하지만 그녀의 삶은 네온사인의 불이 들어오면서 변화되는 아바나의 어두운 현실을 반영한다. 마리아로 불리던 그녀는 베티라는 이름으로 말린체의 삶의 이미지와 뒤엉킨다. 백인 남성으로 표현되는 서구는 매혹적인 여인, 마리아를 원하고, 마리아는 남성의 욕망을 물질적 이익을 위해 못이기는 채 수용한다. 관광객과 어울리던 환락가의 화려한 네온사인과 광란의 춤사위는 그녀가 살고 있던 아바나 뒷골목의 남루한 모습과 대조를 이룬다. 그녀는 백인 남성을 집에 데려와 밤을 지냈고, 그 남자가 건네주는 돈을 직접 받지 않는다. 그녀는 말이 없다. 말을 할 수가 없다. 상황은 그녀에게 더욱 비극적으로 변해간다. 함께 살아갈 날을 꿈꾸는 그녀의 애인이 허름한 문을 밀고 들어오다 백인 남성이 돈을 건네고 돌아서려던 광경을 목격하게 된다. 말을 할 수 없는 그녀의 아픔과 비극은 두 남성에게도 전이된다. 세 사람은 말없이 서로를 응시하지만, 굴욕스러운 현실에서 벗어나려 한다. 베티로 불리던 마리아는 말을 할 수가 없다. 자신을 변명하거나, 사회에 저항하거나, 어떠한 말도 할 수가 없다. 역사 속의 말린체가 온갖 오욕을 덮어쓰고도 말이 없는 그러한 이미지가 중첩된다. 그녀는 현실 속의 마리아는 허름한 뒷골목에 부끄러운 삶을 살아가며, 스스로의 목소리를 잃은 채 말을 할 수 없었던 그녀가 되었던 것이다. 중요한 것은 마리아가 베티가 되는 과정에서 오는 삶의 가치에 대한 상실감이 아니라, 스스로가 판단하고 생각할 수 있는 기회마저도 갖지 못하는 부끄러운 자기상실에 있는 것이다.

영국에 의해 식민지배를 받고 있는 인도인이라는 사실이 부끄러운 것이 아니라, 나도 모르게 무의식적으로 영국인 흉내를 내며[91] 자기 스스로의 처지를 개선하려고 하는 자신이 어떠한 문제를 지니고 있는지 알지 못하는 식민지 여인의 비성찰적 현실을 목격하며 말할 수 없는 '그녀/그녀들'라 명명한 대상과 같은 이미지를 반영한다. 그러나 <나는 쿠바>의 화자로서의 여성은 노예의 상태와 가난의 상태를 부끄러워하는 것은 결코 아니다. 스스로의 목소리를 내고, 말을 하겠다는 의지가 없을 수밖에 없었던 상황을 안타까워하며, 자기성찰의 단계에 들어가게 됨으로써, 이전 상태를 돌이켜볼 수 있는 현실적 깨달음의 가능성을 포함한다.

역사적 트라우마의 피해자들은 상대적으로 약자인 여성으로 이미지화된다. 사회적 약자로서의 피해자인 여성인물들은 역사적 상징을 반영한다. 정신대 여인들이 그들이며, 수많은 이름 없이 고통받은 여성들이 역사적 트라우마의 잔혹함과 그 두려움으로부터 일상적 망각이라는 약물에 의존하는 경향에 내몰리는 현실 또한 여성을 중심으로 묘사된다. 영화 <루시아>는 역사적 트라우마와 관련하여 개인으로서 여성 스스로가 변화에 초점을 맞추는 것이 아니라, 개별 인격체로서 쿠바사회를 대변하는 여성 인물과 관련된 인식의 사회적인 변화의 촉

---

91) 보드리야르가 지적하는 것처럼 이렇게 자신을 식민지배하는 서구를 성취된 유토피아로 보는 시선은 결국 그들을 '흉내 내기' 하는 의식/무의식적 행위의 원인이 된다. 이 과정에서 소외되는 대상은 계층적으로 하층민이며, 하층민 여성은 이중적으로 소외되는 대상이 될 수밖에 없다.

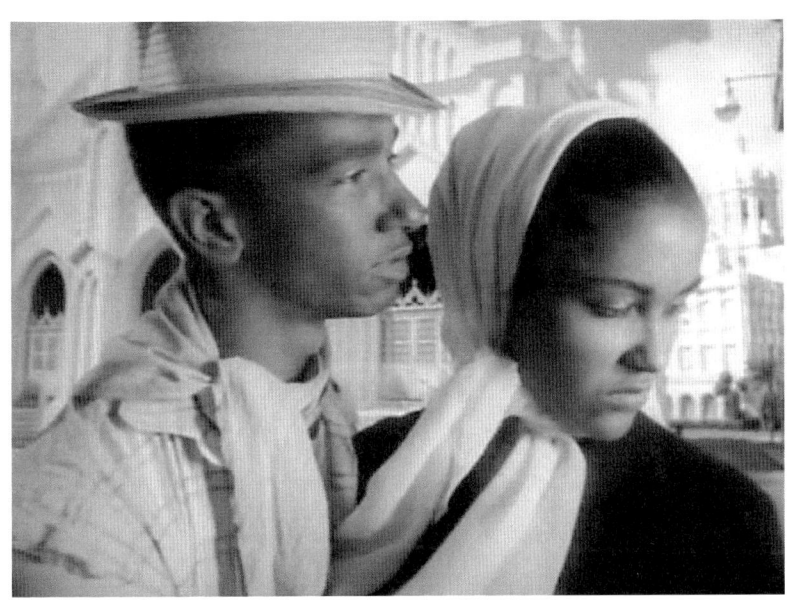

발에 있다. 첫 번째 에피소드인 [1895]의 루시아는 전근대적 사회의 인습과 전통에서 요구되는 여성의 미덕을 갖춘 인물이다. 그녀는 상류층 사회에 속한 풍요로운 가정에서 '여성으로 곱게 키워진' 인물을 대표한다. 그녀는 주변에서 벌어지는 문제들에 대해 말을 하지 않는다. 아니 말을 할 수 없었다. 사회가 어떻게 전개되고 있는지, 여성의 수동적 태도의 상징적이던 그녀는 전혀 알 수 없고, 알기 위한 경로에 스스로를 노출하려고 노력하지도 않는다. 자신을 속이며, 스파이 역할을 했던 애인의 배신에 대해서도 입을 열지 않았던 것은 그녀에게 주어졌던 사회화와 교육의 결과로 인한 전통적 가치관 때문이었다. 동생의 죽음과 커피농장의 피습으로 인해 정신적 충격을 받으며, 자각의 직면을 맞이하기 전까지 첫 번째 인물 루시아는 말을 할 수 없는 여성에 머물러 있었다. 말이 없는 그녀의 이미지는 미친 여인 페르난디나의 이미지와 대조적으로 두드러졌다. 윤간당한 충격으로 정신을 놓은 수녀 페르난디나는 옥타비오 파스가 『고독의 미로Laberinto de la soledad』(1950)에서 멕시코인을 '겁탈(되어 낳은) 자식(hijo de la chingada)'으로 표현한 것에 대한 환기[92]이다. 피식민의 고통이 성적 폭력으로 은유된 것이다. 교수형에 처해진 병사들의 넋을 위로하며 기도를 드리던 수녀, 페르난디나를 강간하는 스페인 병사들의 소문은 거리를 헤집고 다니며 외마디를 던지는 그녀의 처참한 모습과 광기 어린 시선을 통해 관객에게 그녀의 사연의 무게감을 전달한다. 페르난디나의 절규는 광기의 외마디가 아닌 경고와 각성을 향한 기도에 가깝다. 일상적 기억의 왜곡된 노출은 분노와 광기를 통해 드러나고, 그녀의 광기는 때론 성찰적 직관으로, 통찰로, 예언적 기능으로 묘사된다. 하지만 라파엘과의 사랑에 빠진 루시아는 그가 붙여준 이름, '치자꽃'에 환희를 느낀다. 순수함과 정결함의 상징인 하얀 치자꽃은 트라우마의 역사성에 대한 개오를 경험하기 전 '여성으로 곱게 키워진' 루시아를 상징한다. 숙녀로서의 우아함과 정갈함, 그리고 사회적 대인관계 속에서 조신함을 최고의 사회적 덕목으로 인식하도록 교육된 여인의 이미지이기 때문이다. 페르난디나의 경고 또한 거리의 소음의 하나일 뿐, 그녀의 가슴 속에는 라파엘과 만들어갈 희망과 사랑의 기쁨이 일렁인다. 역사성이나 사회적 정의 등과 같은 개념에 그녀는 침묵하고 있는 것이다. 관찰하고 응시할 대상에 대한 자각이 없던 그녀는 말할 수 없었던 것이다.[93]

---

92) 옥타비오 파스가 지적하는 '겁탈되어 낳은 자식'은 멕시코의 태생적 한계로서의 숙명을 의미한다. 역사적으로 수많은 멕시코 여인들이 강제적으로 유린을 당하였지만, 또한 동시에 적지 않은 여인들이 (강제적이지 않은 방식으로) 침략자들의 정부가 되거나 협조자가 되어야만 했던 사실은, 총체적인 의미에서, 여인으로 체화된 멕시코의 문화적 정체성이 유린되었던 역사적 정황에 대한 은유적 묘사라 할 수 있다.

93) 페르난디나가 내뱉는 비명은 절규로서 메시지를 담고 있지만, 스스로를 방어하고 문제를 해결하지 못한다는 측면에서 소통의 의미를 지니지 못한다. 그녀는 말을 하지 못하고 있는 것이다.

<저개발의 기억>의 여성 인물, 라우라는 서구적 삶을 희망하는 인물이다. 미사일 위기로 치안이 불안해지자, 혁명 쿠바사회를 등지고 플로리다로 향한다. 세르히오는 그러한 아내에 대해 일방적으로 비난을 퍼붓지 못한다. 자신 안에 있는 서구에 대한 동경과 향수가 바로 라우라의 모습이기 때문이다. 첫사랑이었던 한나에 대한 동경과 그리움이 라우라에 대한 사랑으로 연결되었던 것이 아닌가 하는 자성과 성찰의 시각에서 세르히오는 과연 내 안에 있는 사회문화적 가치의 이분법적 분별이 가능한 것인지 고민에 휩싸인다.

<저개발의 기억>이 지닌 장점으로서 해석의 시선은 '공감'을 바탕으로 트라우마의 역사성이 어떻게 현대인에게 어필될 수 있느냐의 세밀한 접근방식을 통해 이뤄진다.

사실 한나는 헤밍웨이로 상징화되는 존재적 의미를 지닌다. 망명한 독일계 유대인인 한나는 지적 전통과 문화적 전통의 정제된 상징의 의미로 구현된다. 세르히오가 막연하게 동경하고 여전히 그리워하는 것은 첫사랑에 대한 그리움의 원인처럼 불명확한 것이기도 하지만, 자신의 열정적 삶의 순간에 각인되었던 역사에 대한 통찰과 이해의 시각에 내한 향수이기도 하다. 닿을 수 없는 역사의 기어이 빚어내는 착각과 왜곡은 비평의 대상에 대한 이율배반적 그리움의 대상이 되는 것이다.

한나의 존재는 분명 그 실체가 불분명한 대상으로서의 여성 인물이다. 한나에 대한 서술이 인상적 묘사에 의존하는 이유이다. "한나의 키스는 향기가 없는 꽃잎, 축축한 살갗 맛이 났다. 그녀의 피부는 아주 희고, 금발이었으며, 물기를 머금은 그녀의 푸른색 눈을 바라볼 때면 나는 다리가 풀리곤 했다."(Desnoes, 2009: 90) 독자와 관객에게 한나의 이미지는 다른 서사의 경우와 비교하여 환상과 몽환으로 수용될 수 있는 기호로 표현된다. 선진문명에 대한 막연한 동경과 향수는 프티부르주아만의 산물이 아니라, 쿠바의 일반화된 동경을 상징한다는 의미에서 간과될 수 없는 이미지이다.

한나는 헤밍웨이에 대한 쿠바의 기억에서처럼 근대성을 의미한다. 그녀가 세련된 유럽의 고급예술 취향을 대변한다면, 그것은 그녀가 유럽의 고급예술을 소비하는 주체라는 의미이다. 이러한 점에서 세르히오의 아내 라우라는 한나의 사회문화적 이미지를 동경하는 쿠바의 문화 정체성의 하나를 대변한다. 한나의 이미지는 피식민의 트라우마가 식민의 주체를 동경하며, 그들과의 동일시를 기원하고, 동시에 그를 두려워하는 콜로니얼리즘적 표상이며 기호가 되는 것이다.

전형적인 유럽을 대변하는 한나에 대한 사랑은 원형적 뿌리에 대한 거부할 수 없는, 젊은 시절 세르히오의 열정을 반영하고 있지만, 또한 동시에 라우라를 경멸하는 이유가 되기도 하다. 쿠바인으로서 자신의 정체성을 왜곡하고, 스스로가 서구와 동질성을 느끼려 '노력'하는 라우라에게서 부자연스럽고, 가식적인 왜곡의 침울한 기운을 체감하기 때문이었다. 자신의 단점을 강조해서 지니고 있는 그녀의 모습은 쿠바 사회가 지니고 있던 문제에 대해 말을 하거나 의식을 갖기보다는 문제의식을 간과한 채 부정으로 일관하는 태도를 상징하였다. 라우라의 문제는 자신이 추구하는 것에 대한 성찰적 태도가 결여되어 있음에 있었지만, 그녀와 헤어지는 세르히오에게 그녀는 한나에 대한 이미지와는 별개로 서구를 모방하려는 콜로니얼리즘적 태도와 다름이 아니다.

세르히오에게 라우라의 이미지는 "그녀가 몸에 걸치고 또 가지고 있던 모든 물건들로 이루어져 있었다"(Desnoes, 2009: 21)는 표현으로 그녀의 인상이 얼마나 물신적이었는지에 집중되어 있다. 그녀에 대한

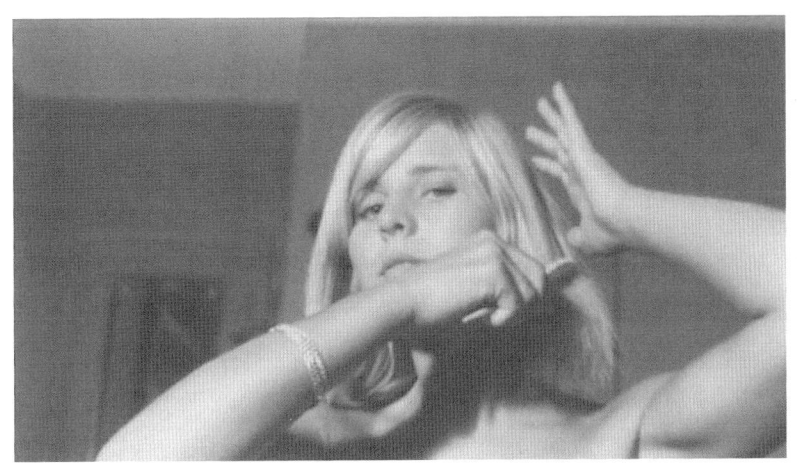

인상은 파블로에 대한 인상과 중첩된다. "내가 되기 싫은 모습을 모아둔 집합체이다"(Desnoes, 2009: 36)라는 묘사에서처럼 서구의 삶을 동경하는 비성찰적 주체로서의 쿠바의 단면이기도 하다. 지배적 이데올로기가 주도하는 현실에 적극적으로 적응하려는 라우라의 모습에서는 외형적으로 피식민의 트라우마를 찾기 어렵다. 하지만 그녀는 식민주체를 적극적으로 염원하는 열외적 타자이며, 그들의 태도는 이율배반적이다. 그녀에게는 스스로에 대한 자기인식이 결여되어 있다. 주체로서 스스로를 염원의 대상과 끊임없이 동일시를 통해 자신의 욕망의 대상 사이에 메워질 수 없는 간극을 보지 않으려 하는 그녀로 대표되는 인물들은 선진화된 서구를 그리워하고 닮아가려 노력하는 프티 부르주아의 상징이며, 나아가 "길들여진 바보 천치"(Desnoes, 2009: 24)이다.

세르히오는 라우라에게서 보지 못했던 긍정적 이미지를 엘레나에게서 찾는다. 우연히 알게 된 엘레나는 풋풋한 쿠바 처녀의 모습이었고, 그러한 평범함에 세르히오는 설렘을 느낀다. 그녀는 삶의 터전을 쿠바에 두고 있는, 그래서 혁명이 보호해야 할 소시민이기도 하다. 문제는 성적 관계를 맺을 만큼 매력을 느꼈던 엘레나였지만, 그녀는 라우라의 흔적에 대한 동경할 만큼 전근대적 속물근성을 대변한다는 데 있다. 엘레나는 다른 사람들의 행위를 모방하는 영화배우를 꿈꾸는 한편, 막연히 자본사회의 향락과 고급 취향을 동경한다. 세르히오와의 결혼을 부추기며 신분상승을 기획하는 그녀의 가족들과 억지스러운 연출을 통해 허구적 삶의 가능성을 헛되이 탐색하는 그녀는 라우라의 또 다른 표상에 머물 수밖에 없다. 세르히오를 통해 서구와 동일시를 꿈꾸는 라우라를 동경하는 인물이기 때문이다. "오늘 엘레나가 라우라의 옷을 걸치고 집으로 찾아왔다"(Desnoes, 2009: 46)는 대목에서 세르히오가 느낀 것은 자기 스스로에 대한 혐오와 함께 엘레나에게서 중첩되는 라우라의 모습이었다. 엘레나는 우아함과 교양에 대한 즉흥적인 관심과 신분변화에 대한 막연한 이끌림에 의해 자신의 행동을 내맡긴다. 여전히 일괄성도 없고 논리성도 부족한 저개발의 표상일 수밖에 없다. 자

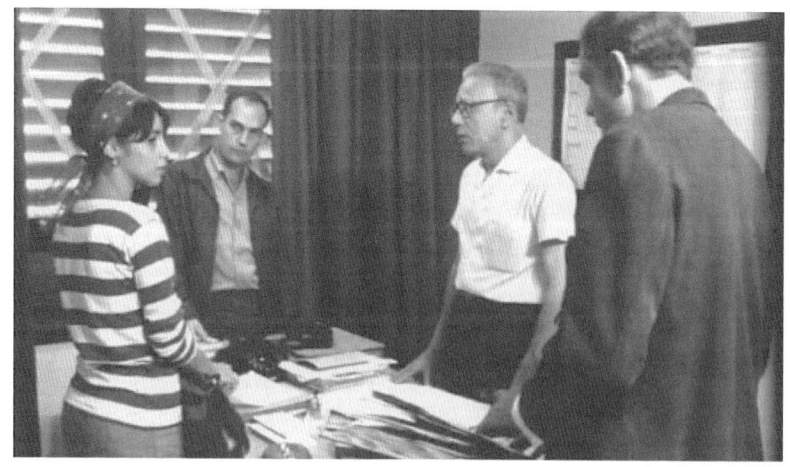

기정체성에 대한 성찰이 없는 그녀는 말을 할 수 없는 그녀였던 것이다. 무엇이 문제이고, 나의 위상이 무엇인지에 대한 문제의식의 제기란 전혀 무관한 삶의 수많은 대상 가운데 하나일 뿐이다.

한나에서 라우라로 다시 엘레나로 이어지는 서구의 그림자는 모방된 것을 모방하려는 이중적 전근대성의 속물성으로 추락하는 여성의 이미지가 되는 것이다. 한나에게서는 느낄 수 없는 속물근성을 라우라와 엘레나에게서는 강조되어 느낄 수 있는 이유는 자신의 사회문화적 정체성이 아닌 것을 성찰할 수 있는 기회를 갖으려 하지 않기 때문이다.

여성의 사회문화적 이미지에 대한 세르히오의 시선은 혁명 이후 쿠바사회가 당면한 자기모순에 대한 성찰이다. 정작 서구를 상징하는 한나에게서는 부정적 이미지를 상기하지 않는데, 그녀를 대체하며 이미지를 모방해온 라우라에게서는 위선과 왜곡이라는 부정적 이미지를 체감하며, 라우라의 흔적을 상상하고 그녀를 동경하면서도 한편으로는 사회의 평등과 혁명을 말하려는 엘레라에게서는 경멸과 추함의 시선을 드러내는 세르히오의 태도는 자기 스스로에 대한 성찰이 없는 여성에 대한 저항적 시선일 뿐이다. 말을 하고 있는 엘레나는 결국 말을 하시 않음으로써 말을 할 수 없는 여성에 비해 비난을 감수해야 할 처지에 있다고 평가될 수 있기 때문이다. 세르히오에게 그녀들은 쿠바사회의 변화에 대한 본질적인 성찰도 전망도 없는 채 일관성도 없이 살아가는 저개발적 특성을 지닌 타자로서 길들여진 상징적 기호로서의 인물이다. 말을 할 대상도 말을 할 동기도 찾지 못한 저개발 상태의 여인들이었으며, 그녀들은 말을 할 수 없었던 것이다.

## (2) 말하지 않았던 그녀

죽어가면서도 말을 하지 않았던 그녀들, 노예로 거친 노동에 내몰리면서도 자신들의 문제를 사회에 드러내어 말하지 않았던 그녀들. 이들이 내면의 아픔에 대한 자각이 일어나는 것을 감지하면서도 말하지 않았던 이유는 트라우마의 역사성과 일상성 모두의 입장에서 늘 아픔을 소리 내어 말하지 않는 데 익숙하였던 탓이다. <루시아>의 첫 번째 에피소드인 [1895]의 루시아는 애인과의 만남을 통한 행복을 간직하려는 열망 때문에 체감하는 어두운 그림자에 대해 말하지 않았다. 내면화되었던 문제가 외부로 폭발하기 전까지 그녀의 태도는 말할 수 없었고, 또 말하지 않았던 인물이었다. 자각을 할 수 없는 상태에서 외부에 자신의 심정을 드러내어 말할 이유도 말하는 방식도 몰랐기에 그녀는 말할 수 없는 인물이었다. 하지만 자신이 사랑하던 라파엘이 쿠바의 독립운동을 감시하기 위해 파견된 스페인의 스파이이며, 유부남이라는 사실을 알게 되면서 갈등에 휩싸인다. 하지만 그녀는 아직 말하지 않는다. 자신을 속인 남자가 스페인의 스파이라는 사실보다는 유부남이었다는 사실에 더욱 분노를 느꼈던 루시아는 여전히 미련의 꿈꾼다. 자신 안에 길들여진 사회문화적 가치에 대한 존중이 사회적으로 교육된 여성에 대한 이미지라는 자각은 그녀에게는 막연한 이야기이기에 사회적으로 드러내어 말할 이유를 찾지 못한다. 그저 희망의 끈을 놓지 않은 채 다시 한번 라파엘과의 사랑을 꿈꾼다. 따라서 고민은 내면화될 뿐, 외형화의 과정으로 연결되지 않는다. "어머니, 저에게 감옥을 주세요." 트라우마의 역사성이 개인화되기 시작하지만 그래도 미련이 남는다. 하지만 역사적 트라우마를 개인화의 과정을 통해 체험하는 루시아의 모습에서는 간헐적으로 페르난디나의 광기가 겹쳐진다. 결국 라파엘은 루시아를 속여 독립군의 위치를 알아냈고, 그 결과 루시아는 남동생이 죽음을 당하는 광경을 목격하게 된다. 말하지 않는 그녀, 루시아의 변화는 비로소 본질적으로 일어난다. 일련의 사건들이 그녀를 물리적 체험의 환경적 상태에서 변화시켰다면, 동생의 죽음은 그녀를 화학적 체험의 본질적 변화라는 측면에서 결과가 완전히 달라진 것이다. 루시아는 진정한 자각이라는 화학적 변화를 체험하기 전까지는 아픔과 고난을 내면화하며, 말을 아끼고 미련의 단계에 머무르는 말하지 않는 그녀의 이미지에 머문다. 역사적 트라우마에 대한 문제의식은 여성 인물들이 말을 하지 않는 그녀의 단계에 머무는 동안은 자각의 단계로 상승할 수 없는 감성적 수준의 문제에 머무는 것이다.

<나는 쿠바>의 세 번째 에피소드의 여성 인물 글로리아는 말하지 않았던 그녀로 대표되는 수많은 쿠바 여성의 사회문화적 이미지가 어떻게 변화되어야 하는지를 드러내는 시점을 반영한다. 남성 인물 엔리케는 쿠바사회가 당면하고 있는 정치사회적 문제에 어떻게 직면해야 하는 것인지 당황스러운 청년의 표상이다. 그는 자본의 상징으로 체화된 쇼윈도 앞에 멈추었다 계속 길을 걷는다. 일정한 패턴이 아니라, 당황스럽고 뚜렷하지 않는 걸음이다.

이때 쿠바 주둔 미군들이 고성으로 노래를 하며, 시내를 활보하다 마주친 쿠바 여인을 농락한다. 쫓기는 여인과 뒤를 쫓는 희롱의 웃음소리, 엔리케가 나선다. 주정을 부리며 서구에 의해 수탈되는 대

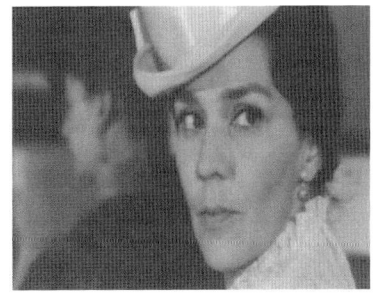

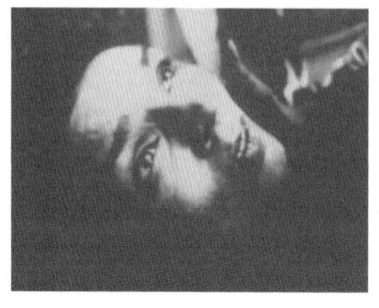

지는 유린되고 강탈당하는 이미지로서의 인상으로 재현된다. 역사적 트라우마의 재현 그것은 피식민의 아픔에 대한 기억이며, 일상에서 완전한 망각으로 빠져들 수 없는 망각과 기억의 미로를 가득 메우고 있다. 사라지는 미군들. 말을 하지 않은 채 도망을 쳐야만 했던 글로리아는 엔리케의 적절한 개입으로 자신이 처했던 거친 상황을 모면한다. 쫓기며 어떠한 말도 하지 못하는 가녀린 여성의 이미지는 유린되는 여인의 이미지로 주로 나타나곤 하는데, <루시아>에서 스페인 병사들에 의해 윤간당하는 수녀 페르난디나의 이미지와 라파엘에 의해 옷을 찢기는 루시아의 이미지는 피해자로서 가해자에게 해야 할 말을 하지 않는 주체가 된다.

<저개발의 기억>의 여성 인물들은 대체로 말을 할 수 없거나, 말을 하지 않는 그녀들이다. 역사성에 대한 자각이 없는 상태에서 말을 할 수 없는 것은 유럽인인 한나의 경우를 비롯하여, 라우라의 경우에서는 기대할 수 없는 것이다. 하지만 엘레나와 노에미의 경우에는 쿠바의 전형적인 여성을 대표한다는 의미에서 말할 수 없는 여성이지만, 말을 하지 않았던 여성들이기도 하다.

헤밍웨이의 흔적을 찾아온 관광객들에게 아름다운 쿠바 처녀로서 대변되는 엘레나는 분명 쿠바를 의미한다. 그녀는 쿠바혁명 정부가 혁명의 주체이며 대상으로 설정하는 전형적 소시민으로서 여성의 이미지를 지닌다. 노에미 역시 쿠바의 일상적 얼굴을 대변한다. 세르히오의 아파트를 관리하는 가정부로서 성실하게 삶을 살아가는 소시민의

전형적인 모습이며, 혁명정부가 보호해야 할 노동자이기 때문이다. 그러나 엘레나와 노에미가 쿠바적 삶의 전형성을 상징하기에는 한계가 있다. 엘레나는 다른 사람들의 행위를 모방하는 영화배우를 꿈꾸는 한편, 막연히 자본사회의 향락과 고급 취향을 동경한다. 세르히오와의 결혼을 부추기며, 신분상승을 기획하는 그녀 가족들과의 연출은 그녀의 허구적 삶을 반증한다. 세르히오에게 성적 환상을 키워 줬던 노에미 역시 가톨릭이나 산테리아의 문화를 대변하는 것이 아니라, 소수 종교세력인 침례교를 신봉하는 소수를 대표할 뿐이다. 그녀들은 쿠바의 얼굴이지만, 대표성을 지니지 못한다. 말을 하지만 쿠바가 당면한 사회적 문제의식에 대한 자각도 의지도 없는 채로 말을 하지 않았던 여성들이다.

엘레나와 노에미는 쿠바인의 상징적 기호로서 기능하지 못한다. 이는 감독이 고뇌하고 성찰하는 피식민의 트라우마를 극복하기 위해 수용해야 하는 자기인식의 중요성에 대한 고찰에서 그녀들이 결여하고 있는 본질적 태도 때문이다. 이는 소위 말하는 저개발과 그 본령으로서의 피식민과 그 망령으로서의 트라우마가 본질적으로 극복되기 위해 겪어내야 하는 문제의식에 대한 자기성찰이 중요하다는 메시지를 위한 서사이다. 노에미처럼 지나치게 편협한 시야 속에 가린 채 살아가거나, 엘레나처럼 일관성 없이 즉흥적인 채 다른 사람의 삶을 흉내내는 역할에 적극적인 인물들에게 자기성찰적 인식의 태도가 결여되어 있음을 관객 스스로 생각할 수 있는 기회가 제공되는 것이다. 그녀들은 쿠바를 대표하는 평범한 여인들이며, 일반 대중의 의식과 삶의 태도를 반영하기에 문제가 된다. 특정한 개별인물로서의 의미가 아니라, 쿠바사회가 당면한 문제로서 일상적 인물의 이미지이기 때문이다.

그녀들은 쿠바적 삶의 주체이며, 쿠바를 존재하게 하는 구성원임에는 틀림없으나 쿠바의 미래를 전망하는 모델로서의 역할을 수행하기에는 제한적 한계를 지니고 있다. 세르히오에게 그녀들은 쿠바사회의 변화에 대한 본질적인 성찰도 전망도 없는 채 일관성도 없이 살아가는 저개발 상태의 특성을 지닌 타자로서 길들여진 상징적 기호로서의 인물이다. 그녀들이 문제의식을 경험하지도 않았고, 따라서 어떠한 말도 하지 않았던 탓이다.

<테레사의 초상>의 여성 인물은 자신의 가정에서의 역할과 직장에서의 역할이 동시에 수행되기에는 벅찬 노동의 몫이라는 사실을 말하지 않았다. 사회적으로 가해져 오는 압박감과 더불어 전근대적 인식과 인습에 에워싸여 있는 가부장제적 우월의식의 상징인 남편에게도 문제삼아 말하지 않았다. 여성의 덕목이기 때문이었으며, 친정 엄마조차도 여성은 여성다워야 한다는 사회적 가치관이 우월적으로 지배하고 있다고 믿었기 때문이었다. 여성 인물인 테레사는 분명 이전 시대를 배경으

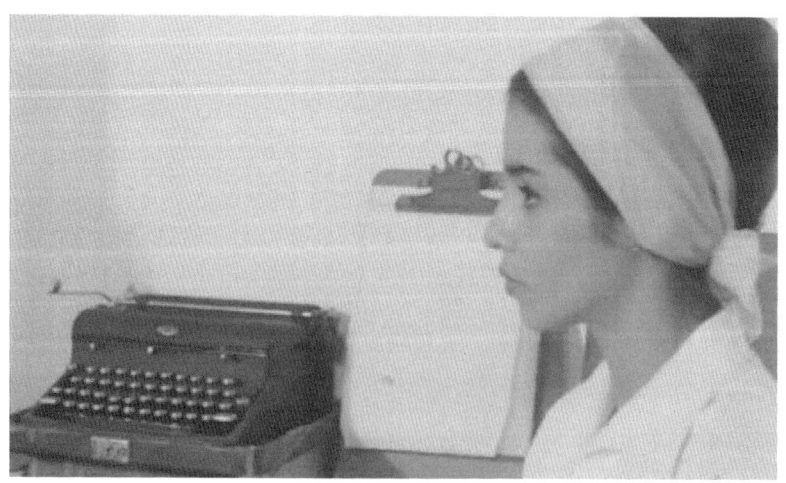

로 제작된 영화인 <나는 쿠바>, <저개발의 기억>, <루시아> 등과 비교하여 보다 안정적인 사회문화적 가치와 패러다임에 의한 시대를 체험하는 인물이다. 하지만 현실과 일상을 보다 구체적으로 반영하는 사회문화적 환경을 배경으로 할 뿐, 본질적으로 크게 달라지지 않는 가치관에 의해 지배되는 인물에 머물고 있다. 변하지 않는 사회문화적 가치태도로서 남성우월의식인 마치스모가 테레사를 다른 영화들의 여성 인물들과 본질적으로 구분되도록 하지 못하게 만드는 장애요인이다. 테레사는 사회적 인습과 편견에 맞서는 다른 여러 여성 인물들처럼 어려움을 직면하는 태도로 스스로를 담금질하지만, 그녀의 주변에 있는 여성 인물들은 오히려 그녀를 이해하지 못하는 편견의 시선을 보내기도 한다. 쿠바사회에 만연한 남성우월의식에 대한 일상적 시각으로서 영화는 모든 분야에서 꾸준히 혁명을 외치고 있지만, 정작 일상적 삶에서 가장 본질적인 문제조차 외면하고 있는 것은 아닌지, 여성 스스로가 자신들이 의당 해야 할 말을 하지 않고 있는 것은 아닌지 지적하고 있다. 사회적 인습과 편견으로 힘들어하는 테레사에게 그녀의 엄마가 들려주는 "여자는 여자, 남자는 남자일 뿐이다. [……] 그건 피델 자신도 못 바꿔"라는 신인은 혁명의 대상으로조차 인식되지 않는 가치개념으로서 남녀의 사회적 기능과 역할에 대한 사회문화적 편견을 반영한다. 직장 동료들의 조언도 크게 다르지 않았다. "그런 것은 남편들이 짜증을 내는 일이야." 테레사의 주변의 여성 인물들은 자신들이 연루된 일에 있어서조차 여전히 말을 하지 않았던 것이다.

<관타나메라>의 여성 인물, 지나는 관료주의에 몰입된 남편 아돌포의 그림자에서 벗어날 수 없는 자신이 불행하다는 사실을 알고 있으면서도, 문제와 직면하지 않은 채 자신의 자유와 자기성취를 위한 욕

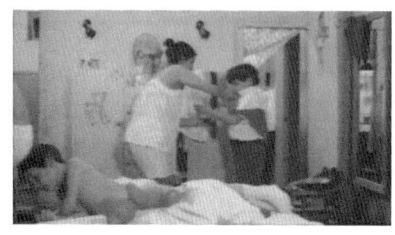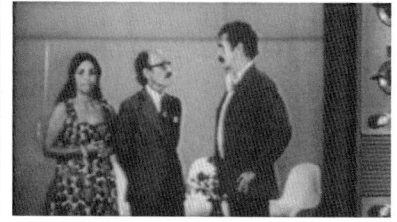

망을 말하지 않는 인물이다. 낭만의 아름다운 선율로 대표되는 노래 '관타나메라'의 이미지는 지나의 삶이 전혀 낭만적이지 않은 사실과 묘한 대조를 이룬다. 이모 요지타의 고향 방문을 기념하기 위한 문화 행사에 등장하는 '문화는 영원하다'는 문구는 희로애락의 감성을 노래하고, 많은 관객과 팬들과의 공감으로 소통하는 자연스러운 쿠바의 감성과 비교된다. 노년기에 접어든 요지타가 젊은 시절의 남자친구, 칸디도와 만나 아름다운 감성의 추억에 빠져드는 것과는 대조적으로 지나는 전형적이고 융통성이 부족한 관료의 이미지를 담고 있는 남편, 아돌포의 그늘에서 '그래야 하는 모범'으로서의 아내의 역할을 충실히 수행한다. 요지타의 갑작스러운 죽음은 지나의 평범한 일상의 리듬을 깨는 계기가 된다. 지나는 이모의 장례를 치르기 위해 관을 운구하는 여정에서 옛 제자를 만나게 되고, 그와의 만남은 기능적 역할의 수행에 익숙했던 자신의 일상에 일대 도전을 경험하게 된다. 스스로의 감정과 욕망에 대한 자각과 수용을 철저하게 차단했던 과거에 대한 관성의 태도는 당황스럽고 어색한 대화로 이어질 뿐이었다. 지나는 여전히 자신 내면의 소리에 귀를 기울이는 자각을 위한 직면에 도달하지 않도록 스스로를 조절하고 있었던 것이다. 말을 할 수 없었던 것이 아니라 말을 하지 않았던 것이다.

<인생은 휘파람>를 여는 핵심 대사 가운데 하나는 "내가 속한 계층에서는 휘파람을 부는 것이 허용되지 않는다"라고 할 수 있다. 휘파람은 감성을 담아 스스로의 목소리를 드러내는 행위이기 때문에 휘파람이 통제되는 사회는 획일적 사고가 만연한 폐쇄적인 사회를 의미할 수 있다. 영화의 행위를 이끌어가는 여성 발화자는 말을 한다. 하지만 그녀의 말은 소통을 위한 것이라기보다는 독백의 형식을 띤 방백이다. "나는 행복하다. 그래서 나처럼 행복했으면 하는 세 사람을 찾을 것이다"는 영화를 전개하는 주요 행위의 모티브이다. 여성 발화자가 말하는 세 사람은 엘피디오와 마리아나, 그리고 훌리아이다. 섹스라는 말에 정신을 잃는 훌리아는 상징적 인물로서 성적 폐쇄성을 의미한다. 하품 틱 장애와 섹스에 대한 거부감은 그녀의 트라우마와 관계된다. 발레 무용수인 마리아나는 육감적 대상에 몰입하여 감정을 조절하지 못한다. 아름다움에 대한 감상과 욕망의 경계를 구분하지 못하는 그녀는 욕정의 노예인 듯 타락하는 자신을 혐오한다. 고아로 자란 엘피디오는 엄마에 대한 집착으로 왜곡되고 축소된 감정표현에 머문다. 훌리아가 20년 전 출산을 하면서, 감당할 수 없는 상황에서 아기를 버렸다는 죄의식에 스스로를 성적 수치심과 그 결과로 평가한다 마리아나는 사랑과 욕망을 구분하지 못하는 자신을 믿지 못한다. 엘피디오는 열정적 사랑의 대상으로 다가오는 여인에게서 모성을 찾으려 한다. 세 인물은 트라우마를 직면하기에 어려움을 겪는다. 하지만 사실을 직시하기보다는 사회적 가치의 대상으로부터 보상심리를 찾는다.

　훌리아와 마리아나, 엘피디오는 모두 진실과의 만남이라는 직면의 힘든 과정을 수용하기로 선택한다. 이들은 자신들의 삶을 돌이켜보고 과거를 현 시점에서 되짚어보며, 상처의 원인과 화해를 준비하며,

과거를 재구성하고, 재해석함으로써, 과거와 진정한 화해를 도모하는 구조적 접근을 시도한다. 쿠바인들이 중요한 종교적 대상으로 삼는 성녀 바르바라의 축일인 12월 4일은 특별한 의미를 지닌다. 세 인물이 상처와 직면하는 날이며, 바르바라가 동정을 지키기 위해 순교를 맞이했던 성적 순결성의 사회문화적 의미가 부여된 날이기 때문이다. 또한 세 인물 모두 성적 이미지로부터 파생된 부정적 이미지들과 가치로부터 죄의식과 왜곡, 편견 등을 거둬내는 특정한 시간이기 때문이기도 하다.

세 인물은 비가 억수처럼 내려붓는 시간, 혁명광장에서 만난다. 혁명광장은 동정녀 바르바라 성녀의 날이며, 성스러운 공간과 시간의 특별한 의미로 전환된다. 시간과 장소는 개연적이지 않다. 불필요한 죄의식과 자기비하에서 벗어나 자유롭게 행복을 선택할 수 있는 인식의 전환이 가능한 계기의 시간이고 장소이기 때문이다.

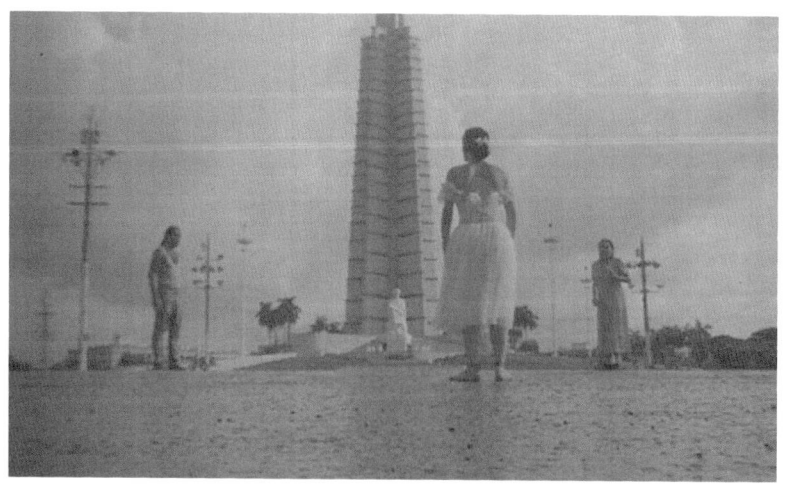

말을 한다는 것은 아픔과 희망, 기쁨과 슬픔을 얘기함으로써, 자신을 억압하는 여러 다양한 인습과 제도, 이념과 가치들로부터 자유로운 상태를 꿈꾼다는 행위로 표현된다. 휘파람을 부는 행위는 무겁고 힘겨운 삶이 아니라, 자유롭고 경쾌한 바람과 같은 가벼움의 의미로서 삶을 바라보려는 희망의 행위일 것이다. 여성 인물 발화자가 미래로부터 들었다는 "2020년 모든 아바나 시민들은 행복하게 살 것이다." 말은 말을 할 수 없는 인물이 아니라, 자신의 이야기를 드러내어 표현함으로써, 말을 하는 인물이 주체가 되는 사회의 건전성을 의미할 것이다. "비밀은 휘파람이다"라는 표현은 삶을 무겁게 짓누르는 지배이념에서 해방되어 소시민적 가치가 보장되는 삶의 방향성을 수용하는 유연한 사회의 수평적 구조에 대한 희망의 메시지이다. 휘파람은 말할 거리를 갖고 있는 인물들이 자각을 통해 말을 하는 주체로서 갖게 되는 소통의 긍정적 도구이다.

<딸기와 초콜릿>의 남성 인물들은 여전히 감성의 세계이고, 애정의 세계인 사랑의 가치관에 대해 사회에 드러내어 말하지 못한다. 남성과 여성을 양분하는 남성적 세계관이 지배하는 사회에서 감성과 포용을 얘기하는 여성적 세계관의 가능성을 믿지 않는다. 특히 동성애자인 남성 인물, 디에고는 여성의 감수성과 감정을 반영하는 인물이다. 남성과 여성으로 이분되어 있는 세계에서 어느 쪽 성도 아닌 디에고는 정서적으로 여성에 가깝다. 쿠바영화가 동성애자의 사회문화적 이미지를 직접 겨냥하여 해석하는 것은 얼핏 놀라운 일처럼 인식되기도 한다. 사회주의 혁명의 경직된 사회의식에서 동성애자에 대한 사회적 인습과 편견을 어떻게 헤쳐 나갈 수 있을 것인지 영화에 대한 편견을 가질 수 있는 것도 자연스럽다. 하지만 영화는 간접적이거나 우회

적이지 않고, 오히려 직접적이며 직설적인 태도를 취한다. 어설픈 은유와 상징으로 논의를 피해나가는 것이 아니라, 구체적이고 개별적인 인물을 통해 서술하기 때문이다.

디에고는 남성 인물이지만, 또한 동시에 양성에 의한 구분을 벗어나는 인물이다. 영화의 원제인 『늑대와 숲, 그리고 새로운 인간$^{El\ lobo,\ el}$ $^{bosque\ y\ el\ hombre\ nuevo}$』에서 알 수 있는 것처럼 디에고와 같은 동성애자는 태생적인 성적 정체성에 의해 기존의 가치기준으로는 판단을 유보해야 하는 예외자로서 소수자이기 때문이다. 본 저술에서 디에고를 주목하는 이유는 그가 여성 인물이기 때문이 아니라, 여성적 정체성의 인물이기 때문이다. 그는 포괄적 관점에서 쿠바가 수용하지 못하는 여성적 감성을 정체성으로 지니고 있는 인물이다.

사회주의 국가는 동성애자와 같은 소수자를 예외적 존재로 허용할 만큼 세밀한 배려를 선도적으로 수행하지 않는다. 쿠바와 같은 사회주의 국가에서 동성애자를 보는 시선이 곱지 않은 것은 어쩌면 당연하

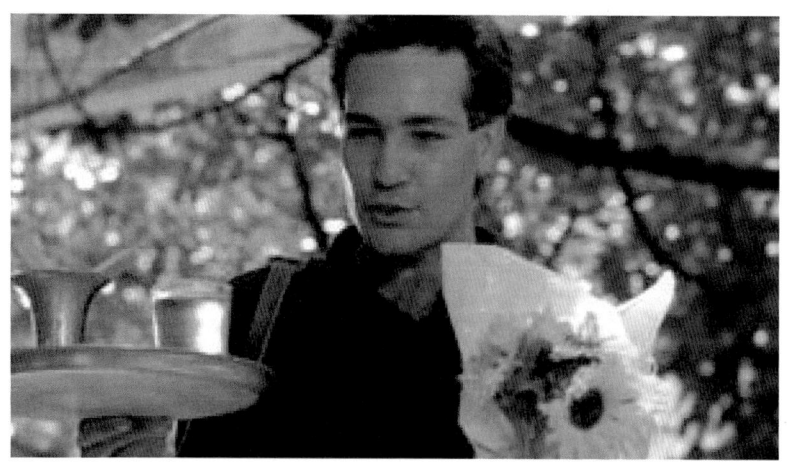

다. 또 다른 남성 인물 다빗은 전형적인 쿠바의 인물이다. 그는 모범적 사례로서 쿠바사회가 제시하는 전형을 수용하고, 그 사회가 거부하는 편견을 이의 없이 수용한다. 아바나 대학생인 다빗에게 디에고의 예술관이나 감성의 세계는 그저 혐오스럽거나 낯선 대상일 뿐이다. 자신에게 노골적으로 호감을 드러내며 다가오는 디에고를 편견이 가득한 시선으로 쏘아붙이는 다빗의 태도는 쿠바사회의 편견에 가깝다. 하지만 디에고는 다빗에게 자신을 딸기로 비유한다. 다빗의 룸메이트인 미겔의 시선은 디에고에 대한 혐오로 가득하다. 혁명사회에 아무런 도움이 되지 않는 동성애 예술가 디에고는 사회의 악일 뿐이다. 디에고가 헌신할 수 있는 사회적 역할과 기능은 미겔에게는 불가능한 적용이다. 건강하고 모범적인 청년 다빗에게 디에고는 괴짜이며, 낯선 기운으로 가득하다. 하지만 그에게서 풍겨오는 섬세한 감성의 세계와 예술혼은 다빗이 미겔과 견해를 달리하게 되는 동기로 전환된다.

혁명이념을 완수하기 위한 실천 과정에서 요구되는 건조한 인식 태도가 남성적 문화라고 한다면, 디에고의 감성과 예술혼은 상대적으로 여성적 문화에 가깝다. 미겔이 주장하는 혁명정신의 실천태도가 권위적인 태도로서 가부장제적 인식과 유사한 것이라면, 디에고가 추구하는 관조적이고 감성적 삶의 태도는 삶의 다양성을 수용하는 여성적 인식과 유사하다.

<딸기와 초콜릿>에 등장하는 흥미로운 여성 인물은 낸시이다. 그녀는 미겔-다빗-디에고의 관계망에서 어느 곳에도 속하지 않는 듯 보인다. 여성이면서 다른 세 명의 남성 인물들에 비해 더 여성적이지도 않다. 오히려 삶의 나락에서 죽음을 꿈꾸고 있을 때 그녀를 품어주는 모성과 같은 역할은 디에고의 몫이 된다. 영화는 동성애자에 대한

논란을 직접적으로 다루지 않는다. 쿠바혁명의 경직된 이념적 태도가 쿠바사회에서 의도했건, 의도하지 않았건 삶의 포용성과 감수성을 상처내고 있는 것은 아닌지 성찰하고 있다.

다빗의 시선은 감독의 메시지이다. 스스로가 편견을 지니고 있는지조차 의식하지 못한 채 자신은 정도의 삶을 살고 있다고 생각했던 다빗은 동성애자인 디에고를 만나 혼란스러웠으나, 오히려 삶과 감성의 풍성함과 깊이를 배우게 되었다. 지배계급의 왜곡된 질서의식과 사회문화적 가치관이 헤게모니로서 작동하는 사회에서 소수자와 주변부 사람들의 삶은 피지배계급의 전형적인 억압과 절규 속에 살아야 할 것이다. 다빗의 무관심은 헤게모니에 공모하는 피지배계급의 모순과 동일하다. 그렇다면 다빗은 자신의 행위를 어떻게 긍정적으로 만들어낼 수 있을까. 이는 사회문화적 가치와 이데올로기가 제시해 왔던 가치체제에 대한 회의와 성찰을 통해 가능할 것이다. 다빗은 자신의 혼란을 기피할 것이 아니라, 무엇이 혼란의 원인인지 혹시 혼란이 자신이 지닌 편견으로부터 오는 것은 아니었는지, 성찰할 기회에 스스로를 노출해야 할 개연성과 마주하게 된다.

삶은 전투적 투쟁을 추구하는 과정에서 간과해서는 곤란한 수많은 소중한 사소함으로 가득하다는 사실은 논쟁을 통해 얻어질 수 없는 체험적 대상이다. 디에고의 삶의 태도에 대한 관객의 성찰은 지속적인 혁명을 요구하는 남성적 쿠바사회가 자칫 잃기 쉬운 여성성에 대한 환기를 제공한다.

디에고는 스스로의 목소리를 내어 말을 하지 않는다. 그/그녀가 말을 하지 않는 것은 하고 싶은 말이 없어서이거나, 해야 할 말이 무엇인지 알지 못하기 때문이 아니라, 자신을 억압하는 사회의 구조적 틀이 지나치게 크기 때문이다. 사실 디에고는 말을 하고 있으나, 그의 말은 자신이 친밀감을 느끼는 소수의 개별인물들을 향하고 있을 뿐이다. 따라서 그는 사회적 관점에서 목소리를 내고는 있지만, 실제적으로는 말을 하지 않는다. 마지막에 자신의 성적 정체성과 문화적 감수성을 이해하고 포용할 수 있는 세계로 난민 신청을 해서 쿠바를 떠나야 하는 결국 말을 하는 그/그녀가 아니라, 말을 하지 않았던 그/그녀에 머물고 만다. 디에고의 아픔과 트라우마는 디에고 자신의 몫이 아니라, 남겨진 다빗과 그들을 지켜보는 관객의 몫일 뿐이다. 영화에서 디에고는 말을 할 수 없었던 자신을 극복하여 말을 하려 했으나, 결국 말을 하지 않았던 그/그녀로 머문다. 이제 말은 다빗과 관객의 몫이다.

숲은 생명력이 가득한 원형적 공간이지만, 두려움과 편견이 가득한 공간이기도 하다. 숲이 생명의 복원력과 재생력을 회복할 때, 새로운 인간형에 대한 편견도 사라질 것이다. 또한 동시에 지배계급과 피지배계급으로 구분되어 생성되었던 수많은 억압과 헤게모니를 극복하는 대안적 성찰의식도 가능하게 될 것이다.


## 2) 그녀들은 무슨 말을 하는가

### (1) 말을 하는 그녀

고종황제가 보낸 3명의 밀사들 가운데 어느 한 사람이라도 세계 언론에 일제의 만행을 규탄하고, 저항하는 한민족의 열렬한 의지를 수용할 수 있었다면, 아니 그들의 말에 귀를 기울일 수 있었다면, 일본의

식민지배는 전혀 다른 형태로 훨씬 빠른 시일 내에 중단되었을 수도 있었을 것이며, 한국의 분단과 같은 비극의 상황 또한 전혀 다른 형태로 전개되었을 가능성은 충분하다. 말을 하는 사람은 역사를 갖고 있는 사람이며, 그의 이야기는 사람들이 경청할 수 있는 대상으로 분류될 수 있다. 고종황제가 파견하였던 밀사는 말을 하려는 대한제국의 의지였다. 스스로의 언술행위에 대한 정치적 행위능력을 갖추고 외부와 소통할 수 있는 언어체제를 갖추어야 하는 전제조건은 군사권력을 매개로 한 국력에 있었기에 피식민의 수장이었던 고종의 말은 국제사회에서 정치적 행위능력으로 연결되기에는 역부족이었다.

말을 한다고 함은 역사를 서술하는 시각을 지니고 있음을 의미한다. 고종황제가 밀사를 파견하여 말을 하려던 것은 주체적 역사의식을 지니고 있는 '우리'에 대해 만방에 알리려는 숭고한 행위였다. 물론 고종황제의 의지가 좌절되었고, 일제가 한반도를 무력으로 합병하여 식민통치를 했다고 해서, 대한민국이 역사 없는 나라가 되는 것은 아니다. 주권을 상실했다는 사실과 역사가 없다는 사실은 전혀 다른 해석이기 때문이다.

탈근대성을 경험하는 오늘날 역사라는 용어는 국민의 다양한 삶과 문화적 요인들이 한데 모여 만들어내는 요소들의 총체라는 사실을 간과해서는 결코 이해할 수 없다. 수많은 구성원들 삶의 세밀한 이야기들의 총합이 역사를 이루기 때문이다. 결국 국가권력을 이루는 주체의 정체성이 곧 역사의 주체라는 사고는 탈근대 이전의 유물이며, 근대성을 부르짖던 제국주의의 산물이다. 그럼에도 '역사 없는 나라'에 대한 논의는 서구와 서구의 영향을 받은 근대화의 주체들에 의해 그 대상을 소수민족이나 약소국에 적용시키며 그 해석의 사례연구들이 지속되고 있음은 어쩔 수 없는 현실이다.

근대성을 역사 인식의 틀로 삼는 이들에게 쿠바의 역사는 콜럼버스의 신항로 개척 과정에서 시작된다. 평온한 삶의 리듬이 깨진 것은 역시 '신대륙의 발견'이라는 이름으로 회자되는 역사적 사건이다. 우리 교과서에서도 사용되는 이 용어는 분명 서구의 시선에 의한 어휘이다. 신대륙이 될 수 없는 것이다. 아메리카는 크리스토퍼 콜럼버스 이전에도 고도의 문명을 이루고 살았던 자신들의 역사를 갖고 있는 주체적 존재이기 때문이다. 쿠바의 존재를 알아차린 최초의 서구인이 콜럼버스인 것은 사실이지만, 본격적인 정복과 식민의 시작은 디에고 벨라스케스 데 쿠에야르<sup>Diego Velázquez de Cuéllar</sup>가 1511년 300명의 병사를 이끌고 원정에 나선 이후이다. 하지만 쿠바 수탈의 역사는 상징적으로 콜럼버스로 얘기된다.

<나는 쿠바>의 감독 칼라토조프와 영화의 관객은 벨라스케스의 긴 이름보다는 콜럼버스를 원망의 대상으로 삼는다. 콜럼버스가 지닌 상징성 때문이다. '신대륙의 발견'이라는 서구 편향적 어휘가 쿠바의 역사를 규정하는 근거가 된다. 오류와 편견이 역사적 실체를 규정하는 셈이다. 스페인과 미국에 의해 오랫동안 피식민을 경험한 쿠바가 자국<sup>自國</sup>에 대한 역사 인식을 되짚어야 하는 것은 너무도 당연하다. 또한 그러한 시각은 쿠바 내적 구성원이건 외적 구성원이건 자유롭게 논의를 전개할 수 있는 문제이다. 물론 '역사 없는 국가'란 지적은 오롯이 제국주의적 시각을 지닌 주체들이 열등하다고 여겨지는 대상을 타자로 규정하는 차별의 근거 찾기에서 만들어진 것이기 때문에 객관적 타당성을 결여한다.

문제는 단순한 기록으로서의 역사에 대한 관심이 아니라, 역사의 기

록이 지닌 행간의 의미를 해석할 수 있는 주체적 인식의 유무(有無)와 그 정도에 있다. 정치적 행위능력과 관련하여 자신들의 역사를 기술하고, 그를 기억하는 과정에서 주체성은 매우 본질적인 의미를 지닌다. 자기정체성에 대한 문제의식인 것이다. 그렇다면 서술된 역사란 과연 무엇인가. 역사는 두 가지의 측면에서 의미가 파악되어야 한다. 하나는 역사적 사실hecho histórico이고, 다른 하나는 역사적 서술narracción histórica이다. 역사적 사실은 절대적이고 객관적인 사실이지만, 그 실체에 대한 서술은 이미 객관성에 주관적 해석이 수용되어 있다고 보아야 한다. 이는 결국 역사의 객관성과 주관성의 문제로 귀결된다. 즉, 역사의 객관성이란 과거에 일어난 사실이 하나의 실체로서 절대성을 가지며 또한 그것이 우리의 인식외부에 존재함을 의미한다. 결국 역사 서술은 서술주체의 관점에 따른 주관적 요소를 수용할 수밖에 없는 속성을 지닌다는 말이다. 역사서술은 비유의 수사학, 구성적 상상력, 플롯을 동원한 이야기로서, '순수역사history [in] proper [sense]'가 아니라 '메타역사Metahistory'를 기술하는 것으로서(정찬영, 1999: 344), 역사의 실체에 대한 서술이 지녀왔던 의미가 현대에 이르러 새로운 국면에 접어들었으며, 전범으로서의 역사에 대한 다양한 해석적 접근이 가능할 수 있다는 담론으로 연결된다.

이러한 의미에서 <나는 쿠바>는 서구에 의해 폄하되거나 훼손되었던 쿠바 역사를 새로운 시각에서 수집한 요소들을 재구성Re-construction하려는 현대적 해석의 한 시도라 볼 수 있다. 객관적 진실을 찾아내기 위한 서술이건, 탈서구적 사고를 위한 서술이건, 중요한 것은 쿠바의 역사를 재구성하고, 해석할 수 있는 다양한 가능성에 대한 탐색에 있기 때문이다. 결국 쿠바의 역사에 대한 논의는 '역사 없는 나라'라고 쿠바를 명시하는 시각의 존재 여부에 관계없이 다양한 역사 해석의 열린 가능성으로 연결될 수 있다.

역사의 의미를 해석하기 위해 실체로서의 역사를 드러내어 말하는 행위는 '증언적'이다. 이때 '증언적'이라 함은 어떠한 역사적 실체가 있는 사건을 공개적으로 드러내어 결국 역사적 사실이냐 역사적 서술이냐의 의미이며, 이는 역사의 객관성과 주관성의 문제로 귀결된다. 역사의 주제는 객관적 사실과 그에 대한 해석이 조합되어 구성된다.

쿠바 신영화에서 많은 작품들이 다큐형식의 증언적 성격을 차용하는 것도 역사에 대해 말을 하는 주체가 지닌 중요성 때문이다. 정의적 관점에서 다큐영화$^{documentary\ film}$는 1926년 처음으로 존 그리어슨$^{John\ Grierson}$이 로버트 플레허티$^{Robert\ Flaherty}$의 영화 <모아나$^{Moana}$>(1926)와 관련하여 언급한 좁은 의미의 기록영화뿐 아니라, 영화의 탄생 이래로 실제 상황과 사건 속에 있는 실제 인물들을 있는 그대로 그려내는 모든 영화를 포괄하는 넓은 의미의 기록영화 또는 논픽션영화를 비롯하여, 텔레비전의 등장과 함께 본격적으로 제작되기 시작한 형태(포맷)의 텔레비전 다큐멘터리 영상물들을 모두 포괄한다(강태호, 2008: 179~180). 다큐영화의 개념은 사실을 대상으로 한 기록영화를 지칭하는 용어였으나, 현대에 이르면서 사실을 재연하는 과정에서 만들어지는 포괄적 개념의 기록영화를 모두 어우르는 개념으로 확장된 것이다. 에이젠슈타인 이래 다큐 영화적 요소의 차용은 과거로서의 역사에 대한 조망에 있어서 강한 경향을 드러내게 되었으며, 쿠바에서 증언적 기법이 중요한 장르적 요소가 된 것은 1959년 쿠바혁명과 무관하지 않다. 역사의 격변과 사회적 변동이 쿠바의 사회문화적 흐름을 바꾸었으며, 역사적 실체$^{Hecho\ histórico}$를 픽션과 논픽션 사이의 유기적 관계에 의한 관점에서 살펴보는 경향을 지니게 되었다. 칼라토조프의 <나는 쿠바>가 쿠바혁명과 관련된 영향을 받은 것은 자연스럽다. 영화가 제작된 1960년대는 사회에 대한 전통적인 인식과 묘사의 방식이 실천적이고 조작적인 방식으로 변화되기 시작했던 시기였음은 결코 우연이 아니다(강태호, 2008: 182). 이러한 다큐 영화적 요소는 1960년대 쿠바 신영화의 형식의 주된 특징이기도 하다(Michael Chanan, 1997: 202).

<나는 쿠바>는 분명 다큐형식을 차용한 극영화이다. 영화에 등장하는 인물이 모두 배우일 뿐 아니라, 역사적 사건을 재연하는 목적이 사건을 재현하는 데 있는 것이 아니라 사건을 재구성하고, 재해석하기 위한 것이기 때문이다. 오늘날 이러한 장르의 영화를 증언적 다큐형식의 영화라 칭한다. 칼라토조프는 왜 이러한 장르를 선택하게 되었을까. 문제는 다큐형식의 영화가 지닌 리얼리즘에 대한 효과적 묘사와 이미지의 전달력에 있다. 사실에 대한 현장감과 묘사의 사실감이 주된 이유이다. 다큐영화들이 현장감과 사실감의 효과를 극대화하기 위해 사용하는 기법은 대체적으로 몽타주 기법에서 찾을 수 있다. 몽타주 기법을 사용하여 사실감을 효과적으로 사용한 대표적인 사례로 손꼽히는 에이젠슈타인의 영화들 또한 좁은 의미에서는 다큐영화라 할 수는 없지만(피종호, 2007: 101), 다큐영화의 대표격으로 인용되곤 하는 것도 <전함 포템킨>, <파업>, <10월> 등에 등장하는 몽타주 기법 때문이다. 결국 극적 효과를 통해 역사적 실체를 재연한다는 측면에서는 다큐영화와 다큐형식영화의 본질적인 차이가 유의미한 것은 아니다.

<나는 쿠바>의 특징으로서 '증언적'인 요소는 사실관계의 확언이나 판단기준이 검증되거나 증명된 사실이나 그 행위를 말하며, 증언적이라 함은 증거에 대한 신뢰성을 부여하는 기능으로 쓰인다. 또한 역

사적 과거를 대상으로 할 때 증언적의 의미는 역사적 실체를 체험한 당사자가 과거 역사의 진실을 밝혀내고, 기록함으로써 역사의 왜곡을 바로잡고, 인식의 전환을 도모하여, 현재에 이르는 왜곡된 역사의 잔재와 그에 따른 폐해를 수정하기 위한 가능성을 모색하기 위한 장치를 뜻한다. 앞 장에서 '나'의 발화주체가 지닌 의미 분석에서 다루었던 것처럼, 여성 발화자의 서술과 메시지는 역사의 그늘에 숨어 있는 요소들을 도출하려는 목적에서 '증언적' 장치를 통해 묘사되었다. 따라서 네 개의 개별 에피소드들은 개별 주인공들을 에워싼 이야기가 아니라 역사적 사건 자체로 확장되며, 그에 대한 의미 재해석을 위해 유기적으로 연결된다. 개별적 증언형식이 아니라, 전체적 틀에서 보았을 때, 몽타주 기법의 병렬적 묶음의 효과를 위한 것이다.

　<나는 쿠바>가 역사적 실체에 대한 재구성이라는 측면에서 벗어나지 않은 채, 증언적 다큐형식을 '사실감$^{reality}$'의 인상을 재현하기 위한 것에 집중하고 있다면, 문학 장르의 경우 증언소설이 픽션과 논픽션의 본질적 간극을 '사실인 듯한$^{lo \ verósimil}$'의 효과를 유발하기 위한 미학적 표현에 집중하는 경향을 보인다.[94] 칼라토조프의 증언적 다큐형식의 차용은 그의 문체적 특징에 있어서, '표현의 미학'보다는 '계몽적 의도'가 강조되는 효과로 해석될 수 있을 것이다. 말을 어떻게 하는 것이 아니라, 말이 지닌 힘과 메시지에 주목하는 것이다.

---

94) 증언예술은 영화, 미술, 문학 등 장르적 차별성에도 불구하고, 사실적 효과에 가장 큰 의미를 부여한다는 것은 일반적인 지적이다. 문학의 경우 증언소설에 있어서 '사실 효과'에 대한 논의가 활발하며, 대부분 넓은 공감대를 형성하는 실정이다. 중남미의 경우 증언소설은 역사적 트라우마에 대한 역사적 요소의 재구성이라는 측면에서 픽션의 장르를 통한 논픽션의 실체를 조망하는 통합적 과정에서 미학적 특징을 드러내기도 한다. 참조: 송병선(2002), "포스트콜로니얼리즘과 증언소설의 시학", 『스페인어문연구』, 23, p.345; 정경원(2003), "중미의 증언문학", 『서어서문연구』, 29, p.552; 이상원(2002), "중남미 현대 증언소설의 문학적 담론에 대한 고찰", 『스페인어문학』, 23, p.362; 홍혜란(1997), "칠레의 군부 쿠데타와 증언 문학: 페르난도 알레그리아의 『거위들의 행진』을 중심으로", 『라틴아메리카연구』, 10(1), p.182.

<나는 쿠바>의 여성 발화자가 증언하는 내용은 역사적 트라우마에 대한 직면의 필요성과 직면을 통해 얻어지는 결과물로서 혁명의 당위성에 집중되어 있다. 세 번째 에피소드의 여성 인물 글로리아 또한 말을 하고 있다. 하지만 그녀의 역할은 구체적인 말을 하고 있다기보다는 역사적 증언의 의미에 국한된다. 여성 인물은 말을 하고 있지만, 사회적 시각을 대변하고 있다. 아직 여성의 개인화는 이뤄지지 않고 있다. 여성은 여전히 쿠바와 체화된 존재이다.

　장르적 구분 기준에 의하면, <나는 쿠바>는 다큐영화도 증언영화도 아니다. 증언적 다큐형식을 차용할 뿐이며, 오히려 영화는 전반적으로 극적 구성과 행위$^{\text{fiction based plot and action}}$에 기초하기 때문이다. 역사적 실체와 트라우마, 그리고 역사적 사건 사이의 필연적 관계를 트라우마와 혁명으로 연결하려는 시도에 있어서 '재연'의 중요성 때문에 증언적 요소를 지향하게 된 것이다. 역사적 사건을 다룬다고 해서, '기록영화'의 범주를 지향하는 것이 아니며, 픽션과 사실과의 관계를 명료하게 재구성하기 위한 것 또한 영화의 목적이 아니다. 사실 증언영화는 상상과 허구에 기반한 극적 구성이라는 극영화의 특성과 대조된다. 하지만 증언영화 또한 감독의 주관적 시선과 앵글에 의한 목적성을 반영한다는 의미에서는 최소한의 극적 구성을 차용하기도 한다. 감독의 주요관심사나 모티브, 창작동기가 증언을 통해 진실을 발견하고, 재구성하기 위한 것이라는 점에서는 일반 극영화가 추구하는 역사적 진실에 대한 규명과 증언영화의 목적이 본질적으로 다른 것은 아니다. 칼라토조프의 창조적 개성과 주관적 해석의 시각에 의하면 <나는 쿠바>는 증언영화는 아니지만, 영화의 지향점이 객관적 역사의 실체에 있어서 진실성을 재구성하려는 것이라면, 영화는 증언적 영화이다. 말

이 지닌 힘에 의존하기 때문이다.

에피소드의 축을 구성하는 부분들은 증언적 다큐형식의 화면들로 형성된다. 감독이 주제를 이끌어가는 과정이 인상주의적 비평에 가깝다면, 화면의 구성과 연출은 역사적 실체와 트라우마를 통한 아픔의 기억이라는 재현을 가능할 수 있도록 리얼리티가 강조되어 있다. 얼핏 모순적인 두 요소는 상충되기보다는 보완되는 기능을 수행한다. 바티스타 관련 화면은 다큐적 형식이며, 인물들을 조망하는 카메라의 사용이나 거리에서의 시위와 소동의 묘사 등은 에이젠슈타인이 몽타주 기법을 통해 실현하려 했던, 전범적 의미에서의 다큐의 사실성이 담겨 있다. 예를 들어 혁명투사들의 침투장면에서 어지럽게 뒤섞이는 불빛과 사람들의 아우성 소리는 독립된 화면을 구성하기에는 구도적으로 부족하다. 오히려 다큐의 증언적 서술을 시각화하는 훌륭한 화면구성으로서 긍정적 대표성을 지닌다.

쿠바 여성들은 오랫동안 말을 잃고 살아왔다. 물론 사회주의 혁명이 진행되고 있는 현재에도 여전히 적지 않은 쿠바 여성들이 말을 하지 못하거나, 제대로 말을 할 수 없는 처지에 놓여 있는 것은 분명하다. 하지만 역사직으로 쿠비가 겪었던 노예성과 봉건성에 대한 스스로의 각인이 시작되면서 여성으로 체화된 쿠바는 말을 하기 시작했다. 역사를 증언하며, 그 의미를 재해석하는 주체적 삶을 시작한다.

<루시아>의 첫 번째 에피소드인 [1895]의 여성 인물인 루시아는 페르난디나의 처절한 절규에도 말을 하지 않고 있었다. "쿠바인들이여, 자고 있나요? 죽은 것입니까? 잠을 자고 있는 것입니까? 쿠바인들이여, 일어나시오." 하지만 동생의 죽음이 라파엘의 배신에 의한 것이라는 사실을 깨달으면서 역사적 트라우마의 문제를 개인화하였다. 루

시아가 말을 하기 시작한 것이다. 문제는 루시아의 행위가 분노와 광기에 가득한 것으로써, 페르난디나의 그것과 본질적으로 달라지지 않고 있다는 데에서 '말을 하고 있다'고 보기보다는 '절규하고 있는' 상태에 머물고 있다. 두 번째 에피소드인 [1932]의 루시아는 알도의 시선으로 사회를 바라보게 되면서, 본질적으로 사회의 갈등과 현 정부의 폭력성에 응시의 초점을 맞추는 차이점을 보인다. 알도의 죽음을 확인한 루시아는 절규하지 않는다. 정면을 응시하는 그녀의 시선은 자신의 메시지를 전달하는 '말을 하는 그녀'의 역할을 의미한다. 보다 흥미로운 점은 세 번째 에피소드인 [196..]의 루시아가 남성우월적 의식으로 지배하려는 남편, 토마스를 향해 저항의 말을 건넨다. "나는 이렇게 계속할 수는 없어. 나는 나갈 거야. [……] 당신은 아무것도 아니야. 이젠 당신을 사랑하지 않아." 루시아는 자신을 소유하려던 토마스를 향해 독립을 선언한다. "나는 당신이 나를 소유했던 것처럼 계속할 수는 없어. 나는 일할 거야. 나를 이해해줘. 당신은 나를 남용하지 못해." 그녀는 수탈된 노예의 후손으로서, 여성으로서 이중적 타자라는 역사적 트라우마를 통찰하며 자신의 삶의 방식을 남편에게 선언한다. 루시아는 자신의 목소리를 되찾아, 비로소 제대로 말을 하게 된 것이다.

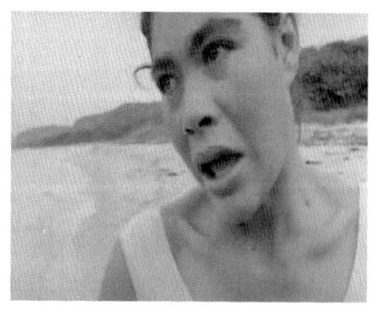

<어느 정도까지는>은 본격적으로 마치스모에 대해 논의하는 열린 공간의 의미를 지닌다. 제목에서 말하듯, 쿠바의 남성들은 여성의 사회문화적 권익과 역할에 대해 '어느 정도까지는' 인정하고 있으며, 자신들 또한 여성들의 변

화에 공감하고, 스스로 변화될 수 있다고 받아들인다. 하지만 어디까지나 '어느 정도까지'일 뿐이다. 영화의 여성 인물인 리나는 증언적 시각의 다큐영화를 감독하는 오스카와의 만남을 통해 마치스모가 단순하게 제도적인 문제가 아니라, 인식과 일상에 깊숙이 자리하고 있는 사회적 인습 그 이상의 문제임을 직시하도록 관객을 유도한다. 자신은 쿠바사회를 직시하고 있으며, 객관적 시선을 지니고 있다고 자부하고 있었던 오스카는 리나와 사랑에 빠지게 되고, 위험한 사랑을 선택해야 하는 기로에서 결국 남성중심적이고 자기중심적인 합리화의 태도를 선택한다.

생각과 행동의 일치를 보이는 리나는 오스카가 찾던 다큐영화의 여주인공 캐릭터에 적합한 인물이었다. 하지만 오스카는 이상적 모델을 제시함으로써, 사회의 건전한 구성에 이바지할 것이라는 자신의 오랜

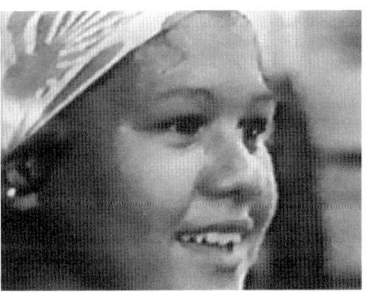

꿈이 일상의 사소한 가치들에 기반한 것이 아니라, 허구적 이념에 기초한 것이라는 사실을 깨닫고 자괴감에 빠지게 된다. 중요한 것은 오스카의 무책임하고 자기중심적인 행위의 배경에 마치스모의 해묵은 흔적이 여전하다는 사실에 있다.

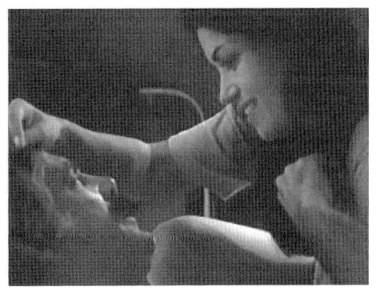

리나는 자신의 생각을 말로 옮길 수 있는 용기와 실천력을 지니고 있는 여성 인물이다. 그러나 일상의 삶이 부여하는 고단함과

사소한 가치들을 살아가야 하는 그녀는 결코 영웅이 아니다. 미혼모 가장으로서, 직장생활을 병행해야 하는 그녀는 여성의 사회문화적 역할과 권리에 대해 말하고 있지만, 자신의 내면적 감성과 욕구에 대해서는 말하지 못한다. 그녀는 말을 하고 있으나, 여성의 사회문화적 역할과 기능에 대해 말을 하고 있을 뿐, 개인화된 욕망과 가치에 대해 말하고 투쟁하지 못한다. 여전히 쿠바사회는 어느 정도까지만 여성에게 열려 있는 사회문화적 공간이기 때문이다.

## (2) 자신에 대해 말하는 그녀

<루시아>의 세 번째 에피소드인 [196..]의 여성 인물인 루시아는 마치스모의 전형적인 사고방식을 강요하는 남편 토마스에게 맞서 자신의 의지를 완강하게 드러낸다는 시각에서 자신에 대해 말하는 여인의 이미지를 반영한다고 할 수 있다. 혁명 이후 쿠바사회에서 남성과 동일한 역할과 기능을 수행할 수 있는 것이라는 그녀의 태도는 말을 하는 여성의 대표적 모습이다.

루시아의 고통은 남편 토마스가 그녀를 간섭하고 자신의 방식을 강요하는 데에서 연유된다. 사랑으로 만났고, 화목한 가정을 꾸리고 있는 두 남녀가 직면한 문제는 생활문화에서 드러난다. 문제는 토마스가 마치스타의 전형적 태도를 보이고 있다는 점에서 파악되는데, 그는 아내를 소유의 방식으로 사랑하려 한다. 간섭하고 자신의 판단에 따른 기준을 강요하는 그는 쿠바사회가 극복하지 못하는 남성우월주의 문화를 상징한다.

토마스의 태도는 '소유'의 개념으로 관계를 규정지으려는 태도이다.

루시아는 자신을 존재하는 그대로 내버려두기를 원한다. 개인의 기호와 취향, 욕구를 통제하지 않는 사회를 향해 루시아는 소리를 내기 시작한다.

아내에 대한 의처증 증세까지 보이며, 소유를 향한 집착을 보이는 토마스는 개별적 특수개인이 아니라, 쿠바사회의 인습적 태도이며, 전근대적 의식의 반영이기도 하다. 그들이 혁명의 대상으로 삼았던, 소유의식이 일상적 삶을 지배하고 있다면, 그것은 그들 스스로가 혁명의 대상이 되어야 하는 자기개혁의 문제가 되는 것이다. 정치이념적 허상을 향한 외침이 아니라, 자성과 성찰을 위한 고백이 우선되어야 하는 것이다. 루시아는 남자에게 종속되지 않으려 저항한다. 그러나 남편은 급기야 문과 창에 못질을 한다. 언론을 장악하고, 사회를 통제하는 주체가 있다면, 그것은 혁명주체이건 자본주체이건 모두 불건전한 사회를 구성하게 하는 비인간적 요소일 것이다. 영화는 이념대결적 구도를 지양하고 있다. 쿠바사회가 간과하고 있는 내부의 문제를 지적하기 때문이다. 집에 갇힌 루시아는 내재되어 있던 분노를 경험한다. 카리브의 운율을 담은 "루시아는 갇혔고, [……] 그는 그녀를 노예로 만들려 하네"라는 노랫말은 노예화의 트라우마에서 일상의 망각된 기억을 상기시킨다. 루시아는 격렬하게 저항하지만, 토마스는 그 이상 단호하고 집요하게 그녀의 의지를 차단하려 한다.

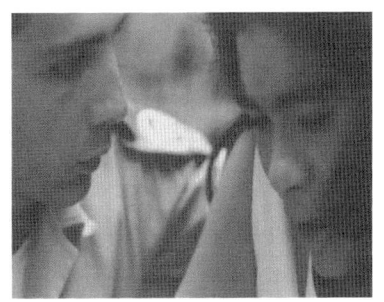

혁명정신이 인간의 해방에 있는 것이라면, 사회에 만연한 정신적 노예성을 극복하고, 그러한 시각에서 여성의 주체적 삶의 태도가

보장되어야 할 것이다. 앙헬리나는 루시아의 폐쇄된 삶을 사회와 주변에 고발하는 증언적 역할을 수행한다. 주변인들은 토마스의 '질투'를 지적하지만, 그의 질투는 소유욕에서 발생하는 것으로서 루시아를 노예화하는 전근대적 인식태도일 뿐이다. 루시아의 분노는 노예성의 일상적 기억의 트라우마를 환기시키는 장치로서 관객들의 공감을 유도한다.

이중적 타자로서 여성 인물인 루시아는 자기인식의 과정에 직면하는 순간을 맞이한다. 남편의 소유욕과 사회적 개별 인격체로서 자신의 제한된 삶에 대한 분노와 저항은 트라우마를 직면하는 구도로 유도된다. 남편에게 종속되어 있던 루시아는 눈물과 호소로 선언을 한다. "나는 이렇게 계속할 수는 없어. 나는 나갈 거야." 루시아는 처음으로 자신이 넘어설 수 없을 것이라 생각했던 두려움과 공포의 상황을 넘어선다. 이는 여성이 주체적으로 '노예성'을 벗어나려는 절실한 자기 직면이 있어야 한다는 의미로 해석이 가능하다. 루시아는 자신을 찾아나선 토마스에게, "당신은 아무것도 아니야. 이젠 당신을 사랑하지 않아"라며 자신의 소유주처럼 군림하던 그에게 말을 한다. 하지만 영화는 개별주체로서 그녀의 독립에 중점을 두지 않았다. 가능하면 가정의 틀을 깨지 않는 상태에서 여성의 독립성을 강조해야 했기 때문이다. 마지막 장면에서 두 사람은 극적으로 화해하며 부둥켜안는다. 모래밭 위로 넘어지는 두 사람을 바라보며 소녀가 미소를 짓는다. 소녀의 미소는 아름답고 순수하게 보이지만, 사실 쿠바사회의 부성애적 관찰과 참여의 미화된 모습이 아닐까. 루시아는 분명 자신의 말을 하고 있으며, 마지막 순간에 자신이 무슨 말을 하고 있는지 명확하게 인식하고 있는 것으로 보인다. 그럼에도 뭔가 부족한 그 무엇이 있다. 루시아는 여성의 사회적 위치와 역할에 대한 상징적 입장을 대변한다는 점에서는 긍정적 기능을 수행하지만, 그녀 개인의 기호와 취향을 대변하기보다는 여성의 사회문화적 이미지를 강조하기 위한 상징적 의미에 국한되는 한계를 지니고 있는 것은 아닐까.

<테레사의 초상>의 여성 인물인 테레사는 분명 자신의 목소리를 들려주는 역할을 수행한다. <루시아>의 루시아들이 힘겹게 자신들의 목소리를 내려 투쟁하고 있었다면, 테레사는 처음부터 당당하게 자신의 목소리를 찾아낸다. 하지만 주변의 시선과 사회의 통념은 그녀의 의식에 부정적이다. 그럼에도 불구하고 그녀는 당당하려 노력한다. "나는 엄마와 속한 시대가 달라서 다행이야." 그녀의 시선이다. 테레사는 가정과 직장 모든 공간에서 자신의 독립성과 주체성을 주장한다. "나는 노예가 아니야." 그녀는 단호하다. "나는 노예가 되고 싶지는 않아. 나 자신이 될 거야. 나는 내 엄마나 시어머니처럼 살지는 않을 거야." 그녀의 상징적 선언이다. 남편과의 별거로 정서적으로 불안해진 테레사이지만, 남편의 부재에도 불구하고, 긍정적인 일상을 도모한다. 점차 자신의 목소리를 일상적 삶의 실천적 좌표로 구축하는 그녀는 방직 노동자 조합에서의 무용발표에서도 문제에 직면하려 한다. 자신의 질곳을 인정하고, 용서를 구하는 남편을 대하는 그녀의 태도는 자칫 과장된 듯 보인다. 하지만 그녀 자신의 확고한 의지를 꺾이고 싶지 않은 테레사는 <루시아>의 세 번째 루시아가 그랬던 것처럼 화해라는 장치를 선택하지 않는다. 어쩌면 자신의 이야기를 제대로, 지속적으로 전달하기 위해서는 일정한 거리와 긴장이 요구되기 때문인지도 모른다. 테레사의 반응은 관객들에게 다소 낯설고 생경한 태도로 비칠 수도 있을 것이다. 비록 갈 길이 멀고 우회해야 하는 상황이 벌어질지라도, 지금 시점에서 중요한 것은 여성 스스로의 주체적 삶의

중요성에 대한 인식의 환기일 것이다. 테레사는 자신이 무슨 말을 하고 있는지 인식하고 있는 여성 인물로서의 의미를 지닌다.

<인생은 휘파람>의 여성 발화자는 독백의 형식으로 말을 한다. 그녀는 영화의 행위를 주도하는 인물이다. 자신은 자라면서 말을 배울 수 없었고, 말 대신 휘파람을 불어왔지만, 쿠바사회는 더 이상 그녀를 침묵의 세계에 놓아두지 않는다. "휘파람을 불어서는 안 돼, 말을 해야지." 사회조직은 개인의 언어적 선택권을 허용하지 않는다. 사람은 말을 해야 하고, 소통을 이뤄야 하는 것이다. 이는 개인의 삶을 위한 것이라기보다는 집단 사회조직의 운영주체의 입장이라는 점에서 말을 하는 그녀의 의미는 사회적 소통과 구분된다. 주인공인 훌리아, 마리아나 그리고 엘피디오가 행복을 찾아갈 수 있도록 돕는 그녀는 결코 혼자가 아니다. 오히려 사회의 구조를 사랑과 소통으로 기능할 수 있도록 돕는 초인격적 존재이다. 여성 발화자가 읊조린다. "2020년 모든 아바나 시민들은 행복하게 살 것이다. [……] 비밀은 휘파람이다." 삶의 짓누르는 무게로부터 해방되어야 진정으로 자신에 대해 말을 할 수 있게 된다. 여성 발화자는 세 주인공들이 자신을 무겁게 짓누르고 있던 죄의식과 트라우마로부터 벗어날 수 있도록 돕는다. 경직된 사회의 종속적 구조의 틀에서가 아니라, 수평적이며 다양한 가치가 보장되는 틀에서 진정한 소통은 가능하다. 삶의 무게와 압박감을 이겨내는 경쾌함의 상징으로서 휘파람은 의미를 지닌다. 진정한 소통은 자신이 생각하고, 체감하는 것들을 말로 드러내어 표현함으로써 시작되지만, 의식과 무의식의 세계에서 어떠한 압박과 무게에도 억눌리지 않는 경쾌함의 세계로 소통이 가능한 말이 되어야 한다. 그렇기에 그 말은 어휘가 되어야 하는 것은 아니다. 휘파람과 같은 소리가 될 수도 있는 것이다.

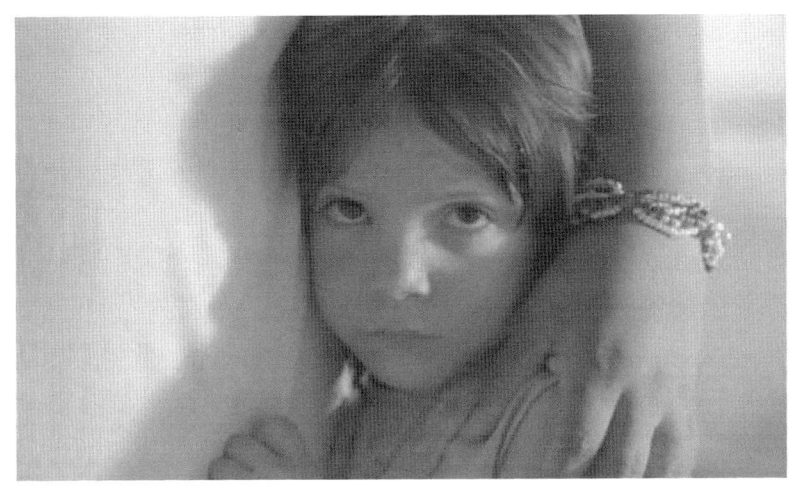

진정한 대화와 소통은 진정성이 배경이 될 수 있는 것이라면, 말이 아니어도 가능한 것이며, 자신이 원하는 것을 말하는 의미에서 파악될 수 있는 것이다. 어쩌면 휘파람은 그 어떤 말보다 더욱 강력하게 자기 스스로의 내면적 목소리를 대변하는 소통의 도구가 될 것이다.

<관타나메라>의 여성 인물 지나는 전형적으로 남편의 지시와 의지에 따라 자신의 삶의 태도를 종속적인 그것으로 이끌어가는 여성이다. 이모와 함께 옷가게에 들렀던 그녀가 자신도 모르게 걸쳐보았던 의상에 대한 미련을 당황한 듯 포기하는 태도에서 드러나는 것처럼, 그녀는 남편의 의도와 태도에 따라 자신을 맞춰 종속적 삶의 태도를 견지해왔다. 하지만 이모의 운구를 옮기는 여정에서 우연하게 계속 마주치게 되는 옛 제자, 마리아노에게 자신도 모르는 채 마음이 열리는 자신을 보게 된다. 하지만 자신이 마음의 문을 닫으려 애를 쓰면 쓸수록, 상황은 점점 우연한 사건들에 의해 복잡해질 뿐이다 감정의 동요를 서둘러 수습하려는 태도를 보이는 지나에게 죽은 이모의 옛 남자친구인 칸디

도가 들려주는 충고는 지나를 각성의 상황으로 열어준다.

원칙을 정하면 그 원칙의 정당성에 대한 성찰과 고찰이 없이 그 원칙을 따르기 위해 다른 조건들을 합리화하고 종속화하려는 아돌포의 태도와는 달리 마리아노는 상황에 따라 유연하게 삶의 태도를 전환하는 즉흥적이고 때론 유약한 태도를 보인다. 하지만 자신의 신념을 위해 아내를 희생하는 아돌포와 달리, 마리아노는 자신의 꿈의 여인이었던 지나가 관계의 중심에 있다. 여성의 인물 이미지는 아돌포에게는 종속적 대상으로 마리아노에게는 주체적 대상으로 대조적 입장을 드러낸다.

지나는 두 남성 인물을 비교하지 않는다. 자신의 사회적 속성은 아내로서 아돌포에게 종속된다고 믿어왔기 때문이다. 하지만 그녀는 자신 스스로의 삶의 의미를 생각하지 않은 채 자신의 목소리를 내지 않으며 오랜 세월을 수동적 태도로 살아왔었고, 중년에 접어들면서 스스로에 대해 삶의 긍정적이고 주체적인 의미를 생각할 기회를 잡게 된 것이다. 영화는 단순하게 아돌포와 마리아노 사이에서 감성과 사랑을 선택하는 사랑의 삼각관계를 다루는 것이 아니라, 종속적이고 수동적인 삶을 살았던 인물이 자신의 삶의 의미를 긍정적이고 주체적으로 선택하는 과정을 그려내는 데서 우수성을 드러낸다.

가장 중요한 요소는 지나가 자신의 삶에 대해 관조를 하게 되었으며, 주체적인 삶의 태도의 필요성에 대한 자각에 있다. 삶의 안정성은 탈식민의 가치에 대한 자각에서 나온다. 아무리 거대하고, 중요한 것일지라도 원칙의 수행을 위해 개인의 삶을 희생해야 하는 것이라면, 그것은 합리화와 사회화의 대상으로 강요되어서는 곤란하기 때문이다. 효율성은 쿠바사회의 근대화와 탈식민화 과정에서 중요한 가치이념으로 부각되었으나, 여성 인물로 대표되는 개인적 삶의 개별적 의미를 긍정적으로 평가할 수 있는 틀을 제공하지 못하는 한계를 드러낸다.

죽은 요지타를 회상하면서, 지나와 칸디도가 나눈 대화에서 지나는 자신이 원하는 내면의 그 무엇을 말하게 되었다. 지나가 이모를 회상하면서 "정말 살고 싶어 했어요"라고 말하자, 칸디도가 "그녀가 아니면 자네가"라고 되묻는 대목에 이어, 칸디도가 "자네는 앞날이 많이 남았잖은가"라고 조언을 하자 그녀의 입에서 튀어나온 응답은 자신의 감정에 정직하지 못한 태도를 감추려는 의도처럼 자동적으로 튀어나온다. "저는 유부녀잖아요." 다시 칸디도가 그녀의 상태에 진단을 내린다. "자네는 정말 장님이구만." 두 사람의 대화는 특별하지 않지만, 이 대목은 영화의 축이 지닌 응시의 시각이 단편적으로 드러나는 부분이다.

마리아노와 지나는 차츰 서로에 대한 과거의 감정을 기억해내었고, 서로가 갖고 있던 감정이 기억 이상임을 체감한다. 서로에 대한 모호한 감정의 기억을 숨기며 헤어지는 상황에서 지나는 "아름다운 편지였어"라며 제자였던 마리아노가 자신에게 보냈던 편지 이야기를 건넨다. 우연한 마주침은 결코 우연이 아니라 뭔가 특별한 의미와 결부될 수 있음이 묘사된 것이다.

으레 그렇듯 살아가던 그녀의 막연한 외로움과 허망함은 이모의 죽음에 의해 동기화되기는 했지만 그녀 자신 내면의 것이었으며, 이제 자신이 행복하게 살아야 하는 당연한 삶의 목적에 대해 그녀 자신이 원하는 것을 자신 스스로의 목소리로 말하는 것, 그것이 비로소 포스트콜로니얼리즘의 올바른 시각을 형성하는 기본 틀이 될 수 있기 때문이다.

지나는 당당한 선택을 한다. 자신을 감성을 숨기며, 종속적이고 수동적인 삶의 태도를 지속하기보다는 전혀 새롭고 앞을 볼 수도 없는 미래일지라도 스스로가 삶의 주인이 되어 주체적인 삶의 순간을 선택할 수 있도록 결정을 한 것이다. 그녀의 선택은 자신의 원하는 그 무엇을 위해 스스로가 목소리를 내어 말을 한 행위의 의미를 지닌다. 지나는 개인으로서 자신에 대해 말을 한 여성 인물인 것이다.

<딸기와 초콜릿>의 여성 인물인 낸시는 동성애자인 디에고의 절친한 친구로 등장한다. 그녀는 디에고가 마음에 두고 있는 다빗과 이성적 관계를 열어간다. 폐쇄적 쿠바사회가 디에고와 같은 성적 소수자에게 문을 닫고 있는 동안에도 그는 주변을 향해 마음을 열고 있다.

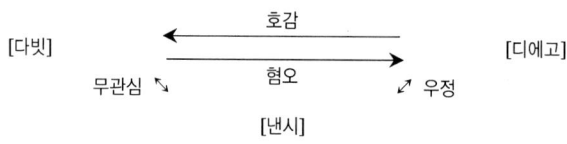

낸시는 디에고와 다빗 사이의 모호한 감성적 관계를 이어주는 매개적 역할을 하는 동시에 쿠바사회가 선택할 수 있는 현실적 관용의 가능성으로 기능한다. 디에고는 엘리트인 다빗과 하층민인 낸시의 소통을 열어준다. 다빗과 디에고가 빚어내는 대척적 관계를 자연스럽게 풀어가는 것이 낸시의 역할이다. 그녀는 편견과 인습을 이겨내는 상징적 인물이다. 그만큼 그녀는 잃을 것도 없기 때문이기도 하다. 하지만 개별개인으로서 낸시는 자살을 선택할 만큼 자신의 삶에 대해 자긍심을 찾을 수 없었다. 하지만 디에고와 다빗과 함께 만들어가는 세 사람의 관계는 낸시에게 새로운 삶의 가능성을 제공한다. 주변적이고 하층적인 삶을 대변하는 낸시가 자신의 삶을 긍정적으로 돌아보게 되는 계기는 표면적으로는 실연한 다빗을 위로하려던 디에고의 배려 덕분에 가

능하게 되지만, 언제나 한결같이 그녀를 인격적으로 대하는 디에고의
태도에서 연유된다. 새로운 삶의 가능성을 긍정적으로 맞이하는 낸시
와 다빗의 성적교감은 두 사람 모두에게 새로운 희망의 메시지가 된다.

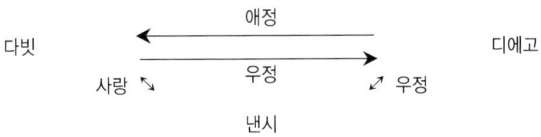

낸시와 디에고, 그리고 다빗은 개별인물로서 구체적이고 명쾌한 해
결책을 제공하지는 않는다. 하지만 그들이 이뤄내는 관계망은 쿠바의
사회문화적 가치가 남성성으로서 군림하고 배타하는 이미지보다는 여
성성으로서 배려하고 포용하는 이미지의 메시지를 의미한다. 디에고
는 다빗과 낸시를 위해 자신의 모든 것을 배려한다. 낸시 또한 디에고
를 위해 자신이 할 수 있는 가장 어려운 일을 받아들인다. 다빗 역시
디에고의 배려를 받아들이고, 낸시를 가슴으로 수용한다. 세 사람이
현실 상황에서 선택할 수 있는 최선이 가능해진다. 이들은 감성적 주
체로시 자신들이 무슨 말을 하고 있는지, 그 익미가 무엇인지 의식하
고 있다. 다만 디에고의 선택처럼 아직은 쿠바사회가 관용하지 않는
사각지대가 존재하고 있음은 한계로 남는다.

<딸기와 초콜릿>은 사회적 약자에 대한 관용의 시각이 허용되지
않는 사회에 대한 은유적 비평으로 읽힌다. 이러한 측면에서 낸시의
여성적 이미지는 관용과 이해의 사회문화적 코드로서의 긍정적 의미
를 지닌다. 지적 세계나 감성적 세계의 세련된 문화권력과는 거리가
먼 거리의 여자 낸시는 자신의 언어로 사회를 통합할 수 있는 관용의

목소리를 내고, 실천하는 여성 인물이다. 그녀는 쿠바사회의 노동계층을 상징하거나 모성으로서의 여성을 상징하지도 않는다. 그녀는 그저 생존을 위해 먹고 사는 일거리를 찾아 때론 밀거래나 웃음을 파는 일에도 내몰리는 하층의 여성일 뿐이다. 혁명 반세기의 역사를 경험하는 쿠바사회에서 주체적 신분이거나 주류를 차지할 수도 없는 그림자 인물이다. 그녀의 삶은 조명 밖에 있어 왔다. 하지만 그녀는 자신의 삶을 일으켜 세웠으며, 다른 사람의 삶도 일으켜 세운 주체적 인물이 된다. 투박하고, 거칠며, 세련되지 않은 그녀는 다빗과 디에고에 집중된 조명을 더욱 빛나게 하는 인물이다. 쿠바사회가 간과하고 있는 사회문화적 가치의 문제는 바로 낸시의 시각에서 찾아볼 수 있는 것은 아닐까.

# 글을 마치며

 '부에나 비스타 소셜 클럽'이나 '쿠바 미사일 위기', '카스트로와 체 게바라', '카리브의 진주', '사탕수수', '애니깽' 등의 단편적인 이미지 는 쿠바에 대한 우리의 인상이다. 하지만 이러한 이미지들은 쿠바가 지닌 사회문화적 정체성과 그 다양성에 대한 협소한 접근 이상의 의미 를 지니기에는 한계가 있다. 그만큼 쿠바는 여전히 멀고, 그래서 때론 매력적이고, 때론 막연한 나라에 머물고 있다.

 21세기 글로벌 환경에서 쿠바는 더 이상 단편적 이미지의 스펙트럼 으로 구성되는 허구적 대상이 될 수는 없다. 쿠바에 대한 미국의 경제 봉쇄가 우리의 정치사회적 접근과 해석의 가능성을 제한해온 것은 사 실이지만, 유럽공동체를 비롯하여 많은 나라들이 쿠바와 공적 채널을 통해 국교를 정상화하고 있을 뿐만 아니라, 경제·사회·문화 분야에 서 국가직 차원과 민간 치원에서 다양한 경로를 통한 교류를 진흥하 며, 상호협력의 틀을 축적하고 있다. 쿠바를 방문하는 수많은 외국 관 광객의 절대 다수가 미국국적자라는 사실 또한 흥미로운 사실이다. 물 론 미국과 쿠바의 국교체결도 시간문제라고 평가되고 있다. 우리의 여 러 기업과 민간단체들이 쿠바와 다양한 분야에서 협력을 수행하는 현 실을 비춰 볼 때 과연 우리는 쿠바사회에 대해 얼마나 알고 있을까.

 콜럼버스의 향신료 수입 루트 확보를 위한 신항로 개척사업은 파생 상품으로 '신대륙 발견'이라는 '발명'으로 이어지게 되었고, 이 역사적 사건은 서구의 콜로니얼리즘이 비서구를 수탈하는 본격적인 계기가 되었다. 우리가 '호연지기'와 '탐험정신'의 전형적 사례로서 배워 온 콜럼버스는 서구의 물신적 욕망의 반영이었으며, 쿠바는 서구 욕망의 그림자의 대표적 사례가 되었다. 쿠바는 스페인의 식민지배를 겪었고, 미국의 군정을 경험하며, 소련에 의존함으로써 콜로니얼리즘과 탈종속, 대체종속이라는 정치행위적 담론의 대상이 되었고, 지구화 과정이라는 차원에서 냉엄한 근현대사를 경험하게 된 것이다.

영화작품들의 분석을 통해 쿠바사회가 지니고 있는 사회문화적 가치와 그 전환의 과정을 살펴보는 것은 쿠바사회의 사회문화적 가치를 분석하는 매우 유용한 접근이다. 영화가 지닌 대중적인 소통의 기능과 역할은 쿠바에 대한 포괄적이면서도 심층적인 접근에 효과적이다. 본 저술은 한국연구재단의 '인문저술' 지원의 혜택에 의한 연구 결과물이다. 덕분에 3년 동안 다양한 쿠바영화들을 감상하고 분석할 수 있는 기회와 여유를 가질 수 있었으며, 그 결과로 본 저술이 탄생하게 되었다.

쿠바의 신영화에 있어서 여성의 사회문화적 이미지를 서술한다는 것은 분명 흥미롭고 유쾌한 작업이다. 다양한 영화의 흐름을 하나의 일관된 시각으로 정리하여 책으로 엮는 것은 고된 작업일 수밖에 없지만, 개별영화들이 주는 매력과 재미는 고된 작업을 신나는 작업으로 만들어주었다.

지배계급의 헤게모니에 공모하지 않기 위한 피지배계급의 노력이라는 의미에서 쿠바 신영화에 등장하는 여성들의 사회문화적 이미지는 역사의식에 대한 자각에서 개인적이고 인격적인 차원에서 여성 스스로의 자기인식으로 연결되며, 현대 쿠바가 결여하고 있는 대안적 모색으로서 성찰적 인식의 전환을 제시하고 있다. 이들 영화에는 스피박이 논의하는 지배 언어체제 내에서 침묵하거나 지배 언어체제를 활용하여 지배체제가 축적한 논리를 해체하는 행위에 스스로를 제한하지 않는다. 그들은 구체적이고 일상적인 삶의 스펙트럼에 대한 성찰적 관찰을 통해 관객들에게 하위주체인 여성이 스스로의 목소리를 찾아내는 행위능력을 작동하도록 실행하고 있다. 담론체제에 대한 논쟁의 유희가 아니라, 기존의 지배 담론 내부에서 작동하는 동력을 때론 의도적으로, 때론 무계획적으로 해체하는 기획을 통하여, 여성의 해방을 기획하고, 그 실례를 대안적으로 제시하는 운동으로서의 신영화를 제공하고 있는 것이다.

쿠바혁명 직후 제작된 영화에서부터 비교적 최근에 완성된 영화까지를 포함하여, 여성의 사회문화적 의미를 스펙트럼으로 구성하고, 그 의미를 포스트콜로니얼리즘적 시각에서 재구성하는 작업은 쿠바 신영화에 제한되는 작업이 아니라, 우리의 인식과 사회문화적 가치의 제고를 위한 열린 공간으로 작동될 수 있었으면 한다. 낯설고 먼 쿠바의 영화들에 대한 감상문이 아니라, 현대를 살아가는 우리가 경험하고 체감하는 오리엔탈리즘과 탈식민 혹은 포스트콜로니얼리즘의 주제들이 면밀하게 연결되어 있기 때문이다.

# 참고문헌

가야트리 스피박, 『포스트식민 이성비판』(태혜숙, 박미선 옮김), 서울, 갈무리, 2005.

갈레아노, 『수탈된 대지』(박광순 역), 서울, 범우사, 1988.

강성호, "식민주의 이후의 식민성 – 미국의 세계전략과 푸에르토리코 –", 『서양사론』, 제106호(한국서양사학회, 2010).

김성곤, "탈중심 경향과 Postcolonialism 문학", 『인문과학』, 제27집(서울대, 1997).

김영한, 『르네상스 휴머니즘과 유토피아니즘』, 서울, 탐구당, 1989.

카를로스 푸엔테스, 『라틴아메리카의 역사』(서성철 옮김), 서울, 까치, 1997.

박노자, 『하얀 가면의 제국: 오리엔탈리즘 서구 중심의 역사를 넘어』, 서울, 한겨레신문사, 2003.

박종욱, "<하몽, 하몽>에 나타난 욕망의 문제와 여성주의, 그리고 문학치료적 독법", 『지중해지역연구』, 10(3), 2008.

박종욱, "신대륙, 서구적 욕망의 그림자 – 영상물에 투영된 이미지를 중심으로", 『비교문화연구』, 13(1), 2009.

박종욱, "영화, <나는 쿠바>에 있어서 역사적 트라우마 재연을 위한 문체적 특징 연구", 『중남미연구』, 29(1), 2010a.

박종욱, "영화, <루시아>의 여성 인물분석을 통한 트라우마 직면의 문제", 『이베로아메리카』, 12(1), 2010.

박종욱, 『영화로 보는 라틴아메리카: 사회상의 스펙트럼』, 파주, 이담북스, 2011.

박종욱, 『쿠바, 영화 그리고 기억』, 파주, 이담북스, 2010b.

배철현, "오리엔탈리즘과 오리엔탈 르네상스", 『서양고대사연구』, 제18권(한국서양고대역사문화학회, 2006).

안토니오 피가페타, 『최초의 세계일주』(박종욱 옮김), 서울, 바움, 2004.

앤서니 기든스, 『현대 사회의 성, 사랑, 에로티시즘: 친밀성의 구조변동』(배은경, 황정미 옮김), 서울, 새물결, 2001.

에드워드 W. 사이드, 『도전받는 오리엔탈리즘』(성일권 역), 서울, 소나무, 1997.

에드워드 W. 사이드, 『오리엔탈리즘』(박홍규 옮김), 서울, 교보문고, 2000.

우실하, 『오리엔탈리즘 해체와 우리 문화 읽기』, 서울, 소나무, 1997.

이성형, 『콜롬버스가 서쪽으로 간 까닭은』, 서울, 까치, 2003.

이성훈, "탈식민주의와 라틴아메리카니즘", 『서어서문연구』, 제23권(한국스페인어학회, 2002).

이소희, "외줄타기 - 한국에서의 탈식민주의/여성주의적 영미문학 페미니즘 교육", 『영미문학 페미니즘』, 제7집 1호(한국영미문학페미니즘학회, 1999).

이영효, "아메리카 원주민에 대한 스페인의 초기 인식과 태도 - 세풀베다(Juan Ginés de Sepúlveda)와 라스 카사스(Bartolomé de Las Casas)의 논쟁을 중심으로 - ", 『역사학연구』, 제31집(호남사학회, 2007).

이옥순, 『우리 안의 오리엔탈리즘』, 서울, 산해, 2003.

이용재, "식민주의와 탈식민화: 제국의 해체 - 영국과 프랑스의 '탈식민화' 비교 - ", 『서양사론』, 제106호(한국서양사학회, 2010).

이전, 『라틴아메리카 지리: 문화와 역사 그리고 정치·시사를 중심으로』, 서울, 민음사, 1994.

이향미, "탈식민주의와 여성주체", 『문예미학』, 제10호(문예미학회, 2002).

임호준, "탈식민 사회에서 민족을 서술하기: 구티에레스 알레아와 쿠바의 내셔널 시네마", 『라틴아메리카연구』, 15(2), 2002.

임호준, 『시네마, 슬픈 대륙을 품다』, 서울, 현실문화연구, 2006.

전진성, "트라우마, 내러티브, 정체성 - 20세기 전쟁 기념의 문화사적 연구를 위한 방법론의 모색 - ", 『역사학보』, 193, 2006.

정진농, 『오리엔탈리즘의 역사』, 살림지식총서 15, 서울, 살림, 2003.

존 H. 엘리엇, 『스페인 제국사 1469~1716』(김원중 역), 서울, 까치, 2001.

존 M. 홉슨, 『서구 문명은 동양에서 시작되었다』(정경옥 옮김), 서울, 에코리브르, 2004.

주디스 허먼, 『트라우마: 가정폭력에서 정치적 테러까지』(최현정 옮김), 서울, 플래닛, 2007.

최성민, "제3세계를 향한 제국주의적 시선과 탈식민주의적 시선", 『현대소설연구』, 제40집(한국현대소설학회, 2009).

최영주, "식민주의 담론과 대항 담론 만들기 - 『나비부인』, 『미스 사이공』, 『엠·나비』에 재현된 동양여성과 문화", 『영미문학 페미니즘』, 제7집 1호(한국영미문학페미니즘학회, 1999).

태혜숙, "탈식민주의적 페미니스트 윤리를 위하여: 가야트리 스피박과 프랑스 페미니즘", 『영어영문학』, 제43권 1호(한국영어영문학회, 1997).

태혜숙, 『탈식민주의 페미니즘』, 여이연, 2001.

하수정, "포스트식민주의와 페미니즘", 『문예미학』, 제10호(문예미학회, 2002).

한양환, "후기신식민주의(Post-neocolonialism): 21세기 불어권 중부아프리카의 정치변혁 역동성 연구", 『세계지역연구논총』, 제26집 1호(한국세계지역학회, 2008).

Alfredo Guevara, "Realidades y perspectivas de un nuevo cine", *Cine Cubano*, Año 1, número 1, 1960.

Alleva, Richard, 'Commonweal', 11-20-92, Vol. 119, Issue 20(1992).

Axtell, James, "The moral dimensions of 1492", *Historian,* Vol. 56, Issue 1(1993).

Brígada M. Pastor, "La poética fílmica de la Cuba postrevolucionaria: una 'revolución' dentro de la Revolución", *Hispanismo*, Estudios de Linguagens, Volume 2, 2006.

Chandra Talpade Mohanty, "Under Western Eyes: Feminist Scholarship and Colonial Discourse", *Feminist Review 30*(1988).

Colón, Cristóbal, Diario de a bordo, Madrid, Ediciones Generales Anaya, 1985.

D'Lugo, M. (1997), "Transparent Women: Gender and Nation in Cuban Cinema", in M. T. Martin(ed.) *New Latin American Cinema,* Wayne State University Press, 155~166.

Desnoes, Edmundo, Memorias del subdesarrollo, 『저개발의 기억』(정승희 옮김), 서울, 수르, 2009.

Díaz del Castillo, Bernal, *The Conquest of New Spain(1632),* translated by J. M. Cohen, London, The Folio Society, 1963.

Dussel, E., *Philosophy of Liberation,* Orbis Books, 1985.

Edward W. Said, *Orientalism,* New York, Vintage Books, 1978.

Elliott, Jan, "Exhibiting Ideology: A Review of First Encounters: Spanish Exploratin in the Caribbean and the United States, 1492~1570)", in *Confronting Columbus: An Anthology*, Yewell, J., Dodge, Ch., and DeSirey, J. eds. N. C. Jefferson, 1992.

Enrique Pineda Barnet, "La colonización del gusto y algunos asuntos a analizar para una descolonización y culturalización adecuada", *Cine Cubano*, número 48, 1969.

Esquivel, Laura, *Malinche*, Madrid, Santillana Ediciones Generales, S. L., 2006.

Galeano, Eduardo, *Venas abiertas,* 『수탈된 대지』(박광순 역), 서울, 범우사, 1988.

Glenda Mejía and Alfredo Martínez-Espósito, "Women's Representation: Two Epochs of the Revolutionary Cuban Cinema", *Revista Brasileira do Caribe*, Goiânia, University of Queensland. vol. VI, no 11, pp.33~56, 2005.

Gracia Sala, Iván, Feminidad, deseo y utopía: las mujeres de Nosotros, Madrid, Esclavìstica Complutense, 2007.

José Massip, "sobre el cine y la literatura: responden", *Cine Cubano*, número 40, 1966.

Ketu, H. Katrak, "Decolonizing Culture: Toward a theory for postcolonial women's texts", *Modern Fiction Studies*, Vol. 35, Nbr. 1, Spring 1989.

Leslie Bethell(ed.), Historia de América Latina 1, América Latina Colonial: La Amé rica Precolombina y la conquista(traducción por Antonio Acosta), Barcelona, Editorial Crítica, 1984.

Lucena Salmoral, Manuel(Coordinador), *Historia de Iberoamérica, Tomo II, Historia Moderna*, Madrid, Cátedra, 1990.

Martin, Michael T., *New Latin American Cinema*, Detroit, Wayne State University Press, 1997.

Michael Chanan, *Cuban Cinema*, University of Minnesota Press, 1985.

Mraz, John, "Memories of Underdevelopment", *Revisioning History*, ed., Robert A, Rosenston, 『영화, 역사 - 영화와 새로운 과거의 만남』(김지혜 옮김), 서울, 소나무, 2002.

Nelson and L. Grossberg(eds.), *Marxism and the Interpretation of Culture*, Macmillan: Basingstoke, 1988.

Núñez Becerra, Fernanda, *La Malinche: de la historia al mito*, México, INAN, 1996.

Octavio Getino, "Some notes on the concept of a 'Third Cinema'", *New Latin American Cinema, Volumn 1. Theory, Pratices, and Transcontinental Articulations*, Wayne State University Press, 1997, pp.99~107.

Pablo Neruda, "Respuesta de Pablo Neruda a intelectuales", *Cine Cubano*, número 37, 1966.

Paz, Octavio, *El laberinto de la soledad*, México, FCE., 1976.

Pigafetta, A., *Primer Viaje alrededor del mundo*, 『최초의 세계일주』(박종욱 옮김), 서울, 바움, 2004.

Rafael Hernández, "El año rojo. Política, sociedad y cultura en 1968", *Revista de Estudios Sociales*, no. 33, May-Aug., 2009.

Sarlo, Beatriz, *La imaginación técnica. Sueños modernos de la cultura argentina*, 1ª ed., 2ª reimp., Nueva Visión, 2004.

Solanas, F.; Genito, O., "notes and experiences for the development of a cinema of liberation in the third world", Martin, M. T.(Ed.), *New Latin American Cinema. Volume 1, Theory, Pratices, and Transcontinental Articulations*, Wayne State University Press, 1997, pp.33~58.

Stevens, Evelyn P., "Marianismo: la otra cara del machismo en Latino-América", in Pescatelo, Ann, *Hembra y macho en Latino-América: Ensaios*, México, Edición Diana, 1977.

Tomás Gutiérrez Alea, "El cine y la cultura", *Cine Cubano*, número 2, 1960.

Tomás Gutiérrez Alea, "Largometraje. Entrevista", *Cine Cubano*, números 23-24-25, 1964.

Vilasis, M., *Pensar el Cine,* Ediciones Unión, 1995.

Wiarda, Howard J. and Kline H. F., "The pattern of Historical Development", in Wiarda, Howard J. and Kline H.F.(eds.), *Latin American Politics and Developmente*(Boston, Houghton Mifflin, 1985), "식민시대의 유산", 『라틴아메리카의 도전과 좌절 격동하는 정치사회』, 서울, 나남, 1991, pp.59~60.

박종욱

한국외국어대학교 및 대학원에서 스페인어권 문학을 전공하였으며, 스페인으로 유학하여 마드리드 국립대학교(UCM: Universidad Complutense de Madrid)에서 르네상스와 바로크 시대의 문학과 예술의 사회상에 대해 연구하며, 박사학위를 취득하였다.
서울대학교, 경희대학교 및 한국외국어대학교에서 강의를 하였고, 경희대학교 연구교수를 역임하였다. 현재 부산외국어대학교 중남미지역원 연구교수로 재직 중이며, 제천국제음악영화제 집행위원 및 CJ Creatio 대표를 맡고 있다.
주요 저서로는 『쿠바, 영화 그리고 기억』, 『영화로 보는 라틴아메리카』, 『영혼의 향연』, 『라틴아메리카 신화와 전설』, 『돈키호테와 신비주의의 만남』, 『님은 나의 것, 나는 님의 것』, 『라틴아메리카 종교문화』 등이 있고, 주요 역서로는 『최초의 세계일주』, 『페피타 히메네스』, 『나스레딘 호자의 행복한 이야기』 등이 있으며, 한국문학 작품인 『말뚝』과 『붉은 방』, 『마네킹』 등을 한국문학번역원의 지원을 받아 스페인어로 번역하여 스페인 및 라틴아메리카에서 출판하였다.
최근 '창조적 소통을 위한 감성연구와 기술개발' 및 '라틴아메리카 및 스페인의 영화, 미술 등 문화와 예술에 관한 연구와 집필'에 매진하고 있다.

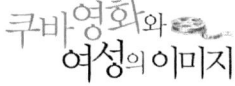

쿠바영화와 여성의 이미지

초 판 인 쇄 | 2013년 5월 6일
초 판 발 행 | 2013년 5월 6일

지 은 이 | 박종욱
펴 낸 이 | 채종준·채종록
펴 낸 곳 | 한국학술정보㈜
주 소 | 경기도 파주시 문발동 파주출판문화정보산업단지 513-5
전 화 | 031) 908-3181(대표)
팩 스 | 031) 908-3189
홈 페 이 지 | http://ebook.kstudy.com
E - m a i l | 출판사업부 publish@kstudy.com
등 록 | 제일산-115호(2000. 6. 19)

ISBN    978-89-268-4280-5 93940 (Paper Book)
        978-89-268-4281-2 95940 (e-Book)